“十三五”国家重点图书出版规划项目

重大工程建设关键技术研究

总主编 孙 钧

复杂地质与环境条件下隧道建设关键技术丛书

城市地铁盾构隧道病害快速检测与工程实践

黄宏伟 薛亚东 邵 华 杜 军

著

上海科学技术出版社

图书在版编目(CIP)数据

城市地铁盾构隧道病害快速检测与工程实践／黄宏伟等著. —上海：上海科学技术出版社，2019.1
(复杂地质与环境条件下隧道建设关键技术丛书)
ISBN 978 - 7 - 5478 - 4203 - 4

Ⅰ. ①城… Ⅱ. ①黄… Ⅲ. ①地铁隧道—隧道施工—盾构法—隧道病害—检测 Ⅳ. ①U231.3

中国版本图书馆 CIP 数据核字(2018)第 220481 号

城市地铁盾构隧道病害快速检测与工程实践

黄宏伟　薛亚东　邵　华　杜　军　著

上海世纪出版(集团)有限公司
上 海 科 学 技 术 出 版 社　出版、发行
(上海钦州南路 71 号　邮政编码 200235　www.sstp.cn)
上海盛通时代印刷有限公司印刷
开本 787×1092　1/16　印张 22　插页 12
字数 450 千字
2019 年 1 月第 1 版　2019 年 1 月第 1 次印刷
ISBN 978 - 7 - 5478 - 4203 - 4/U · 71
定价：160.00 元

内容提要

本书围绕城市地铁盾构隧道结构病害检测，介绍了隧道常见病害的机理，以及相应病害的检测方法、原理、仪器设备、数据处理等内容。全书分为 10 章，首先介绍了现有的隧道人工巡检内容、方式、要求；随后重点论述了三维激光扫描、摄影成像扫描、地质雷达探测等新技术、新方法在盾构隧道结构检测中的应用；特别对隧道检测获取的各类图像，论述了基于人工智能深度学习方法的图像处理框架与模型；最后给出了三维激光扫描、摄影成像扫描、地质雷达探测等检测方法的实际工程应用案例。

本书理论与实践相结合，可供地铁工程、隧道工程结构病害检测领域的科研人员、技术人员以及高等院校相关专业师生参考。

重大工程建设关键技术研究

复杂地质与环境条件下隧道建设关键技术丛书

编委会

总　序

近年来,我国各项基础设施建设的发展如火如荼,"一带一路"建设持续推进,许多重大工程项目如雨后春笋般蓬勃兴建,诸如三峡工程、青藏铁路、南水北调、三纵四横高铁网、港珠澳大桥、上海中心大厦,以及由我国援建的雅万高铁、中老铁路、中泰铁路、瓜达尔港、比雷埃夫斯港,等等,不一而足。毋庸置疑,我国已成为世界上建设重大工程最多的国家之一。这些重大工程项目就其建设规模、技术难度和资金投入等而言,不仅在国内,即使在全球范围也都位居前茅,甚至名列世界第一。在这些工程的建设过程中涌现的一系列重大关键性技术难题,通过分析探索创新,很多都得到了很好的优化和解决,有的甚至在原来的理论、技术基础上创造出了新的技术手段和方法,申请了大量的技术专利。例如,632 m 的上海中心大厦,作为世界最高的绿色建筑,其建设在超高层设计、绿色施工、施工监理、建筑信息化模型(BIM)技术等多方面取得了多项科研成果,申请到 8 项发明专利、授权 12 项实用新型技术。仅在结构工程方面,就应用到了超深基坑支护技术、超高泵送混凝土技术、复杂钢结构安装技术以及结构裂缝控制技术等许多创新性的技术革新成果,有的达到了世界水平。这些优化、突破和创新,对我国工程技术人员将是非常宝贵的参考和借鉴。

在 2016 年 3 月初召开的全国人大全体会议期间,很多代表谈到,极大量的技术创新与发展是"十三五"时期我国宏观经济实现战略性调整的一项关键性驱动因素,是实现国家总体布局下全面发展的根本支撑和关键动力。

同时，在新一轮科技革命的机遇面前，也只有在关键核心技术上一个个地进行创新突破，才能实现社会生产力的全面跃升，使我国的科研成果和工程技术掌控两者的水平和能力尽早、尽快地全面进入发达国家行列，从而在国际上不断提升技术竞争力，而国力将更加强大！当前，许多工程技术创新得到了广泛的认可，但在创新成果的推广应用中却还存在不少问题。在重大工程建设领域，关键工程技术难题在实践中得到突破和解决后，需要把新的理论或方法进一步梳理总结，再一次次地广泛应用于生产实践，反过来又将再次推动技术的更进一步的创新和发展，是为技术的可持续发展之巨大推动力。将创新成果进行系统总结，出版一套有分量的技术专著是最有成效的一个方面。这也是出版“重大工程建设关键技术研究”丛书的意义之所在。以推广学术上的创新为主要目标，“重大工程建设关键技术研究”丛书主要具有以下几方面的特色：

1. 聚焦重大工程和关键项目。目前，我国基础设施建设在各个领域蓬勃开展，各类工程项目不断上马，从项目体量和技术难度的角度，我们选择了若干重大工程和关键项目，以此为基础，总结其中的专业理论和专业技术使之编纂成书。由于各类工程涉及领域和专业门类众多，专业学科之间又有相互交叉和融合，难以单用某个专业来设定系列丛书，所以仍然以工程大类为基本主线，初步拟定了隧道与地下工程、桥梁工程、铁道工程、公路工程、超高层与大型公共建筑、水利工程、港口工程、城市规划与建筑共八个领域撰写成系列丛书，基本涵盖了我国工程建设的主要领域，以期为未来的重大工程建设提供专业技术参考指导。由于涉及领域和专业多，技术相互之间既有相通之处，也存在各自间的不同，在交叉技术领域又根据具体情况做了处理，以避免内容上的重复和脱节。

2. 突出共性技术和创新成果，侧重应用技术理论化。系列丛书围绕近年来重大工程中出现的一系列关键技术难题，以项目取得的创新成果和技术突破为基础，有针对性地梳理各个系列中的共性、关键或有重大推广价值的技术经验和科研成果，从技术方法和工程实践经验的角度进行深入、系统而又详尽的分析和阐述，为同类难题的解决和技术的提高提供切实的理论依据和应用参考。在“复杂地质与环境条件下隧道建设关键技术丛书”(钱七虎院士任编委会主任)中，对当前隧道与地下工程施工建设中出现的关键问题进行了系统阐述并形成相应的专业技术理论体系，包括深长隧道重大突涌水灾害预测预警与风险控制、盾构工程遇地层软硬不均与极软地层的处理、类矩形盾构法、水下盾构隧道、地面出入式盾构法隧道、特长公路隧道、隧道地质三维探测、盾构隧道病害快速检测、隧道及地下工程数字化、软岩大变形隧道新型锚固材料等，使得关键问题在研究中得到了不同程度的解决和在后续工程中的有效实施。

3. 注重工程实用价值。系列丛书涉及的技术成果要求在国内已多次采用，实践证明是可靠的、有效的，有的还获得了技术专利。系列丛书强调以理论为引领，以应用为重点，以案例为说明，所有技术成果均要求以工程项目为背景，以生产实践为依托，使丛书既富有学术内涵，又具有重要的工程应用价值。如"长大桥梁建养关键技术丛书"（郑皆连院士任编委会主任、陈政清院士任副主任），围绕特大跨度悬索桥、跨海长大桥梁、多塔斜拉桥、特大跨径钢管混凝土拱桥、大跨度人行桥、大比例变宽度空间索面悬索桥等重大桥梁工程，聚焦长大桥梁的设计创新理论、施工创新技术、建设难点的技术突破、桥梁结构健康监测与状态评估、运营期维修养护等，主要内容包括大型钢管混凝土结构真空辅助灌注技术、大比例变宽度空间索面悬索桥体系、新型电涡流阻尼减振技术、长大桥梁的缆索吊装和斜拉扣挂施工、超大型深水基础超高组合桥塔、变形智能监测、基于 BIM 的建养一体化等。这些技术的提出以重大工程建设项目为依托，包括合江长江一桥、合江长江二桥、巫山长江大桥、桂广铁路南盘江大桥、张家界大峡谷桥、西堠门大桥、嘉绍大桥、港珠澳大桥、虎门二桥等，书中对涉及具体工程案例的相关内容进行了详尽分析，具有很好的应用参考价值。

4. 聚焦热点，关注风险分析、防灾减灾、健康检测、工程数字化等近年来出现的新兴分支学科。在绿色、可持续发展原则指导下，近年来基础建设领域的技术创新在节能减排、低碳环保、绿色土木、风险分析、防灾减灾、健康检测（远程无线视频监控）、工程使用全寿命周期内的安全与经济、可靠性和耐久性、施工技术组织与管理、数字化等方面均有较多成果和实例说明，系列丛书在这些方面也都有一定体现，以求尽可能地发挥丛书对推动重大工程建设的长期、绿色、可持续发展的作用。

5. 设立开放式框架。由于上述的一些特性，使系列丛书各分册的进展快慢不一，所以采用了开放式框架，并在后续系列丛书各分册的设定上，采用灵活的分阶段付梓出版的方式。

6. 主编作者具备一流学术水平，从而为丛书内容的学术质量打下了坚实的基础。各个系列丛书的主编均是该领域的学术权威，在该领域具有重要的学术地位和影响力。如陈政清教授，中国工程院院士，"985"工程首席科学家，桥梁结构与风工程专家；郑皆连教授，中国工程院院士，桥梁设计施工专家；钱七虎教授，中国工程院院士，防护与地下工程专家；吴志强教授，中国工程院院士，城市规划与建设专家；等等。而参与写作的主要作者都是活跃在我国基础设施建设科研、教育和工程的一线人员，承担过重大工程建设项目或国家级重大科研项目，他们主要来自中铁隧道局集团有限公司、中交隧道工程局有限公司、中铁十四局集团有限公司、中交第一公路工程局有限公司、青岛地铁集团有限公司、上海城建集团、中交公路规划设计院有限公司、陆军研究院工程设计研究所、招商局重庆交通科研设计院有限公司、天津城建集团有限公司、浙江省交通规划设计研究院、江苏交通科学研究院有限公司、同济大学、河海大学、西南交通大学、湖南大学、山东大学等。各位专家在承担繁重的工程建设和科研教学任务之余，奉献了自己的智慧、学识和汗水，为我国的工程技术进步做出了贡献，在此谨代表丛书总编委对各位的辛劳表示衷心的感谢和敬意。

当前，不仅国内的各项基础建设事业方兴未艾，在“一带一路”倡议下，我国在海外的重大工程项目建设也正蓬勃发展，对高水平工程科技的需求日益迫切。相信系列丛书的出版能为我国重大工程建设的开展和创新科技的进步提供一定的助力。

孙钧

2017年12月，于上海

孙钧先生，同济大学一级荣誉教授，中国科学院资深院士，岩土力学与工程国内外知名专家。“重大工程建设关键技术研究”系列丛书总主编。

序

进入21世纪以来，随着经济的持续发展、综合国力的不断提升及高新技术的不断应用，我国隧道及地下工程得到了前所未有的迅速发展。我国已成为世界上隧道及地下工程规模最大、数量最多、地质条件和结构形式最复杂、修建技术发展速度最快的国家。同时，随着城市地铁建设力度的不断加大，跨江越海隧道工程数量不断增加，国家的重点建设项目如长距离供水、水下交通、西气东输等工程都将涉及穿越江河的问题，铁路、公路、市政、供水、供气、防洪、水电等隧道工程的建设都使隧道的数量大幅度增多。

在隧道建设技术方面，高速铁路隧道技术体系已基本形成；艰险山区复杂地质条件长大隧道建造技术不断取得进步；大断面软弱围岩隧道建造技术取得了很大进展；城市大跨浅埋隧道、越江跨河水下隧道的建造技术都已取得突破；隧道掘进机研发与制造取得了很大进步，这些都标志着我国隧道建设技术达到了一个新的发展水平。尤其是我国幅员辽阔，地质条件复杂，极端复杂的地质条件是制约隧道安全、高效建设的主要因素，是公认的隧道建设难点。依托一大批重难点工程，如青藏铁路关角隧道、兰渝铁路西秦岭隧道、港珠澳大桥沉管隧道、大瑞铁路高黎贡山隧道、武汉三阳路长江隧道等的相继贯通，我国在隧道及地下工程尤其是复杂地质与环境条件下的隧道工程建设方面，取得了很大成就和较多创新成果。为此，针对地形与地貌类型复杂、地质构造复杂、岩土体工程地质不良等复杂地质条件，以重难点工程的突破创新成果为基础，丛书编委会与上海科学技术出版社共同策划了本丛书。

丛书从地质探测、预警与风险控制、设计、施工、数字化应用等角度，系统梳理了山岭、水下、软硬不均地层等复杂地质与环境条件下隧道的建设关键技术，以学术专著的形式，介绍了近年来在复杂地质隧道建设过程中形成的创新成果和核心技术。丛书中涉及和介绍的创新成果与技术在国内属于领先水平，有的已形成具有自主知识产权的核心技术，且均已在重大工程中得到了应用，使得丛书具有前沿性、原创性、创新性、引领性的特点。例如，洪开荣的《软硬不均与极软地层盾构处理技术》，从理论上、技术上、工程案例上阐述软硬不均地层与水下隧道极软地层的盾构处理技术，代表了软硬不均地层隧道及地下工程的最新理论与实践；曹国侯、刘浩的《隧道地质三维探测技术》，依托作者主持的科研项目"国防工程地质预测及质量无损检测系统"，并结合团队多年的研究和应用成果，全面介绍了隧道复杂地质地球物理探测的新理论、新方法与新技术；李术才的《隧道突涌水监测方法与预警技术》，依托国家重大科研仪器设备研制专项"用于掘进机施工的隧道不良地质定量超前预报综合地球物理探测仪器"、国家自然科学基金优秀青年科学基金项目"隧道突水突泥机理与灾害控制"等重大科研项目，介绍了在复杂地质隧道突水突泥灾害源超前预报技术及其在大型隧道工程中的应用；等等。丛书中涉及的工程应用案例还包括四川成兰铁路跃龙门隧道、济南黄河隧道工程、鄂西高速齐岳山隧道、青岛胶州湾隧道、南京长江隧道、武汉地铁 8 号线过江隧道等一批重难点工程。

在国家大力推进"一带一路"建设、实施创新驱动发展战略、建设交通强国的战略背景下，希望丛书的出版不仅能够更好地总结上述技术成果、推动创新技术的推广应用，更希望能在基础理论研究和共性关键技术的突破方面起到促进作用，在技术创新模式的培育、专业人才的培养方面能够起到积极的作用。丛书在研讨策划、组织、编写和审稿的过程中得到了相关大型企业、高校、研究机构和学会、协会的大力支持，许多专家在百忙之中给丛书提出了很多非常好的建议和想法，在此一并表示感谢。

钱七虎

2018 年 8 月

钱七虎先生，中国人民解放军陆军工程大学教授，中国工程院院士。"复杂地质与环境条件下隧道建设关键技术丛书"编委会主任。

前　言

随着我国城镇化率接近 60%，城市地铁工程正由“建设为主”向“建养并重”转变。有关统计表明，城市地铁采用盾构法的隧道平均比例在 70%～80%。由于建设速度快、工期紧张、技术人员及现场工人短缺、隧道施工拼装存在问题、运营后隧道周边环境扰动等原因，盾构隧道运营中存在不同程度的结构病害。这些病害已经严重威胁到隧道结构运营安全和结构耐久性，其引起的地铁安全问题已经成为各级政府和全社会的关注热点。为此，对地铁盾构隧道结构安全评估与管理提出了更高的要求，更需要掌控结构安全状态的精细化信息，这其中包括表观与隐蔽结构问题，如渗漏水、裂缝、裂损、错台、掉块、注浆层不均、轨道板缺陷或脱空等。如何来精准地检测这些病害，基于什么原理、方法及技术，对这些问题进行介绍和讨论，就成为本书的主要内容。

撰写本书时，我们不由得联想起整整十年前，当时同济师生连续三年与上海申通地铁维保公司通力合作，开展上海运营地铁隧道结构病害的检查工作。主要方式为人工手电筒照明、人眼观察、相机拍照、手工记录、第二天分析整理。每天晚上 00:00 地铁完全停运后开始工作，凌晨 3:00 结束，平均每天检查 2～3 个区间单洞。另外由于是手工记录，现场检查完成后还需要进行数据整理，也因隧道环境灰暗，经常出现病害照片模糊、部分病害遗漏拍照、病害所在隧道位置不够准确或无记录等情形，所以总体效率很低。后来虽然开发了基于 iPad 的检查助手，但仍然没有从根本上解决问题。随着地铁隧道运营里程以及服役年限增加，基于自动化、智能化的隧道结构病害检测与分析评估成为发展的必然需求。

本书基于这十年来的隧道病害机理、检测监测、仪器开发、诊断评估等研究成果，在各类病害调查分析的基础上，重点讨论了相应病害的检测方法、原理、仪器设备和数据处理等内容。为了增加本书的实用性与可操作性，书中除了这些重点讨论的内容外，特别针对三维激光扫描、摄影成像扫描、地质雷达探测等技术提供了实际工程应用案例。

全书共分为 10 章：第 1 章绪论，主要介绍了城市轨道交通的发展、隧道主要结构形式以及隧道病害检测技术现状(黄宏伟、薛亚东)；第 2 章城市地铁隧道结构病害，基于大量隧道结构病害调查结果，总结分析了结构病害的类型与特征(薛亚东)；第 3 章盾构隧道结构病害常规人工检查，对现有的人工巡检内容、方式、要求等做了阐述(邵华)；第 4 章盾构隧道三维激光扫描检测，针对目前常用的地面三维激光与移动三维激光技术，介绍了相关的设备、原理以及操作，并对隧道测量激光点云数据的处理方法做了讲述与案例说明(黄宏伟、薛亚东)；第 5 章盾构隧道摄影成像扫描检测，介绍了摄影测量原理，并重点针对隧道结构特点，详细论述了移动式隧道病害检测系统的组成及其使用方法，对扫描图像的传统处理方法做了简要介绍(薛亚东、黄宏伟)；第 6 章盾构隧道壁后注浆探地雷达无损探测，介绍了地质雷达的基本原理，并通过大量实验建立了盾构隧道衬砌管片壁后注浆层的雷达探测方法与解译程序(杜军、黄宏伟)；第 7 章基于深度学习的图像处理，针对隧道检测技术发展趋势，重点论述了基于深度学习方法的图像处理框架与模型(薛亚东、黄宏伟)；第 8 章盾构隧道结构检测的其他方法，介绍了用于渗漏水检测的红外摄像方法和用于隧道纵向沉降的静动态监测方法(黄宏伟、薛亚东)；第 9 章盾构隧道结构检测实例，给出了有关上述三维激光扫描、摄影成像扫描、地质雷达探测等检测方法的实际工程应用案例(邵华、杜军)；第 10 章总结与展望，分析展望了城市地铁盾构隧道结构病害检测的技术发展(黄宏伟、薛亚东)。

本书汇集了各类比较实用的盾构隧道检测方法及我们的最新研究成果，希望帮助读者对地铁盾构隧道结构病害相关的检测研究有一个较为系统的了解，并能把握现有最新技术及发展方向。研究承蒙国家自然科学基金委员会、同济大学、上海勘察设计研究院(集团)有限公司、瑞士安伯格公司(肖书安博士)、上海通芮斯科土木工程技术有限公司(刘铁中)、无锡悟莘科技有限公司等的大力支持;感谢课题组孙龑、吴昌睿、杨睿、李庆桐、张森等研究生参与地铁隧道结构病害的现场检测工作;本书的出版承蒙笔者的恩师孙钧院士的多次指导,在此一并表示我们作者团队最衷心的感谢。

由于作者水平有限,加之相关的检测技术及图像处理算法的快速更新,书中错误、不足或不妥之处在所难免,请广大读者批评指正。

黄宏伟

2018年8月于同济园

目　录

第 1 章

绪　论

城市化进程是我国经济发展的必由之路。随着国家经济的综合、全面发展，城市化建设快速推进。作为大型城市重要生命线工程的交通工程亦随之快速发展更新，特别是城市轨道交通工程的规划建设已成为城市建设水平的一个重要标志。本章概略总结了我国城市轨道交通的发展现状，并指出地铁盾构隧道结构病害的相关问题，特别是病害的检测技术现状与发展趋势。

1.1　城市地铁发展现状

城市是人类社会经济发展到一定阶段的产物，从现代城市的意义上讲，城市是人文、经贸、科学技术与文化复合而成的高度集中的社会实体，也是一定地域范围内政治、经济、文化的中心。城市有着显著的资源集聚效应，以人口聚集为例，1800 年全球仅有 2%的人口居住在城市；到了 1950 年，这个数字迅速攀升到了 29%；而到了 2000 年，世界上大约有一半的人口迁入了城市。我国的城市化进展同样在飞速发展，到 2014 年我国城市化率已达到 55%。随着我国城市化进程的进一步发展，未来将有越来越多的人涌入城市。纵览世界各国城市化进程，城市建设都带动了现代化建设，改善了人民生活。但随着城市人口以及城市交通流的增加，城市的交通问题逐渐成了焦点问题。路网不畅、设施不足、交通拥堵等问题越来越突出，行车难、停车难、交通秩序混乱等问题亦频繁发生，对城市交通管理造成的冲击和压力越来越大，城市交通拥挤堵塞问题已成为制约经济发展、降低人民生活质量、削弱经济活力的瓶颈之一。根据国内外的实践经验，建设大容量快速轨道交通，包括地铁和轻轨等轨道交通运输系统是缓解大城市公共交通紧张状况的有效途径。

地铁是铁路运输的一种形式，指以地下运行为主的城市轨道交通系统，即“地下铁道”或“地下铁”(subway、tube、underground railway)的简称。严格地讲，地下铁道是一个历史名词，如今其内涵与外延均已有相当大的扩展，并不局限于运行线在地下隧道中这一种形式，而是泛指车辆的轴重大于 15 t、高峰小时单向运输能力在 30 000～70 000 人的大容量轨道交通系统。地铁运行线路多样化，其形式包括地下、地面和高架三者有机的结合。美国纽约以及我国香港等地也称其为“大容量铁路交通”(mass transit rail)或“捷运交通系统”(rapid transit system)。这种轨道交通系统通常的建造规律是，在市中心为地下隧道，市区以外为地面线或架空线。因此地铁是涵盖了城市地区各种地下与地上的路权专有、高密度、高运量、无平交(区别于轻轨交通系统)的城市轨道交通系统(metro)。世界上第一条地铁是英国伦敦的大都会地铁，始建于1863年(图1-1)。

图1-1　伦敦大都会地铁通车情景

地铁不仅具有运量大、快捷、安全、准时、节省能源、环境污染小等优点，而且还可以修建在建筑物密集而不适于发展地面交通和高架轻轨的地区。因此地铁在城市公共交通中发挥着巨大的作用，是城市居民出行的便捷交通工具。在交通拥挤、行人密集、道路难以扩建的城区，以地铁代替地面交通工具，具有许多优点，主要表现为以下几点：

(1) 地铁交通具有安全、快捷、方便、准时的特点，是一种现代化的交通运输方式。对乘客而言，乘坐地铁通常要比利用地面交通工具节省1/2～2/3的时间，它以车组方式运行，载客量大、准点率高且安全舒适。在城市中心区等繁华商业地带(central business district, CBD)，地铁的出入口可与大型百货商场及其他公共场所连通，以方便乘客并为商业中心带来大量的客流。

(2) 地铁交通不与地面交通及其他居民活动交叉，彼此互不影响，可以改善地面环境、降低噪声、减少废气污染，为建设优美的地面社区、街区创造了良好的条件。

(3) 地铁交通充分利用地下空间，从而节省宝贵的地面空间，保护城市区域的地面资源，完善城市的交通服务功能。

因此对于大城市，尤其是国际化的特大城市，建设地铁十分必要。有一种观点认为，当城市人口超过100万时就有考虑修建地铁的必要。

统计资料显示，截至2016年，全球已有55个国家200多个城市建造并运营了地铁，地铁线路长度达12 865.6 km。截至2017年底，我国共计34个城市开通了城市轨道交通并投入运营，运营线路长度达5 033 km，其中地铁3 884 km，占比77.2%（图1－2）。我国目前城轨交通建设项目已获批复的城市为62个，在建线路长度达6 246.3 km，规划线网长度7 424 km，未来将有越来越多的城市地铁开通并投入运营。可以预见随着我国城市化进程的发展，地铁线路与地铁隧道会越来越多，地铁将在未来的城市公共交通领域里扮演举足轻重的角色。

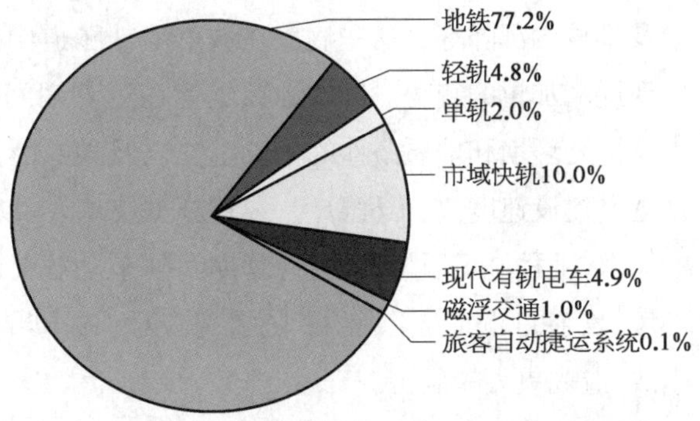

图1－2 2016年我国城轨交通运营线路制式结构

1.2 地铁隧道结构病害现状

在我国地铁建设正处于高潮期的背景下，随着越来越多的地铁线路投入运营，已通车的地铁隧道逐渐暴露出许多问题。由于地下工程具有隐蔽性、复杂性和不确定性等特点，隧道的建造维护与地面建筑有着显著的不同，工程技术人员在隧道建造中与地层完全隔离，只能通过地质勘查资料和掘进参数间接获取地层信息，客观上增加了建造的难度，也导致了许多可能引起隧道结构病害的问题难以被查知。隧道工程，尤其是地铁盾构隧道，具有投资大、周期长、风险高的特点，隧道一旦建成后几乎没有大修或重建的可能，具有不可逆性。因此如何保证地铁盾构隧道在其设计生命周期内能够安全、经济地运营，已成为目前工程界和学术界最为关心的重要问题。

随着地铁隧道运营时间的增加，在服役环境不断变化、材料劣化等内外因素的共同作用下，地铁隧道结构受力状态会发生变化，隧道性能逐步退化；另外，当前我国地铁建设大干猛进，部分地铁项目强调进度而不够重视工程质量，其结果是遗留下诸多欠考虑与处理欠佳的施工问题，给地铁隧道结构的健康带来了不利的影响。地铁隧道病害状况日益突出，地铁隧道健康服役面临严峻的挑战。2006年8月18日，上海地铁2号线过江段发生渗水现象，导致19日上午部分列车停运。2011年8月22日下午，南京地铁2号线下马坊站附近200 m隧道内发生轨道隆起，造成列车停运数日。2012年1月，由于长期的不均匀沉降，上海地铁4号线海伦路站不得不实施封站大修，导致一站两区间连续停运7 d，地铁隧道的健康状况同时引发了社会的担忧。这些案例均表明，地铁隧道的结构安全是地铁正常运行的重要保障，结构病害不仅影响隧道发挥正常使用功能，也直接关系地铁运营效益与公共交通安全。

隧道的结构健康状态是地铁运营安全中关注的首要问题，也是保证隧道良好工作性能的前提。一般而言，危害盾构隧道健康状态的病害主要包括渗漏水、结构损伤、地下结构变形及不均匀沉降等。这些病害在城市地铁隧道中广泛存在，且随着隧道服役年限的增长而出现逐渐加重的趋势。导致地铁隧道在运营期间出现病害的原因有很多，例如：地铁隧道本身所处环境和地质条件的不确定性以及地铁隧道运营环境的复杂和多样化；我国目前地铁隧道建设速度快、工程量大，导致施工技术人员从数量和水平上均无法满足地下工程发展的需求，工程施工质量不高；运营期间列车动载荷的影响；地铁隧道处于非对称的运营介质环境；复杂的邻近施工影响。隧道病害对于衬砌结构性能具有不利影响，且可能引发突发性事故，造成更大的危害。

隧道渗漏水会改变周围土体的孔压分布，造成周围土体固结沉降，导致地表及隧道的长期沉降、隧道管片内力发生改变，继而对隧道的安全运营产生不利影响。渗漏水不仅会腐蚀管片中的混凝土和钢筋，影响隧道结构的耐久性，还会降低隧道中电气设施的使用功能，隧道顶部的渗漏水还容易滴落在轨道上，危及行车安全。例如 2006 年 8 月 19 日，上海地铁 2 号线越江隧道泵站由于列车振动与结构渗漏水耦合叠加作用发生涌水冒浆险情，造成地铁停运数小时，对城市交通造成了不良的影响。2012 年杭州地铁 1 号线，在开通不到一周的时间内，三次出现渗水事故，不但影响了隧道结构的安全性和耐久性，而且严重影响了居民出行并引起居民对杭州地铁 1 号线安全性的质疑。

隧道衬砌结构损伤(典型代表如裂缝)会引起隧道衬砌结构的失稳，降低衬砌结构的安全可靠性，影响隧道的正常使用，甚至危害行车安全。其主要危害包括如下几方面：降低衬砌结构对水土载荷的承载能力；裂缝过大会导致衬砌掉块，影响行车和行人安全；裂缝部位可能出现渗漏水，造成洞内设施锈蚀。在运营条件下对衬砌裂缝进行大修整治，施工与交通运输会互相干扰，造成费用增加。严重的衬砌裂缝甚至会引起隧道坍塌，例如 2009 年 12 月 22 日，上海地铁 1 号线因盾构隧道结构的碳纤维修补材料意外脱落造成电线短路，诱发两车碰撞事故，导致 1 号线全线瘫痪长达 4 h 以上，16 万人滞留，造成了严重的不良社会影响。2010 年 8 月 18 日上午，天津站送客隧道由河东向建国道和六纬路两个方向隧道上方突然发生坍塌，导致经过的 3 辆轿车被掉块砸中，经过百余工人 2.5 h 的抢修才恢复通车。

隧道横向收敛变形和纵向不均匀沉降也是隧道中常见的病害。横向收敛变形会造成限界不足，同时当隧道存在较大不对称变形时，会导致隧道中车体倾斜，当倾斜角度过大且运营列车速度较快时易引发列车脱轨等事故。盾构隧道抗纵向变形能力较弱，较易引起隧道的纵向不均匀沉降。纵向不均匀沉降会严重影响轨道的平顺度，从而影响运营的安全与舒适。此外，当隧道横向收敛变形和纵向不均匀沉降达到一定的量值后，可能出现管片接缝张开量过大引起渗漏水或管片破坏。例如2012年1月22—28日,上海地铁公司对先期发现有不均匀沉降情况的4号线海伦路站区段实施封站大修,以避免边检修边运营带来的安全风险,但严重影响了市民的出行。

对于地铁隧道,短时间的停运即会对整个运输线甚至城市的交通系统造成灾难性的影响。美国学者用"五倍定律"形象地说明了土木工程结构养护的必要性,维护不及时将导致服役期土木结构维护费以维护施工费的5倍级数增长,即早期发现结构存在的问题并采取措施时的成本假设为5美元,则发现问题采取维护措施时就需多追加维护费用25美元,而严重破坏时追加的维护费用高达125美元。仅2017年一年,我国的城轨交通建设投资就达4 762亿元,按照"五倍定律",若不及时维护所导致的后续维护费用将达到数万亿甚至数十万亿。因此,尽早检测并诊断出隧道结构病害并采取恰当的方式对病害进行整治,确保隧道运营安全是今后地铁隧道运营维护的重中之重。

1.3 地铁隧道结构病害检测技术

地铁隧道检测具有其特殊性,由于要保证地铁每天的正常运营,检测人员只能在每天运营结束后实施地铁巡检,且需要在第二天运营开始前完成巡检工作并撤离隧道。根据各区间隧道运营时间不同,允许检测的时间也有差异,平均检测时间在2～2.5 h,在以往的人工巡检过程中,这段时间可以完成约两个区间的检测任务。但对于人工巡检,由于检测工作量大且时间有限,巡检人员往往只会注意病害多发区域,如封顶块及隧道腰部,而肉眼对顶部裂缝识别较困难,长时间注视下会导致疲劳,易引起漏判的发生。根据《地铁设计规范》(GB 50157—2013)中的要求,盾构隧道管片裂缝宽度允许值为0.2 mm,其他结构也不得超过0.3 mm。在巡检中往往无法注意到如此细微的病害,且由于设备和时间限制,在巡检过程中无法对裂缝宽度进行测量。

地铁隧道结构检测需在一次检测操作中完成整个断面的检测工作,减少重复检测。因此检测范围需要覆盖从左侧道床与衬砌的连接处到右侧道床与衬砌的连接处的整个范围,覆盖角度约290°。以5.5 m内径盾构隧道为例,整个检测弧长约为14 m。传统的隧道病害检测方法主要包括人工肉眼检测以及人工仪器检测,这两种方法均对检测人员要求较高,即使经验丰富的检测人员也难以保证检测结果的完整性与准确性,并且检测效率较低,往往在有限的检测时间内无法完成规定的隧道检测任务,同时检测人员的安全性也无法得到保证。

为了提高检测效率、避免检测的主观性、提高检测人员的安全性,近年来各国针对隧道病害的自动化检测技术开展了一系列研究,积累了相应的技术成果与检测经验。目前主要采用各种类型的传感器探测隧道衬砌,得到影像图,通过对图像的处理和识别达到对隧道病害中渗漏水、裂缝以及隧道横向变形和纵向不均匀沉降信息获取的目的。根据传感器的不同可分为基于摄像测量的自动检测技术和基于激光扫描的自动检测技术，以及基于雷达或超声波的隐蔽病害探测技术。目前国内外很少将不同病害的检测技术集成至某一设备进行隧道病害检测，主要以其中几项病害为目标进行检测。

国际上以日本、韩国以及西班牙为代表的国家将研究重点放在基于摄像测量的自动检测技术，而以瑞士、德国以及法国为代表的国家将研究重点放在基于激光扫描的自动检测技术。这些国家对影响隧道运营安全的病害问题关注较早，花费了大量的时间和费用对隧道病害集成检测设备进行研发，目前取得了一些成果，也开发出了相应的装置甚至商业化产品。

1.3.1 基于摄像测量的自动检测技术

摄像测量是利用拍摄的图像来计算三维空间中被测物体几何参数的一种测量手段。图像上的每个像素点通过灰度值来反映出空间物体表面点反射光的强度，像素点在图像上的位置与空间物体表面对应点的几何位置有关。采用电荷耦合器件(charge couple device, CCD)工业相机的摄像测量检测技术是一种能够有效动态跟踪的非接触检测技术，最初被广泛应用于工业领域中的尺寸测量、位移检测、表面形状检测等方面。基于摄像测量的隧道衬砌表面自动检测技术主要通过 CCD 工业相机对隧道衬砌表面进行连续扫描，得到隧道衬砌表面灰度图，再采用图像处理及识别算法提取病害信息。

基于摄像测量的自动检测技术的代表性产品有西班牙欧洲咨询公司开发出的隧道检测设备 Tunnelings(图 1-3)。该设备采用 6 台激光相机，可提供三维图像并且展示隧道中包括衬砌裂缝、碎片、损伤等诸多病害信息。检测速度可达 40 km/h，检测精度 0.5 mm，目前已

图 1-3　隧道检测设备 Tunnelings

在伦敦、东京及马德里地铁进行现场测试，无论在检测速度还是精度上都具有较好的先进性。

基于图像技术的隧道检测工作一般包括两方面内容，即图像采集与图像处理。由于基于摄像技术的检测方法采集到的数据通常是以灰度图为主的数字图像，因此需要对相应的数字图像处理方法进行研究，从而识别和提取病害信息。传统的图像处理方法包括图像修正、图像增强和图像识别三步，但此类方法主要基于灰度进行增强和识别，检测精度较低，且图像处理效果较差，目前较为理想的处理方法是采用基于深度学习技术的人工智能算法，构建卷积神经网络提取图像特征并加以判断和识别。

针对隧道病害采用摄像技术检测，配套软件应首先通过图像修正及图像增强等方法，提高图像对比度，消除图像中噪声、干扰物等的影响，其次通过基于病害特征的边缘提取算法及特征模式识别算法提取和识别病害，最后通过数字图像算法等获得图像信息，进而整理出检测报告。

1.3.2　基于激光扫描的自动检测技术

激光扫描测量技术是伴随激光技术而发展起来的一种集光、机、电等技术为一体的精密测量技术。激光扫描技术的工作过程实际上是不断重复的数据采集和处理过程，通过具有一定分辨率的空间点所组成的点云图来表达系统对目标物体表面的采样结果。每扫描一个云点后，图像传感器将云点信息转换成数字电信号并直接传送给计算机系统进行计算，进而得到被测点的三维坐标数据，并形成视频图像。

基于激光扫描的自动检测技术主要采用激光扫描仪对隧道衬砌表面进行连续扫描，通过反馈回来的激光信号得到隧道断面轮廓信息和隧道衬砌表面影像图。许多国家已研究出基于该项技术的商业化检测系统，典型的检测系统如瑞士安伯格公司开发出的GRP5000移动式扫描测量系统，可对完整的净空断面进行分析，通过人工标注的方法识别病害，并计算裂缝长度等参数，进而对隧道状态进行评估。配备全站仪定站测量时可识别1 mm的超高和0.3 mm病害，移动测量时精度较低。该设备和基于摄像的检测技术相比精度较低，不能满足对裂缝检测的要求，但可以提供关于隧道几何形态的数据。

我国在这方面也进行了一些研究工作，采用地面三维激光扫描技术采集数据并进行处理，实现隧道相对变形测量。数据采集采用多测站的定点检测方法，测站间距取1～2倍隧道直径，最大测点间距取100 m；数据处理采用标靶拼接的方式拼接数据，并提出了基于圆柱面拟合的隧道轴线提取方法。这一测量方法的检测精度达到2 mm。2012年中国铁道科学院下属的北京铁科英迈技术有限公司研制出隧道全息成像测量系统，定站检测时每一站检测范围为0.5～30 m，在时速5 km条件下可动态生成隧道表面全息图像，检测分辨率优于3 mm。但上述研究或检测设备主要针对隧道断面及变形测量，无法完成裂缝检测工作。

激光检测可同时对断面收敛、管片张开以及错台等多种病害进行检测，但针对裂缝进行检测时检测速度和效率会大幅下降。激光扫描检测设备轻便、灵活性好，可安装在各种车辆上，方便检测。内业工作主要以人工为主，需要大量人工协助来标注病害信息，自动化程度较低。

1.3.3 探地雷达无损探测技术

地铁盾构隧道是一种管片衬砌与周围土体共同作用的结构稳定的构造物，盾构隧道施工时，为了填充盾尾间隙、控制地层变形，一般须在盾构机尾部进行注浆；在后期隧道沉降大的地方，也会通过相应位置预埋的注浆孔进行二次或控制注浆。盾构隧道注浆可以改善隧道的抗渗性，确保管片衬砌的早期和后期稳定性，注浆效果与盾构隧道性能与病害有密切关系。

探地雷达(ground penetrating radar, GPR)无损探测技术应用于盾构隧道壁后注浆施工中，其主要目的是探测注浆体沿着环向和纵向的分布形态以及注浆体和管片之间是否留有一定建筑空隙尚未填充。隧道所处的地层环境相对封闭，由于液浆的流动性、泌水性、渗透性、凝胶速度等特性，以及隧道所处地层的可灌性、渗透性以及地下水流动性等因素，注浆体在管片背后的性态并不一定是均匀的。隧道结构与其周围土体是紧密结合的整体，隧道注浆效果及液浆分布的实际情况难以直接查知。探地雷达是一种无损检测方法，采用非接地性测量，能比较直观地表现检测目标，可做快速无损连续检测，是地球物理勘察的重要方法之一，在检测软土盾构隧道壁后注浆效果方面，探地雷达也表现出了良好的效果。作为对隧道内表面检测(图像检测、激光检测)的补充和对照，探地雷达着重关注隧道衬砌壁后的状况，对隧道沉降及病害的治理具有极其重要的意义。

目前国内外已经开发形成了多种隧道病害检测技术，其对比见表 1 - 1。

表 1 - 1　各国检测技术对比(根据公开资料统计)

国家/单位	商品化	检测内容	检测速度	检测精度
日本/Ukai	是	裂缝	10～30 km/h	0.8 mm
韩国/汉阳大学	无	裂缝	5 km/h	0.3 mm
日本/计测检测株式会社	是	裂缝、渗漏水、隧道轮廓	50～80 km/h	0.2 mm
西班牙/欧洲咨询公司	是	裂缝	40 km/h	0.5 mm
瑞士/安伯格(GRP5000)	是	裂缝、隧道变形	3 km/h	0.3 mm
瑞士/TunnelScan	是	断面、渗漏水、裂缝	3～8 min 一站，定站检测	0.2 mm
德国/SPACETEC TS3	是	裂缝、渗漏水、隧道轮廓	2 km/h	0.3 mm
法国/ATLAS 70	是	裂缝、渗漏水	5 km/h	0.1 mm
中国/同济大学	是	裂缝、渗漏水、空洞	5～10 km/h	0.3 mm
中国/铁道科学研究院	无	轮廓、限界检测	5 km/h	3 mm
中国/西南交通大学	无	裂缝	13 km/h	0.2 mm
中国/北京交通大学	无	隧道界限	70 km/h	无法连续采集

1.4　地铁隧道结构病害检测技术发展趋势

随着大量已建成隧道投入运营，隧道结构病害检测将成为日常养护的重要课题，如何在有限的时间内完成大量的检测工作将是未来养护工作的重点。针对地铁隧道衬砌病害的检测方法，主要关注点可以归纳为检测方法适用程度、检测速度、检测精度和后处理方法等。无论何种方法都期望其具有更广的适用范围，可适用于铁路、公路等隧道，并且期望能够集成更多的功能，在一次检测操作中完成尽可能多的检测任务。由于隧道内可提供的检测时间通常有限，尤其是地铁隧道中每天仅有 2 h 左右的检测时间，因此检测速度也是衡量检测方法可行性的重要指标。检测精度方面则要求其满足检测规范的相关规定，例如对裂缝病害而言，裂缝宽度是至关重要的检测指标，北京市地方标准《地铁工程监控量测技术规程》(DB 11/490—2007)要求裂缝检测精度需要达到 0.2 mm。

对比检测方法可知，基于摄像测量的隧道病害快速检测技术的优点是采用的工业相机分辨率很高，特别是采用线阵 CCD 工业相机时分辨率更高，通常可检测出细微的裂缝。其不足之处是需要特定的光源，光源系统的好坏直接决定了成像质量，从而影响图像识别算法的效果。另外，目前大多数算法还不能实现病害的完全自动识别，需要和人工修正相结合，人工修正工作量较大。基于激光扫描的隧道病害快速检测技术的优点是不需要特定光源，图像质量较好。其不足是图像分辨率不高，如上述瑞士安伯格公司开发的 GRP5000 检测系统采集到的图像分辨率仅为 5 mm/像素，且不能进行病害的自动识别；同时大多数激光扫描检测技术主要提供隧道衬砌病害和限界分析的数字化管理平台，病害识别和分析工作仍基于检测人员的经验进行。两类病害检测技术方法的比较见表 1-2。可以看出，两种检测方法各有优缺点，如何选择更合适的方法应用到隧道结构病害检测中，以及如何优化两种检测方法是未来研究的方向。

表 1-2　两类病害检测技术方法对比

性　能	检　测　技　术	
	基于摄像测量的检测技术	基于激光扫描的检测技术
适用范围	只能适用于铁路或公路隧道，设备较笨重，但可同时搭载其他检测设备，可扩展性好	可同时适用于铁路或公路隧道，设备便携性好，不易扩展其他检查功能
检测速度	取决于相机行频和检测精度，速度相对较快	取决于检测精度和扫描仪扫描速度，不要求裂缝检测时速度很快，否则速度较慢
检测精度	精度较高	精度较低，无法提取裂缝宽度信息
后处理方法	后处理工作较复杂，可优化内容较多	后处理工作量大，需要大量人工辅助工作

无论是基于摄像测量的检测技术还是基于激光扫描的检测技术，都会在检测时产生大量的数据（包括采集到的灰度图像以及反馈距离信息等），后处理工作量巨大（如图像增强、病害识别、病害提取、病害信息统计等）。为了更好地配合检测工作和完成检测任务，后处理工作往往还需要提供隧道三维病害展开图以及检测报告。从减少人力消耗、提高检测工作效率的角度出发，采用合适的方式尽可能地自动完成图像处理工作也是今后研究与发展的目标。

随着云计算、大数据、人工智能时代的到来，计算机运算能力和训练数据量得到了大幅提高，以人工智能中深度学习为代表的复杂模型开始受到人们的关注，由于深度学习具有良好的泛化能力和鲁棒性，目前国内外已将该方法应用到土木结构的计算机视觉检测领域。地铁盾构隧道病害图像作为一类特殊的工程图像，包含的内容较多，除了病害区域外，还存在拼缝、管线、螺栓孔、支架、水渍、划痕、阴影等干扰物，给病害的图像识别和分类带来了很大的挑战。深度学习可以利用人工标记的训练数据对模型进行训练，将数据中蕴藏的大量信息通过机器学习算法不断收集到模型中，利用训练好的模型对现实世界中的相似数据进行特定处理，如图像分类、目标定位、语义分割等，从而获取隧道病害检测所需的信息。目前，深度学习作为人工智能的杰出代表，在众多领域表现出了优异的应用潜能。在地铁隧道病害检测方面，基于深度学习的人工智能算法有望代替人工繁杂的后处理工作和辅助工作，是未来发展的方向。

第2章

城市地铁隧道结构病害

本章针对本书所涉及的城市轨道交通系统中地铁隧道结构相关内容进行了介绍，重点阐述了地铁隧道的主要结构形式以及主流的施工方法；地铁隧道结构设计、施工、运营均受到工程地质环境的影响，本章将针对地铁隧道建设环境做简要论述，并基于实地调查，分析了软土地区盾构隧道结构病害的特征与规律；考虑到隧道结构的健康评价要求，提出了隧道结构检测需开展的项目。

2.1 地铁隧道衬砌结构、施工方法和病害基本类型

地铁的地下线路铺设在隧道中，连接两个地铁车站之间的隧道称为区间隧道。区间隧道的走向和埋深受工程地质条件、水文地质条件、地面和地下环境的影响，同时还受到施工方法等因素的制约，直接关系到工程造价的高低和施工的难易。

地铁区间隧道按照用途划分，其构造形式包括行车隧道、渡线、折返线、地下存车线、联络线以及其他附属建筑物。地铁区间隧道衬砌结构与构造主要取决于隧道的用途、沿线地形、地下埋设的管线、工程地质、水文地质、施工方法、环境要求、维修管理、工期要求以及投资等因素。区间隧道结构按施工方法可以归纳为明挖法、暗挖法(矿山法、盾构法)和特殊方法等。

随着矿山法应用范围的拓宽和辅助施工方法的发展，目前除冲积层中超软弱地层难以采用矿山法施工外，对于以往一般只能采用盾构法施工的较软弱的冲积层和洪积层，已有大量采用矿山法施工的实例。暗挖法地铁区间隧道的工法比较如下：

(1) 第四系的松散地层中修建的地铁区间隧道，当不具备明挖条件或采用明挖法施工不经济时，应进行矿山法与盾构法的技术经济比较。

(2) 在无水的第四纪地层中，盾构法和矿山法各有所长。前者虽然造价一般较高，但施工安全、进度快；后者不需要大型施工机械，对隧道断面、地质条件、线形、施工长度等适应性强，较适合劳动力较低廉的状况。

2.1.1 地铁隧道的结构形式

2.1.1.1 明挖法修建的隧道衬砌结构

在场地开阔、地面建筑物较少且交通量小及周围环境允许的地区,可优先采用施工进度快、造价低的明挖法施工。明挖法施工的地铁区间隧道结构通常采用矩形断面,一般为整体浇筑式或装配式结构。其优点是内轮廓与地铁建筑限界接近,内部净空可以充分利用,结构受力合理,顶板以上土层便于敷设城市地下管网和其他设施。

2.1.1.2 矿山法修建的隧道衬砌结构

地铁区间隧道采用矿山法施工时,一般采用拱形结构,其基本断面形式为单拱、双拱和多跨连拱。根据隧道衬砌结构的基本要求以及隧道所处的围岩条件、地下水状况、地表下沉的控制、断面大小和施工方法等,可以采用基本结构类型(复合式衬砌)及其变化方案。

2.1.1.3 盾构法修建的隧道衬砌结构

1) 衬砌结构类型

盾构法修建的区间隧道衬砌结构有三类:预制装配式衬砌、预制装配式衬砌同模筑混凝土整体式衬砌相结合的双层衬砌,以及挤压混凝土整体式衬砌。

2) 衬砌管片构造

(1) 管片厚度。管片厚度取决于围岩条件、覆盖层厚度、管片材料、隧道用途、施工工艺等条件。为了充分发挥围岩自身的承载能力,现代隧道工程中多采用柔性衬砌,其厚度相对较薄。根据日本隧道施工经验,单层钢筋混凝土管片衬砌的管片厚度一般为衬砌环外径的5.5%左右。北京地铁区间隧道钢筋混凝土管片厚度为300 mm,上海为350 mm,广州为300 mm,为衬砌环外径的5%~6%。

(2) 管片宽度。管片宽度的选择对施工、造价的影响较大。当宽度较小时,虽然搬运、组装以及在曲线段施工方便,但接缝增多,加大了隧道防水的难度,也增加管片制作成本,且不利于控制隧道纵向的不均匀沉降。管片宽度太大则施工不便,增加盾尾长度而影响盾构的灵活性。早期单线区间隧道管片的宽度控制在700~1 000 mm,但随着铰接盾构的出现,管片宽度有进一步提高的趋势。目前,管片宽度选择在1 000~1 400 mm。例如,北京地铁区间隧道管片宽度采用1 200 mm,上海为1 000 mm,广州为1 200 mm。

(3) 衬砌环分块。衬砌环的组成一般有两种方式:一种是由若干标准管片(称为A型管片)、两块相邻管片(称为B型管片)和一块封顶管片(称为K型管片)构成;另一种是由若干块A型管片、一块B型管片和一块K型管片构成。相邻管片一端带坡面,封顶管片则两端或一端带坡面。从方便施工和提高衬砌环防水效果的角度看,第一种方式较好。

衬砌环的拼装形式有错缝和通缝两种。错缝拼装接缝分布均匀,整体刚度大,可减少接缝及整个衬砌环的变形;缺点是当管片制作精度不足时,管片在盾构推进过程中因受力不均而易顶裂甚至顶碎。通缝拼装各部位管片形式保持固定,拼装操作方便,衬砌环整体刚度相对较低,有时易发生较大变形。对于采用管片拼装建造的地铁隧道,从制作成本、防水、拼装速度等方面考虑,衬砌环分块数越少越好;但从运输和拼装方便角度而言,又希望分块数多一些。通常,直径 $D<6$ m 的地铁区间隧道,衬砌环以分 4～6 块为宜;$D>6$ m 时,可分为 6～8 块。北京、上海、广州、成都等城市的单线地铁区间隧道均为 6 块,即 3 块标准块、2 块邻接块和 1 块封顶块。

(4) 螺栓和注浆孔。拼装管片用的螺栓分为纵向螺栓和环向螺栓两种。在柔性连接中,纵、环向的连接螺栓通常布置为一排,螺栓孔的设置不得降低管片强度并方便螺栓紧固作业。采用错缝拼装时,考虑曲线段施工方便,一般将纵向连接螺栓沿圆周等距离布置。

3) *衬砌结构防水措施*

盾构隧道渗漏水较频繁的位置是管片的接缝、管片自身小裂缝、注浆孔和手孔等,其中以管片接缝处为防水重点。通常接缝防水的对策是使用密封材料,国内采用较多的是遇水膨胀橡胶,依靠其遇水膨胀产生的膨胀压力止水。

4) *盾构工法背后注浆*

盾构施工中的背后注浆的目的主要有三点：防止地层变形;提高隧道的抗渗性;确保管片衬砌的早期稳定(外力作用均匀)。考虑施工环境的严苛现状,为实现上述目的,按盾构形式和掘削土层的性质,准确选用相应的注入材料、注入时期、注入范围和注入工法最为关键。

管片衬砌的渗水现象与背后注浆好坏有密切的关系。如果管片背面抗渗充填注入施工的效果不好,则管片背面产生的渗水现象严重,导致地下水的流动或者水位下降。如果产生这种现象,则会由于下述原因致使地层变形:

(1) 随着地下水位的降低,地层内的有效应力增加,产生压密现象,致使地层变形。

(2) 伴随地下水的流动,地层中的土颗粒移动,因土颗粒间的空隙被压缩,故产生地层变形。

2.1.1.4　沉管法修建的隧道衬砌结构

当线路需要穿越江、河、湖、海时,地铁隧道可以采用沉管法(预制节段沉埋工法)。这种方法的特点是先在干船坞或串台上分段制作隧道结构,然后通过浮运至设计位置,逐段沉入到水底预先开挖好的沟槽内,再将隧道结构管段依次连接成为整体。

沉埋结构横断面有圆形和矩形两大类,断面形状选择主要考虑断面利用率与结构受力合理性。当隧道位于大于 45 m 的深水中时,管段承受较大的水压,采用圆形或接近圆形的断面较矩形断面有利;当水深在 35 m 以内时,可采用矩形断面;水深介于 35～45 m 时,可通过计算比较选择合理断面。

2.1.2　地铁隧道的施工方法

1) *明挖法*

浅埋地铁区间特别是地铁车站,通常采用明挖法或盖挖法施工,明挖法与盖挖法施工属于深基坑工程技术。地铁工程一般位于建筑物密集的城区，因此深基坑工程的主要技术难点在于对基坑周围原状土体的保护，防止地表沉降和基坑边坡失稳，减少对既有建筑物的影响。

地铁车站施工时，在埋深较浅的情况下广泛采用明挖法。明挖法是先从地表向下开挖基坑或堑壕，直至设计高程，再在开挖好的预定位置浇筑地下结构，最后在修建好的地下结构周围及其上部回填，并恢复原来地面的一种地下工程施工方法。

明挖法施工技术简单、快速、经济，故常被作为首选方案。

2）浅埋暗挖法

浅埋暗挖法是城市地铁与轻轨工程施工的主要方法之一，它适用于不宜采用明挖法施工且含水量较小的各种地层，尤其是在城市中心区域地面建筑物密集、交通运输繁忙、地下管线密布，且对地面沉降有严格控制要求的场合下，修建埋置较浅的地下结构工程更为适用。对于含水量较大的松软地层，采取堵水或降水等措施后该方法仍然能够适用。常用的开挖方法大致分为全断面法、台阶法和分部开挖法三大类及若干变化方案。

3）盾构法

盾构法是现在城市地铁隧道施工最常见的工法，现阶段的盾构隧道建造技术已较为成熟，早期盾构一词的含义在土木工程领域中为遮盖物、保护物。这里把外形与隧道横截面相同，但尺寸比隧道外形稍大的钢筒或框架压入地层中构成保护掘削机的外壳。该外壳及壳内各种作业机械、作业空间的组合体称为盾构机(以下简称为盾构)。实际上盾构是一种既能支承地层的压力又能在地层中掘进的施工机具。以盾构为核心的一整套完整的建造隧道的施工方法称为盾构法。

4）沉管法

沉管法亦称为预制管段施工法、沉放施工法等。施工时先在隧址以外建造临时干坞，在干坞内制作钢筋混凝土的隧道管段(道路隧道用的管段每节长 60～140 m，多数隧道为 100 m 左右)，两端用临时封墙封闭起来。制成后向临时干坞内灌水，使管段逐节浮出水面，并用拖轮拖运到指定位置。这时于设计隧位处已预先挖好一个水底沟槽，待管段定位就绪后向管段里灌水压载，使之下沉至预定位置。然后把这些沉设完毕的管段在水下连接。最后进行基础处理，经覆土回填后，便筑成了隧道。

2.1.3 地铁隧道结构病害的基本类型

通过长期监测数据及外观状况的检查结果，目前地铁运营隧道病害主要表现为渗漏水、结构裂缝及损坏、隧道纵向沉降及管径环向收敛变形等。

2.1.3.1 渗漏水

与新奥法、沉管法隧道等相比，盾构法地铁隧道采用管片拼装式的施工方法，使其具有独特的多缝多孔的结构形式，这些接缝和孔洞等成了盾构隧道防水的薄弱环节。据统计，上海地区每一延米地铁隧道，其接缝长度约为 24 m。通常盾构隧道中会设置多道防水层，然而由于设计、制作、施工中的失误，地铁盾构隧道的渗漏水问题屡见不鲜。渗漏水不仅是地铁盾构隧道中最具代表性的结构病害，还会诱发一系列的其他病害，对隧道结构及列车安全造成危害。

1）渗漏水原因

引起隧道渗漏水的原因主要是由于防水材质不良或违反操作规程造成的，具体表现为：在制作管片选定的混凝土的配合比、水泥用量、入模温度、浇捣顺序、养护时间和条件等环节上出现失误，表面出现收缩开裂；在吊装、运输、拼装过程中的操作不当，造成管片丢角、损边，甚至出现贯穿性裂缝；拼装成隧道后，管片自动防水达不到设计要求的抗渗等级。

实践证明，密封垫材料性能极大影响着裂缝防水的效果，因此对它要有严格的控制要求。尤其是对防水功能的耐久性更应严格控制，要使密封垫能长时间保持接触面应力不松弛。密封垫材料的主要物理力学性能指标有耐水性、耐动力疲劳性、耐干湿疲劳性、耐化学腐蚀性等，对遇水膨胀橡胶还要求能长期保持其膨胀压力。这些性能指标要与隧道施工和运营的情况、沉降变形、接缝张开度等相适应。有些厂家的产品性能不稳定，在施工过程中过早地受到水的浸泡，致使遇水膨胀性能受影响，从而影响止水效果。密封垫制作安装误差和粘贴密合程度也影响材料的防水性能。

在施工中操作不当引起管片间的缝隙产生渗漏的原因有多种，其结果都导致了密封垫之间以及密封垫与管片之间的黏结性和压应力不够，从而引起漏水。归纳为以下几点：

(1) 在推进过程中，盾构与管片姿态不好会造成管片拼装困难，影响到管片的拼装质量，致使管片间错位、有台阶，相邻管片不在同一圆弧面上，因此减少了止水橡胶的有效止水面积。

(2) 盾构与管片相对位置不好常常会使管片发生碎裂，发生密封垫掉落现象，由于盾构推进的特殊性，不能很好地进行及时处理，使得相邻密封垫不能正常吻合压紧，从而引起漏水。

(3) 盾尾与管片之间间隙过大，盾尾密封失效引起漏浆，在处理过程中未能将管片上的泥浆清理干净，致使管片、密封垫间夹有泥沙。

(4) 管片间的对拉螺栓在拼装后，出于进度考虑，不等拧紧就向前推进，在一定程度上引起环缝的扩张(尤其在纠偏时)，使得管片间呈松弛状态。

(5) 在竖曲线推进或纠偏时加贴石棉楔子，相应增加了环缝间隙。

(6) 管片的制作精度误差，导致拼装环、纵缝间隙超过设计标准。

(7) 压浆量不足引起隧道后期产生较大的沉降变形而漏水。

(8) 手孔、螺栓孔、注浆孔等薄弱部位未加防水垫片，封孔施工质量差。

2）渗漏水分类

隧道渗漏水病害可根据渗漏水程度、特征等进一步进行细分。根据隧道渗漏水病害检查情况，渗漏水病害主要包括湿迹、渗水以及滴漏等类型，当隧道所处深度存在粉砂性土层时，在环纵缝位置可能发生漏泥漏砂现象。渗漏水病害分类及定义见表 2－1，相应实例如图 2－1 所示。

表 2－1　渗漏水病害分类及定义

分　类	定　　义
湿　迹	隧道管片内表面呈现明显色泽变化的潮湿斑
渗　水	水渗入管片，导致管片内表面水分浸润
滴　漏	水量达到一定程度时，从上方滴落
漏泥沙	因渗水通道扩大或防水失效，渗水量增加，同时夹带泥沙

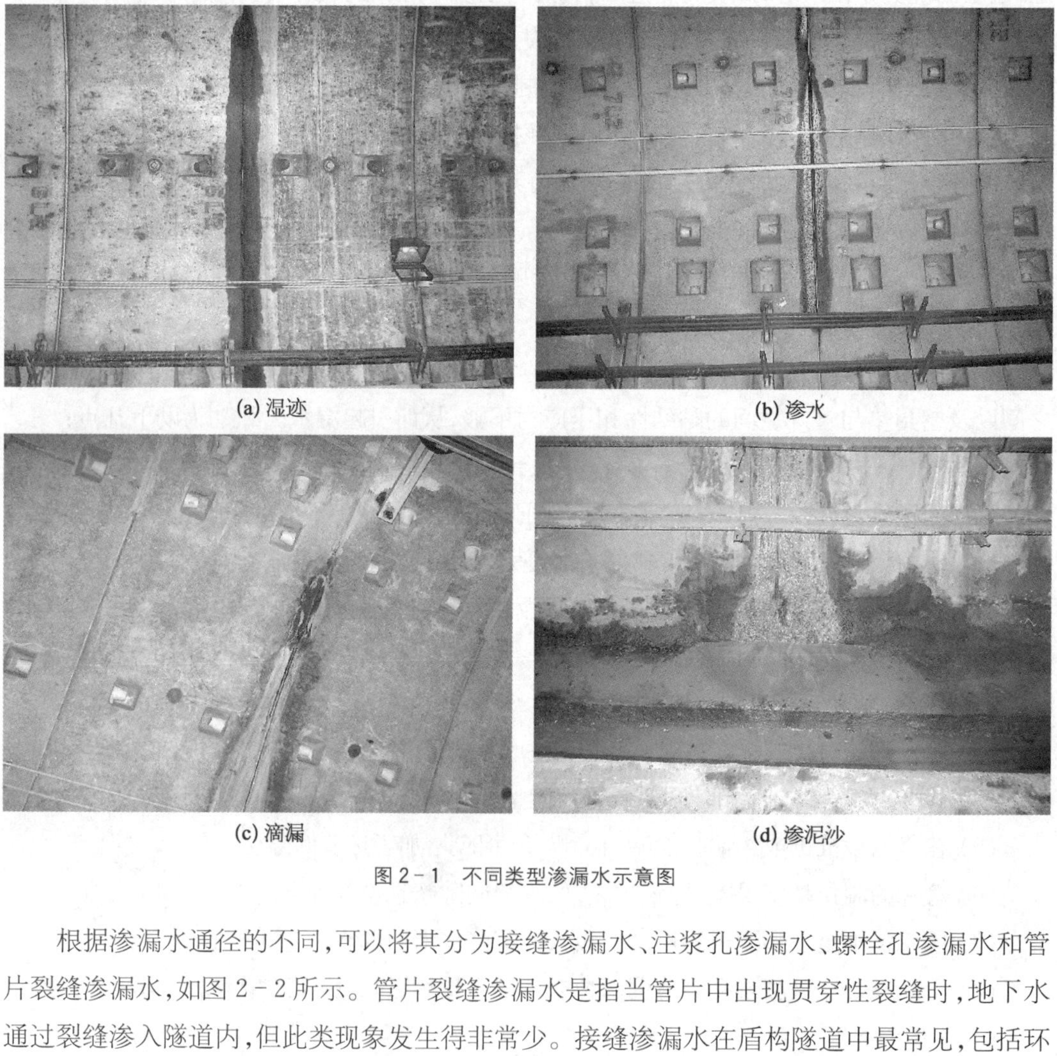

(a) 湿迹　(b) 渗水　(c) 滴漏　(d) 渗泥沙

图 2－1　不同类型渗漏水示意图

根据渗漏水通径的不同，可以将其分为接缝渗漏水、注浆孔渗漏水、螺栓孔渗漏水和管片裂缝渗漏水，如图 2－2 所示。管片裂缝渗漏水是指当管片中出现贯穿性裂缝时，地下水通过裂缝渗入隧道内，但此类现象发生得非常少。接缝渗漏水在盾构隧道中最常见，包括环缝渗漏水、纵缝渗漏水和十字缝渗漏水。另外，在管片预制阶段，会预留螺栓孔以便后期管片拼装，在隧道施工阶段，会通过注浆孔进行壁后注浆来控制地层损失，但施工完毕后螺栓

(a) 环缝渗漏水　(b) 纵缝渗漏水　(c) 十字缝渗漏水

(d) 螺栓孔渗漏水　(e) 注浆孔渗漏水　(f) 管片裂缝渗漏水

图 2-2　盾构隧道中常见渗漏水

孔和注浆孔的封闭质量往往存在问题，在运营期间成为渗漏水通道。

在研究了大量地铁盾构隧道病害数据后，对渗漏水的分类进一步细化，根据其发生部位与形状特征分为七类(图 2-3)。通过对上海地铁盾构隧道 657 处渗漏水样本调查分类，本书所定义的七类渗漏水涵盖了 97%(图 2-4)，说明该分类较为合理。隧道中绝大部分的渗

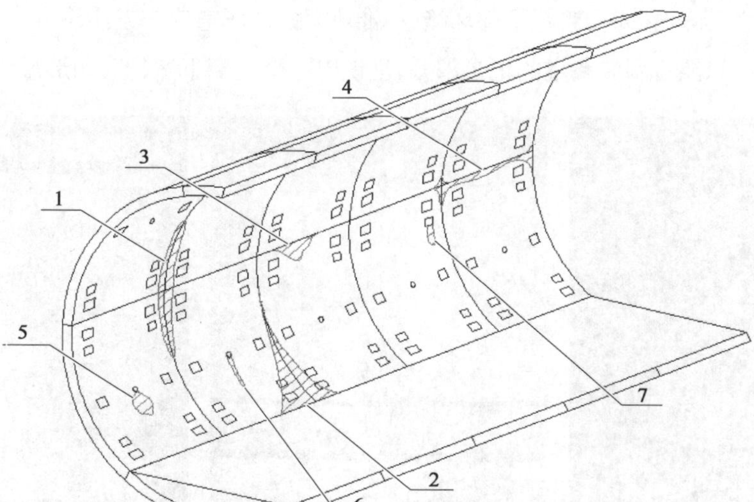

图 2-3　上海地铁盾构隧道渗漏水分类示意图

1—第一类环缝渗漏水；2—第二类环缝渗漏水；3—第一类纵缝渗漏水；4—第二类纵缝渗漏水；
5—第一类注浆孔渗漏水；6—第二类注浆孔渗漏水；7—螺栓孔渗漏水

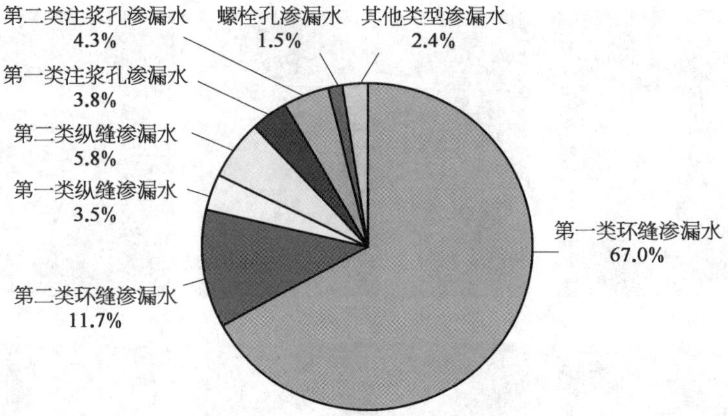

图 2-4　上海地铁盾构隧道渗漏水分布

漏水均发生在环缝和纵缝处，注浆孔和螺栓孔的样本较少，因此本章仅针对环缝和纵缝渗漏水做简要分析。

(1) 环缝渗漏水。环缝渗漏水为隧道中最为常见的，通常长度较长、宽度较窄。环缝渗漏水的成因非常复杂，隧道变形、错台、裂缝、腐蚀都可能诱发渗漏水，难以将所有因素对渗漏水的影响机理都分析清楚，但隧道纵向变形是引起渗漏水最常见的原因。本章仅从纵向变形的角度入手，归纳隧道环缝渗漏水的普遍形态。隧道不同的纵向变形形态会导致不同的渗漏水位置和形状：当隧道发生隆起时，管片上部环缝(封顶块、邻接块)张开，渗漏水出现在隧道顶部，并向下流至道床，形成一个贯穿上下的长条带状渗漏水；当隧道发生侧向弯曲时，中部环缝(邻接块、标准块)张开，渗漏水从隧道中部向道床流动，形成类似长椭圆的形状；当隧道发生沉降弯曲时，管片下部环缝(标准块)张开，隧道底部发生渗漏水，但由于道床的覆盖，隧道中只能看到渗漏水的上半部分，呈现出一个上窄下宽的三角形形状(图 2-5)。

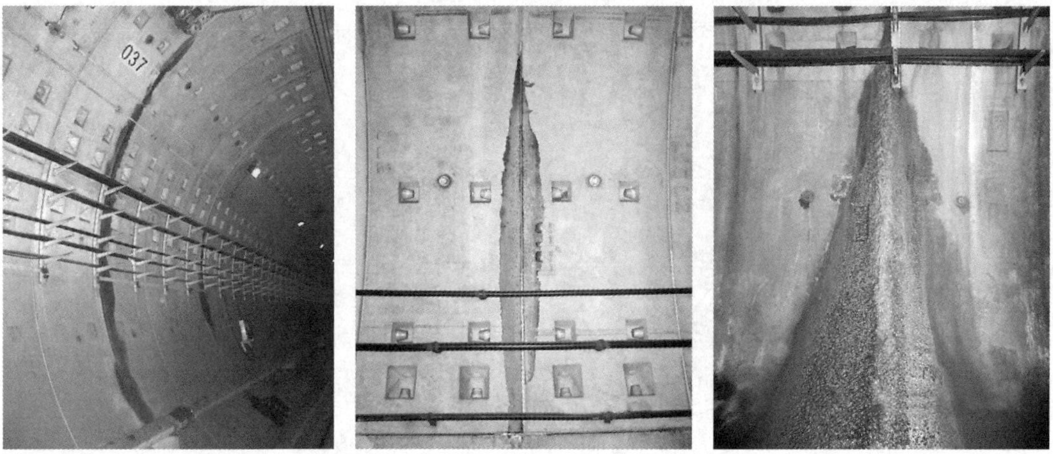

(a) 上部　(b) 中部　(c) 下部

图 2-5　环缝渗漏水照片

发生在隧道上、中、下部位的环缝渗漏水形态往往不同，事先无法预知渗漏水位置，但水流有沿着环缝向下流动的趋势，因此在检测或监测时应结合此特点进行方案设计。

(2) 纵缝渗漏水。纵缝渗漏水在盾构隧道中发生的概率仅次于环缝渗漏水，此处针对由隧道横向变形造成的纵缝渗漏水做简要分析。当隧道横截面发生“横鸭蛋”式变形时，中部纵缝外侧将会张开，容易发生渗漏水；而当隧道横截面发生“竖鸭蛋”式变形时，上部及下部纵缝将会张开。顶部纵缝发生渗水时，可能不会形成大面积的渗水范围，而是以滴漏的方式直接落在道床甚至轨道上；中部纵缝发生渗漏水时，水从纵缝渗入后沿垂直于纵缝的方向向下流，呈一个倒三角形的形状；底部纵缝发生渗漏水时，水流往往渗透到道床边界处形成水痕(图 2-6)。

(a) 上部　　(b) 中部　　(c) 下部

图 2-6　纵缝渗漏水照片

3) 渗漏水危害

地铁隧道的结构安全是地铁正常运行的重要保障，结构病害不仅影响隧道发挥正常使用功能，更关系到隧道结构的剩余寿命。渗漏水是最常见也是最典型的一种盾构隧道结构病害，渗漏水是软土隧道最主要的病害，对隧道的稳定、洞内设施、行车安全、地面建筑和隧道周围水环境产生诸多不良影响甚至威胁。由于长期渗漏水容易使衬砌结构剥落、风化，隧道的使用可靠性将降低；如果渗漏水中含有侵蚀介质，将造成衬砌劣化，降低衬砌的承载能力。地下水向隧道区域汇集将浸泡腐蚀隧道周围土层，使周围土层强度和稳定性降低，冲淘衬砌背后土层形成空洞，影响围岩和衬砌的长期稳定，形成巨大的水压力，威胁衬砌安全。

近年来，我国城市地铁隧道不断受到渗漏水病害困扰，以我国某一大城市的地铁为例，病害最严重的一条线路平均每百环就有 3.7 处渗漏水，而其他线路的平均每百环渗水也在 2 处左右，且偶尔会出现漏泥沙、涌水等严重病害。渗漏水不仅会腐蚀管片中的混凝土和钢筋，影响隧道结构的耐久性，还会降低隧道中电气设施的使用功能，隧道顶部的渗漏水还容易滴落在轨道上，危及行车安全。可见，在当前形势下，对地铁隧道渗漏水病害的发现和治理显得尤为重要。

2.1.3.2 结构损伤

结构损伤包括管片衬砌裂缝，表面缺损、剥落等。在差异沉降大及转弯半径小的区域，有不同程度的整体道床与管片脱开现象(图 2-7)。管片本身因隧道沉降等其他因素导致破坏的现象较少，但由于隧道纵向沉降而造成的管缝张开、嵌缝条脱落的现象在运营隧道中已经发现，管片角部出现碎裂或缺角现象大多数由于制作、养护、吊运、安装和外力等诸因素的影响造成，如图 2-8 所示。剥落是指混凝土表面水泥沙浆流失，造成粗骨料外露的现象，严重的剥落造成混凝土骨料松脱，一般发生在混凝土表层品质较差的部位。图 2-9 为典型的露筋、混凝土缺失病害。

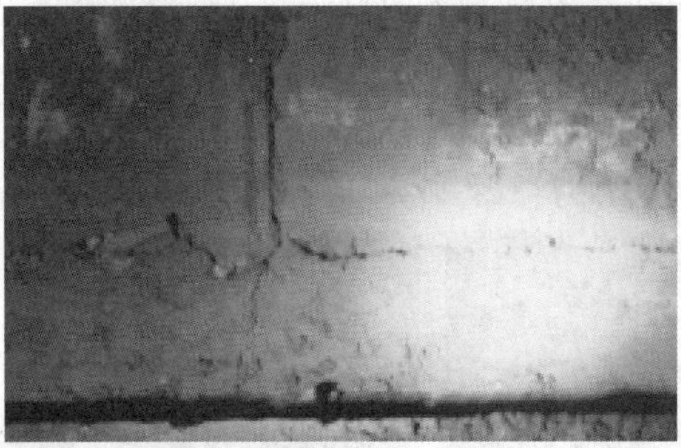

图 2-7 道床裂缝、脱开(后附彩图)

图 2-8 管片碎裂、缺角(后附彩图)

图 2-9 露筋、混凝土缺失(后附彩图)

常见的管片损伤病害主要包括管片裂缝和缺块两大类，此外对于发生明显收敛变形的盾构隧道区段，容易发生腰部缺损现象，见表 2-2 和图 2-10。

表 2-2 管片损伤病害分类及定义

分类	定义
裂缝	表层混凝土开裂
缺块	管片端部混凝土缺失
缺损	管片纵缝两侧混凝土片状缺失

裂缝是盾构隧道结构常见病害之一，也是管片制作、管片拼装、隧道运营养护各阶段的主控项目。《盾构法隧道施工及验收规范》(GB 50446—2017)规定，钢筋混凝土管片制作中

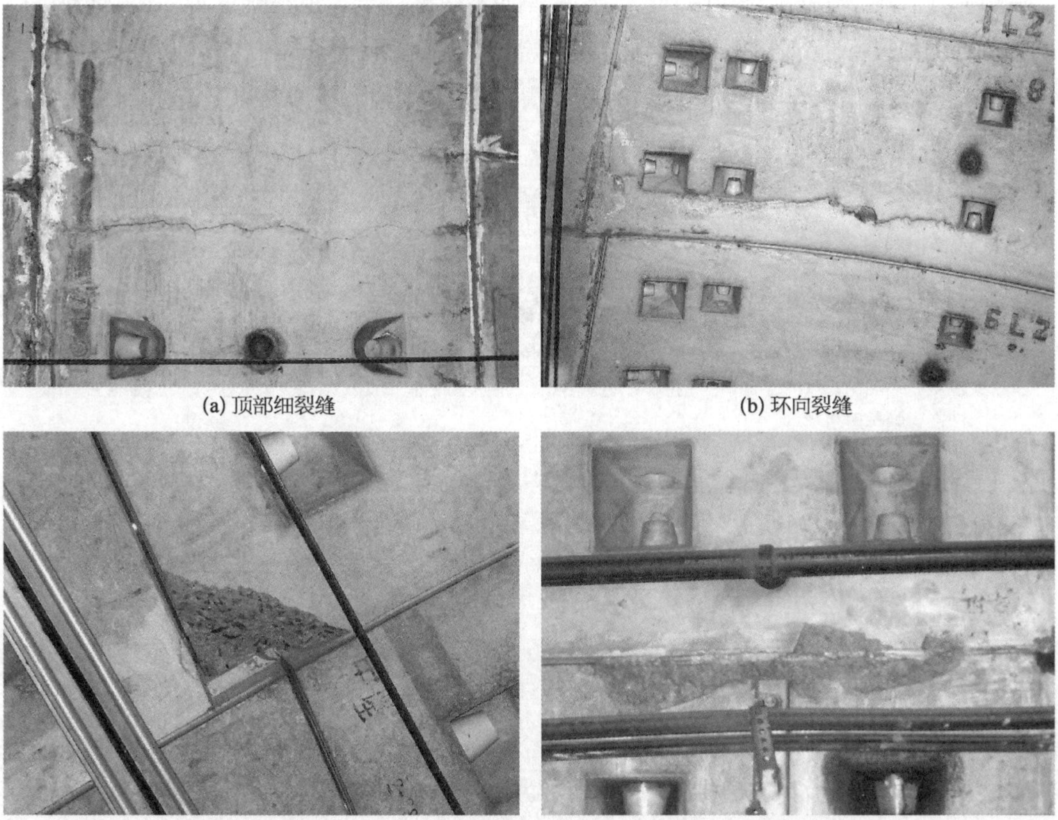

(a) 顶部细裂缝　(b) 环向裂缝　(c) 顶部缺块　(d) 腰部缺损

图2-10 管片结构损伤病害示意图

不应存在露筋空洞、疏松、夹渣、有害裂缝、缺棱掉角、飞边等缺陷,管片拼装中内外不得有贯穿裂缝和宽度大于0.2 mm的裂缝。《上海市隧道养护技术规程》(SZ-43—2005)将裂缝的检查和治理列为重点项目。

1) 裂缝产生的原因

许多关于盾构隧道裂缝的研究对裂缝产生的原因进行了探讨。《隧道标准规范[盾构篇]及解说》认为管片裂缝出现的原因如下:

(1) 弯矩和轴向拉力引起。

(2) 盾构的千斤顶推力和管片搬运、装配时的操作等施工引起。

(3) 混凝土的干燥收缩和反应性骨料等所使用的材料引起。

(4) 混凝土的碳化和氯离子渗入管片造成钢材腐蚀引起。

竺维彬等对广州地铁隧道进行考察,认为管片开裂的原因如下:

(1) 管片生产过程中,混凝土配合比不合理和施工工艺不科学导致管片表面出现细微裂缝,这种裂缝出厂检查时不易目测到,但一旦受集中应力作用,裂缝迅速扩展。

(2) 盾构施工过程中,总推力过大、管片环面不平整和千斤顶撑靴重心偏位、盾构机姿态控制与曲线段不匹配、出盾尾管环的变形易造成管片开裂。

(3) 隧道使用过程中的开裂原因有隧道周边土压、水位发生改变以及隧道内列车的振动或地震造成周边砂层液化。

通过对管片裂缝、破损原因及所占比例进行了汇总(表 2-3),可以看出盾构施工因素是裂缝形成的主要原因。

表 2-3 管片裂缝、破损原因及所占比例

管片裂缝、破损原因	所占比例(%)
管片制作质量欠佳	9.9
搬运堆放和吊装碰撞(边角缺损)	5.3
管片在盾构内拼装时碰撞和承拉超限	38.2
盾构行进姿态和管片就位不一致、纠偏与错台	21.6
掘进时管片顶力分布不均匀	18.5
其他	6.5

2) 裂缝产生的危害

裂缝对盾构隧道的影响主要体现在耐久性和力学性能两方面。对于钢筋混凝土结构,在影响耐久性的因素中,裂缝起主要作用。管片内侧(通道内)裂缝的出现会使二氧化碳更容易向混凝土内部扩散,加快混凝土的碳化;由于裂隙壁对溶液中的离子有较强的吸附作用,管片外侧(与水土直接接触)的裂缝会加剧侵蚀性离子在混凝土中的侵入过程;此外,裂缝的出现相当于减小了混凝土保护层的厚度,缩短了外界腐蚀性介质到达钢筋表面所需要的时间。因此裂缝的出现会加速管片混凝土的碳化和腐蚀过程,加速钢筋表面钝化膜的脱钝,进而加快钢筋的锈蚀;同时,钢筋锈蚀产物的膨胀作用和混凝土腐蚀又会引起自身的开裂,由此形成恶性循环,最终导致结构由于耐久性不足引起的失效。伍振志等分析了裂缝对管片耐久性的影响,并采用模糊集理论评价了裂缝的宽度、长度、方向、密度等因素对管片耐久性损伤度的单独和综合影响。

有关裂缝对盾构隧道衬砌结构力学性能影响的研究较少,而在山岭隧道方面的研究较多。对此,部分研究应用混凝土断裂力学的方法分析裂缝自身的稳定性。张玉军等以平面有限元位移法分析了带裂缝隧道二次衬砌裂缝尖端的应力强度因子及衬砌承载安全系数,其中主要考虑了裂缝深度、宽度及条数的影响;刘海京等利用接触理论模拟裂缝面的接触摩擦作用,基于地层-结构方法建立了包含纵向裂缝的隧道计算模型,并综合钢筋混凝土理论和脆性材料断裂判据,建立了存在裂缝的隧道衬砌结构安全评估方法;在计算模型和评价方

法的基础上，分析了裂缝角度对衬砌结构安全的影响。黄宏伟等采用扩展有限元研究了山岭隧道在偏压、背后空洞、松弛土压、不均匀沉降等作用下的裂缝分布规律、裂缝扩展过程、裂缝外观表现形式及发生机制。

另有部分研究不考虑裂缝的失稳扩展问题，仅考虑裂缝引起的截面刚度退化分析裂缝对结构承载力的影响。王华牢等采用基于刚度退化理论的混凝土刚度折减公式，对带裂缝的衬砌结构进行了安全系数验算，对结构的安全性进行了分析。杨春山等建立了衬砌环开裂后三维非线性有限元计算模型，结构计算模型采用实体单元，衬砌结构裂缝及接头作用分别用古德曼单元及组合弹簧模拟，应用有限元程序 GTS 分析载荷作用下带裂缝衬砌结构的应力与变形情况且与衬砌结构不考虑裂缝影响力学性能进行了对比。刘学增等基于载荷-结构模型，开展了钢筋混凝土衬砌的加载试验，通过分析钢筋混凝土衬砌加载过程中结构的变形和裂缝展开规律，获得了纵向裂缝深度与结构转动刚度的关系曲线，提出了单一裂缝情况下钢筋混凝土衬砌的计算模型；该模型根据连接弹簧单元来模拟衬砌裂缝，弹簧单元的参数根据衬砌结构试验结果和理论分析确定。以上在山岭隧道中的研究方法和成果可借鉴到盾构隧道中。

2.1.3.3　结构变形

地铁隧道通常被认为是以横向变形为主要变形形式的细长结构，然而在软土地层中，由于地层的不均匀沉降和装配式衬砌中纵向接头的存在，隧道纵、横向变形导致接缝张开，易引发结构渗漏水等问题，隧道纵向的变形控制也越来越引起人们的关注。

1）纵向沉降

对于预制混凝土管片组成的圆环形装配式结构而言，纵向沉降是指隧道纵向产生的相对于隧道竣工后的初始竖曲线状态的变形，常以隧道道床上某一监测点的沉降来代表某一断面的沉降。各个断面的沉降量之间的差异性导致隧道产生了不均匀沉降。当运营地铁隧道的纵向不均匀达到一定程度之后，轻则引起管片接缝张开过大，隧道结构环缝或纵缝渗漏水，重则导致管片开裂、钢筋锈蚀甚至导致地铁结构损坏，危及列车运营安全。

从理论上分析，隧道衬砌环入土后的沉降发展过程大致可分为三个阶段：初始沉降；下卧土层超孔隙水压力消散而引起的固结沉降；下卧土体骨架长期压缩变形的次固结沉降。城市的大规模建设、地铁保护区内基坑施工、区域不均匀沉降等均与地铁隧道沉降密切相关。因此对处于城市环境下软土地层中的盾构隧道来说，其纵向长期沉降量显著且不均匀，影响因素多而复杂。

扰动土层的后期沉降、地质条件的不均匀性、约束条件的变化以及广义的加卸载等因素导致隧道产生纵向不均匀沉降和横向变形，使得衬砌管片及连接螺栓在原有水土载荷下的应力基础上产生二次应力，衬砌结构的内力发生响应改变，直接影响地铁隧道的结构性能和运营安全。

2）横向收敛变形

盾构隧道横向收敛变形一直是设计与研究人员关注的重点。在我国地铁运营里程不断增加的情况下，邻近隧道的施工数量也不断增多，周边环境影响导致的地铁盾构隧道变形问题逐渐增多，如周边加卸载造成的隧道横向大变形等。地铁盾构隧道横断面收敛变形是隧道结构性态的重要指标，也是保证地铁隧道安全运营的重要因素。由于隧道的特殊结构形式，横向收敛变形一般为“横鸭蛋”、“竖鸭蛋”和“斜鸭蛋”形，如果横向变形过大，会造成混凝土的压碎、接头渗漏水、螺栓屈服，还会减小隧道的安全界限，直接影响到隧道的运营和结构安全。横向收敛变形是目前隧道横向变形监测和测量的一个重要项目，目前对于结构现状的评价通常将其作为一个关键性指标。此外，横向收敛变形也是最容易通过现场数据获取的指标。

上海地铁运营隧道横向收敛变形通常采用收敛尺、全站仪、Bassett 收敛系统等仪器及时进行监测。截至 2004 年底，共完成全线收敛变形监测 4 次。图 2－11 为上海地铁 1 号线上行线某区段 46 环管片监测统计结果，横向超过设计允许值 5‰D（D 为隧道外径），占被测管片总数的 85%。诸多因素综合作用导致隧道的横向变形增大，横断面呈现出“横鸭蛋”形。调查发现，隧道的横向变形导致封顶块与邻接块接缝张开、勾缝脱落现象。目前该区段隧道采用内置钢圈加固，钢板与管片之间进行环氧注浆，隧道上方卸载及两侧土体加固增大侧向抗力控制隧道横向变形等措施对其进行集中整治。后期调查发现，渗漏水、横向收敛变形现象均得到了有效控制。

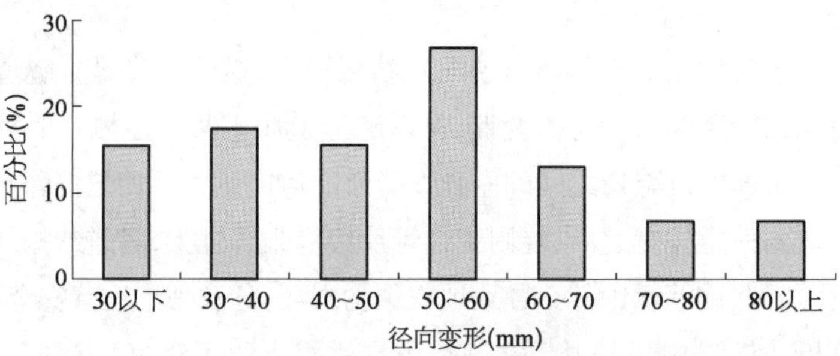

图 2－11　上海地铁 1 号线典型区段收敛变形统计

2.1.3.4　结构形变

常见的结构形变病害主要为管片错台和接缝张开两大类，见表 2－4。

表 2－4　管片形变病害分类及定义

分　类	定　　义
错　　台	环间或单环内块间拼缝不对齐现象
接缝张开	因大变形等原因导致的块间接缝不密贴现象

结构形变中错台病害如图 2－12 所示，其中图 2－12a 为相邻环错台病害，图 2－12b 为单环内块间错台病害。

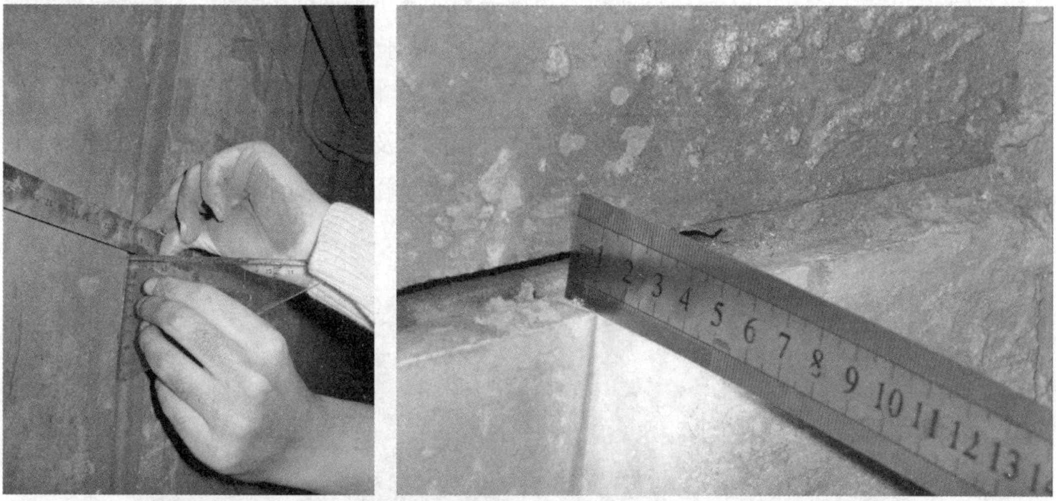

(a) 环间错台　　(b) 块间错台

图 2－12　错台示意图

图 2－13 示意了不同位置纵缝的张开现象。

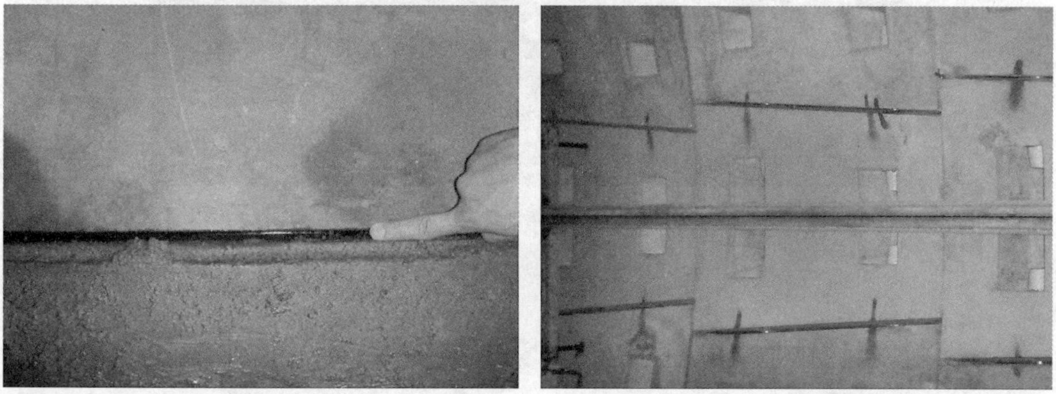

(a) 底部纵缝张开　　(b) 顶部纵缝张开

图 2－13　接缝张开示意图(后附彩图)

2.1.3.5　材料劣化

1) 混凝土劣化

使用年限过程中的混凝土劣化情况主要为混凝土的碳化。碳化是指混凝土中强碱生成物 $Ca(OH)_2$ 与大气中的 CO_2 反应失去碱性而碳化的现象。当温度过低和过高时，碳化速度都较快。碳化作用主要引起钢筋混凝土结构的表面损坏，它是大气中二氧化碳侵入混凝土的结果。

2）钢构件腐蚀

钢筋腐蚀是指造成结构承载力降低，与保护层厚度、碳化深度、氯化物含量等有关，与碳化的发展、盐害等也有密切关系。钢筋衬砌腐蚀会大大减小钢筋的承载力，此外还会使衬砌结构变得酥松、强度下降，降低隧道衬砌的承载能力。由于腐蚀导致隧道发生渗漏水现象，在冬天和寒冷地区则表现为冻害等，腐蚀洞内的设备，缩短隧道使用寿命，危及行车。

由于所处环境长期潮湿或环境腐蚀等问题，钢管片以及复合管片等易发生锈蚀现象，如图 2-14 所示。对联络通道处的钢管片以及混凝土强度测试区域附近的螺栓的腐蚀情况包括腐蚀的位置及面积等，进行检测记录。

图 2-14　钢构件锈蚀示意图

2.2　上海地铁盾构隧道运营环境与结构病害

与矿山法、沉管法隧道等相比，盾构法隧道采用管片拼装式的施工方法，使其具有独特的多缝多孔的结构形式，这些接缝和孔洞等成了盾构隧道抗病害的薄弱环节。在服役环境不断变化、材料劣化等内外因素共同作用下，地铁隧道结构受力状态会发生变化，性能逐步退化。由于我国当前轨道交通建设速度较快，其结构施工质量难免存在一定程度的缺陷，因而地铁隧道健康服役面临的问题日益突出。目前经过多年运营，许多隧道已出现多种病害。这些病害主要包括变形侵限、渗漏水、裂缝、缺损、错台、掉块、道床与管片脱开、接缝张开、坍塌等，这些病害给隧道运营安全造成了一定的威胁。如何预控制日益增多的地铁隧道病害并采取相应的措施确保运营安全，已引起设计及地铁运营管理部门的极大关注。

2.2.1 上海地铁隧道运营环境

上海位于长江和黄浦江入海汇合处，北界长江，东濒东海，是长江三角洲冲积平原的一部分。上海濒海临江，地处长江三角洲前缘，全市平均海拔 4 m，陆地地势总由东向西低微倾斜，地理位置的特殊性造就了上海地区独特的工程地质和水文地质条件。上海地铁隧道建造在软土地层中，与常规的岩层、土层隧道差异巨大，由软土地层和高水头地下水导致的问题十分棘手。随着技术的发展和创新，上海地铁隧道施工克服了诸多难题，目前的地铁线路规模已位居世界第一。

地铁隧道的病害与其运营环境关系密切，本节主要针对关系上海地铁隧道运营的环境条件及病害产生的条件加以阐述，以对上海地铁隧道运营环境有初步的认识。

2.2.1.1 地质条件

上海濒海临江，地处长江三角洲前缘，75 m 以上广泛存在高含水量、高孔隙比、低强度、压缩性、以灰色淤泥质黏性土为主的海相地层，属于典型的软土地基，工程地质特性不良。图 2-15 为上海地区 70 m 以上各层土的类型、埋深及水文条件等示意图。$②_3$层为第一层砂土层，该层的潜水水头为地面以下 0.5～2.5 m；③层和④层为第一层软黏土层，其黏土粒径小于 5 μm，是上海地区最软的一层土；⑤层及其亚层土为第二层软黏土层，含有水头高度在 −2.75～−0.5 m 的低水头承压水，通常情况下，地铁隧道即修筑在第二层软黏土层中；当地铁隧道需穿越河道或已有隧道时，隧道埋深加大，其埋置深度可至地面以下 30 m，位于第二层硬土层中（$⑥_1$和$⑥_2$），该层土有较高的承载力；但埋深在 30 m 左右的地铁隧道也可能遭遇第二层砂土（$⑦_1$和$⑦_2$），该层主要为淤泥质砂土且为承压水层，其水头高度为 −5～1 m，承压水给地铁盾构施工带来不小的麻烦，也在一定程度上为隧道病害埋下了隐患。

由于浅层土总体软弱，存在着大量的饱和高压缩性软黏土层与饱和含水砂性土层，而上海地铁隧道大部分埋置于这两类土层中，因此其物理力学性质对地铁隧道安全的潜在威胁最大。以下针对这两类土层做简要介绍。

1）饱和高压缩性软黏土层

此类软弱土层为饱和含水的流塑和软塑的淤泥质黏性土或淤泥质粉质黏土层。这类土层在上海市区广泛分布，当土层一经扰动，其强度降低明显，而且在较长时间内发生固结和次固结沉降。20 世纪 90 年代，同济大学曾对上海软塑流塑的黏性土进行三轴剪切蠕变试验和单轴蠕变试验，当土体压力较小时，蠕变变形很小，当达到一定应力水平时，土体变形随时间的延长而增加，应力水平越高，流变速率越大。

国外曾发生过在此类土层中建造的隧道由于沉降过大而一度停止使用，国内亦发生多起类似大范围大沉降案例。因隧道沉降稳定时间长达几年乃至更长时间，变形时间长、变形量大是这类土层发生沉降变形的显著特点。在隧道周围土层发生扰动的情况下，可持续发生长达数年的沉降变形。

图 2-15　上海地质分层

2）饱和含水砂性土层

此类土层主要指饱和粉砂、饱和粉细砂和砂质粉土。上海很多地区都存在着这类土层，尤其在苏州河段两侧地表下 15 m 深度内，存在大量②$_3$灰色粉性土、粉砂层。其显著特点是饱和松散、透水性好，因粒径很小，发生流砂后不易察觉。国外曾发生过多起砂性土层中的隧道因细砂流失导致结构失效的案例；国内也曾发生多起砂性土层中的地铁隧道因施工不慎导致隧道重新修建的案例。国内许多运营隧道发生过隧道漏砂漏水，所幸及时发现并控制，但漏砂漏水给隧道结构安全带来的威胁是严重的。在上海运营的地铁网络中，约有单线长度 67 km 的隧道是处在饱和含水砂性土层中，约占地下区间单线隧道总长的 11.6%。砂性土由砂粒和粉粒组成，颗粒极细，在动水压力作用下极易产生流砂，且比较隐蔽。当隧道衬砌中有一处发生穿透性裂隙，其裂缝宽度大于 d70(即土的 70%的粒径均小于裂缝宽度)时，隧道周围砂性土就会发生大量水土流失，从而导致隧道结构失稳坍塌。相对于前一类土层来讲，从漏砂开始至破坏，其时间较短、变形快，若发现不及时将迅速发展，直至结构破坏。

从上海地铁 1 号线建设经验来看，徐家汇站以北区域地质情况多属于饱和含水的流塑或软塑黏性土层，这类淤泥质软黏土具有高压缩性和大流变性，扰动后强度明显降低，而且会在较长时间内发生固结沉降。长期监测结果表明，凡地质情况较差的区段隧道累计沉降量也较大。因此控制施工期隧道周边土体的扰动对减少后期沉降非常关键。

2.2.1.2　水文条件

上海市区的地下水水位较高。大部分地段潜水水位约－2.5～－0.5 m，第一承压水层（$⑦_1$和$⑦_2$）水头高度为－5～1 m，第二承压水层（$⑨_1$和$⑨_2$）水头高度为－7～－3 m。第三、四、五承压水层埋藏较深，一般情况下的地铁隧道不会遭遇。对地铁施工和运营影响较大的是第一承压水层，部分穿越河道与已有隧道的地铁隧道会遭遇第一承压水层，其施工常须密切防范流砂与突涌；对运营中的地铁隧道而言，砂性土承压水层也是引起隧道渗漏水的原因之一。图 2－16 为第一承压水层地下水位等值线图，可见上海市城区的大部分地段第一承压水层水头高度均在－1～2 m。

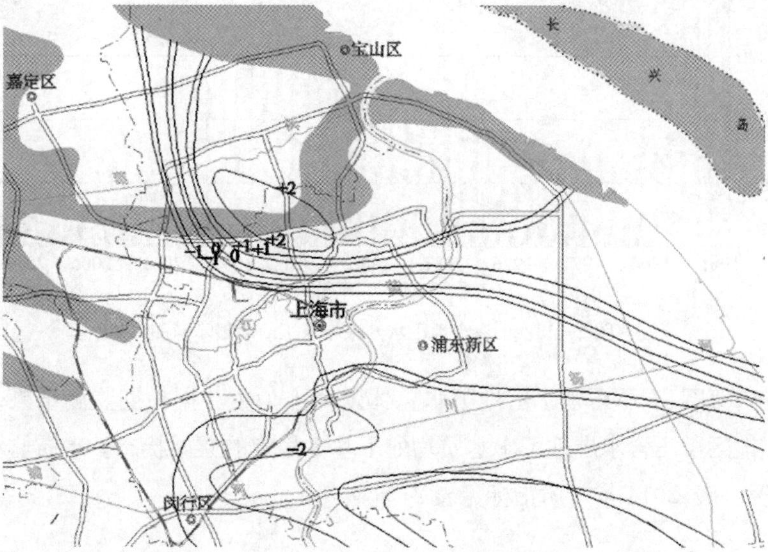

图 2－16　上海城区第一承压水层水位等值线图(2015 年)(后附彩图)

一般认为上海地区的地面沉降与地下水开采有直接关系。图 2－17 为承压水层地下水位变化与累积地面沉降之间的关系，两者的变化趋势相同，表明地下水位是地面沉降的主要影响因素。而随着各界对过量抽取地下水所造成的危害认识加深，近年来上海地区地下水开采压缩力度逐渐加大，并增加了人工回灌。图 2－18 为 1961—2016 年上海市地下水开采与人工回灌量示意图。

受沉积环境的影响，上海市第一、二、三承压含水层地下水原始状态下总体以微咸水、咸

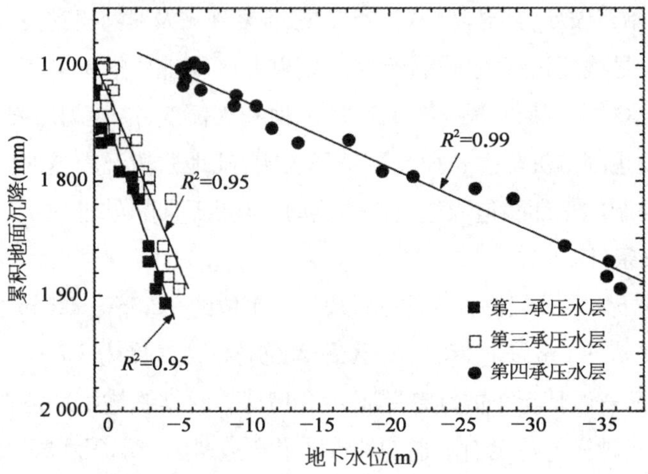

图 2-17 地下水位与累积地面沉降的关系

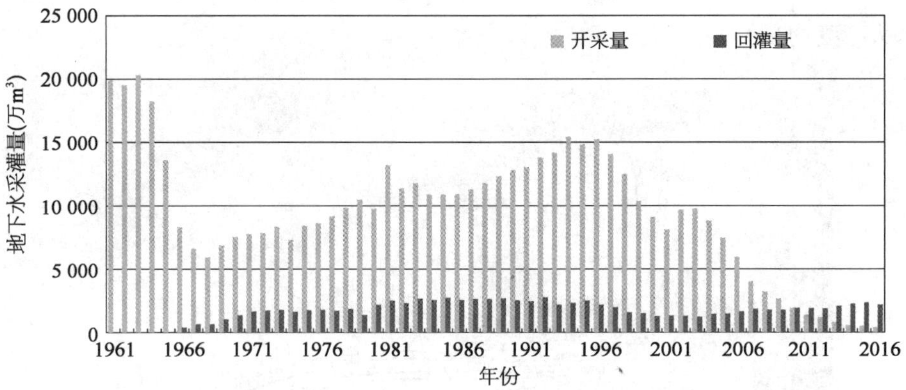

图 2-18 上海市地下水开采与人工回灌量示意图

水和盐水为主，第四、五承压含水层地下水总体以淡水为主。据长期监测结果，除人工回灌井外，大部分地区承压含水层地下水水质均处于基本稳定的原始状态。水质监测资料表明，潜水水质状况一般，2014 年水质指标见表 2-5。

表 2-5 潜水主要水质指标 (mg/L)

Na	Ca	Mg	Cl^-	SO_4^{2-}	HCO_3^-	NO_3^-	NO_2^-	NH_4^+	TFe	Mn	矿化度	硬度	COD
92.8	89.2	39.0	96.9	96.1	423.1	50.2	2.853	0.90	0.372	0.336	720	383.2	2.80

2.2.1.3 地面沉降

上海地表沉降由来已久，上海的地面沉降及地下水抽取量从 1921 年开始有官方记录。1949—1965 年上海的地面年均沉降量为 65 mm，1966—1971 年地面年均回弹 3.2 mm，1972—1989 年的微量沉降阶段年均沉降 3.5 mm。随着上海城市建设的飞速发展，高层建筑层出不穷，20 世纪 90 年代之后的十多年间，中心城区年均沉降达 11.9 mm。统计数字表明，截至 2009 年上海城区平均的累积地面沉降已达 1.97 m。近年来对地下水的采灌管理逐渐加强，通过压缩地下水开采量并增加人工回灌量，地面沉降得到了一定的控制。根据上海市规划和国土资源管理局发布的信息，2016 年全市平均地面沉降量约为 5.0 mm。

对地铁隧道的沉降监测数据表明，地铁隧道沉降与地面沉降显著相关。图 2-19 为自 1999 年设置地面沉降监测点以来，1995—2004 年人民广场范围内地面监测点与地铁道床沉降监测点的历时沉降曲线。从曲线上可以明显看出，地铁隧道沉降很大程度上取决于地面沉降，而且趋势一致。

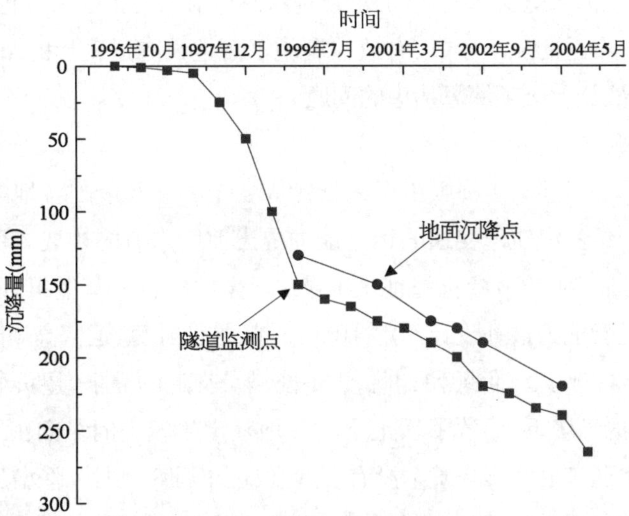

图 2-19　地铁隧道代表性监测点的沉降变形特点

地面区域性沉降是由多种因素叠加而成的，诸如深井取水、周围工程长时间大量降水降压施工以及大范围区域性深大基坑工程施工等；另外，上海地区城市化进程导致的建筑活动也是造成地面沉降的原因之一。而凡是地面沉降较大的地区，隧道沉降量也较大。在隧道的累计沉降量中，地面沉降因素占到相当大的比重，有时达 50%～80%。目前，地面沉降防治已经列入上海市工作计划，地面沉降的趋势逐渐减缓，地铁运营面临的地面环境沉降压力总体趋缓。

2.2.1.4　工程活动

据不完全统计，自上海地铁开通运营至 2007 年，在保护区内实施的工程项目近 200 个，其中直接建于隧道上方的工程项目 18 项，距地铁结构边线 10 m 以内的项目近 50 项。基坑工程是对地铁隧道运营安全影响较大的一类工程活动。基坑开挖会导致其周围土体的沉降和位移，且基坑工程中多涉及降水作业，降水造成地下水位降低也会间接地对邻近的地铁隧道产生严重的影响。一般紧邻地铁的基坑工程会有严密的论证、监测及施工方案，基坑周围也会设置降水回灌，但此类工程活动仍会导致隧道发生不同程度的变形，从而引发地铁隧道结构病害。

除此之外，地铁隧道沿线的堆载与卸荷也是影响隧道变形和病害的重要原因之一。工程活动常形成地面堆卸土，由于上海地铁已初具规模，线路分布较为密集，此类紧邻地铁隧道的堆卸土活动出现频率较高，且事先难以查知。仅 2014 年，上海地铁沿线因工程活动而造成的突发堆土多达 16 次，引起隧道结构各类结构及运营安全问题。2008 年 12 月，上海某地铁区间盾构隧道地面突发大量堆土（堆高达 7.0 m），引起了严重且密集的渗漏水及结构损伤病害，部分衬砌环甚至出现顶部混凝土块状脱落及螺栓断裂现象，严重威胁到结构及运营安全。近年来随着上海轨道交通的蓬勃发展，地铁隧道沿线的工程项目越来越多，合理安排各种施工工序、选择合适的施工参数、有效控制施工对地铁隧道变形的影响将成为设计、施工单位在工程项目实施前必须深思熟虑的问题。

2.2.1.5 列车振动

作为长三角地区的领队，上海吸引了来自世界各个国家及全国各地的精英来此谋求发展，庞大的城市人口给上海轨道交通的运营能力提出前所未有的挑战。目前上海地铁主要运营车型为 A 型列车，到 2010 年上海地铁 1 号线已全线实行 8 节编组，运营整列车总长达 186 m。上海地铁运营能力最初设计额定 310 人／节，按此计算，运营高峰时的一列 8 节编组的列车乘客已超过 2 000 人。但即便如此，仍不能满足交通的需求，超负荷的地铁结构长期处于低频连续振动的环境下，导致了软土下卧层地基产生较大的纵向沉降。以上海地铁 1 号线为例，建成后未通车期间沉降基本没有发展，但通车后 8 个月沉降增加了 36 cm，四年内部分点沉降甚至达到 14 cm。由此可见，列车每日往复运行带来的长期循环振动作用与地铁隧道的沉降有直接的关联。

列车振动作用所引起的地铁环境振动可通过现场实测得到，也可由解析或数值计算得出。图 2－20 为在隧道周围地层中开展的现场振动测试，对地铁列车运行引起的地层、地表振动进行监测，以获取地铁振动在周围饱和软黏土中的振动特征和传播规律（图中 A+数字为加速度计编号）。可以看出，隧道近处周围土层以 Z 向振动为主，特别是隧道下方区域；隧道侧向和顶部随着离隧道距离增加，Z 向振动减弱，隧道侧向水平向振动表现更为明显。振动加速度以弧形辐射状向外衰减隧道的正下方和正上方区域是振动比较剧烈的部位（图 2－21）。

对于地铁盾构隧道而言，隧道长期沉降严重影响其运营和结构安全，并会进一步导致各类病害的产生，而列车振动载荷是诱发隧道长期沉降的重要因素之一。上海地区的大量地铁都修建在饱和软黏土地层，多属于第四系沉积层土，含水率大、压缩性高、渗透系数小，在地铁列车振动作用下易受到扰动而发生变形。地铁列车振动作用引起下卧土层超孔隙水压

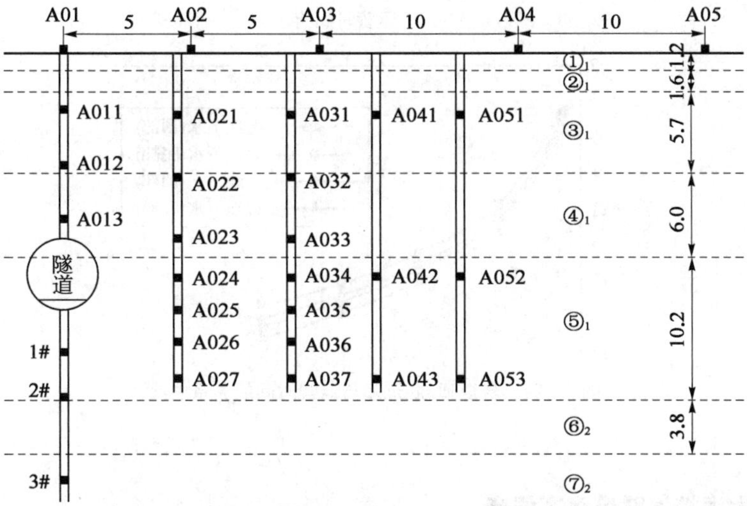

图 2-20　隧道和周围地层中加速度计布置

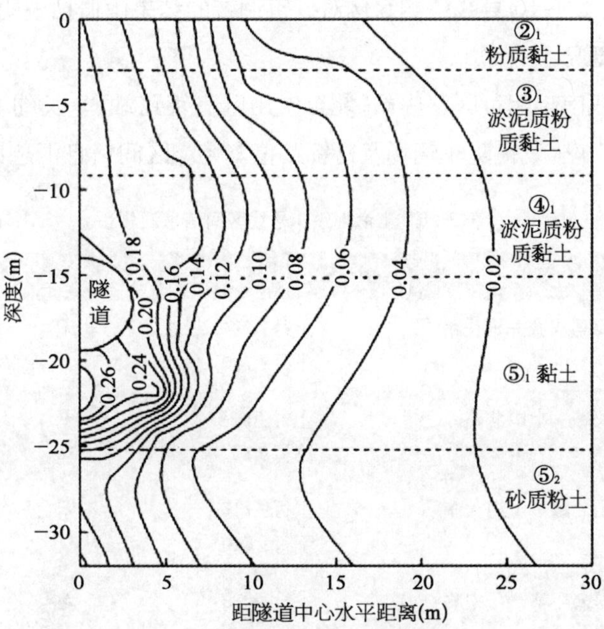

图 2-21　周围地层 Z 向加速度等值线

力响应，饱和土中孔隙水压力的变化直接影响隧道的沉降。数值计算结果表明，列车动力荷载会导致周围软土地层产生长期应变，从而导致隧道沉降。图 2-22 为数值模拟计算结果显示的隧道顶、底沉降与运营时间的关系曲线。由图可知，因地下水的存在，反复循环的列车振动会导致土体固结从而加重隧道沉降；在运营前十年内，列车载荷导致的隧道沉降较大，超过总幅值的 50%。

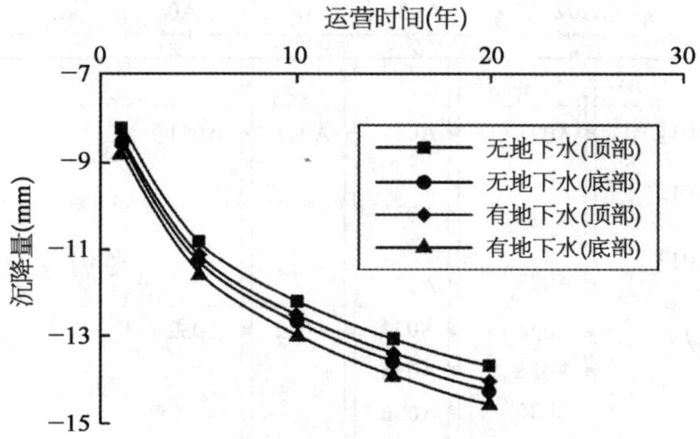

图 2－22　隧道顶、底沉降与运营时间的关系曲线

2.2.2 上海地铁隧道病害调查

本节将隧道病害细分为湿迹、渗水、滴漏、裂缝、缺角、缺损、错台、道床与管片脱开、接缝张开等，以上海地铁 1、4、10 号线检测案例对病害调查的结果做概括说明。

2.2.2.1 结构概况

上海地铁 1 号线南起闵行区莘庄站，北至宝山区富锦路站，全长约 37 km，共设车站 28 座，其中地下车站 15 座，设梅陇车辆场及富锦路停车场。区间信息汇总见表 2－6。

表 2－6　上海地铁 1 号线区间信息汇总

序号	区　间	总环数	中间风井数	旁通道数
1	上海马戏城—延长路	上行：774 下行：780	无	1
2	延长路—中山北路	上行：1 284 下行：1 280	无	1
3	中山北路—上海火车站	上行：747 下行：740	无	1
4	上海火车站—汉中路	上行：589 下行：642	无	1
5	汉中路—新闸路	上行：763 下行：763	无	1
6	新闸路—人民广场	上行：703 下行：692	无	1
7	人民广场—黄陂南路	上行：1 177 下行：1 221	无	1

（续表）

序号	区　间	总环数	中间风井数	旁通道数
8	黄陂南路—陕西南路	上行：1 170 下行：1 170	无	1
9	陕西南路—常熟路	上行：742 下行：743	无	1
10	常熟路—衡山路	上行：915 下行：925	无	1
11	衡山路—徐家汇	上行：1 249 下行：1 263	无	1
12	徐家汇—上海体育馆	上行：666 下行：668	无	1
13	上海体育馆—漕宝路	上行：1 360 下行：1 368	1	1
14	漕宝路—上海南站	上行：600 下行：589	无	1

2.2.2.2　病害统计

该次检查中上海地铁 1 号线发现的病害以湿迹、渗水病害为主(图 2 - 23)。其中,黄陂南路—陕西南路、陕西南路—常熟路、常熟路—衡山路三个区间情况明显差于其他区间。全线每百环渗漏水平均个数为 0.99 个(0.82 个),其中湿迹平均个数为 0.38 个(0.16 个),平均渗水个数为 0.5 个(0.59 个),平均滴漏个数为 0.11 个(0.15 个)。全线每百环结构损伤平均个数为 1.26 个(1.89 个),其中缺角平均个数为 0.26 个(0.27 个),裂缝平均个数为 0.19 个(0.21 个),缺损平均个数为 0.02 个(0.02 个)(括号内为 2010 年数据)。从图中可以直观看出,2011 年较 2010 年相比病害总体持平,湿迹病害有明显增多,百环结构损伤有所减少。和其他近年新修线路相比,病害绝对数量相对较少。

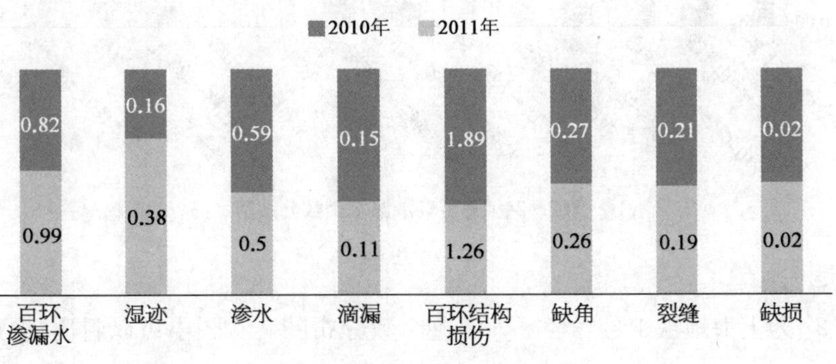

图 2 - 23　每百环病害分类同比统计图(单位：个／百环)

从整体情况来看,渗漏水是上海地铁 1 号线最常见的病害类型。全线渗漏水病害的绝对数量不是很多,但是有个别区间明显超过其他区间,值得重点关注的有黄陂南路—陕西南路、陕西南路—常熟路、上海体育馆—漕宝路(上行)。尤其是前两个区间,在往年的检查中就发现较多的渗漏水现象。

上海地铁 1 号线结构损伤类病害总体较少,但个别区间较突出:黄陂南路—陕西南路、常熟路—衡山路、上海体育馆—漕宝路。这三个区间裂缝、缺角病害数量明显较多,尤其是黄陂南路—陕西南路各类病害都较多。

上海地铁 1 号线未发现渗流现象,个别区间发现极少量漏泥沙、道床与管片脱开以及管片缺损病害。人民广场—黄陂南路区间发现连续的管片接缝张开现象。

2.2.2.3 渗漏水

渗漏水包括湿迹、渗水、滴漏、漏泥沙四类病害。上海地铁 1 号线每百环渗漏水个数及每百环面积分布情况如图 2 - 24、图 2 - 25 所示,图 2 - 26 为每百环渗漏水面积占比分布图。全线平均每百环渗漏水总个数平均值为 0.99 个,渗漏水病害最为突出的区间是陕西南路—常熟路,每百环渗漏水病害个数最高达到 4.71 个。除此之外,中山北路—上海火车站、黄陂南路—陕西南路两个区间渗漏水病害也相对较多。根据渗漏水面积分析来比较中山北路—上海火车站、黄陂南路—陕西南路、陕西南路—常熟路这三个区间较为突出。对于较严重的病害,渗流、漏泥沙现象出现得较少。

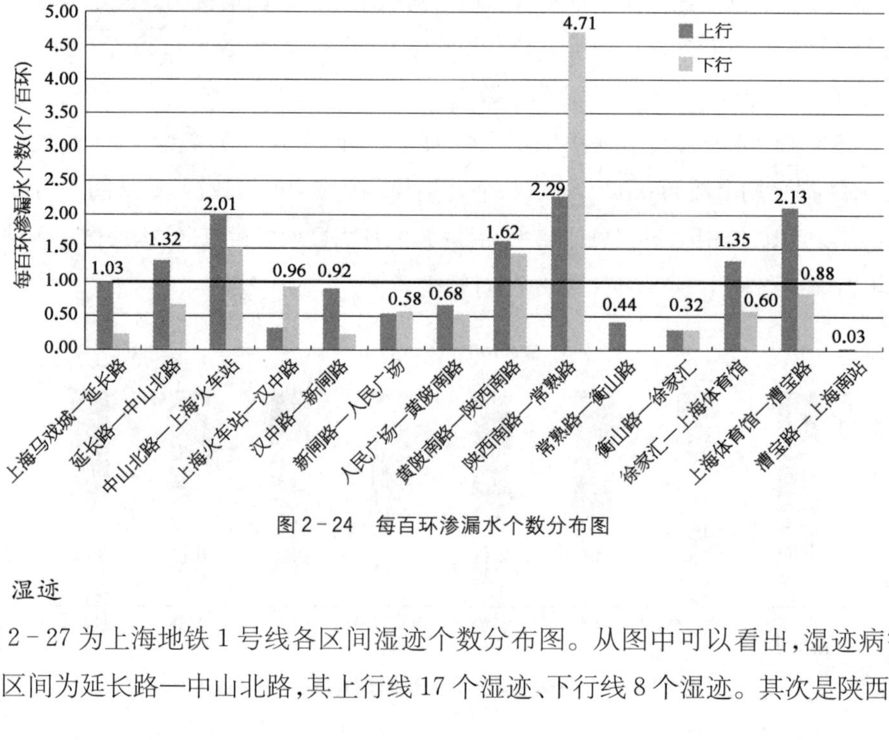

图 2 - 24　每百环渗漏水个数分布图

1) 湿迹

图 2 - 27 为上海地铁 1 号线各区间湿迹个数分布图。从图中可以看出,湿迹病害数目最多的区间为延长路—中山北路,其上行线 17 个湿迹、下行线 8 个湿迹。其次是陕西南路—

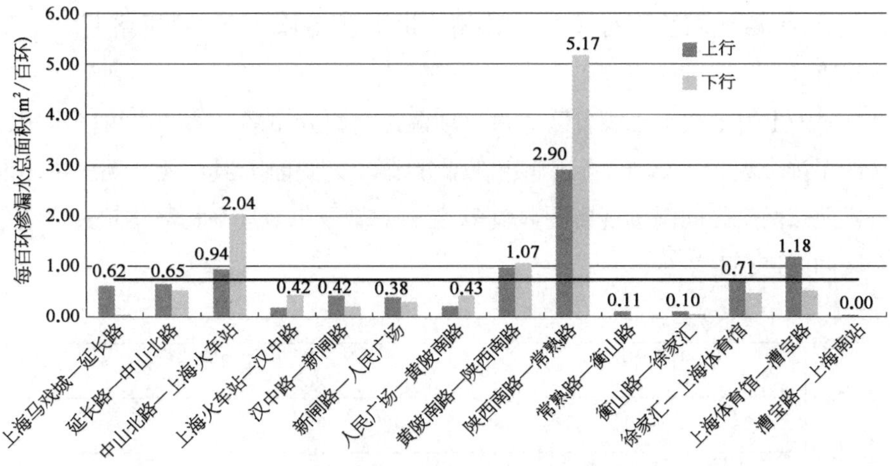

图 2-25　每百环渗漏水总面积分布图

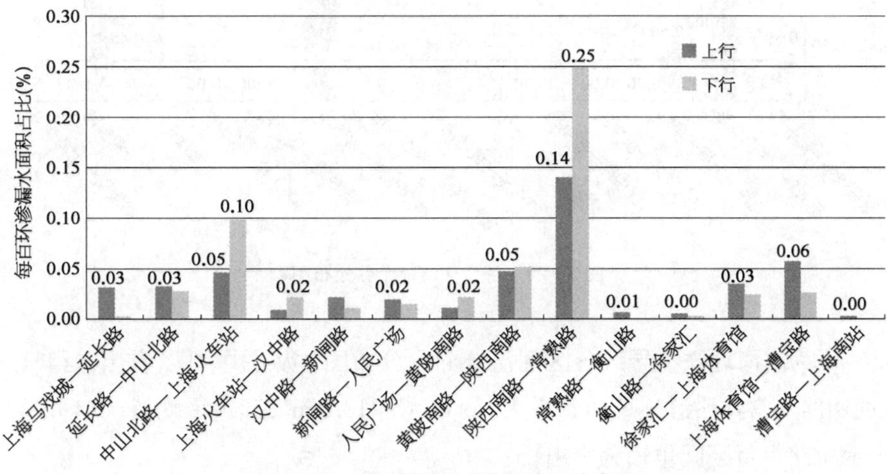

图 2-26　每百环渗漏水面积占比分布图

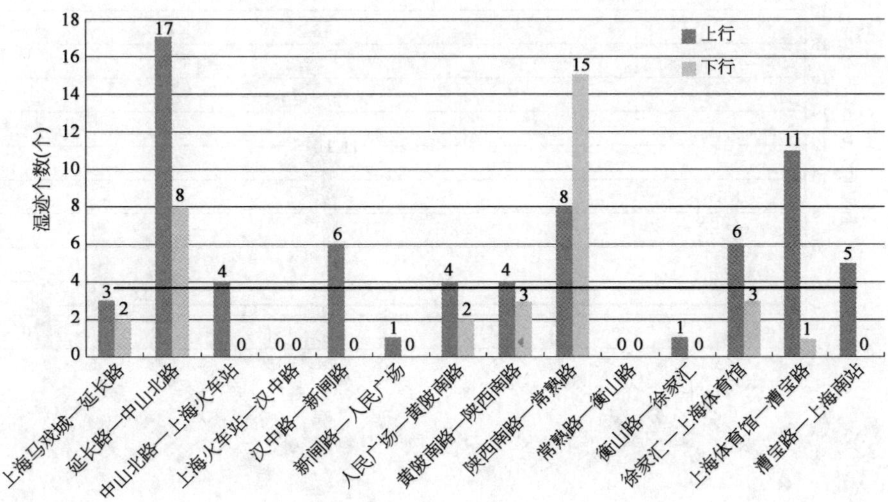

图 2-27　湿迹个数分布图

常熟路，其上行线 8 个湿迹、下行线 15 个湿迹。此外，上海体育馆—漕宝路上行区间也有较多的湿迹病害。

图 2-28 为上海地铁 1 号线各区间每百环湿迹个数分布图。从图中可以看出，全线平均每百环的湿迹个数为 0.38 个，湿迹病害在部分区间较为集中，其中延长路—中山北路、陕西南路—常熟路两个区间湿迹现象明显较多，湿迹总数及每百环平均数均超过全线平均值。其他各个区间湿迹相对较少。

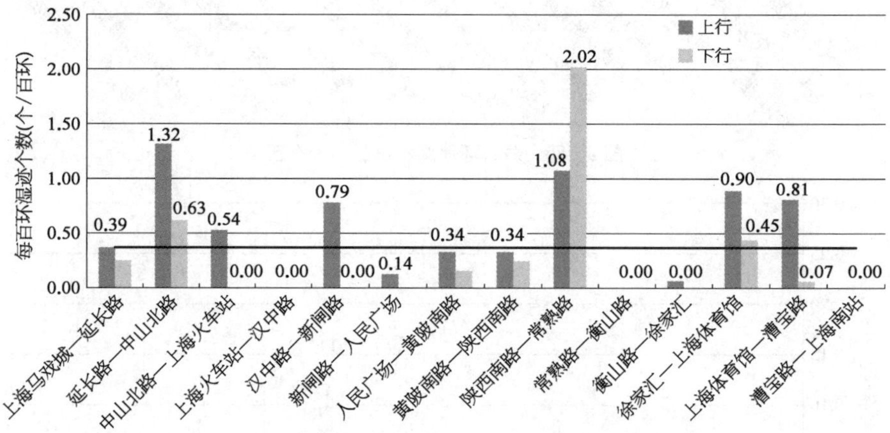

图 2-28　每百环湿迹个数分布图

图 2-29 为上海地铁 1 号线各区间湿迹面积分布图。从图中可以看出，延长路—中山北路、陕西南路—常熟路湿迹总面积最大，最高达到 18.2 m^2，远超平均值 2.64 m^2。另上海体育馆—漕宝路上行区间也较为突出。

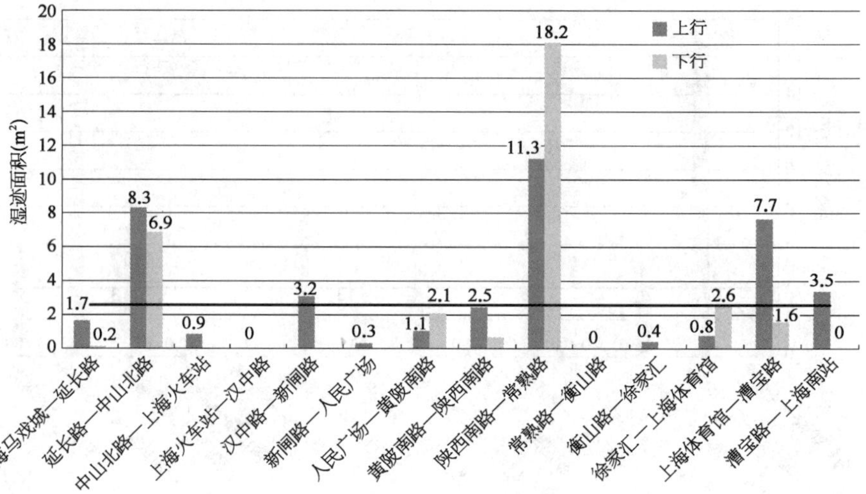

图 2-29　湿迹面积分布图

图 2－30 为上海地铁 1 号线各区间每百环湿迹面积分布图。从图中可以看出，陕西南路—常熟路达到每百环 2.45 m^2，远超 0.28 m^2 的平均值。

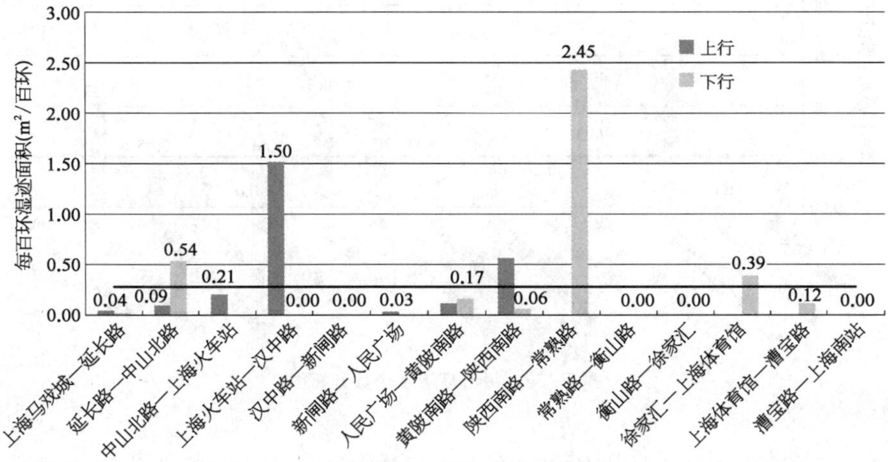

图 2－30　每百环湿迹面积分布图

2）渗水

如图 2－31、图 2－32 所示，上海地铁 1 号线渗水发生频率在全线路平均值为 0.5 次/百环，渗水病害较突出且在各区间分布不均，表现为部分区间较为集中。其中，中山北路—上海火车站、黄陂南路—陕西南路、陕西南路—常熟路、上海体育馆—漕宝路四个区间较为突出，陕西南路—常熟路上下行分别达到 8 处及 20 处，接近平均值的 4 倍，该区间建议重点整治。从每百环渗水个数分布来看，以上提到的四个区间渗水也表现为相对较多。

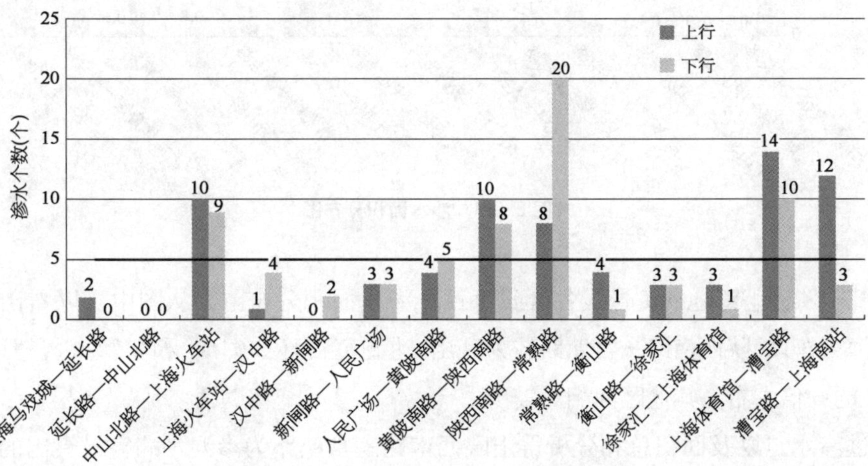

图 2－31　渗水个数分布图

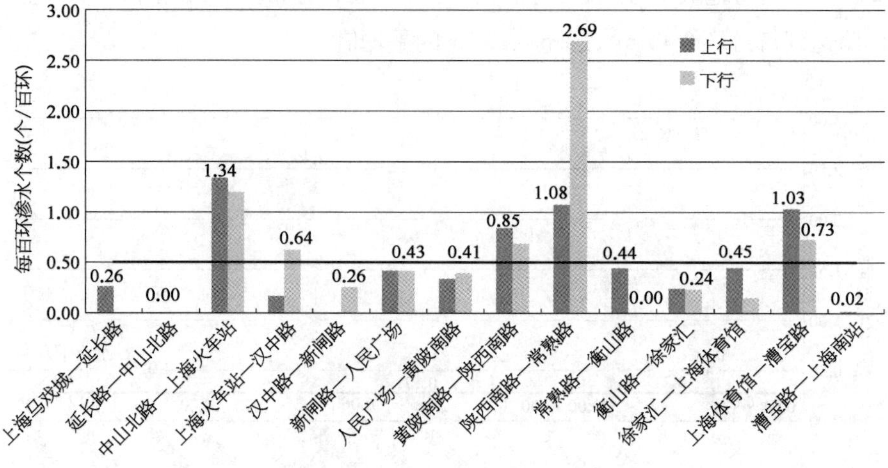

图 2-32　每百环渗水个数分布图

图 2-33 为上海地铁 1 号线各区间渗水面积分布图。从图中可以看出,中山北路—上海火车站、黄陂南路—陕西南路、陕西南路—常熟路较为突出,最高达到 20.2 m^2,远超平均值 4.68 m^2。另漕宝路—上海南站上行区间也较为突出。

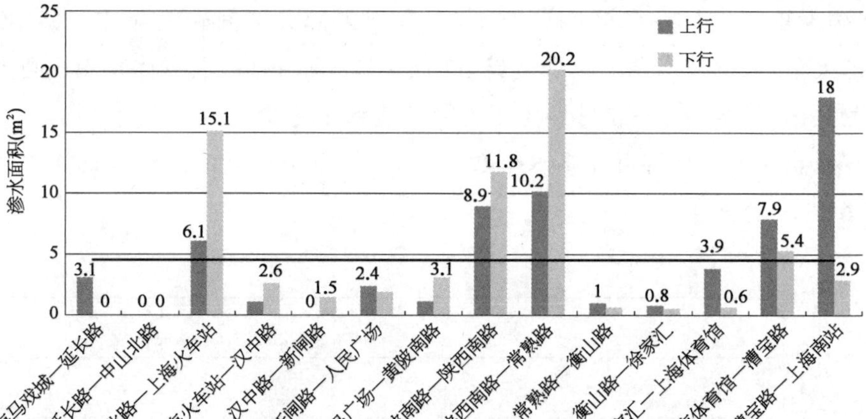

图 2-33　渗水面积分布图

图 2-34 为上海地铁 1 号线各区间每百环渗水面积分布图。从图中可以看出,中山北路—上海火车站、陕西南路—常熟路较为突出,达到每百环 2.04 m^2 和 2.72 m^2,超过平均值 0.46 m^2 的 6 倍左右。其他区间相对较少。

通过渗水点以及面积总和分析得出陕西南路—常熟路为渗漏水病害最突出的区间,漏点多且渗漏面积最大。同时中山北路—上海火车站也存在较明显的渗漏水病害。

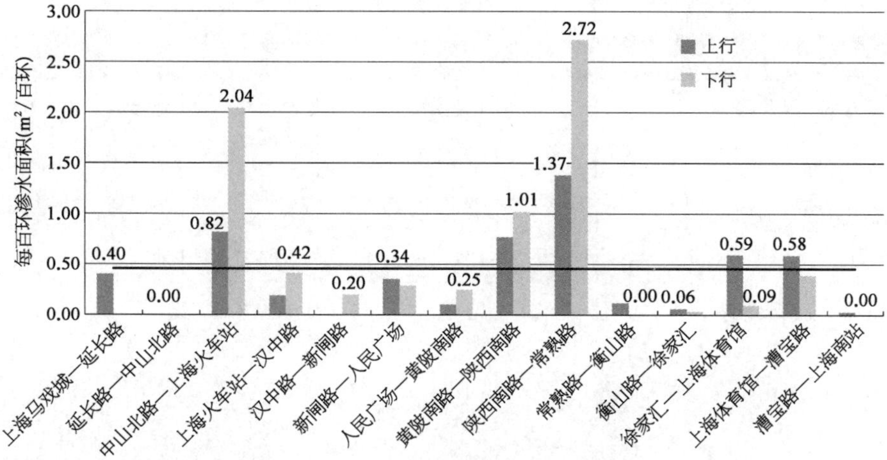

图 2－34　每百环渗水面积分布图

3）滴漏

如图 2－35 所示，上海地铁 1 号线各区间滴漏个数平均值为 1.00 个，虽然由全线平均值看滴漏现象较少，但是黄陂南路—陕西南路区间滴漏病害较多，滴漏个数达到 11 个。其他区间滴漏现象出现很少。

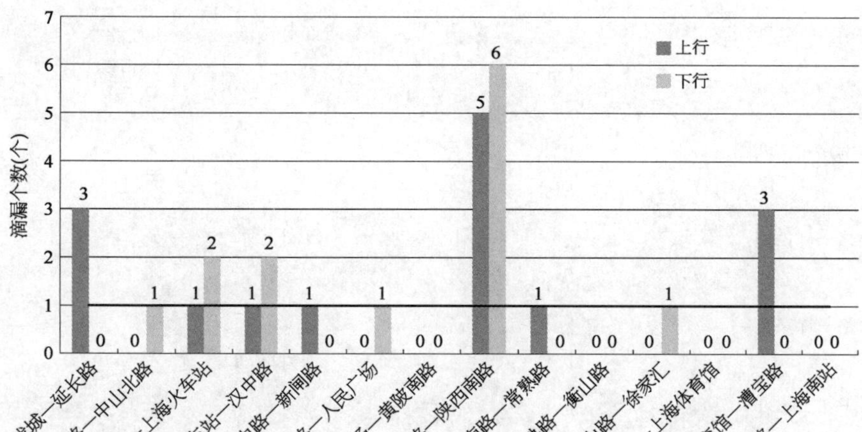

图 2－35　滴漏个数分布图

4）漏泥沙

上海地铁 1 号线全线漏泥沙病害极少，只有上海体育馆—漕宝路出现了上下行各一处，因此不是本线的重点关注病害。

5）重点部位渗漏水病害统计

重点部位渗漏水病害统计见表 2－7。

表 2-7　重点部位渗漏水病害统计

区　间	上下行	井接头 1	井接头 2	联络通道	备　注
上海马戏城—延长路	上	1 处滴漏	1 处渗水 1 处滴漏	1 处渗水	
	下	无	无	无	
延长路—中山北路	上	无	1 处湿迹	无	
	下	1 处湿迹	1 处滴漏	1 处湿迹	
中山北路—上海火车站	上	无	1 处渗水	无	
	下	无	2 处渗水	无	
上海火车站—汉中路	上	1 处渗水 1 处滴漏	无	无	
	下	无	无	无	
汉中路—新闸路	上	无	1 处湿迹	无	
	下	无	2 处渗水	无	
新闸路—人民广场	上	无	2 处渗水	无	
	下	无	无	无	
人民广场—黄陂南路	上	无	无	无	
	下	无	无	无	
黄陂南路—陕西南路	上	无	1 处滴漏	1 处渗水	
	下	5 处渗水 2 处滴漏	无	1 处渗水	
陕西南路—常熟路	上	无	无	无	
	下	无	无	无	
常熟路—衡山路	上	1 处渗水	1 处渗水	无	
	下	无	无	无	
衡山路—徐家汇	上	无	无	无	
	下	无	1 处滴漏	无	
徐家汇—上海体育馆	上	无	2 处渗水	无	
	下	无	无	无	
上海体育馆—漕宝路	上	1 处渗水	1 处渗水	无	
	下	无	无	无	
漕宝路—上海南站	上	1 处渗水	无	无	
	下	1 处渗水	无	无	

注：井接头重点区域指井接头 10 环范围内。

2.2.2.4　结构损伤

结构损伤包括缺角、裂缝、缺损三类病害。上海地铁 1 号线全线每百环结构损伤个数分布如图 2 - 36 所示,全线每百环结构损伤总个数的平均值为 0.47,黄陂南路—陕西南路上行线、下行线每百环结构损伤个数分别为 2.48、1.20,为全线最高。此外还有汉中路—新闸路下行、常熟路—衡山路上行两个区间结构损伤现象较为突出。

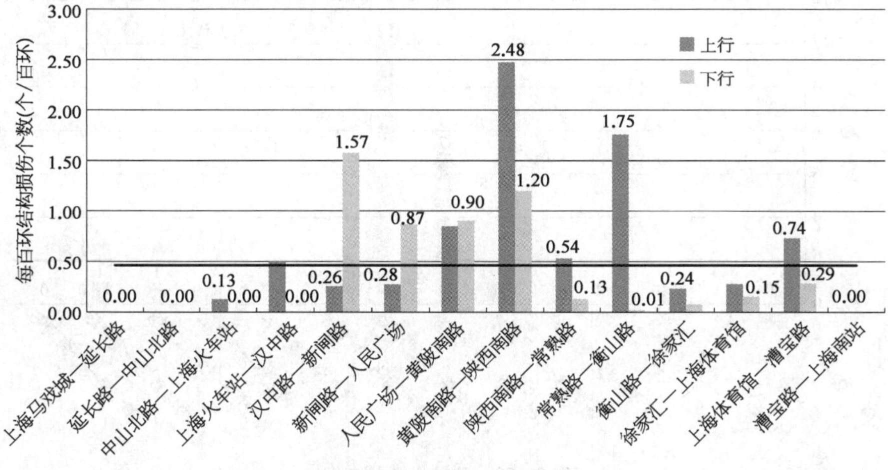

图 2 - 36　每百环结构损伤个数分布图

1）缺角

图 2 - 37 为上海地铁 1 号线各区间缺角个数分布图。从图中可以看出,黄陂南路—陕西南路上行、常熟路—衡山路上行最多,分别达到 14 个和 15 个。其他区间中,人民广场—黄陂南路下行、上海体育馆—漕宝路上行都达到了 7 个。

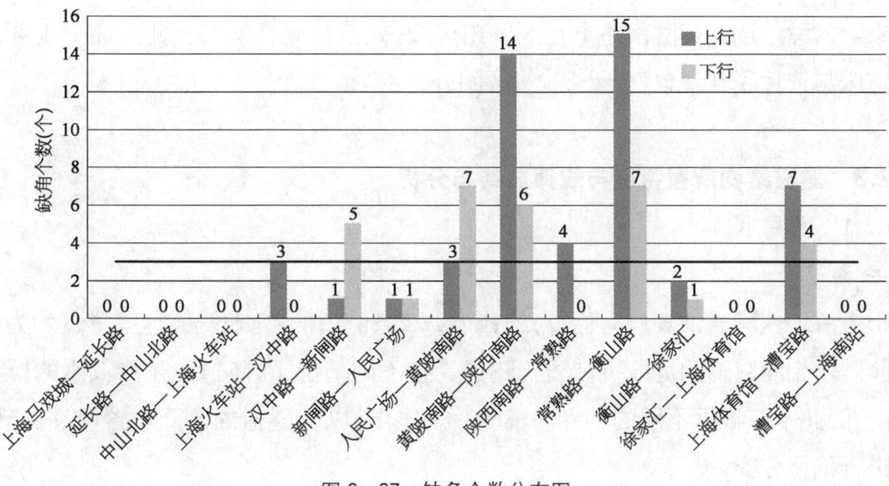

图 2 - 37　缺角个数分布图

2）裂缝

从上海地铁 1 号线各区间的裂缝个数分布图(图 2 - 38)来看,全线裂缝各区间平均值为

1.96个。裂缝几乎全部集中于几个区间,各区间裂缝数分布非常不均匀。其中以黄陂南路—陕西南路最突出,达到了12条。汉中路—新闸路下行、新闸路—人民广场下行、新闸路—人民广场上行这三个区间裂缝数也明显高于其他区间。

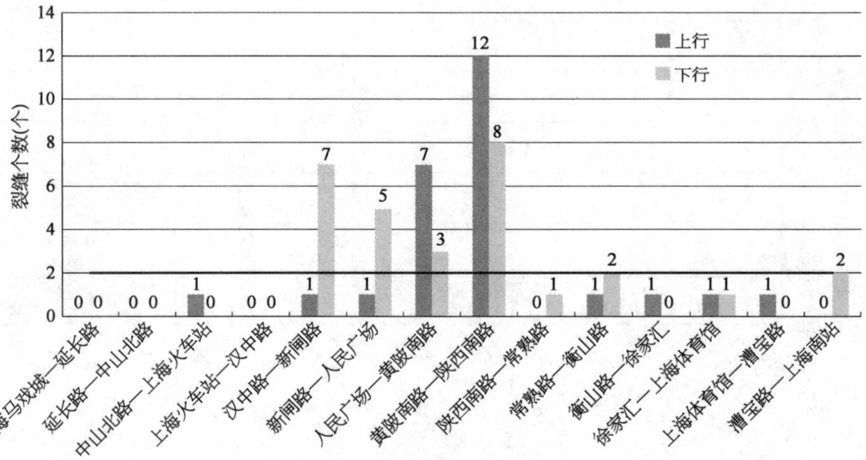

图2-38 裂缝个数分布图

3) 缺损

上海地铁8号线全线有缺损病害的区间4个,黄陂南路—陕西南路上行有3处缺损,其余区间未发现缺损病害或者病害程度较轻。

2.2.2.5 结构形变

结构形变包括错台、接缝张开、道床脱开三类病害,上海地铁1号线未发现明显的管片错台现象。人民广场—黄陂南路上行区间出现29处接缝张开病害。此外在个别区间发现极少量道床与管片脱开现象(少于2个/区间)。

2.2.3 隧道结构病害特征与规律总结与分析

2.2.3.1 渗漏水

1) 分类

基于上海地铁隧道常规病害检查,统计了102条隧道的检查数据,这些隧道均为相同直径、相同环宽、相同厚度的通缝拼装盾构隧道。在不同情况下,隧道发生渗漏水的概率肯定是不同的,因此本节根据不同的外界环境(埋深、土层)以及隧道的不同位置(纵向、环向)对渗漏水进行细化分类。

(1) 按发生位置的特点分类。以往检查经验表明,一般隧道与端头井相连处及旁通道处为隧道结构最薄弱的地方。因此统计时将隧道沿纵向分为五个典型位置,分别为区段1(前100环)、区段2(前100环至旁通道)、区段3(旁通道两侧各50环,共100环)、区段4(旁通道至后 100 环)、区段 5(后 100 环),如图 2-39 所示。下面称纵向上的这五段范围隧道为“区段”。

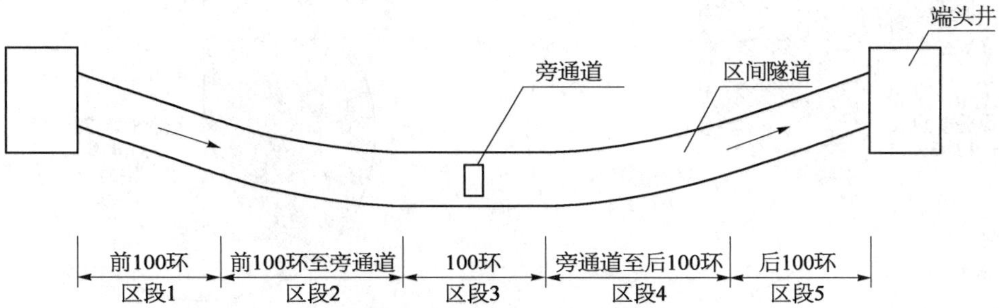

图 2-39　典型地铁隧道纵剖面图

根据环向位置的不同,将各区段内的渗漏水分为环缝、纵缝、十字缝、注浆孔、螺栓孔这五类渗漏水,下面称这五类渗漏通径为隧道渗漏的“部位”。

(2) 按外界环境分类。影响盾构隧道渗漏水的外界环境主要有隧道的埋深、所处土层等,由于上海地铁只有个别区间穿越砂性土,样本数过少,故本节研究对象仅为黏性土中的地铁隧道。

为了观察埋深对隧道渗漏水的影响,需要将隧道的埋深进行划分。通常地铁隧道与站台相连处埋深较浅,往隧道中间埋深逐渐加深(图 2-39),这使得在上述隧道纵向上的五个区段之间埋深差异较大,若对这五个区段采用同样的划分标准是不合理的。因此对于每一个区段,均分别划分为较浅和较深两类进行分析。采用最优分割法进行划分,结果见表 2-8。

表 2-8　根据最优分割法划分出的埋深

纵向位置	埋深较浅区段			埋深较深区段		
	埋深(m)	区段个数	主要穿越土层	埋深(m)	区段个数	主要穿越土层
区段 1、区段 5	7～11	61	$②_3$、$③_1$、$④_1$	>11	41	$④_1$、$⑤_1$
区段 2、区段 4	8～14	59	$③_1$、$④_1$、$⑤_1$	>14	41	$⑤_1$、$⑤_2$、$⑤_3$
区段 3	10～18	29	$④_1$、$⑤_1$	>18	12	$⑤_1$、$⑤_2$、$⑤_3$、⑥

综上所述,重点分析的地铁盾构隧道渗漏水控制因素有纵向位置、渗漏部位、隧道埋深三项。根据这三项因素的不同组合情况,对隧道的渗漏水进行分析。

2) 特征与规律

不同部位的渗漏水在隧道中的分布比例如图 2-40 所示。可见,环缝渗漏在隧道中所占的比例最高,约为 70%;螺栓孔在隧道中发生的比例最小,约为 3%。此外,无论环缝、纵

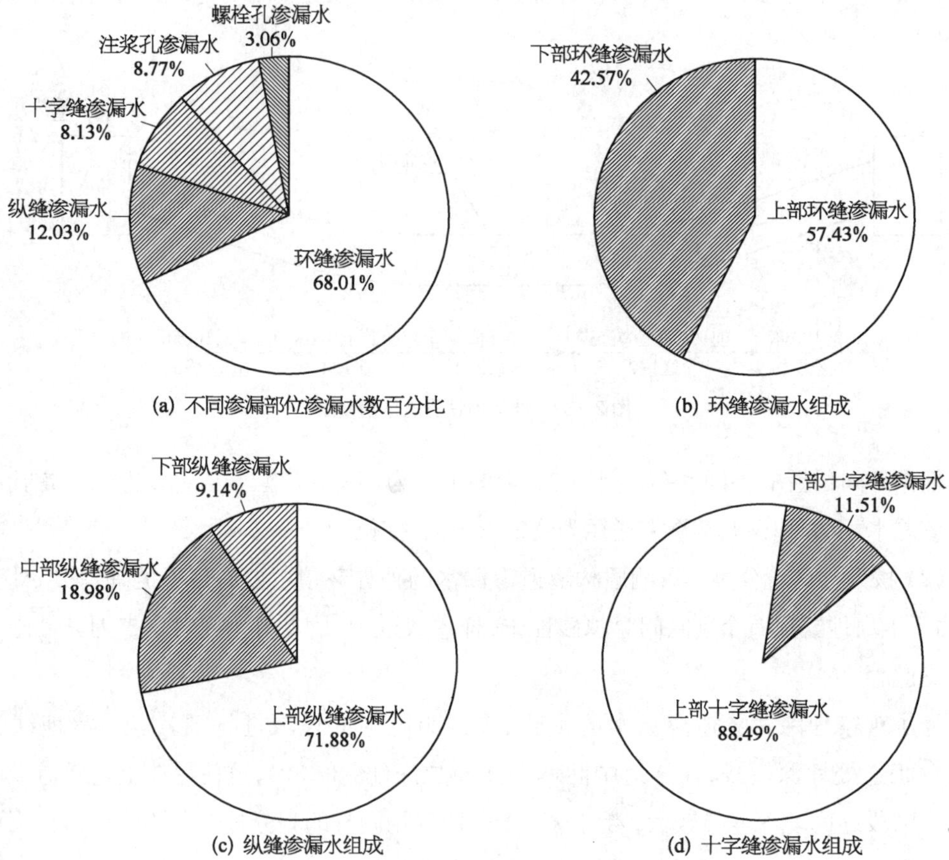

图 2-40　不同部位的渗漏水在隧道中的分布比例

缝还是十字缝,在隧道上部发生的渗水都要比隧道下部发生的渗水多。盾构隧道由多环管片拼装而成,结构在纵向上的整体刚度较差,容易随地层运动产生不均匀沉降,导致隧道环间接头张开,接头防水系统失效,形成环缝渗漏水。与纵向刚度相比,隧道的横向刚度较大,即使地层发生运动,纵缝间的张开量也较小,因此隧道中环缝渗漏水比纵缝渗漏水要多。

根据上述分类方法,按照纵向位置、渗漏部位、埋深的不同组合情况对调查结果进行统计,不同情况下渗漏水数的均值和标准差见表 2-9 和表 2-10,由于篇幅所限,这里仅列出部分结果。

表 2-9　区段 1 不同埋深和渗漏部位渗水数的均值和标准差

埋　深		渗　漏　部　位				
		环　缝	纵　缝	十字缝	注浆孔	螺栓孔
较浅	均　值	5.03	0.69	0.56	0.38	0.18
	标准差	6.94	1.19	0.98	0.86	0.39

（续表）

埋深		渗漏部位				
		环缝	纵缝	十字缝	注浆孔	螺栓孔
较深	均值	3.98	0.51	0.76	0.80	0.20
	标准差	4.29	0.98	1.30	1.63	0.40

表 2-10　不同纵向位置和埋深下环缝渗水数的均值和标准差

埋深		区段				
		区段 1	区段 2	区段 3	区段 4	区段 5
较浅	均值	5.03	2.18	2.62	1.51	3.57
	标准差	6.94	3.73	3.59	1.91	4.56
较深	均值	3.98	2.11	2.58	1.93	3.39
	标准差	4.29	3.08	2.17	3.03	4.84

从表 2-10 中可以看出，在区段 1、区段 3、区段 5 中每百环的平均环缝渗水数要远大于区段 2、区段 4，说明隧道两端和旁通道附近为隧道渗水重点区域。究其原因是由于车站本体和隧道连接部位的纵向刚度差异较大，基础刚度不一致，会发生较明显的不均匀沉降；由于与旁通道相连接，隧道结构易发生变形。这些区域的变形和差异沉降导致隧道的接缝张开，从而引致出现裂缝和渗水。

理论上随着埋深的增大，隧道所受到的水土压力也越来越大，从而越容易发生渗漏，但从表 2-10 中可以看出只有区段 4 的埋深较深的渗水数量大于埋深较浅的，说明水土压力并非是软土盾构隧道渗漏水的重要控制因素。隧道在设计阶段会根据埋深选择合适的防水结构，能够抵御外部的水压。隧道发生渗漏水更多的原因可能是不均匀沉降的影响。上海地下浅部土体(如②、③层)多为砂质粉土、粉质黏土等，渗透系数较大，一旦隧道防水层有薄弱处，地下水很快便会进入隧道内部，容易产生较大的不均匀沉降，导致更多的渗漏水发生，因此有时候浅埋隧道的渗水反而要多于深埋隧道。

2.2.3.2　裂缝

裂缝是盾构隧道结构常见病害之一，也是管片制作、管片拼装、隧道运营养护各阶段的主控项目。出现裂缝将影响衬砌结构的承载力，并加速混凝土碳化和钢筋腐蚀；另外，管片边角处裂缝发展易导致混凝土掉块，危及列车运行安全。

2012 年 12 月—2013 年 1 月，通过人工巡检的方式对上海轨道交通隧道结构出现的裂缝进行了现场调查。本节对调查结果进行整理，共涉及 9 条地铁线路、167 个区间。统计结果限于隧道内侧出现的裂缝，隧道外侧裂缝由于难以检测未在统计范围之内。

总体而言，167 个区间出现的裂缝总数为 760 条，平均区间裂缝数为 4.55 条；管片总环数为 325 010，裂缝占总环数的比例为 0.23%，说明绝大多数管片完整性良好。

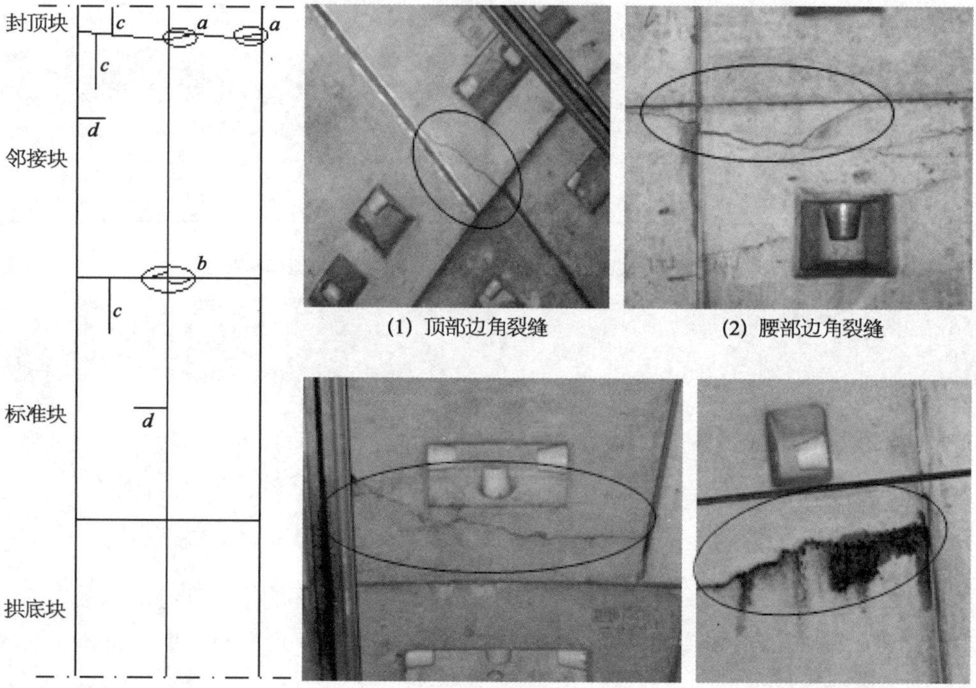

(1) 顶部边角裂缝　(2) 腰部边角裂缝

(3) 环向裂缝　(4) 纵向裂缝

(a) 管片裂缝位置示意　(b) 裂缝种类

图 2-41　管片裂缝典型位置(后附彩图)

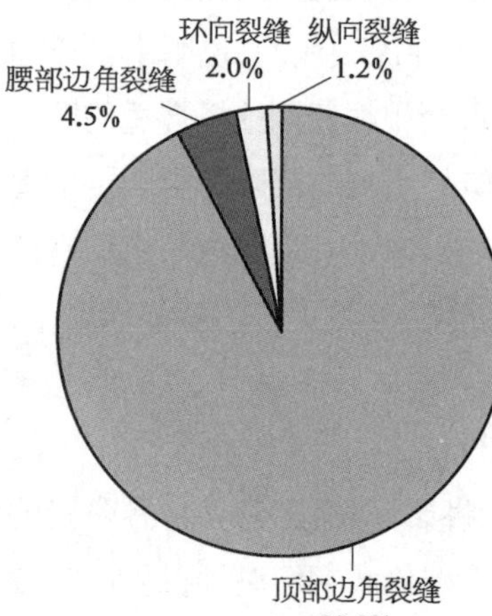

图 2-42　各类裂缝所占比例

根据管片裂缝的位置及走向,将裂缝分为四类(图 2-41):图 2-41b(1)为顶部边角裂缝,出现在封顶块或邻接块的边角部位;图 2-41b(2)为腰部边角裂缝,出现在邻接块或标准块的边角部位;图 2-41b(3)为环向裂缝,走向与环缝平行,在封顶块、邻接块与标准块中均有出现;图2-41b(4)为纵向裂缝,走向与纵缝平行,出现于邻接块或标准块。

图 2-42 显示了各类裂缝所占比例。可以看出,多数裂缝为顶部边角裂缝,所占比例为 92.3%;再加上腰部边角裂缝,管片边角裂缝所占比例达 96.8%。管片边角裂缝一般由盾构施工期千斤顶与管片、管片与管片之间非均匀接触引起,说明施工因素是管片裂缝形成的重要原因。

2.3　隧道结构检测项目及措施

我国城市隧道建设的历史相对较短,早期建设的城市隧道没有明确界定设计使用年限,也没有明确的日常养护与维护需要执行的操作规程。由于城市隧道类别广泛，重要的隧道主体结构的设计基准期长达 100 年以上，而一些短隧道(如地下人行通道)的设计使用年限要求较低。因此使用中的隧道性能是否仍然满足原设计的要求，应当通过检测来评定；此外，一些隧道维修改造的实际操作过程表明，应当定期或者按照预定管理目标进行隧道性能的检测与鉴定。

结构性能指结构满足正常使用和承载的能力。隧道性能主要指隧道结构功能的耐久性、正常使用的适用性、使用期各种设计承载条件下的安全性。隧道结构在使用中的实际性能为其服役状态，状态是一种时间过程的体现。隧道投入使用时间和使用环境的差异可能使其维护目标和重点也会发生变化，相应地，隧道结构性能鉴定的工作重点也应有所区分。

自 1970 年打浦路隧道投入运营以来，上海市的城市隧道得到快速发展，包括城市越江隧道、城市地铁隧道、城市地下快速通道以及城市道路下行立体交通隧道等多种形式。对盾构隧道开展结构服役性能及病害检测，有助于制定经济、合理的隧道维护预算，建立科学的隧道管理工作实施计划，保障城市基础设施的安全运营。

2.3.1 隧道结构检测项目

1) 隧道结构密闭状态检查

隧道密闭状态的检查应记录渗漏发生的位置及程度，渗漏位置及程度记录表可参照图 2-43。同时也应检查隧道结构及结构缝防水构造的有效性。

渗漏类型	位置	程度
湿迹		(m^2)
渗水		(m^2)
水珠		(s/滴)
滴漏		(滴/min)
线漏		(L/min、L/h)
漏泥沙		

图 2-43　渗漏位置和程度记录表

2) 隧道结构完整状态检查

隧道完整状态的检查应记录结构损害发生的位置、区域以及程度。其中，混凝土构件表面受损状态的检测项目宜包括表面缺损、裂缝、剥落等，可以参照图 2-44 的要求进行检测，也可采用其他自动检测设备进行检测；表观检测结果记录表可参照图 2-45。

检测项目	记录内容	检测方式	备注
起皮 蜂窝 麻面	范围(m^2)	直尺 目视	
剥落	范围(m^2) 深度(mm)	直尺 目视	程度严重时记录剥落深度
裂缝	宽度(mm) 长度(mm) 间距(mm) 深度(mm)	裂缝测宽仪 卷尺 卷尺 超声波	参考《超声法检测混凝土缺陷技术规程》(CECS 21：2000)

图 2-44　混凝土构件表观受损状态的检测项目表

表观形态	类型	位置	长度	宽度	深度	备注
面层	掉粉 起皮 起层 剥落					
析出	锈斑 泌出 松花 起壳					
裂缝						
表观	蜂窝 麻面					

图 2-45　表观检测结果记录表

混凝土构件内部损伤的检测包括空洞、裂损、溶蚀体等。检测方法可参照图 2-46 选用;内部损伤检测结果记录表可参照图 2-47。

检测项目	记录内容	检测方式	备注
空洞	位置 尺寸(mm)	超声回波	《超声法检测混凝土缺陷技术规程》
		地质雷达	《铁路隧道衬砌质量无损检测规程》(TB 10223—2004)
钢筋	数量 位置	电磁波	《混凝土中钢筋检测技术规程》(JGJ/T 152—2008)

图 2-46　混凝土结构内部缺陷检测项目表

结 构 构 件		缺陷类型	缺陷位置	缺陷程度	备　注
主体构件	管片	空隙 空洞 脱层 生锈 结痂 坑蚀			
	钢结构				
	其他混凝土构件				
连接	螺栓				
	锚板				
	其他				
止水条					

图 2-47　内部损伤检测结果记录表

3）隧道结构材料力学性能检查

材料力学性能宜检测材料的强度、弹性模量、极限应变、延伸率等，可采用现场测试或取样室内测试的方法获取。在现场条件允许时应取样测试。取样及测试结果记录表可参照图 2-48。

样 品 类 型	测 试 目 的	取 样 位 置	测 试 结 果	备　注
渗入水	水质			
流入泥土	成分			
混凝土	成分 力学指标 碳化程度 溶蚀程度			
钢筋	成分 力学指标 锈蚀程度			
钢材	成分 力学指标 锈蚀程度			
止水条(带)	成分 力学指标 老化程度			

图 2-48　取样测试结果记录表

2.3.2　隧道结构检测措施

隧道结构病害不仅影响结构安全性，同时对隧道的正常使用功能也有影响。隧道纵向沉降导致隧道接缝张开，渗漏加剧，甚至漏泥漏砂，长此以往地铁运营安全和乘客的舒适性将受到影响，同时结构的维修费用也随之增加。

针对盾构隧道出现的病害，运营管理部门对渗漏水严重、差异沉降较大及有安全隐患的各种病害开展针对性治理，取得了一定的成效，但由于病害产生原因复杂并具有多变性及随机性，有必要采取多种切实可行的措施保证地铁运营安全。根据多年地铁监护一线积累的经验，有如下几条建议：

(1) 坚持长期监测，定期检查结构。监控量测结果可以判断地铁结构是否满足保护技术标准和运营安全要求，同时也是运营管理部门决定是否需要修复及治理的主要依据，为此运营管理部门务必对地铁结构进行长期监测，并做专项检查和日常的随机巡查，做到早发现、早报告、早治理，防患于未然。

(2) 制定技术标准，严密监控安全保护区内工程施工。近年来地铁沿线逐渐成为房产投资热点，由于工程规模不同、基坑深浅不一、距离隧道远近各异，加之施工单位素质参差不齐，每一项建筑活动都对地铁结构产生不同程度的影响，加速隧道结构变形，甚至影响列车安全运营。为确保保护区内工程项目施工期间地铁安全运营不受影响，上海市制定的地铁保护技术标准起到了相当的作用；但众多工程实践表明，地铁隧道保护区的施工技术措施及技术参数仍需根据实践不断修正。

(3) 设置永久沉降监测点，研究地面与隧道纵向沉降关系。上海地面沉降现象非常复杂，不同土层具有不同的变形特征，同一土层在不同地点变形特征不尽相同，甚至时期不同变化差异也不一样。为此设置永久沉降监测点对研究地面沉降与隧道纵向关系意义重大。

(4) 建立病害数据库，开展地铁隧道健康诊断技术系统研究。地铁监护是伴随地铁运营而出现的一种新兴产业，发展年限较短，需要在实践中不断总结规律，逐步形成一套行之有效的监护理论和方法。地铁结构在逐步老化的同时，沿线的工程施工也在不断地影响着地铁结构的稳定，因此有必要建立地铁结构变形和沿线工程施工信息资料的数据库管理系统，对地铁结构的病害建立“病历卡”，以便在需对结构进行治理前能够做到“对症下药”，真正做好地铁结构系统的监护工作。

第3章

盾构隧道结构病害常规人工检查

盾构隧道结构主要包括盾构管片拼装形成的隧道本体，以及旁通道、集水井泵站、井接头和中间风井等附属结构。

盾构隧道结构维护治理工作主要包括如下三项：

(1) 结构病害检查工作。主要包括结构监测、病害检查以及结构检测等状态管理工作。

(2) 结构日常维护工作。为保持盾构隧道结构正常运营、功能完整而开展的日常工作，包括隧道结构表面清洁、限界维持、常规堵漏等。

(3) 结构整治维修工作。在外部各类型因素作用下，盾构隧道结构容易产生差异沉降及收敛变形，严重时存在结构受损可能，甚至导致结构安全性出现问题，比如顶部露筋碎裂、横向大变形等，为保持隧道结构安全，需进行结构整治维修工作。

本章内容涉及第一项结构状态管理工作中的病害检查内容。目前随着三维激光扫描、摄影成像技术等设备检查手段在土木工程中的逐步应用，隧道结构病害检查可选择手段逐渐丰富，设备检查具有检查信息客观、全面完整、数据文件电子化以及方便存储可追溯等优点。但人工盾构隧道结构病害检查方法由于灵活、机动等优点，且人工判断经验无法完全由设备检查替代，因此目前人工检查方式仍是国内外最为普遍的隧道结构病害检查方法。本章将重点介绍人工检查的类型、内容及相应要求。

3.1 检查类型及作用

检查类型划分的标准不同，可以得到不同的检查分类结果。根据检查的目的或计划发生的作用，有些检查侧重于提供日常维护的依据，有些检查为了状态评估，便于制定盾构隧道结构次年或次周期的维养计划及策略，有些检查则为了特定项目的评定。本节将盾构隧道病害检查分为日常检查、全面检查、专项检查以及重点检查四种类型，各检查类型主要作用分别如下：

(1) 日常检查。其一,及时发现直接威胁盾构隧道结构运营及结构安全的病害,包括异物侵限、冒泥沙以及涌水等,确保运营安全;其二,完整记录影响结构耐久性、功能性的常见病害,比如渗漏水,为日常养护提供依据。

(2) 全面检查。其一,为盾构隧道结构安全及使用状况全面评估提供基础及依据,如隧道结构贯通移交运营后进行的初始检查,为试运营评审提供支撑等;其二,以隧道结构全覆盖普查等形式,为编制年度结构维养计划提供依据等。

(3) 专项检查。通常为掌握结构单项状况信息进行,所针对的病害或状况通常不需要固定频率,或者发生频率较低。专项检查主要包括三类:其一是针对钢构件锈蚀、结构碳化深度及强度进行的专项检测;其二是结构大型维修整治后进行的详细复检;其三是针对发生频率相对较低的病害类型的检查,此类病害往往出现于盾构隧道拼装阶段或运营初期,比如裂缝、缺块及缺损等。

(4) 重点检查。主要针对结构及运营安全状况存在隐患或外部影响下结构或使用状况易受影响的区段进行的检查,频次往往较密,主要作用在于通过加密检查,掌握病害状况及变化趋势。比如针对结构受损或事故段、差异沉降或收敛变形严重区段,以及邻近工程影响区段等进行的加密检查。

上述四类盾构隧道检查类型相应的检查频率情况及检查所针对的病害分别见表 3-1。

表 3-1　检查类型的检查频率及所针对病害

类　型		频　率	所针对病害	备　注
日常检查		一般	侵限、渗漏水	恶性病害、常见病害
全面检查		疏	全部	专项检查内容视情况纳入
重点检查		密	全部	专项检查内容视情况纳入
专项检查	结构检测	不固定	强度、碳化、锈蚀	
	整治复检	单次	全部	根据整治内容相应增加检查项
	低频检查	疏	损伤、形变	

3.2　检查内容

为确保病害检查成果的有效性,便于后期资料的汇总统计及分析,病害检查应保证准确性,检查过程应规范化、标准化。

检查规范化及标准化应首先明确病害分类,便于对照检查。盾构隧道病害主要分成表观病害、裂化老化病害以及包括设备侵限在内的其他类型病害,见表 3-2。

表3-2　病害类型及对应设施类型

病害类型			对应设施类型
表观病害	渗漏水	湿迹 渗水 滴漏 漏泥沙	管片及接缝
	结构损伤	裂缝 缺损 混凝土片状剥落	
	结构形变	错台 张开	
裂化老化病害		碳化 锈蚀 强度衰减	混凝土 钢构件 管片
其他病害		道床脱开 设备侵限	

表3-2中裂化老化病害主要包括混凝土碳化、钢构件锈蚀以及管片强度衰减，其中碳化及强度衰减依靠人工并须采用专业检测设备进行。

此外，包括钢构件锈蚀、表观病害及设备病害在内的其他类型病害均目视可见，此部分目视可见类型病害主要通过人工检查方式进行，其主要流程如图3-1所示。

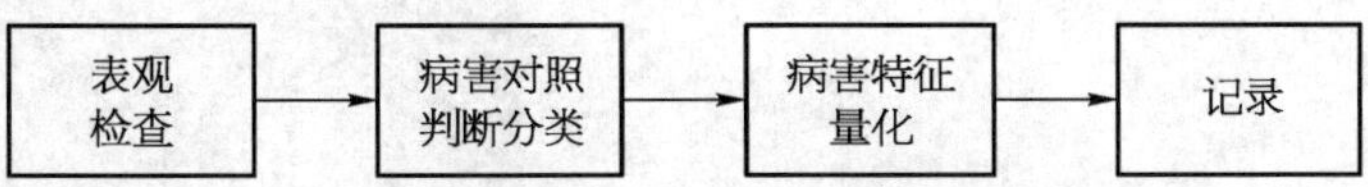

图3-1　目视可见病害检查流程图

目视可见病害检查首先初步确定病害类型，某些较难界定的病害通过辅助检查方法加以分析判断；类型确认后，对病害特征进行量化，最后记录检查结果，并拍摄登记影像资料。以下针对各类病害，详细叙述各检查内容。

3.2.1　渗漏水

1）*渗漏路径*

盾构隧道渗漏水大多发生在管片接缝或注浆孔等部位，隧道渗漏路径主要包括四种，见表3-3。

表 3-3　渗漏路径分类

渗漏路径		病害示意图
接缝	环　缝	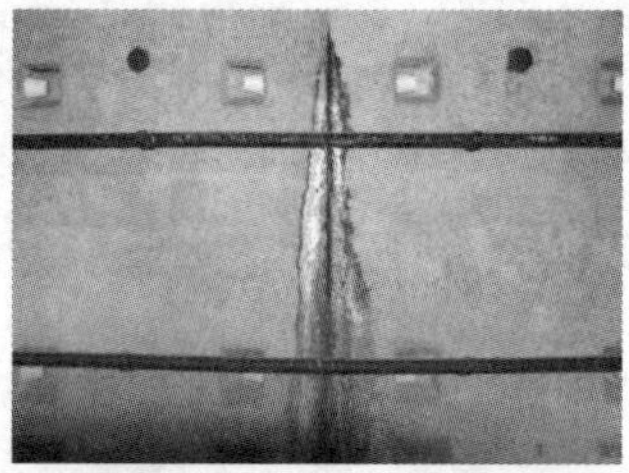
	纵　缝	
	十字缝	
注浆孔		
手　孔		

（续表）

渗漏路径	病害示意图
裂　缝	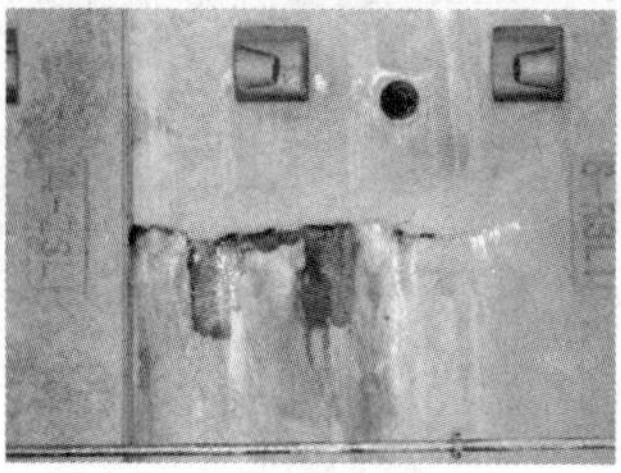

其中，管片接缝包括纵、环缝，是隧道内渗漏水最常见的通道。通过螺栓孔渗漏现象相对较少，对于厚度 0.35 m 的钢筋混凝土管片预制，通常质量相对较好，极少发生贯通裂缝，因而发生裂缝渗漏水的病害极少。

在隧道施工阶段，利用注浆孔进行壁后注浆是控制地层损失的必要措施，使用之后通常采用闷头封闭处理，但封闭质量往往存在问题，导致注浆孔成为后期渗漏水通道之一。

除通过螺栓拼装而成的盾构隧道本体外，还存在许多附属结构，包括旁通道、中间风井、集水井以及预埋注浆孔等，对于该部分附属结构，同样可能产生包括渗漏水以及结构损伤在内的病害，如图 3－2 所示。

(a) 旁通道渗漏水

(b) 预埋注浆孔渗漏水

图 3－2　附属结构病害

对于相同的病害，采取同样的检查流程及方法，并进行相应的记录。

2）检查目标

盾构隧道渗漏水病害检查应区分渗漏水病害类型，明确渗漏路径，包括接缝、注浆孔、手孔或裂缝等，并根据病害与结构要素的相对位置关系，明确渗漏范围，此外还需具体量化指标特征，对于滴漏应通过秒表确定滴水频率。

3）判别方法

(1) 湿迹。对于湿迹现象，水分蒸发速度快于渗入量，用干手触摸有潮湿感，但无水分浸润感觉，在隧道内常规通风条件下，潮湿现象可能会消失。

管片腰部以上区域无法用手触摸，仅能依靠目测判断。

(2) 渗水。渗水现象在加强人工通风的条件下也不会消失，用干手触摸明显沾有水分，如用废纸贴于渗水处，废纸将会被浸湿变色；对于腰部以上区域，可通过灯光照射，观察有无反光，辅助判断是否为渗水。

某些情况下，病害可能介于湿迹与渗水之间，较难区别，此时应多种检查方法并用，只要一种检查结果为渗水，则应按不利原则考虑归为渗水病害。

(3) 滴漏。滴漏现象与其他渗漏水病害较容易区分，但由于滴漏速度有快有慢，当检查速度较快时，容易漏检。在检查过程中，可注意道床表面是否有水迹或少量积水，如存在，则极有可能是隧道顶部滴漏的结果。

(4) 漏泥沙。漏泥沙现象较易判断，通常漏泥沙时，渗水量相对较大，且夹带新鲜泥沙，导致渗出物浑浊。

3.2.2 管片损伤

1）检查目标

管片裂缝与缺块主要通过目测进行检查，明确隧道结构损伤的类型、位置和程度等信息。

当管片裂缝发展到一定程度，与管片接缝贯通形成三维封闭体系时，会出现较罕见的混凝土成块碎裂现象，甚至钢筋裸露，如图 3－3 所示。检查中如发现，应准确记录碎裂的三维尺寸(面积与深度)，并留存全面的影像资料。

图 3－3　露筋缺块病害示意图(后附彩图)

2）判别方法

因管片损伤病害较为直观，管片裂缝与缺块主要通过目测进行检查。管片裂缝通常表现为颜色略深于管片内表面本色的细缝。管片缺块部位因表层混凝土缺失，缺块颜色同样会深于管片表面本色。

3.2.3 结构形变

1）检查目标

对于管片错台病害，应明确错台位置及错台量。

对于管片接缝张开病害，应明确管片张开所在接缝，如张开处可目测出螺栓，应在备注栏予以明确说明。

2）判别方法

对于管片错台病害，通过目测进行初步判断，对疑似处可通过手触确认，也可将探照灯平贴于管片朝疑似错台处照明，如存在错台现象，则光束在错台处会出现明显明暗对比。错台量可通过钢尺进行量测。根据地铁盾构隧道纵向变形分析，当错台量超过 8 mm 时，将会影响止水条防水性能。为提高检查效率，当错台量小于 8 mm 时，不予记录。对于单环相邻管片间错台情况，可在对应纵缝位置中部量测错台量。因检查条件的限制，通常只能检查到落底块(D)与标准块(B)间错台情况。

对于管片接缝张开病害，初步判断通过目测进行，对于张开幅度较大处，灯光照射后能发现螺栓。具体接缝张开大小需采用登高车实地量测。目前，接缝张开基本发生在顶部纵缝位置。

3.2.4 结构裂化老化

3.2.4.1 混凝土碳化深度检测

根据我国行业标准《回弹法检测混凝土抗压强度技术规程》(JGJ/T 23—2011)和上海市工程建设规范《结构混凝土抗压强度检测技术规程——回弹法、超声回弹综合法、钻芯法》(DG/TJ 08-2020—2007)对隧道结构混凝土的碳化深度进行检测，作为推算和预测混凝土强度的基础。

要求在有代表性的位置上测量碳化深度值，测点数不应少于构件测区数的 30%，且不少于三个。基本检测步骤如下：

(1) 选择具有代表性的测区，在测区混凝土表面采用适当工具形成直径约 15 mm 的孔洞，其深度应比估计的碳化深度略大。

(2) 圆形毛刷将孔中碎屑、粉末清除，露出混凝土新茬。

(3) 在测孔壁表面喷洒酚酞指示剂。

(4) 待酚酞指示剂变色后，用测深卡尺测量混凝土表面至酚酞变色交界处的深度，确定混凝土碳化深度。

取平均值作为构件的碳化深度值，精确至 0.5 mm，当碳化深度极值大于 2.0 mm 时，应在每一测区测量碳化深度值。

3.2.4.2 混凝土强度检测

在测得混凝土碳化深度的基础上，检测混凝土的强度。常用的检测方法有回弹法与超声回弹综合法。测试主要按照如下两种规范进行：《回弹法检测混凝土抗压强度技术规程》和《结构混凝土抗压强度检测技术规程——回弹法、超声回弹综合法、钻芯法》。

根据规范内容，选取其中两种最具代表性的检测方法阐述如下。

1) *回弹法*

对于区间隧道，各环混凝土等级相同，混凝土原材料、配合比、成型工艺、养护条件及龄期基本相同；此外，施工阶段所处状态也应相同，因此区间内管片均可作为同批次构件。

被测管片可随机抽取具有代表性的检测断面，同批管片抽样数不应少于 10 块，常规地铁盾构隧道管片环宽一般大于 0.3 m，在检测断面内布置相应测区，单块管片测区不应少于 10 个。

测区应避开钢筋密集区和预埋件，表面应清洁、平整、干燥，管片均采用预制工艺，一般不会存在浮浆和油垢，以及蜂窝和麻面等现象。测区面积一般可设定为 200 mm×200 mm，每个测区回弹测试 16 次，也就是 16 个回弹测点，如图 3－4 所示。

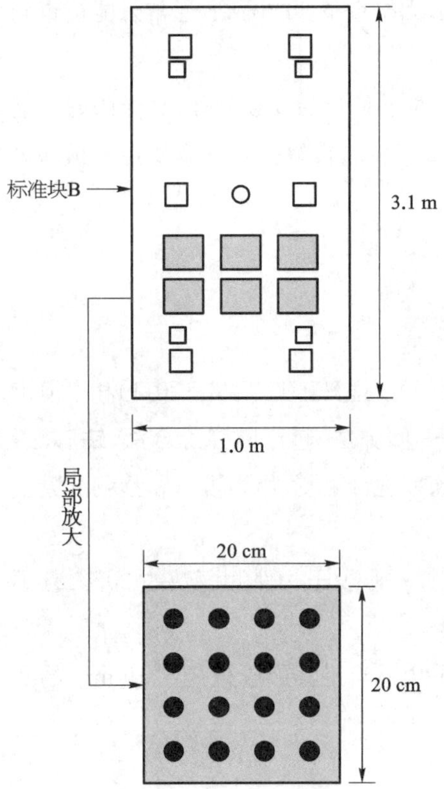

图 3－4 测区测点分布示意图

测点在测区内宜均匀布置，相邻测点的间距不宜小于 30 mm，测点距构件边缘或外露钢筋、预埋件的距离不应小于 50 mm，同一测点只允许弹击一次。

测试过程中回弹仪轴线应与测试面垂直，非垂直状况测试时应进行修正。

采用上海市工程建设规范《结构混凝土抗压强度检测技术规程——回弹法、超声回弹综合法、钻芯法》推荐的测强曲线，确定混凝土强度的推定值。

测区回弹代表值应从测区的 16 个回弹值中剔除 3 个较大值和 3 个较小值，其余 10 个有效回弹值取平均值。

2) *超声回弹综合法*

结合回弹测点布置情况为，在每个测区内布置

3 个超声波测点，由于隧道结构的特殊性，采用超声波面测的方式展开，超声波探头之间的距离为 400 mm，回弹在两个探头之间进行，回弹 16 次。

超声波测试过程中，波的传播方向应避开钢筋方向。

根据测区的特点，应对超声波波速进行换算和修正，采用上海市工程建设规范《结构混凝土抗压强度检测技术规程——回弹法、超声回弹综合法、钻芯法》推荐的测强曲线，确定混凝土强度的推定值。

3.2.5　其他病害

1）道床与管片脱开

对于整体式道床，由于两侧排水沟混凝土后于轨枕区域道床浇筑，管片脱开通常表现为两种形式，包括排水沟混凝土与管片脱开以及轨枕区域道床与管片脱开。在脱开现象较为明显的区域，道床混凝土可能会出现横向裂缝，对于此类情况，应在备注栏予以说明，必要时拍摄影像。

道床与管片脱开检查应明确脱开位置。道床与管片脱开主要通过目测进行检查，对于疑似处，可通过插硬卡片的方式确认两者是否脱开。将道床与管片脱开病害现象记录于管片平面展开图中，符号标记于脱开位置，并要求道床与管片脱开位置进行拍照存档。

2）设施设备侵限

对于盾构隧道结构，附着大量的附属设施及设备，如出现卡位问题或固定件老化锈蚀松动等问题，则容易出现各类设施设备侵限问题。图 3－5 为嵌缝条悬垂及隔断门松脱侵限隐患示意。

(a) 嵌缝条悬垂

(b) 隔断门松脱

图 3－5　嵌缝条悬垂及隔断门松脱侵限示意图

对于此部分特殊病害，无法对检查内容提出具体要求，但是发现后必须对病害的位置、范围以及特征进行详细的文字记录，并留存全面的照片及录像资料备查。

3.3 资料成果要求

3.3.1 记录表

3.3.1.1 基本要求

根据检查类型成果特点，记录表要求一般分三种，包括表单式、展开图以及专项报告。三种类型表式特点如下：

(1) 表单式相对简洁，以基本信息填写为主，涉及病害关键参数信息，主要以数字形式进行记录，适合于相对频率较大的检查类型，如日常检查，因此不作为详细维修方案的依据。

(2) 展开图的记录方式，内容信息相对丰富，盾构隧道结构展开图以实际结构比例进行绘制，病害位置及参数信息直接标记于展开图上，由此可得到整个隧道表面丰富的病害分布情况及程度。展开图方式适用于需要进行后评估的检查类型，比如重点检查及全面检查。

(3) 专项报告无固定格式，主要依据专项检查内容进行具体设定，主要针对结构强度检测、结构整治复检等进行。

各类型检查成果记录表式可参照表 3－4 设置。

表 3－4 各类型检查成果记录表式要求

检查类型		记录表式要求	备注
日常检查		表单式	
全面检查		展开图	如有专项检查内容，匹配相应表式
重点检查		展开图	如有专项检查内容，匹配相应表式
专项检查	结构检测	专项报告	
	整治复检	专项报告	可以展开图为基础
	低频检查	表单式	

3.3.1.2 具体要求

1) 表单式

表单式基本记录信息主要包括如下：

(1) 检查作业信息，包括人员、检查时间等。

(2) 位置信息，包括线路、区间、环号或特殊位置等。

(3) 病害内容信息，包括具体病害类型及程度等。

(4) 病害参数信息，包括病害尺寸特征等，见表 3－5。

表 3-5　病害关键参数要求

病害类型			关键参数	备注
表观病害	渗漏水	湿迹	面积	
		渗水	面积	
		滴漏	频率	
		漏泥沙	面积	
	结构损伤	裂缝	长度、宽度	如有专业检测手段，宜将检测深度记录
		缺损	面积、深度	应注明是否露筋
		混凝土片状剥落	长度	
	结构形变	错台	错台量	
		张开	缝宽	应注明螺栓是否可见
裂化老化病害		混凝土碳化	深度	
		钢构件锈蚀	厚度	
		强度衰减	强度	
其他病害		侵限	脱出安装位置的尺寸	应注明侵限具体物体
		道床脱开	纵向长度	如有检测手段，宜检测脱开距离
		设备病害	病害特点	应记录清楚具体设备名称及存在的问题

通常结构老化、裂化病害通过专项检查进行，因此表单式大部分情况下不会涉及，比如碳化及强度衰减，通常表观上无法进行观察，需要专业检测手段，钢构件锈蚀可通过目视进行检查。

2）**展开图**

病害记录以结构展开图为基础，展开图要求构件要素齐全，病害记录应翔实且准确，结合管片展开图，明确位置、特征，如病害存在范围，则应在展开图上进行等比例标示。对于现象重叠区域，为区分现象标志，可采用不同颜色加以区分，如红色与黑色等。

管片展开图基本要素包括接缝、注浆孔、螺栓孔，各要素相对位置关系与实际一致，尺寸比例完全按照实际绘制。

对于旁通道、泵站以及中间风井等结构，由于其结构空间特点，通常可进行竖剖面以及平剖面相结合的方式，进行展开图记录。

(1) 渗漏水记录要求。根据渗漏水病害特点，设计相应病害标志：湿迹、渗水以及漏泥沙通常由一封闭区域并采用不同的填充图案；滴漏病害则在椭圆形内填写滴漏频率来记录。具体见表 3-6。

表 3-6　渗漏水病害标志

病害类型	标志符号	符号解释	记录要求
湿迹		虚线填充的闭合曲线	曲线边界依据实际湿迹分布确定

（续表）

病害类型	标志符号	符号解释	记录要求
渗水	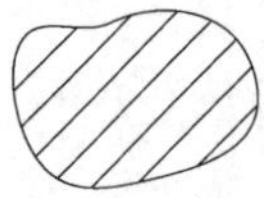	斜线填充的闭合曲线	曲线边界由实际渗水分布确定
滴漏		由竖线、椭圆以及数字三部分组成，数字表示滴漏频率（滴漏数/min）	① 当小于1滴/min时，椭圆内应标注“<1” ② 当大于60滴/min时，可认为滴漏已形成渗流，此时应按照渗流标注“∞”
漏泥沙	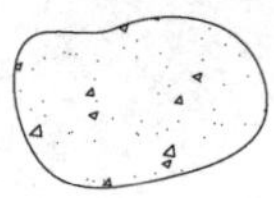	点及小三角填充的闭合曲线	曲线边界依据实际漏泥沙边界确定

需要说明的是，对于湿迹仅局限于接缝，呈窄条状分布时，为提高检查效率，可不予记录；此外，如渗漏水现象明显，肉眼能观察到明显水流，则应在备注栏予以补充说明。

(2) 管片损伤记录要求。缺块病害因表现为封闭区域围成，因此采用实心填充面积作为病害标记；而裂缝病害则直接以线条表示。具体见表3-7。

表3-7　管片损伤病害标志

病害类型	定　义	标志符号	符号解释
裂缝	表层混凝土裂开		① 曲线或折线，以裂缝实际线形为依据，当裂缝宽度可量测时，应予以备注 ② 当裂缝较为严重，甚至出现混凝土碎裂的现象时，应特别予以备注，并留存详细的影像资料
缺块	管片端部混凝土缺失		将实际缺块范围填实，管片缺块深度可量测时，同样予以备注
缺损	管片纵缝两侧混凝土片状缺失		竖线代表发生缺损的纵缝，交叉线所代表区域与发生缺损区域一致

(3) 结构形变记录要求。错台量标志于相对朝隧道内的分块。对于环间错台情况，道床一侧可找出错台量最大处予以标注，无须连续标注；错台量通过钢尺垂直于管片进行测量（表3-8）。

表3-8 管片错台病害标志

病害类型	定义	标志符号	符号解释
管片错台	管片间在环面或纵向接触面内发生相对错动的现象		直线与错台处接缝垂直并交叉,数字表示错台量(mm)

接缝张开病害标记,其交点位置标于管片张开所在接缝处(表3-9)。

表3-9 接缝张开病害标志

病害类型	定义	标志符号	符号解释
接缝张开	顶部纵缝两侧管片未密贴,局部应力集中,出现倒V形空隙,即接缝张开		受外界影响,导致隧道受力状态发生变化,进而出现"横鸭蛋"等现象,严重处能目测到环向螺栓,导致顶部纵缝张开

(4) 其他病害记录要求。道床与管片脱开病害标记记录于道床与管片连接处(表3-10)。

表3-10 道床与管片脱开病害标志

病害类型	定义	标志符号	符号解释
道床与管片脱开	道床与管片间存在间隙,纵向上明显存在		标志记录于道床与管片连接处

根据上述展开图病害记录标志,典型病害记录举例见表3-11。

盾构隧道通常包括单圆通缝、单圆错缝以及双圆隧道等类型,各结构类型展开图见附录3。

3) **专项报告**

专项报告应以实际专项检查的内容作为编制基础,根据不同检测内容,报告的基本要求如下:

(1) 结构检测专项报告应包含所检测对象结构基本概况(线路区段区间信息、开通运营时间信息、管片结构信息、所处地层等)、检测工作量、检测结果信息以及评估结果等内容,其中检测结果信息可以以附表形式体现,具体可参照附录1。

(2) 结构整治后复杂专项报告应包含整治区段基本情况(线路区段区间信息、开通运营时间信息、管片结构信息、所处地层等)、具体整治实施内容及工作量、复查结果信息以及评估结果等内容。

(3) 其他类型专项报告依据实际专项检查内容设计专项报告内容,通常应包含所检查对象基本信息、检查方法及工作量信息、记录结果以及简单评估结果。

表 3-11　隧道病害检查记录单(举例)

编号:××上 040

线路: 1 号线	区间: ××路—××路	上/下行: 上	总环数: 800	接缝类型: 通缝	螺栓类型: 环向直螺栓;纵向弯螺栓
检查日期: 20090924	出发车站: 汉中路	天气: 多云	温度: 28℃	检查人员: ×××	
环号与里程关系:SK18+666=250 环					

环号　D　B　L　F　L　B　D　　备　注

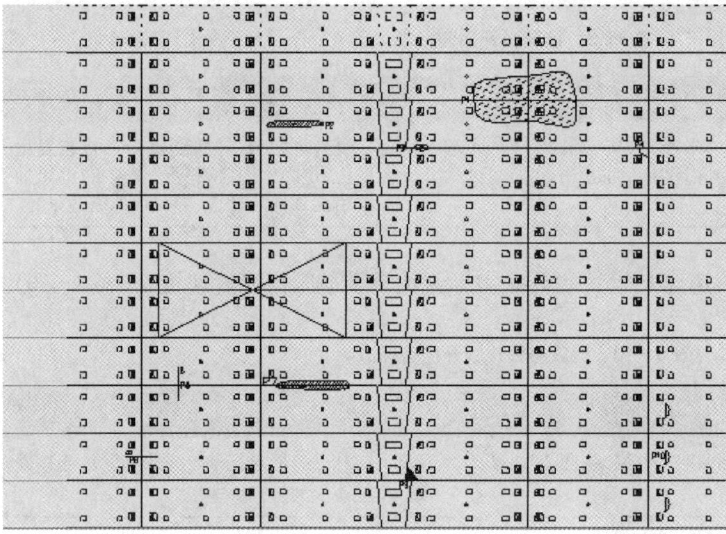

备注
360~720 环为浮置板道床
转弯半径 300 mm
裂缝宽度 5 mm
钢管片
钢管片阀门顶有滴水频率 30 滴/min,P5
钢管片合险与钢管片接缝渗水,P6
钢管片

3.3.2　记录影像

原则上所有病害现象均应拍摄照片留存,个别情况下,当病害具有明显动态特征,照片不能完整反映时,应摄像。

数码照片编号可按 Px(P 表示照片,x 表示顺序号)记录;录像编号可按 Vx 表示(V 表示录像,x 表示顺序号)。

各照片内应以所记录病害所处环及块为主,不宜包含过多环,以免引起混淆,且病害影像应在照片内居中,照片边界应平行于纵、环缝。照片编号直接标记于病害标志旁。

照片以 1 600×1 200 像素为宜,一般文件可控制在 500 kB 左右。

如现象连续多环相似,比如道床与管片脱开,可不重复拍照,取典型照片即可。对于轻微错台等照片较难展示的现象,可不拍照。

3.3.3　其他信息

在检查过程中,应在备注栏对隧道基本信息予以记录,包括小转弯半径、旁通道或泵站钢管片以及道床类型等，此部分信息有助于建立全面的隧道数据库。

工具主要包括记录类、照明类以及量测类三部分。

1）记录类

该类包括纸板夹、笔、记录单、数码相机等。

其中记录用笔应备有红黑两色，当病害在同一区域重叠时，可采用不同颜色区分。由于部分隧道内照明存在问题，记录用笔如带微型小灯，则可提高隧道检查效率。

数码相机像素不宜低于 400 万，且带闪光功能，由于多数现象须拍照，最好备用一块电池，存储卡容量不应小于 2 GB。

2）照明类

该类包括手电筒、头灯等，如图 3－6 所示。

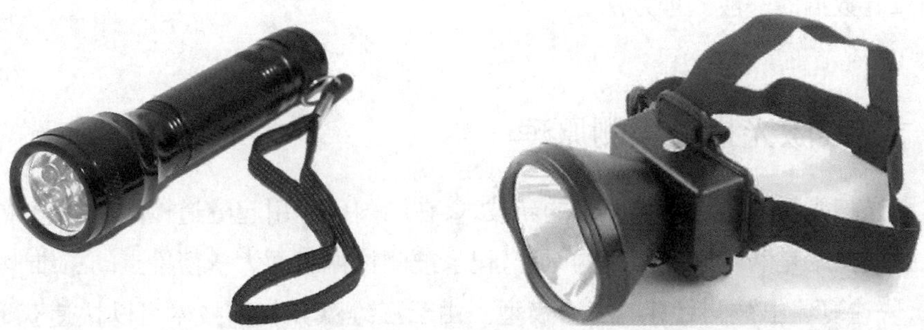

(a) LED手电筒　　(b) 头灯

图 3－6　照明类工具

3）量测类

该类包括废纸、计时器、钢尺、普通三角尺等。其中，废纸可用于判断病害属于湿迹或者其他渗漏水类型；计时器可用于记录滴漏频率；钢尺与普通三角尺可用于测量病害特征尺寸。

第4章

盾构隧道三维激光扫描检测

盾构隧道结构由于其变形特点，传统采用人工拉线等开展的变形测量无法满足发展需要。三维激光扫描技术近年来快速发展并应用于各类工程建设中，包括地铁隧道。本章主要阐述三维激光扫描的基本原理、主要产品设备、扫描软件基本功能与操作，以及基于三维激光扫描点云数据的一般处理方法。

4.1 三维激光扫描检测原理

三维激光扫描技术是近年来出现的新技术，在国内已经引起隧道检测研究领域的关注。三维激光扫描技术是利用激光测距的原理，记录被测物体表面大量密集点的三维坐标、反射率等信息，快速复建出被测目标的三维模型。由于三维激光扫描技术可以快速获取大量目标对象的数据点，因此相对于传统的单点测量，三维激光扫描技术为盾构隧道检测提供了崭新的视野。

激光是指通过受激辐射放大产生光束的过程。不同类型和特点的激光器一般均包括以下三个部分：

(1) 激光工作介质。产生激光必须选择合适的介质，如气体、液体、固体或半导体。在工作介质中可以实现粒子数反转，进而产生激光。激光工作介质有近千种，可产生的激光波长包括从真空紫外到远红外。

(2) 激励源。为了使工作介质中出现粒子数反转，必须用一定的方法去激励原子体系，使处于上能级的粒子数增加。一般用气体放电的方法，利用具有动能的电子去激发介质原子，称为电激励；用脉冲光源照射工作介质，称为光激励；此外还有热激励、化学激励等。

(3) 谐振腔。有了合适的工作介质和激励源后，即可实现粒子数反转，但这样产生的受激辐射强度很弱，于是人们就想到了用谐振腔进行放大。所谓谐振腔，实际上就是在激光器的两端，面对面装上两块反射率很高的镜子。一块几乎全反射，另一块大部分反射，少量透射出去，以使激光可透过镜子而射出。被反射回到工作介质的激光，继续诱发新的受激辐射。因此光在谐振腔中来回振荡，形成连锁反应产生强烈的激光，最终从部分反射镜一端输出。

激光在测距中的使用方法主要包括脉冲飞行时间测距法和调制波相位测距法。

4.1.1　脉冲飞行时间测距法

脉冲飞行时间测距法是基于光速恒定这一前提条件，通过测量激光从发射到反射接收的时间间隔实现待测距离的计算。

该方法的具体原理是，利用脉冲激光器对目标发射一个激光脉冲，测量光脉冲到达目标并由目标返回到接收机的时间，由此计算出目标的距离。设目标距离为 R，光脉冲往返经过的时间为 t，光在空气中的传播速度为 c，则 $R = ct/2$。

脉冲激光测距仪一般由激光发射机、激光接收机和激光光源组成。激光发射机由脉冲激光器、发射光学系统、取样器及瞄准光学系统组成。激光接收机由接受光学系统、光电探测器、放大器、接收电路和计数显示器组成。激光光源通常由高压电源和低压电源组成。脉冲激光测距原理如图 4－1 所示。

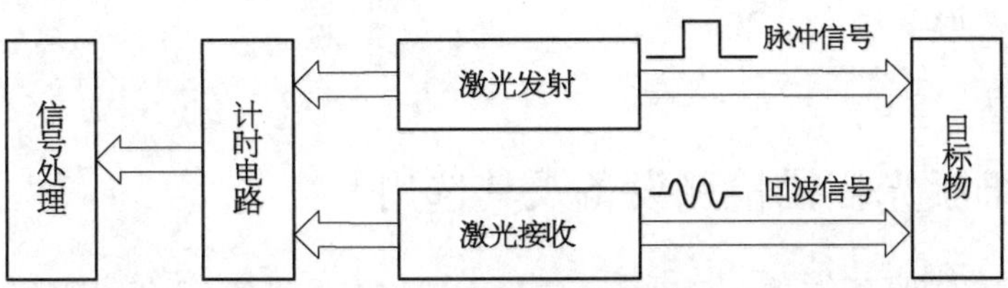

图 4－1　脉冲激光测距原理

4.1.2　调制波相位测距法

调制波相位测距法是以某种确定频率对激光脉冲进行强度调制，通过测量发射与返回脉冲的相位差值计算被测距离。由于相位测量结果其范围仅为 $0 \sim 2\pi$，无法获知整数倍 2π，因此需使用多种频率对激光脉冲进行调制，利用不同波长的电子信号充当距离测尺，实现不同距离范围内的绝对距离测量。调制波相位测距原理如图 4－2 所示。

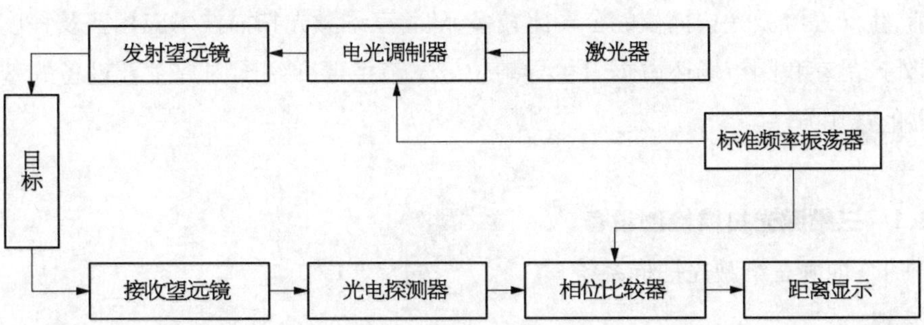

图 4－2　调制波相位测距原理

标准频率振荡器驱动电光调制器，对连续激光器的输出光束实施调制。调制光束射至被测目标，从目标返回的光束进入接收望远镜并聚焦于探测器，将反射信号与标准频率振荡器的信号相互比较，得到两者的相位差，此差值携带了目标的距离信息。

设以频率 f_M 对输出激光束做正弦调制，则调制波波长 $\lambda_M = c/f_M$（c 为光速）。若此调制波在一个往返过程中相位变化量为 φ，有 $\varphi = 2m\pi + \Delta\varphi = (m + \Delta m)2\pi$。其中，$m$ 为调制波传播的整周期数；$\Delta m = \Delta\varphi/2\pi$ 为不足整周期的余数。

每变化 2π 的相位，调制波则传播一个波长 λ_M，所以与上述相位变化量 φ 相应的距离为 $R = 0.5(m + \Delta m)\lambda_M$。

因为实际探测只能感知 Δm，不能测量 m，所以需采用多个调制频率，相当于使用不同长度的尺子对目标距离做分级测量。例如，先用长尺，得到距离的高位数值；再用中尺，得到与长尺测量精度衔接的较低位数值；最后用短尺，得到与要求的精度相应的尾数。将各级数值组合，得到实测距离。例如，待测距离为 2.01 m 时，用 $L_{M1} = 10$ m 的测尺测量得到不足 10 m 的尾数为 2 m，再用 $L_{M2} = 0.1$ m 的测尺测量得到不足为 0.1 m 的尾数为 0.01 m，最终得到的距离即为 2.01 m。

4.2 三维激光扫描检测设备及其选用

三维激光扫描仪是三维激光扫描系统中最主要的硬件设备，近年来得到了快速发展，主要体现在品牌数量、性能指标、类型等方面的变化。目前已处于商业化的激光扫描产品主要包括两种类型：

(1) 地面三维激光扫描系统(terrestrial laser scanning, TLS)。该系统是将三维激光扫描仪固定在某个确定的站点，通过全视场旋转以完成对测站区间内数据的采集与反馈。

(2) 移动三维激光扫描系统(mobile laser scanning, MLS)。该系统是将一种二维激光扫描仪与移动设备及多种传感器集成为一体，在移动过程中通过快速的二维扫描来完成对隧道断面的三维检测。

目前，生产三维激光扫描仪的公司比较多，随着三维激光扫描技术应用普及程度的不断提高，国外产品在我国市场还占据着主导地位。本节主要介绍国内外主要设备的基本情况以及仪器的选用方法。

4.2.1 三维激光扫描检测设备

4.2.1.1 地面三维激光扫描系统

1）原理

地面三维激光扫描系统的主要构成包括三维激光扫描仪、扫描仪旋转平台、软件控制平台、数据处理平台、电源及其他附件设备，是一种将多种高新技术集成于一体的三维数据采集设备。激光扫描仪自身主要由激光测距系统和激光扫描系统构成，有些新型仪器还集成了内置数码相机、GPS 接收机、WLAN 天线设备、CCD 和校正系统。

激光扫描系统直接获取的观测数据包括角度信息、距离信息和强度信息。其中，角度信息即用来反射脉冲激光的反射镜的角度值——水平方向角 θ 和竖直方向角 φ；距离信息为通过脉冲激光传播的时间(或相位差)计算得到仪器到扫描点的距离值 ρ；强度信息为扫描点的反射强度 I。三维点云数据点的三维坐标值可通过获取的角度信息和距离信息计算得到，经过仪器内置算法计算得出最终的三维空间坐标 $A(x, y, z)$，而强度信息一般用于给反射点赋予颜色。扫描仪在扫描过程中使用仪器内部坐标系统：仪器中心为坐标原点，X 轴与 Y 轴在水平扫描面内相互垂直，Z 轴则垂直于水平扫描面，如图 4－3 所示。

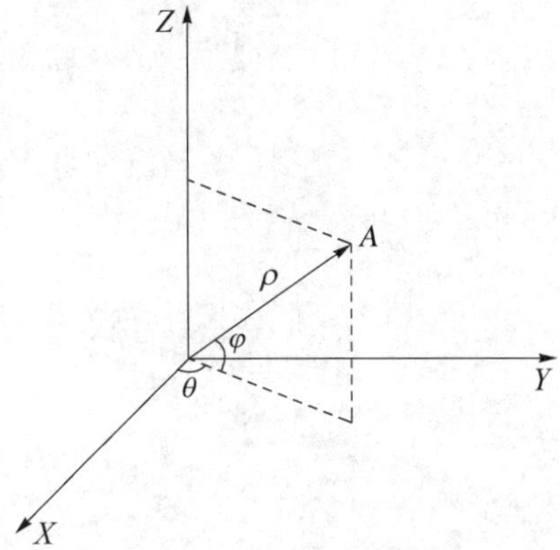

图 4－3　地面三维激光扫描系统原理图

由于隧道的狭长结构，地面三维激光扫描系统受固定式测量的限制，很难保证通过单次的扫描即可获取所需区间的完整三维信息，这时就需要通过分站测量，再依靠不同测站点云的拼接实现对目标的整体扫描。数据拼接将在本章 4.3 节中详细介绍。

2）设备

目前国外以及国内已经开发形成了多种地面三维激光扫描设备，其基本概况见表 4－1。

表 4－1　地面三维激光扫描设备及其性能

厂商	奥地利瑞格	加拿大奥普泰克	瑞士徕卡	美国天宝	日本拓普康	广州中海达	广州思拓力	北京北科天绘
仪器型号	VZ－2000	ILRIS－LR	ScanStation P40	TX8	GLS－2000	HS1200	X300	U－Arm 系列
仪器	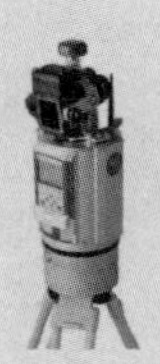			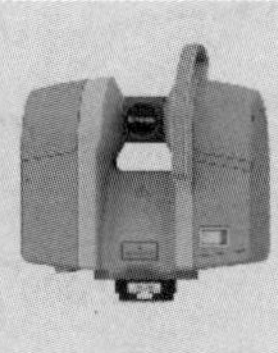	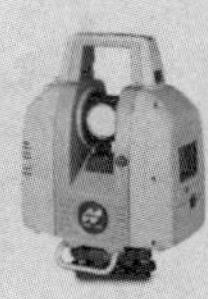			
测量频率	1.2 MHz	10 kHz	1 MHz	1 MHz	120 kHz	500 kHz	>40 kHz	600 kHz
测量精度	5 mm	7 mm	1.2 mm	2 mm	3.5 mm	5 mm	4 mm	5 mm

4.2.1.2　移动三维激光扫描系统

1）原理

移动三维激光扫描系统的核心测距原理与地面三维激光扫描系统基本相同。移动三维激光扫描系统是将一种二维激光扫描仪与移动设备、定姿定位传感器(如 GPS、惯性导航系统 IMU、里程计等)、轨距传感器、超高传感器等精密仪器集成为一体，在移动过程中通过对

图 4－4　移动三维激光扫描示意图(瑞士安伯格 GRP5000 系统)

垂直于行驶方向的平面做二维扫描,以行驶方向作为运动维,构成三维扫描系统,数据形成一种螺旋式的扫描线。移动三维激光扫描示意如图 4－4 所示,采集数据如图 4－5 所示。

对于地铁隧道这种狭长形结构,移动三维激光扫描系统长距离连续测量的工作原理相比于地面三维激光扫描系统而言,更符合检测工作的需求。

2）**设备**

由于技术原因,目前移动三维激光扫描系统主要由国外企业研发制造,国内研发的可用于盾构隧道的移动三维激光扫描系统还较少。这里整理搜集了国内外的多种移动三维激光扫描系统,见表 4－2。其中,GRP5000 和 SiTrack 移动三维激光扫描设备是专为隧道工程所研发的仪器。

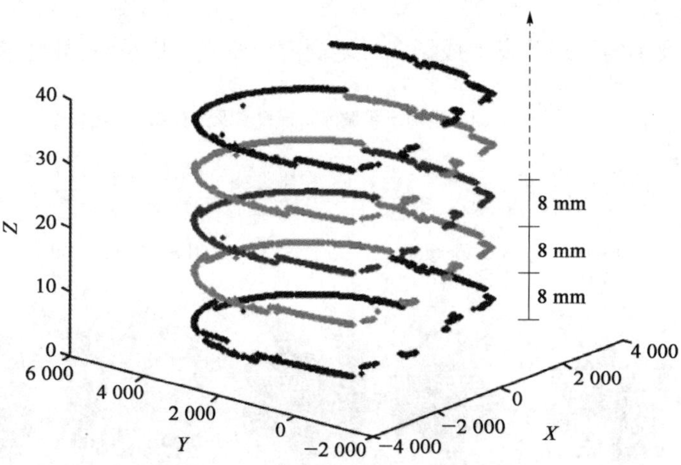

图 4－5　移动三维激光扫描采集数据

表 4－2　移动三维激光扫描设备及其性能

厂商	瑞士安伯格	瑞士徕卡	奥地利瑞格	日本拓普康	广州中海达	北京北科天绘
仪器型号	GRP5000	SiTrack	VMZ	IP－S3	HiScan－STM	R－Angle
仪器示意图	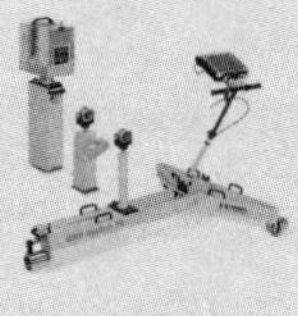					

(续表)

厂商	瑞士安伯格	瑞士徕卡	奥地利瑞格	日本拓普康	广州中海达	北京北科天绘
测量频率	1 MHz	63 kHz	1.2 MHz	700 kHz	500 kHz	>1 MHz
测量精度	1 mm	3～5 mm	5 mm	50 mm	5 mm	5～8 mm

4.2.2　三维激光扫描检测设备的选用

三维激光扫描系统的主要技术指标由其核心设备激光扫描仪确定,激光扫描仪转速和频率以及对检测精度的要求制约着采用激光扫描技术进行隧道病害检测技术的检测速度。激光检测用于对断面收敛、管片张开以及错台等多种病害进行检测时效率较高,但是针对裂缝等病害进行检测时检测速度会大幅下降。

1) *地面三维激光扫描仪*

按扫描原理划分该类设备主要有两类:基于脉冲飞行时间的三维激光扫描仪;基于调制波相位的三维激光扫描仪。

通常,基于调制波相位的三维激光扫描仪多用于室内的应用,如数字工厂(石油、天然气、化工、汽车、重工业、轮船、飞机)的生成、交通事故和犯罪现场重建、铁路轨道扫描和近年来越来越热门的隧道扫描。这些应用的特点是近距离、高点云密度、毫米或厘米级精度。扫描速度快和激光点云密度高是相位差激光扫描仪的优势。在近距离时,其扫描的精度非常高,但是在 20 m 以外的距离上,精度下降很快,相比于基于脉冲飞行时间的三维激光扫描仪来说,就稍逊一筹。另外,由于玻璃或其他有机透明玻璃对于光有反射和折射作用,基于调制波相位的三维激光扫描仪的部分光学部件和中央的旋转部分是没有遮盖的,因此灰尘和水汽等污染物很容易进入反射棱镜的表面和旋转部件的内部,不适合在尘土飞扬和水汽较多的地方(如施工工地、矿山、隧道等)长期使用。

基于脉冲飞行时间的三维激光扫描仪应用范围广,除了能在上述室内应用中使用,还能够在室外的环境中使用,基本不受限制。如地形地貌测量、矿山开采、土木工程、水利、公路、铁路、滑坡监测、隧道施工过程扫描(超、欠挖等)、桥梁和隧道的变形监测等。

2) *移动三维激光扫描仪*

目前国外的厂商在移动三维激光扫描系统中还占有技术优势,它们的一体化集成系统集成多种精密设备,采集精度高,同时配备专业处理软件。移动三维激光扫描系统的检测方式很适合隧道检测,它能在保证点云数量及密度最大化的情况下进行移动测量,虽然移动三维激光扫描系统每秒能采集最多 10 万个点,但是通常使用中工作人员都将速度控制在 5 km/h 以内,否则采集数据也将因速度过快变形为间距较大的螺旋形,进而影响处理效果。由于在地铁隧道中全球导航卫星系统(global navigation satellite system, GNSS)无法覆盖,对于这种移动中的设备进行定位会是一个很大的难题。目前上海地铁检测中使用的方法是每当 MLS 设备移动到隧道中的百米标志时,停机进行里程校准,再重新启动测量。但是由于国外进口的移动三维激光扫描设备的价格昂贵,通常在几百万元以上,面对我国如此多的里程范围的地铁隧道检测需求,无法保证经济效益。

地面三维激光扫描仪在其他行业例如古建筑保护、建筑物模型重构中应用较广,可是针对隧道狭长的特点,由于 TLS 技术在测量远距离的目标时点云数据会变得稀疏,对后处理的精度有着很大的影响,只能使用分站式测量的方式进行工作,每站测量时间为 15～20 min,无法保证效率。移动三维激光扫描系统的扫描原理决定了它采集到的数据是均匀分布的,同时移动三维激光扫描系统的检测速度可达到 5 km/h,效率相比地面三维激光扫描仪而言要高出许多。目前已有许多高校以及企业开始自行研制移动三维激光扫描系统,与购买国外进口集成系统相比具有显著的经济效益优势。实际应用中,应该根据具体的需求选择合适的设备。

4.3 三维激光扫描检测软件

4.3.1 数据采集

在地铁隧道的检测过程中,地面三维激光扫描仪的数据采集与移动三维激光扫描系统的数据采集有些许差异,以下简要介绍两种设备的采集工作。

1) 地面三维激光扫描仪测量前的准备工作

(1) 测站布设。将三维激光扫描仪布设于隧道的中心线位置,如图 4－6a 所示;最理想的情况是能够使得三维激光扫描仪的位置恰好处于隧道的圆心处,如图 4－6b 所示,这样所获取的隧道点云将是均匀分布的。确定了单站的激光扫描测站布设之后,需沿隧道轴线方向确定任意两个测站之间的间距。有学者建议测站间距取 1～2 倍的隧道内径,测站间距越

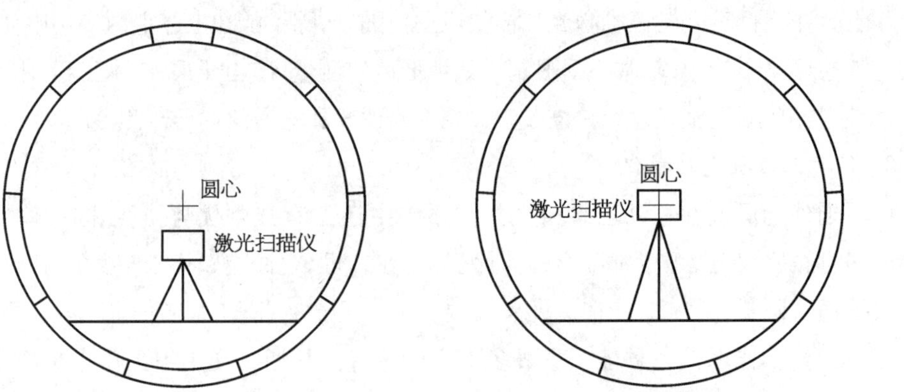

(a) 测站位于竖向中心线　　(b) 测站位于圆心

图 4－6　三维激光扫描仪布设位置

大,所需测站总数就越少,扫描时间越短。但是过大的间距会导致点云质量下降,这是由于激光入射角过大造成的。入射角是指激光的发射方向与扫描目标表面法线的夹角,入射角越大,测量误差越大。测站布设遵守的一般原则如下:

① 各个测站能覆盖隧道的全部范围。

② 保证采样率的前提下,设置最少的测站数量,减少点云拼接误差。

(2) 扫描分辨率。扫描分辨率越高,测点越密集,所需扫描的时间也越长。图 4-7 中,$BC=\delta_{max}$ 表示最大测点间距,它通常是由检测需求决定的。$\angle BAC=90°$, $\theta_{max}=\angle ABC=\arctan(S/D)$, $AB=x(\sqrt{S^2+D^2}/2)$。若测站间距 S 和最大测点间距 δ_{max} 已确定,则可根据图中所示的几何关系得到最佳扫描分辨率 x_{opt} 的计算公式:

$$x_{opt}=\frac{2\delta_{max}\sin\left[\arctan\left(\frac{S}{D}\right)\right]}{\sqrt{S^2+D^2}} \tag{4-1}$$

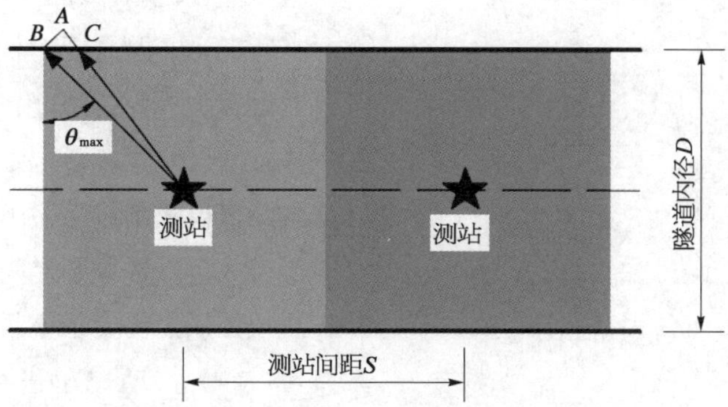

图 4-7　隧道三维激光扫描仪几何示意图

(3) 标靶。地面三维激光扫描仪本身在扫描过程中会自动建立仪器坐标系统,坐标系为以该站激光扫描位置为原点的局部坐标系,因此在每两个测站之间需要设置若干个控制公共点。三个不在同一直线上的点可以确定坐标系,设置三个同名公共点即可达到要求。这个时候就需要依靠标靶来实现,标靶如图 4-8 所示。在不同测站之间进行扫描时需要同时扫描这些标靶作为公共点(图 4-9),以便后续进行点云拼接。在地铁隧道中设立标靶时,各相邻标靶之间的通视应为良好,一个标靶至少要与前后两个标靶通视。

(4) 启动扫描。扫描开始时,尽量避免三维激光扫描仪扫描到人身上,影响成像效果。

2) 移动三维激光扫描系统测量前的准备工作

(1) 首先需要校准超高传感器,把检测车放在水平的轨道上,读取超高测量值;将小车抬起旋转 180°,再次读取超高测量值;根据两次超高测量值的平均值计算误差值,如果误差值较大则需要进行校正。

图 4-8 标靶示意图

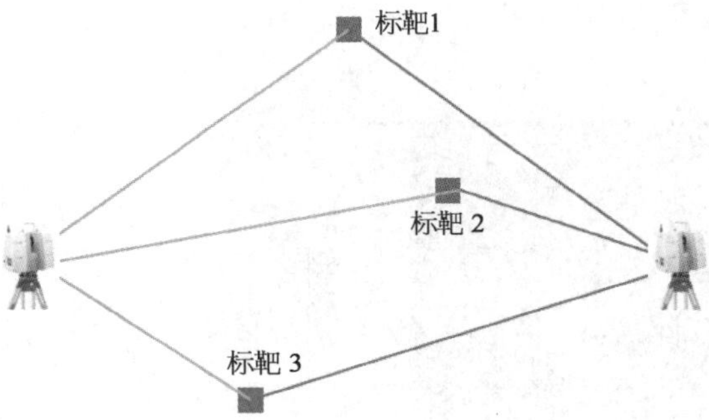

图 4-9 公共标靶示意图

(2) 找到某处里程碑,以此为起始点进行里程定位,如图 4-10 所示。

(3) 根据需要对测量模式及扫描参数进行配置,主要分为三种不同的测量模式:连续模式、间隔模式、自由采集。每种测量模式都可以输出几何数据,其中间隔模式可以按照固定间隔测量,自由采集可根据用户需要采集断面。

(4) 推动小车进行连续断面扫描。扫描过程中应注意设备推行速度不能过快,否则会造成点云稀疏达不到测量需求。

4.3.2 坐标系配准

点云数据处理时,坐标系配准(又称点云拼接)是最主要的数据处理之一。由于隧道的复杂性,使用地面三维激光扫描仪通常需要扫描多个测站,才能把隧道扫描完整,每一测站扫描数据都有自己的坐标系统,三维模型的重构要求把不同测站的扫描数据纠正到统一的坐标系统下。在扫描区域中设置控制点或标靶点,使得相邻区域的扫描点云图上有三个以上的同名控制点或控制标靶,通过控制点的强制附和,将相邻的扫描数据统一到同一个坐标系下,这一过程称为坐标纠正。在每一测站获得的扫描数据都是以本测站和扫描仪的位置和姿态有关的仪器坐标系为基准,需要解决的坐标变换参数共有 7 个:3 个平移参数、3 个旋转参数、1 个尺度参数。

点云配准即把不同站点获取的地面三维激光扫描点云数据变换到同一坐标系的过程。点云配准时应采用不少于三个同名点建立转换矩阵进行点云配准。

图 4－10　里程定位(瑞士安伯格 GRP5000 系统)

常见的配准算法有四元数配准算法、六参数配准算法、七参数配准算法、迭代最近邻算法及其一系列改进算法。点云坐标的配准目前国内外研究的都比较多,不同品牌仪器都有与设备配套成熟的软件,如 Cyclone、PolyWorks 软件等。

1) 配准方法分类

(1) 标靶拼接方法。标靶拼接是点云拼接最常用的方法,首先在扫描两站的公共区域放置三个或三个以上的标靶,对目标区域进行扫描,测站扫描完成后提取出标靶的中心点坐标,每一个标靶对应一个 ID 号,不同测站中同一标靶的 ID 号必须一致,才能完成拼接。

(2) 基于点云的拼接方法。要求在扫描目标对象时要有一定的区域重叠度,而且目标对象特征点要明显,否则无法完成数据的拼接。由于约束条件不足无法完成拼接的,需要再从有一定区域重叠关系的点云数据中寻找同名点,直至满足完成拼接所需要的约束条件,接着对点云进行拼接操作,此方法点云数据的拼接精度不高。

采用三维激光扫描仪采集数据时,要保证各测站测量范围之间有足够多的公共部分(一般为 20%～30%),当点云通过初步的定位定向后,可以通过多站拼接实现多站间的点云拼接。公共部分的好坏会影响拼接的速度和精度。一般要求公共部分清晰,具有一些比较有明显特征的曲面。一般公共部分可利用的点云数据越多,多站拼接的质量越好。

另外,有学者提出基于特征点云的混合拼接,该方法要求扫描实体时,要有一定的重合度,拼接精度主要依赖于拼接算法,可分为基于点信息的拼接算法、基于几何特征信息的拼接算法、动态拼接算法和基于影响的拼接算法等。

2) 点云配准示例

扫描仪厂家自带的软件和专业的点云数据处理软件都具有点云配准的功能,能够将不同测站的数据拼接到统一坐标系下。例如,Cyclone 软件可通过标靶拼接、特征拼接等方法进行数据拼接。此外,利用软件提供的多边形、矩形选择器等多种方式手动选择噪声点,并将其删除。如图 4-11、图 4-12 所示为单站隧道点云及多站拼接隧道点云。

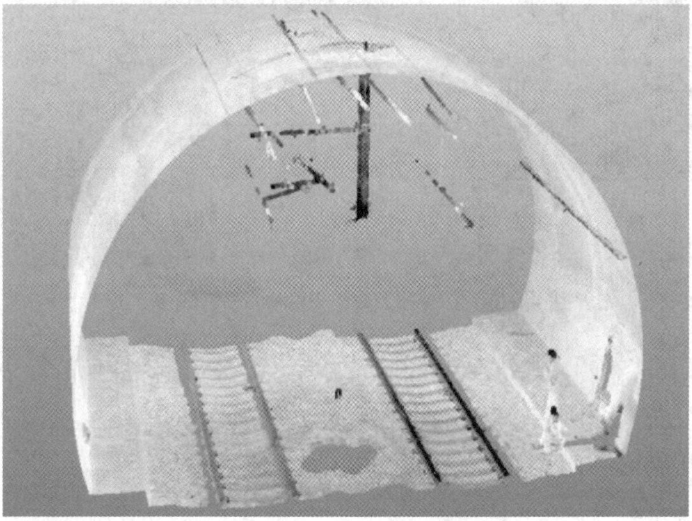

图 4-11 单站隧道点云

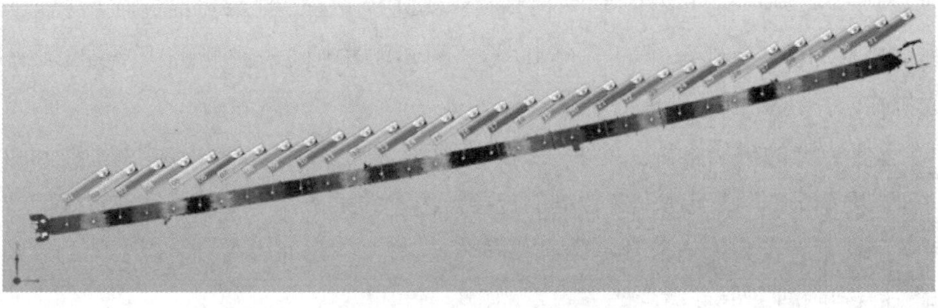

图 4-12 多站拼接隧道点云

4.3.3 点云去噪

实现点云的坐标配准之后,由于扫描过程中激光扫描的长距离、全视场特点,扫描仪本身引起的误差,以及扫描过程中扫描到隧道中的一些附属物(如管线)等原因,需要对所得到的点云进行去噪处理。

1) 噪声产生原因与处理方法

地面三维激光扫描数据处理的一个基本操作是去噪,由于各方面原因,点云中不可避免地会存在噪声点。

误差由被扫描对象表面因素产生,例如受不同粗糙程度、表面材质、波纹颜色对比度等反射特性引起的误差。当被测物体的表面较黑或者入射激光的反射光信号较弱等光照环境较差的情况下也很容易产生噪声。误差由测量系统本身引起,例如扫描设备的精度、CCD摄像机的分辨率、设备振动等。对于目前常见的非接触式三维激光扫描设备,受到物体本身性质的影响更大。

由于以上因素,如未进行去噪,噪声点将会影响特征点提取的精度,并将导致降低模型重构的精度。因而在建立三维模型之前,需对点云进行去噪处理。

在处理由随机误差产生的噪声点时,要充分考虑点云的分布特征,根据分布特征采用不同的噪声点处理方法。目前,点云分布特征主要为扫描线式数据,即按某一特定方向分布的点云数据,这种数据属于有序数据,去噪相对简单,采用平滑滤波即可进行去噪处理。常用的滤波方法有高斯滤波、中值滤波、平均滤波等。

此外,根据噪声点的空间分布情况,可将噪声点大致分为以下四类:

(1) 漂移点,即明显远离点云主体,漂浮于点云上方的稀疏、散乱点。

(2) 孤立点,即远离点云中心区,小而密集的点云。

(3) 冗余点,即超出扫描区域的多余扫描点。

(4) 混杂点,即和正确点云混淆在一起的噪声点。

对于第(1)、(2)、(3)类噪声,通常可采用现有的点云处理软件通过可视化交互方式直接删除,而第(4)类噪声必须借助点云去噪算法才能剔除。

2) 去噪处理示例

目前,扫描仪厂家自带的软件和专业的点云数据处理软件一般都有去噪功能,能够处理噪声中的漂移点、孤立点、冗余点。例如,FARO SCENE 软件采用各种过滤器对点云进行去噪,主要包括异常值过滤、深色扫描点过滤、离群点过滤、基于距离过滤点。此外,利用软件提供的多边形、矩形选择器等多种方式手动选择噪声点,并将其删除。这里以 Cyclone 软件为例简要说明操作过程如下:

在 Cyclone 软件的工具栏中选择“Polygonal Fence Mode”模式,然后框选需要去除的噪声点,选择完成后,按住“Shift+I”组合键删除选中数据内的噪声点。也可以选择要保留的区域,按住“Shift+O”组合键删除选择数据以外的噪声点,最后得到需要的点云图,如图 4-13 所示。

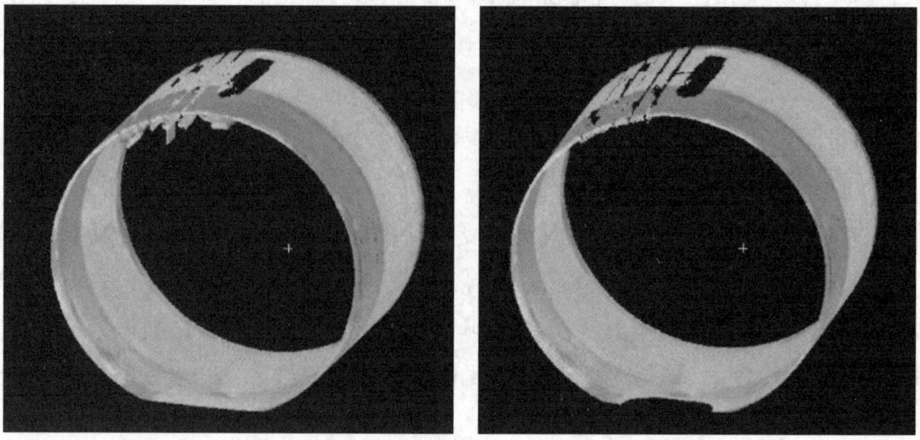

(a) 去噪前点云　　(b) 去噪后点云

图 4-13　点云的去噪处理

4.3.4　数据压缩

三维激光扫描仪在短时间内能获取大量的点云，并且扫描分辨率越高，获得的数据量就越大，大量的数据在存储、操作、显示、输出等方面都会占用大量的系统资源，使得处理速度缓慢、运行效率低下，故需对点云进行压缩。

1）*数据压缩方法*

数据压缩是对点云进行缩减，实现数据量的减小，通过数据缩减可以极大地提高点云处理效率。

在正常采集数据的基础上，通常可利用降采样进行数据压缩。常用的数据压缩算法有基于德洛内三角化的数据压缩算法(主要方法有包络网格法、顶点聚类法、区域合并法、边折叠法、小波分解法)、基于八叉树的数据压缩算法、点云的直接压缩算法等。

点云数据压缩一般分两种：去除冗余和抽稀简化。冗余数据是指多站数据配准后虽然得到了完整的点云模型，但是也会生成大量重叠区域的数据。这种重叠区域的数据会占用大量的资源，降低操作和储存的效率，还会影响建模的效率和质量。某些非重要站的点云可能会出现间距过密的情况，则需采用抽稀简化。通常数据压缩应不影响目标特征识别与提取，且压缩后点间距应满足相应的要求。

理想的点云压缩方法应做到能用尽量少的点来表示尽量多的信息，目标是在给定的压缩误差范围内找到具有最小采样率的点云，使由压缩后点云构成的几何模型表面与原始点云生成的模型表面之间的误差最小，同时追求更快的处理速度。针对不同排列方式的点云数据，许多学者提出了不同的压缩方法，常见的方法如均匀弦长重采样、倍率压缩、等间距压缩、等密度压缩、包围盒法、均匀网格法、分片法、曲率采样等。

点云压缩有多个准则可以遵循，包括压缩率准则、数量准则、点云密度准则、距离准则、法向量准则、曲率准则等。其中，法向量和曲率准则可以使简化后的数据集中在曲面曲率较小的区域用较少的点表示整个形面，而在曲率较大或尖锐棱边处保留较多的点。

2）压缩处理示例

Geomagic Studio 是一款结合了实时三维扫描、三维点云和三角网格编辑功能等功能的三维设计软件。它提供了强大的压缩采样功能，基本操作为：首先打开需要压缩采样的点云数据，进入"统一采样"参数配置界面，Geomagic 提供基于数量、间距的采样功能，这里选择根据目标点距自动采样，结果如图 4 - 14、图 4 - 15 所示，可以看到数据的个数减少了，整体点云的质量却几乎没有改变。

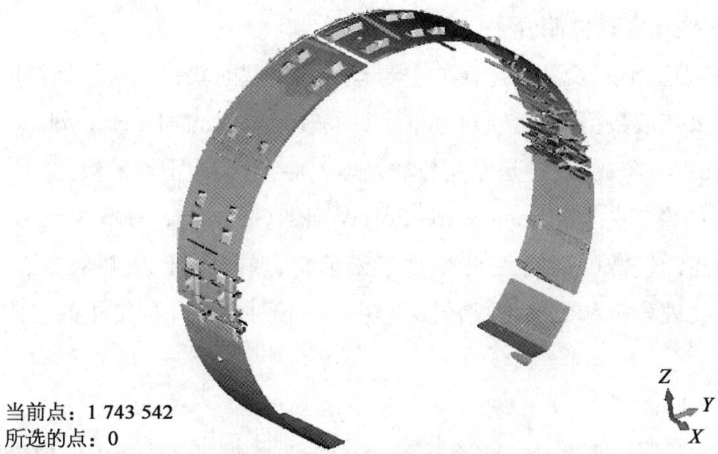

图 4 - 14　压缩前的管片点云

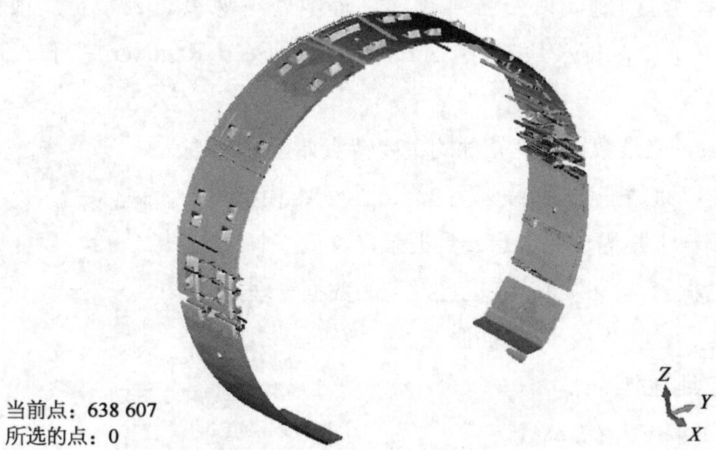

图 4 - 15　压缩后的管片点云

4.3.5 三维模型重建

利用处理后的点云数据对扫描实体进行三维建模是重要的应用技术,目前普遍采用多种相关建模软件完成。这里介绍三维建模的目的和意义、建模软件及建模方法,阐述了基于Geomagic软件建模的主要过程。

4.3.5.1 三维建模的目的和意义

三维建模指的是对三维物体建立数学模型,它是在计算机环境下对其进行处理、操作和分析其性质的基础,同时也是在计算机中建立表达客观世界的虚拟现实的关键技术。三维激光扫描技术因其在测量中能将各种物体表面的点云数据快速、准确地测量到计算机中,且在记录位置信息的同时记录物体表面反射率,使重构的三维实体更加生动,因而经常被用于建筑物测量维护与仿真、位移监控和外观结构三维建模、设计与维护分析与工程建设相关的众多领域。

4.3.5.2 三维建模软件简介

目前能够实现三维点云数据建模的主要有两种类型的软件:一种是扫描仪随机自带的软件,既可以用来获取数据,也可以对数据进行一般的处理,如Leica Cyclone、瑞格扫描仪附带的软件Riscan Pro等;另一种是专业数据处理软件,主要用于点云数据的处理和建模等方面,多为第三方厂商提供,如Imageware、PolyWorks、Geomagic、3DS Max以及Pointools等软件,它们都有点云影像可视化、三维影像点云编辑、点云拼接、影响数据点三维空间量测、空间三维建模、纹理分析和数据格式转换等功能。下面介绍几种常用的三维点云数据建模软件。

1) Leica Cyclone

该软件是与徕卡三维激光扫描系统配套的专业数据处理平台,由瑞士徕卡公司自行研发,针对徕卡三维激光扫描仪的功能特点量身打造的三维数据后处理软件,使用该软件的用户可在工程测量、制图以及各种改建工程中处理海量点云数据。根据不同的用途Cyclone软件分为多个功能模块,包括Survey、Model、Scan、Register、基于AutoCAD的插件CloudWorx等。

Leica Cyclone三维数据处理软件的主要特点如下:

(1) 可输出二维或三维图、线划图、点云图、三维模型。

(2) 可控制徕卡扫描仪完成点云数据采集。

(3) 海量数据管理(可支持10亿点以上的数据管理)。

(4) 根据点云自动生成平面、曲面、圆柱、弯管。

(5) 实现三维管道设计。

(6) 自动构网和生成等高线。

(7) 依据切片厚度生成点云切面。

(8) 用 CloudWorx 模块可在 AutoCAD 和 MicroStation 中处理点云数据。

(9) 可以输出 DXF、PTX、PTS、TXT 等多种数据格式。

Cyclone 软件建模功能较为强大,主要应用在平面、曲面、圆柱、弯管等规则体方面。

2) Riscan Pro

Riscan Pro 是奥地利瑞格地面三维激光扫描系统的配套软件,它具有较为强大的扫描仪工作控制和数据配准功能,能够将模型导出通用文件格式,删除多余点云数据,进行三角化建模。软件的主要特点如下:

(1) 可方便地对扫描范围、精度等扫描参数进行设置。

(2) 自动提取、匹配反射片进行场景拼接。

(3) 自动计算扫描仪与数码相机坐标系之间的转换关系。

(4) 对点云的拼接可人工配准后由软件完成。

(5) 可导入全站仪、GPS 等外部测量设备的测量数据,提高测量精度,方便地进行各种坐标系转换。

(6) 将扫描得到的点云数据进行处理,删除冗余数据。

(7) 对点云数据进行三角化建模、进行纹理映射及对模型进行渲染。

在实际建模过程中,由于 Riscan Pro 软件对点云及三角化后的网格模型的编辑能力有限,一般需要结合其他建模软件共同建模。

3) Imageware

Imageware 是由美国 EDS 公司出品,后被德国西门子 PLM Software 所收购,现在并入旗下的 NX 产品线,是一款著名的逆向工程软件。Imageware 软件的主要特点包括:

(1) 模块化。Imageware 产品提供了独特、综合的自由曲面构造及检测工具,该工具的应用范围从早期的概念开发直到产品及制造的检测。

(2) 点处理模块。Imageware 点处理模块能接受基本上所有的三坐标测量设备提供的散乱或扫描点云数据,并能按照要求抽取点云,使其到达所设定的密度。在该模块还可以对点云进行提取,点云的修补、切割和修剪等操作。Imageware 在对点云数据进行选取、去噪、检测等操作时拥有更大的自由度。

(3) 多边形造型。Imageware 多边形造型模块完全胜任三角面数据的处理。创建多边形几何、修补多边形网格、偏置多边形数据、切割多边形数据创建面、增加或减少多边形数据、多边形数据编辑等。作为单独运行的模块,它提供了处理任何大小的多边形的能力。

(4) 采用 NURB 技术。Imageware 软件功能强大,易于应用。Imageware 对硬件要求不高,可运行于各种平台。

Imageware 因其强大的点云处理能力、曲面编辑能力和 A 级曲面的构建能力而被广泛应用于汽车、航空、航天、消费家电、计算机零部件等设计与制造领域。

4）PolyWorks

PolyWorks 是加拿大 InnovMetric 软件公司出品的一款三维数据处理软件。它能快速和高品质地处理由各种三维激光扫描仪获取的三维点云数据，并且可自动生成多种世界通用的标准格式数据。

PolyWorks 主要有两个功能软件包：一是 PolyWorks/Modeler，即自动建立模型。它可以处理目前世界上流行的大部分三维激光扫描仪产生的数据。PolyWorks8.0/Modeler 包括的主要模块有 IMAlign 模块用于数据的配准、IMMerge 模块用于数据的融合、IMEdit 模块用于数据的编辑、IMCompress 模块用于数据的压缩、IMTexture 模块用于处理纹理、IMView 模块用于显示三维模型。二是 PolyWorks/Inspection，即依据具有零误差的 AutoCAD 设计数据和扫描仪扫描获得的实际物体数据，自动得出生产过程中造成的人为误差报告。主要应用于汽车制造厂与研究所、CAD、CAM、CAE 等领域。它也是加拿大 Opetech 公司 ILRIS 三维激光扫描仪指定的三维点云数据后处理软件。

PolyWorks 功能强大，稍微增加一些人机交互就可以得到高质量的三维模型。起初主要应用于逆向工程中，目前越来越多地应用于测绘技术中。

5）Geomagic

2013 年，美国 3D Systems 公司将之前收购的扫描类软件进行整合，统一更名为 Geomagic 系列产品，其软件包括 Geomagic Designx（逆向工程软件）、Geomagic Wrap（扫描数据处理软件）、Geomagic Control（三维检测软件）。

Geomagic 软件的主要功能有：

（1）点云的处理（如采样、去除坏点和冗余点、分割等）。

（2）多边形模型的创建、编辑和子网格模型的生成。

（3）对网格的参数化和贝塞尔或 NURBS 曲面拟合。

除了上述三维点云建模软件外，还有一些其他的如 LastSoftware 公司的 SketchUp、美国参数技术公司（PTC）的 Pro/Scan_tools 模块以及 UG 的 Pointcloudy 模块等。

4.3.5.3 三维建模方法

根据三维模型表示的方式不同，对隧道点云数据进行三维模型重建有两种方法：一种是三维表面模型重建，主要是构造网格（三角形网格等）逼近物体表面；另一种是几何模型重建，常见于 CAD 中的轮廓模型。前者构网方法简单，适用于地形数据建模；后者先把点云转化为实体模型，然后提取实体模型的轮廓线或特征线，生成 CAD 等模型，适用于建筑物等较规则实体对象的建模。

目前点云三维建模中常用的方法主要有德洛内三角网格化（又称为三角网格化），它是将一组平面或空间中的散乱数据点通过平面三角剖分或空间三角剖分算法以三角形相互连接，从而获得关于原始点云的空间三角网格，其实质是以三角网格反映数据点与其邻近点间的拓扑连接关系。目前主要存在两类散乱点云三角剖分算法，即投影域三角剖分算法和空间直接三角剖分算法。投影域三角剖分算法先将空间散乱点云分块投影到平面域内，然后利用平面三角剖分算法获得各块的平面三角网格，再将各平面三角网格映射成空间三角网格。空间直接三角剖分算法直接在空间中将散乱点云连接成一个优化的空间三角网格，避免了散乱数据分块投影的操作。

目前，三维激光扫描数据的获取和快速成型技术的发展已日趋成熟，但是点云数据预处理、实体数字模型重建等技术还不够成熟。另外，三维激光扫描仪自带的系统软件建模功能都还不是很完善，如 Cyclone 软件虽然已经有强大的建模功能，但它的缺陷也是显而易见的，如对不规则图形的建模比较困难。目前针对点云的国产三维建模软件还比较少，大量的相关商业软件产自欧美，国内建立拥有自主知识产权的通用点云数据处理软件才刚刚起步。

4.3.6　纹理映射

纹理映射(纹理贴图)是还原真实三维模型的关键一步，经过前面步骤得到的三维模型为了满足可视化的需要，还原真实的三维景观，还需要采用纹理映射技术对三维模型添加真实的色彩。纹理映射就是模拟景物表面纹理细节，用图像来替代物体模型中的细节，提高模拟逼真度和系统显示速度。三维模型的细节如果都采用三维模型来表示将大大增加数据量以及模型的复杂度，对于系统运行速度也是非常不利的。通过纹理映射的方法模拟出这些细节，则解决了这个问题，兼顾系统对速度和模型对逼真度的要求。

激光点云通常只包含有数据点的空间坐标和回波反射强度值，并不能直接显示出场景表面的真实色彩。点云模型表面的真实色彩一般由相关的 CCD 传感器获取，通过建立点云模型到数字影像的映射关系，从而赋予点云模型以物体表面的色彩信息，其核心内容是确定相机和影像的内、外方位元素。内方位元素即将纹理空间中的坐标(u, v)及其对应的颜色(或光的强度)映射到相应的外方位元素三维物体的表面上，从而得到彩色的物体表面。

映射算法先将二维的纹理空间参数化，将纹理空间中的所有点与物体表面上的点相关联，即将纹理空间映射到物体的三维空间，再通过投影变换到二维的屏幕空间，如图 4 - 16 所示。

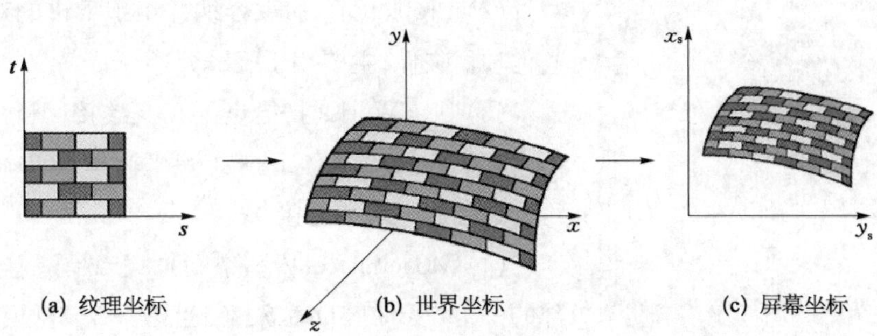

(a) 纹理坐标　(b) 世界坐标　(c) 屏幕坐标

图 4 - 16　映射算法

设(u, v)表示纹理坐标,(x, y)表示屏幕坐标,F 表示正向映射函数。纹理映射算法可表示为

$$
\begin{aligned}
&F: R^2 \rightarrow R^2 \\
&(u, v) \rightarrow (x, y) = [k(u, v), l(u, v)]
\end{aligned} \tag{4-2}
$$

简单来讲,纹理就是矩形的数据数组,例如颜色数据、亮度数据、颜色和 alpha 数据。纹理映射的流程如图 4-17 所示。

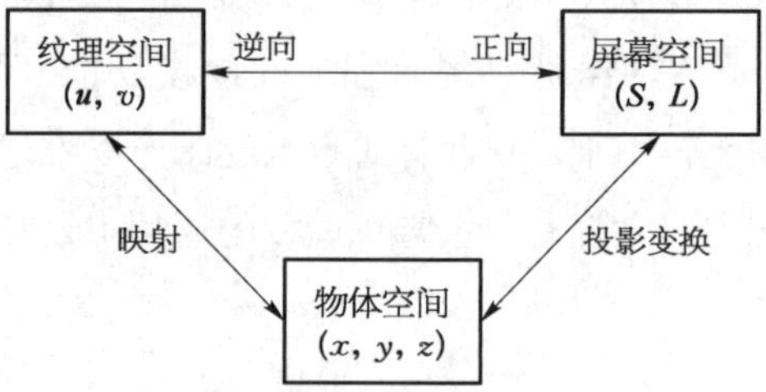

图 4-17 纹理映射流程

4.3.7 工程与数据管理

经过处理后的隧道数据经过高级的组织保存在多样对象的数据库中,里面包含很多内容包括工程分类、功能区管理。

以 Cyclone 软件为例,导航界面如图 4-18 所示,介绍如下:

(1) Server(服务器)。Server 是电脑运行的 Cyclone 服务器,主要用于数据的分类和管理,它提供数据使用权限。每一用户电脑可连接到一个或多个服务器,用户可以在同一台拥有服务器 Server 的电脑上进行操作。Server 中还可建立多个 Database 数据库,Database 数据库是容纳并组织多样对象的数据库,测量的数据全部保存在数据库里,里面包含工程分类、功能区管理等。

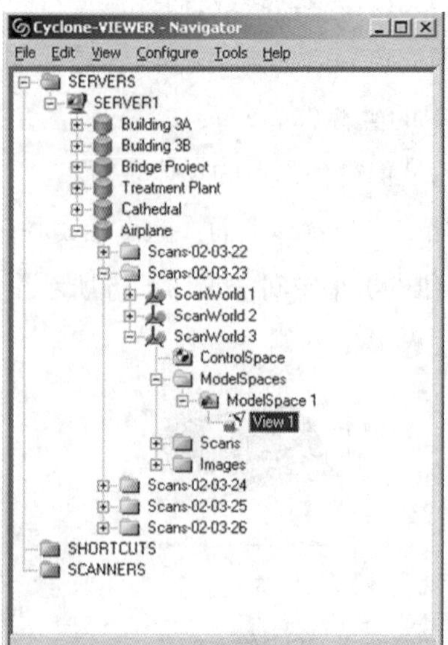

图 4-18 Cyclone 软件主要工作区

(2) Project(项目)。容纳并组织下设的对象,包括其他项目文件,主要用于工程分类。

(3) ScanWorld(扫描世界)。容纳组织同一坐标系统内部的点云和对象,记录了点坐标和 RGB 信息,主要用于数据的记录和拼接。

(4) ModelSpace(模型空间)。容纳同一坐标系统内部的一组点云和 3D 对象,相当于一个 3D 模型。它是 Cyclone 里最重要的编辑区,几乎包括了所有的编辑操

作,如点云的显示隐藏、旋转拉伸、点云切片、定义坐标系统、生成和插入模型、模型切片等。

(5) Registration(配准工作区)。每个 ScanWorld 都有不同的坐标系统,连接不同 ScanWorld 使其通向共同坐标系统的路径,即点云配准,软件通常带有标靶和点云特征两种拼接方式。

4.4　三维激光扫描检测数据处理方法

经过预处理之后的隧道点云仍然是一堆三维坐标,对于实际的工程来说没有应用价值,此时需要针对具体需求进行数据后处理。地铁隧道三维激光扫描数据的后处理主要分为两大类:断面变形分析和渗漏水病害分析。本节主要针对这两个主要问题的处理方法进行介绍。

4.4.1　隧道变形与轮廓限界

隧道属于永久性建筑物,如运营中会在隧道中加装各种设备和设施后导致净空的变化,无法满足限界需求,换用不同限界的车辆时也需进行限界分析。同时隧道本身可能存在收敛变形,若收敛变形超出一定的范围后必须要进行维修加固;为确保安全,就需要进行限界分析和收敛变形测量。

在进行隧道变形分析时,常用的方法是截取隧道的纵断面作为比较依据。在截取断面的时候就需要先知道截取位置处隧道的空间姿态信息,这就需要拟合出一条虚拟的空间曲线来表示隧道的姿态,即隧道的中轴线。同时中轴线也可表示隧道的整体走势,并为后期的里程计算等过程提供依据,所以对隧道中轴线的拟合是必不可少的。

隧道中轴线的提取过程包括提取边界点、拟合边界曲线和拟合中轴线,断面截取则包括调整隧道姿态、邻域提取、局部曲面拟合以及剔除噪声点几个步骤。

1) 提取边界点

通过双向投影将空间三维点云转换到二维平面上,能够更直观地反映出隧道在水平和垂直方向上的变化,根据隧道点云的空间特点,设隧道纵向与 Z 轴正方向相同,将其分别向 XOZ、YOZ 两个平面方向投影,如图 4-19 所示。

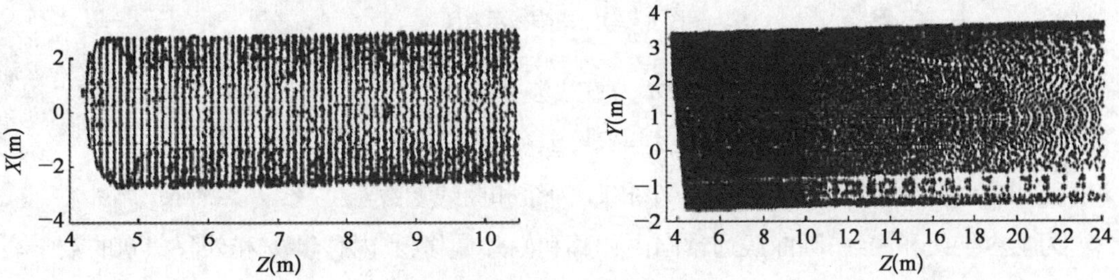

图 4-19　点云投影

进而可利用角准则提取投影完成后的点云边界点，设点 P 为平面点云中的任意一点，点 P 的邻近点定义为以点 P 为圆心、R 为半径的圆内的点，在以点 P 为极点、L 为极轴的极坐标中，邻近点的角坐标集合为 α，集合 $\Delta\alpha$ 为连续角坐标之间的差值。如果点 P 为边界点，那么集合 $\Delta\alpha$ 中一定存在大于角阈值 T_α 的值，反之则点 P 为内部点。由于隧道的曲率半径比较大，其边界在小尺度范围内可近似于直线，所以角阈值 T_α 被确定在 165°～175°，如图 4-20 所示。

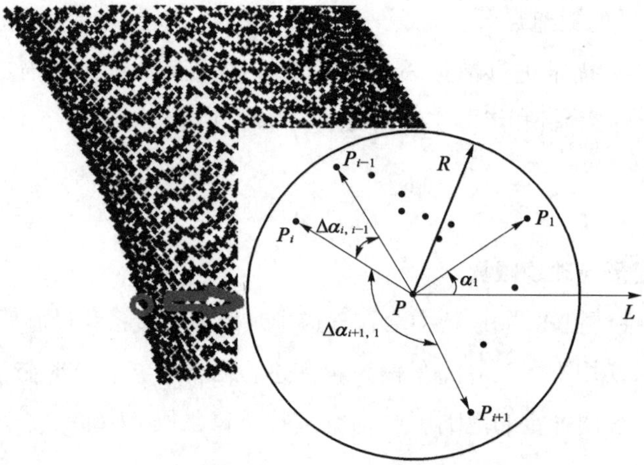

图 4-20　边界点的提取(后附彩图)

2) 拟合中轴线

隧道中轴线是由一系列的直线、缓和曲线和圆曲线组成，如图 4-21 所示，它们的数学模型表达式如下。

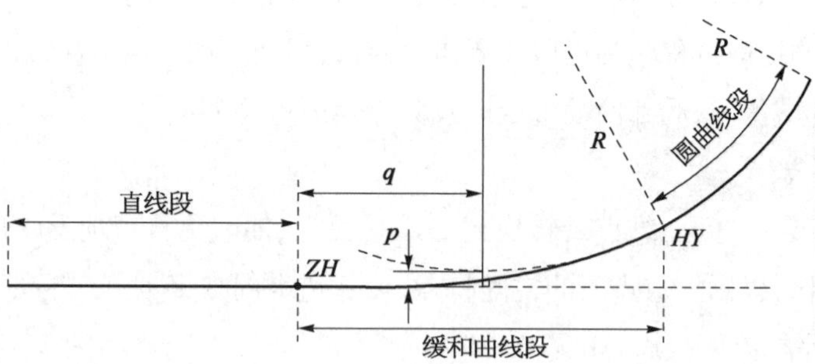

图 4-21　中轴线示意图

直线模型：$y=ax+b$，其中 a 和 b 为直线参数。

圆曲线模型：$(x-\alpha)^2+(y-\beta)^2=R^2$，其中 α、β 和 R 为圆曲线参数。

缓和曲线模型：$A^2=RL_s$，其中 A 和 L_s 为缓和曲线参数。

为了容纳缓和曲线，圆曲线通常向内偏移和向外偏移，其内移量 p 和外移量 q 的数学表达式为

$$p = \frac{|\beta - a\Delta\alpha - b|}{\sqrt{a^2+1}} - R \approx \frac{L_s^2}{24R} - \frac{L_s^4}{2\,688R^3} \tag{4-3}$$

$$q \approx \frac{L_s}{2} - \frac{L_s^3}{240R^2} \tag{4-4}$$

两条隧道边界线在直线段是平行的，在圆曲线段有相同的圆心，且边界线到隧道中线的距离相等，所以两条直边界线的表达式为 $y = ax + b \pm c$，其中 c 为直边界线的参数。圆曲线边界线的表达式为 $(x-\alpha)^2 + (y-\beta)^2 = (R \pm D)^2$，其中 D 为圆曲线边界线的参数。

得出边界表达式以后，可使用拟合算法获得最优模型。全局优化目标函数为

$$\begin{aligned} F_i &= \Delta_i^T \Delta_i \\ \Delta_i &= (\rho_1,\ \rho_2,\ \cdots,\ \rho_n)^T \end{aligned} \tag{4-5}$$

式中　ρ_n ——从边界点到第 n 次采样所得的隧道边界的正交距离。

经过足够次数的随机采样后，则目标函数 F_i 中的最小值所对应的边界为最优边界，根据最优边界函数中的直线和圆曲线参数即可得到最优的隧道中轴线函数表达式。

3) 断面截取

首先根据相同的间隔在中轴线上提取一系列中轴线控制点，p_n、p_{n+1} 是中轴线上的两点，计算过 p_n 且法向量为 v_n 的切平面 l_n，同时计算过 p_{n+1} 且法向量为 v_{n+1} 的切平面 l_{n+1}。提取出切平面 l_n 和 l_{n+1} 范围内的数据点，将它们向 l_n 平面投影，最终得到 p_n 断面的数据。一般来说，中轴线控制点间距应越小越好，但是应该保证有足够多的数据在两个切平面内。截取后的断面如图 4-22 所示。

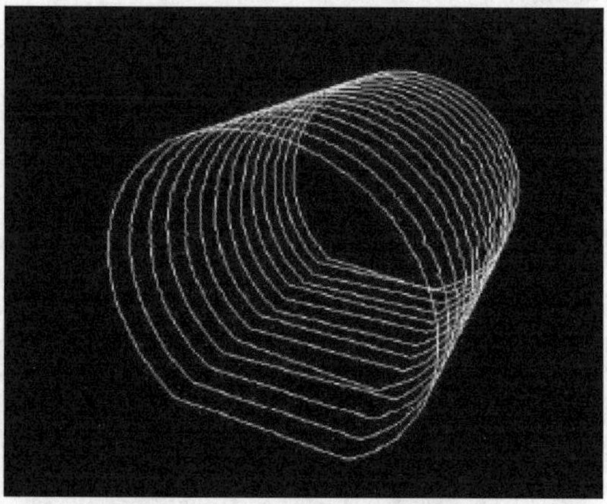

图 4-22　断面截取示意图(后附彩图)

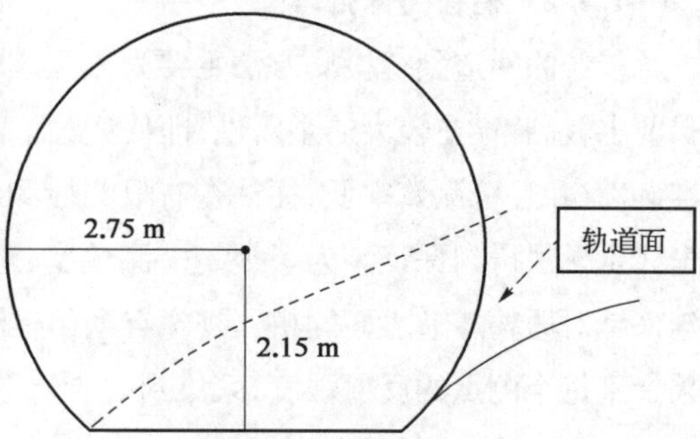

图 4-23　隧道设计半径

4) 去噪及变形分析

经过预处理中的初步去噪后，隧道上大部分附属物都已经被剔除，但还是有许多离管片

很近的噪声存在,这时常用的一种方法是距离阈值去噪。对于地下隧道,尤其是盾构隧道,其管片半径是固定值。以上海地区的地下隧道为例,其隧道设计半径为 2.75 m,轨道面至中轴线的最短距离是 2.15 m。图 4 - 23 为盾构隧道设计断面参数,已知隧道的设计半径,考虑到管片存在变形,可给定距离阈值对点云内部噪声进行删除。有研究表明距离阈值区间应取[2.65 m, 2.75 m],取 2.7 m 可有效剔除管壁附属管线、支架以及其他内部噪声,同时不破坏管壁点云数据。

去噪完成后,将数据与标准设计断面进行对比分析即可得到对应断面的变形轮廓图,如图 4 - 24 所示。

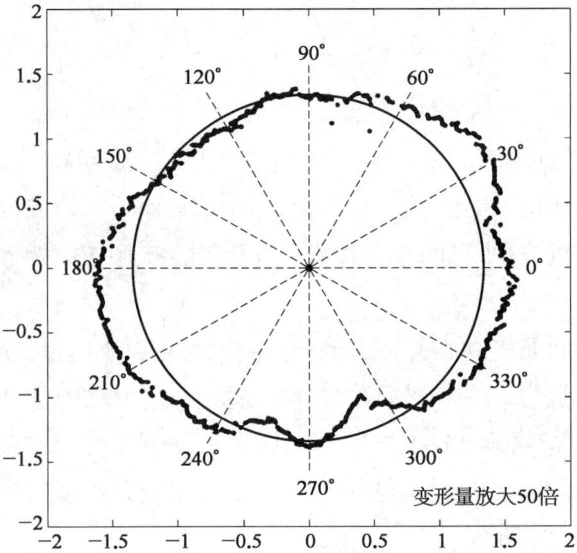

图 4 - 24　横断面变形分析

4.4.2　病害图像处理

传统的隧道裂缝检测方法主要为人工肉眼检测及人工仪器检测,这两种方法对检测人员要求较高,存在较大的主观性,即使经验丰富的检测人员也难以保证检测结果的完整性与准确性,并且检测效率低,往往在有限的检测时间内无法完成对隧道的检测,检测人员的安全性也无法得到保证。为了提高检测效率、避免检测的主观性、提高检测人员的安全性,近年来针对盾构隧道表面的机器视觉自动化检测技术得到了长足的发展。三维激光扫描仪能采集到每个测点的反射强度,采集到的点云数据经过投影展开后可获得盾构隧道表面影像图,为后续图像处理工作打下基础。

三维激光扫描仪扫描得到的数据中每个点都包含坐标及反射率等信息,经过专业软件进行数据处理并沿隧道拱顶展开后,即可得到数字化灰度图作为病害检测的依据,如图 4 - 25 所示。

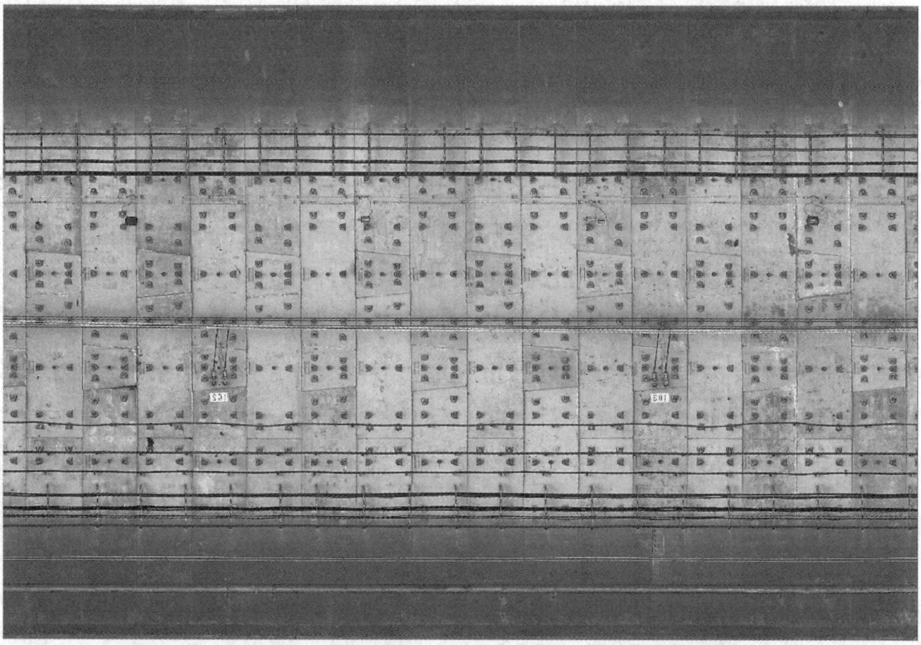

图 4-25　隧道展开灰度图(瑞士安伯格 GRP5000 系统)

获得隧道展开灰度图后,常用的方法是通过专业人员在计算机上进行病害标注、识别,最后由专业软件输出为病害统计报表;然而这种方法的人工参与量大,且带有一定的主观性。目前已有许多关于隧道图像病害自动识别的技术被提出,如基于图像处理技术的病害识别方法、基于深度学习技术的病害识别方法等,这些病害识别方法将在第 5 章中详细介绍。

4.5　三维激光扫描检测发展趋势

三维激光扫描仪作为测绘界的最新技术和仪器,其在国内的应用还处于起步阶段。虽然国内对三维激光扫描仪的应用研究取得了一定的成果,但是目前还存在以下问题:

(1) 仪器价格比较昂贵,难以满足普通用户需求。目前国外品牌的仪器在我国的销售价格都在 100 万元以上,国内品牌的销售价格在几十万元,甚至上百万元。目前用户主要集中在高校与科研院所,企业购买得较少。一般而言,地面三维激光扫描仪是一个很难实现检校的黑箱系统,并且仪器的价格非常昂贵,属于市场上的高档仪器设备。

(2) 仪器系统的精度加测方法还处于一个起步阶段。目前地面三维激光扫描技术在面向测绘需求的理论研究和工程应用方面才刚刚起步,还没有形成一套完整的理论体系和数据处理方法。各种工程应用也正迫切希望得到地面三维激光扫描技术的支持,但在数据质量的控制方面仍然依靠仪器厂商提供的参考,没有可靠的理论依据和规范。在仪器检测方面的研究较少,系统的设备检测方法尚处于起步阶段。仪器自身和精度的检校存在困难,目前检校方法单一,基准值求取复杂。缺乏设备精度评定的基本方法,国内也没有有效的检定手段和公认的检定机构。

(3) 工程应用技术规范执行不到位。国家相关技术规范已经出台,主要有 2013 年 8 月 13 日开始实施的《地面激光扫描仪校准规范》(JJF 1406—2013)。目前设备在企业普及程度还比较低,制作产品的应用还比较少,因此以上规范的执行还未达到强制的程度。

(4) 扫描的外业相对简单,但是点云数据的后处理费时费力。随着仪器性能的不断提高,扫描的外业操作比较简单,花费的时间也较少。但点云数据处理软件没有统一化,各个厂家都有自带软件,互不兼容,对于点云数据处理的工作造成了很大的困难。

目前已有的后处理软件功能偏少(特别是专业应用功能)、数据处理量有限,且很多算法不够完善,造成了现场扫描容易,后期数据处理及应用较为困难。数据后处理的自动化程度较低,人力投入较大,软件研发任重而道远,特别是适合我国用户的中文版处理与应用软件种类和功能更少,难以满足市场需求。另外,基于软件的三维建模具有一定程度的主观性,因此在三维建模中各要素的量测性较差。

此外还存在的问题有产品技术参数不统一,导致不同品牌的产品难以进行有效对比;测量精度的研究还相对较少;点云数据质量评价研究有限等。

盾构隧道管片裂缝自动检测技术在国内还处在起步阶段,尽管国外研究机构已研发了不同类型的裂缝病害自动检测系统,但尚存在一些问题,如针对病害图像检测速度低、裂缝病害的自动识别程度较低等。

如今,隧道及地下工程修建技术不断提高的同时,信息化施工已成为地下工程发展的必然趋势,而工程的实时监测也将发挥更为重要的作用,同时监控量测的要求也越来越高,这必然促使检测技术飞速发展。现阶段检测技术发展的主要趋势如下:

(1) 监控量测的高效率。城市地铁隧道对工作人员检测的时间要求是极为苛刻的,这就要求检测速度要继续提高,做到在有限的时间内快速高效地完成检测作业,以便及时对隧道结构问题进行判断和养护,保证隧道的安全。

(2) 采集精度不断提高。在城市地下工程监测特别是对已建成结构运营阶段的监测中,监测数据的变化很小,这就要求很高的准确性和监测精度。采用自动监测不但可以保证监测数据正确、及时,而且一旦发现超出预警值范围的量测数据,系统可立即报警。

(3) 后处理的自动化。后处理是监控量测内容的一部分,当前国内较多的仍然是人工后处理。面对冗杂繁多的监测数据,人工处理的效率低下,这大大影响了监测的实时性。因此采用计算机软件对监测数据进行自动化处理、分析、反馈,甚至提出建议方案是监控量测发展的方向。

(4) 数据处理功能的加强。数据处理软件功能会不断加强,三维建模与应用精度会不断得到提高。目前点云数据的处理所用的时间是数据采集时间的 10 倍以上，主要原因就是后处理软件问题。未来的发展趋势就是研制更加成熟、更加通用的数据处理软件，尽可能缩短数据处理时间。进一步完善和开发后处理软件，使处理的数据量更大、数据处理的速度更快、软件操作更容易。点云数据处理软件的公用化和多功能化，实现实时数据共享以及海量数据处理，特别是适合我国用户的中文版软件。通过三维建模为达到逼真的视觉效果，还需要有良好的纹理映射，如何有效地融合曲面模型和纹理数据，是值得研究的一项重要内容。在硬件固定的情况下，注重在测量方法和算法方面提高精度。

(5) 仪器价格逐步下降。目前在国内销售的国外品牌仪器有十余个，仪器价格竞争是占领市场的重要手段，相信随着竞争的加剧，仪器价格会逐步下降，出现 100 万元以内的仪器相信不会太久。国内研制的仪器(广州中海达、北京北科天绘等公司)已经投入市场，与国外品牌相比价格上有较大优势，相信随着性能与用户认知度的提高，市场占有率也会逐步提高，迫使国外品牌的仪器价格也下降。

(6) 多设备集成式技术。当前应用在盾构隧道中的激光扫描技术相对单一，即只采用激光扫描设备进行测量，很难满足一些病害的高精度检测需求(例如裂缝)。目前已有可分辨 0.1 mm 裂缝的工业线阵相机被应用于盾构隧道的检测中，想必在未来激光扫描技术将与摄影测量技术统一集成，真正实现盾构隧道的全面健康检测。

另外，扫描仪与其他测量设备(如 GPS、IMU、全站仪等)联合测量，实时定位、导航，并扩大测程和提高精度；三维激光扫描技术与 GIS 结合方面的应用会快速发展。相信在不远的将来，三维激光扫描技术在隧道工程中的应用必定会取代传统手段。

第5章

盾构隧道摄影成像扫描检测

除了目前已应用于隧道断面扫描测量的三维激光检测方法，对于隧道结构裂缝、渗漏水等病害，传统的人工拍照检测方法也已无法满足发展的需要。本章针对近年来快速发展的机器视觉（计算机视觉）技术，从摄影成像技术，近景摄影测量原理、仪器，到最新的用于隧道病害检测的移动式隧道病害检测系统装备研发、测试、应用，以及针对隧道扫描图像的处理方法与数据存储管理展开系统论述。

5.1 摄影技术概述

5.1.1 摄影发展简史

历史上第一张摄影照片是在1826年由法国人约瑟夫·尼塞福尔·尼埃普斯（Joseph Nicéphore Nièpce, 1765—1833）在沥青上拍摄完成的，但其最终没有完善这一技术便去世了。他的合伙人法国画家路易·雅克·芒戴·达盖尔（Louis Jacques Mand Daguerre, 1789—1851）在其成果基础上发明了银版摄影法，并于1839年8月由法国政府宣布获得摄影术专利。1914年，德国"徕兹"显微镜工场设计师奥斯卡·巴纳克（Oskar Barnack）尝试制作使用电影胶片（电影胶片规格为18 mm×24 mm）双倍规格（24 mm×36 mm）的相机，并于1924年开始销售徕卡相机（Leica）。135规格日后成为最为普及的胶片规格，它大大缩小了相机体积，使得摄影主流转向纪实摄影，并迅速被大众接受。

20世纪中后期，数码相机技术在特种领域得到了广泛研究，在20世纪末进入民用市场。1995年，柯达发布了消费型数码相机DC40，标志着数码相机民用市场的启动。20世纪50年代，日本将电子技术带入摄影领域。其运用计算机设计出了优秀的镜头和光学系统，制造了使用35 mm胶片的高质量摄影机。随后又利用美国计算机和宇航工业所发展起来的微电路学概念和计算机芯片技术，设计出高灵敏测光系统、自动曝光和自动聚焦系统，并最终催生了现在的数码摄影机技术。随着数码技术和互联网的进步，摄影已经融入社会生活的方方面面，摄影已逐渐从"小众的专业人员摄影"转变为"大众摄影"。

5.1.2　摄影基本概念

1）镜头

镜头是一种光学设备，用于聚焦光线在摄像机内部成像，产生锐利的图像，得到被测物的细节。镜头的设计是基于折射原理，光线在一定介质中的传播速度小于其在真空中的传播速度，其比值称为介质的折射率。在常温常压下，空气的折射率为 1.000 292 6，接近于 1。镜头成像是非线性过程，也就是说同心光束通过镜头后将不能完全汇聚在一点，当入射角很小时，可以通过近轴近似得到高斯光学，高斯光学中的同心光束通过由球面透镜构成的镜头后又汇聚到一点。高斯光学是理想化的光学系统，所有与高斯光学的偏离均称为像差。

2）镜头焦距和视场角

镜头焦距是指镜片组组合光心到焦点的距离，物体到光心的距离称为物距，而像到光心的距离称为像距。镜头焦距决定了被测物在成像面上的成像大小，用不同焦距的物镜对同一位置物体成像时，焦距越长，所得的像也越大。有的镜头为适应不同的取像要求，设计成可变焦距，即所谓的变焦镜头，可以获取不同放大倍数的像。例如，俗称的广角镜头，其视场角较大而焦距很短；反过来，望远镜头（又称长焦镜头）则具有较小的视场角和较长的焦距，如图 5－1 所示。

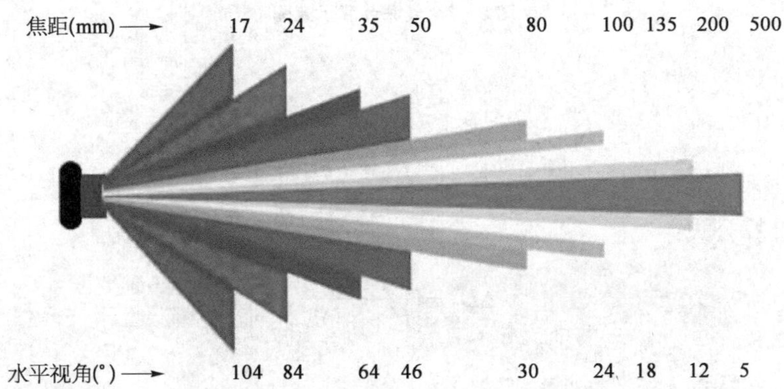

图 5－1　焦距与视角关系（后附彩图）

3）镜头光圈

光圈又称光阑、光栏，是一种用以控制镜头有效通光口径的装置。光圈内口的直径可以改变，若光圈内口直径加大，镜头相对口径加大，通光量增大；若光圈内口直径缩小，镜头相对口径变小，通光量减小。光圈与快门、感光度的配合能准确有效地控制曝光量。曝光量计算可简单地表示为通光面积×底片感光度×曝光时间（快门速度）＝曝光量。光圈除能控制曝光量外，还具有调节景深和调校像差的功能。一般来讲，开大光圈，景深即缩短，像差比较显著；收小光圈，景深加长，像差减少。

4）镜头景深

与光轴平行的光线射入凸透镜后，理想的镜头应该是所有的光线聚集在一点后，再以锥状扩散开来，这个聚集所有光线的点称作焦点。在焦点前后，光线开始聚集和扩散，点的影像会出现模糊，形成一个扩大的圆，这个圆称作弥散圆。如果弥散圆的直径小于人眼的鉴别能力，在一定范围内实际影像产生的模糊是不能辨认的，这个不能辨认的弥散圆称为容许弥散圆。在焦点前后各有一个容许弥散圆，这两个弥散圆之间的距离就称为景深。图 5-2 为景深（包括前景深、后景深）、焦深（前焦深、后焦深）之间的关系及景深计算示意图。

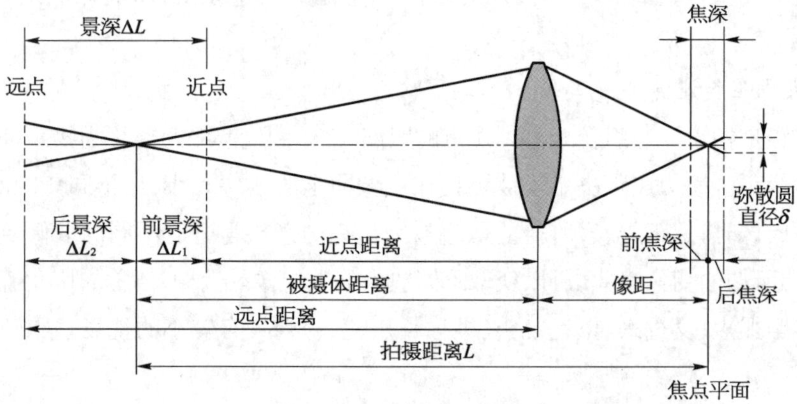

图 5-2　景深计算示意图

前景深计算公式：

$$\Delta L_1 = \frac{F\delta L^2}{f^2 + F\delta L} \tag{5-1}$$

后景深计算公式：

$$\Delta L_2 = \frac{F\delta L^2}{f^2 - F\delta L} \tag{5-2}$$

景深计算公式：

$$\Delta L = \Delta L_1 + \Delta L_2 = \frac{2f^2 F\delta L^2}{f^4 + F^2\delta^2 L^2} \tag{5-3}$$

式中　ΔL_1——前景深；

ΔL_2——后景深；

ΔL——景深；

F——镜头光圈值；

L——对焦距离；

f——镜头焦距；

δ——弥散圆直径。

5）*感光元件*

感光元件按技术工艺可分为互补金属氧化物半导体（complementary metal oxide semiconductor, CMOS）、CCD 图像传感器等；按像素排列形式可分为线阵和面阵两大类。光电转换器件的工作原理并不复杂，其基本工作过程为信号电荷的注入（产生）、存储、耦合（转移）和检测（输出）。

6）*感光度*

感光度是胶片对光线的化学反应速度，也是制造胶片行业中感光速度的标准。数码相机沿用了这一概念。数码相机通过改变感光芯片里信号放大器的放大倍数来改变 ISO 值，当提升 ISO 值时，放大器同时会把信号中的噪声放大，产生粗微粒的影像（噪点可分为明亮噪点和彩色噪点），因此需要合理选择 ISO 值。

5.2　摄影测量介绍

5.2.1　摄影测量概述

摄影测量是对非接触式传感器系统获得的影像及其数字表达进行记录量测和解译，从而获得自然物体和环境的可靠信息的一门科学和技术。

摄影测量按摄影距离可分为：

(1) 航空摄影测量。摄影测量相关的生产、科研、教学的主流形式，成图比例尺覆盖 1∶500～1∶50 000。

(2) 航天摄影测量。用卫星遥感影像测绘地形图或专题图，或快速提取所需空间信息。

(3) 地面摄影测量。一般用于山区的工程勘察和补测航摄漏洞。

(4) 近景摄影测量。一般用于拍摄距离小于 300 m 的非地形目标测绘。

(5) 显微摄影测量。

摄影测量按用途可分为地形摄影测量和非地形摄影测量。

摄影测量按影像信息处理的技术手段可分为模拟摄影测量、解析摄影测量、数字摄影测量。模拟摄影测量利用光学或机械交会方法，直接将像点坐标交会成空间模型坐标。解析摄影测量是将建立的投影光束、单位模型或航带模型以及区域的数学模型，根据少量的地面控制点按最小二乘的原理进行平差计算，解求出各加密点的地面坐标。数字摄影测量是基于数字影像和摄影测量基本原理，应用计算机技术、数字影像处理、影像匹配、模式识别等多学科的理论与方法，提取所摄对象以数字方式表达的几何与物理信息的摄影测量学的分支学科。摄影测量学的发展阶段见表 5-1。

表5-1 摄影测量学的发展阶段

发展阶段	投入生产时间	作业方式	典型生产设备	生产成果	代表性理论方法
模拟摄影测量	20世纪初至20世纪70年代	机械辅助测绘	模拟立体测图仪	模拟产品	光学、机械投影交会
解析摄影测量	20世纪70年代至今	计算机辅助测绘	解析立体测图仪	模拟/数字产品	数字投影交会、平差
数字摄影测量	20世纪90年代至今	自动化测绘	数字摄影测量系统	数字产品	影像匹配、模式识别

摄影机可分为量测摄影机与非量测摄影机(普通摄影机)。量测摄影机具有以下特性:物镜成像分辨率高;物镜成像畸变差小;物镜透光率高;光学影像反差大;焦面照度均匀;焦面上设置有框标;有胶片压平系统;像距为定值;有减震装置;有影像位移补偿装置;抗温差、抗过载性能良好。框标是设置在摄影机焦平面上位置固定的光学机械标志,用于在焦平面上建立像方坐标系。但量测摄影机通常存在携带不方便、价格昂贵、操作复杂等缺点。非量测摄影机指非专为摄影测量目的而设计制造的摄影机。内方位元素不稳定或不能记录,没有框标,一般无外部定向设备,以数码单反为典型。但非量测摄影机通常价格低廉、携带方便、操作简便。

总的来说,影像信息科学是由摄影测量学、遥感、地理信息系统、计算机图形学、数字图像处理、计算机视觉、专家系统、空间技术和传感器技术等相结合的一个边缘学科,是基于影像认识世界和改造世界的途径。

5.2.2 摄影测量基本概念

1) 中心投影

投影是指用一组假想的直线将物体形状向几何面投影成像,中心投影是指投影射线汇聚同一点的投影,汇聚点称为投影中心 S。正射投影是指投影射线相互平行且与投影平面正交的投影。航空航天摄影测量的主要任务之一即是把记录在中心投影像片上的地面景物转换成按图比例尺的正射投影地图。

2) 常用坐标系

摄影测量的常用坐标系包括三个像方坐标系以及两个物方坐标系,如图5-3所示。

(1) 三个像方坐标系。像平面坐标系($O-xy$):其原点是像主点 O, x 轴、y 轴分别平行于框标坐标轴。像空间坐标系($S-xyz$):其坐标原点是投影中心 S,其 x 轴、y 轴分别平行于 $O-xy$ 的坐标轴,z 轴为主光轴方向。像空间辅助坐标系($S-XYZ$):又称为过渡性坐标系统,其原点是投影中心 S,X 轴、Y 轴分别平行于地面摄影坐标系的坐标轴,Z 轴为铅垂线方向。

(2) 两个物方坐标系。摄影测量坐标系($D-XYZ$):表示模型点在构成航带网后的统一坐标,其原点在地面上某一个点 D,其坐标轴通常与第一张相片的像空间辅助坐标系的各坐标轴相同。地面测量坐标系($T-X_tY_tZ_t$)：地面测量坐标系为国家统一坐标系，平面坐标系为高斯-克吕格三度带或六度带 1980 西安坐标系，高程坐标系为 1985 黄海高程系。

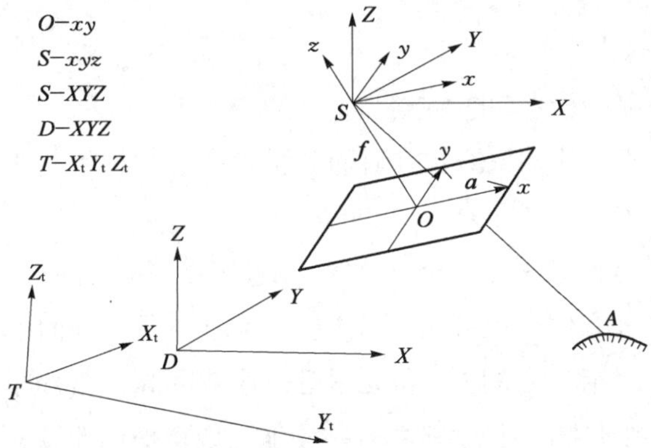

图 5-3　摄影测量的常用坐标系

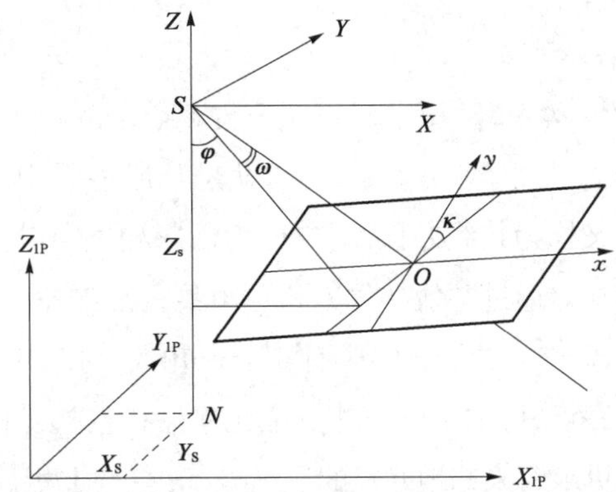

图 5-4　内、外方位元素

3) 相片的方位元素

方位元素是确定摄影时摄影物镜、相片与地面三者之间相关位置的参数，亦即描述摄影瞬间摄影中心与影像在地面设定的空间坐标系中的位置与姿态的参数。方位元素分为内方位元素与外方位元素。其作用是确定像点、投影中心和物点的相对位置，然后通过像点反求物点坐标，如图 5-4 所示。

相片的内方位元素是指摄影物镜后节点与相片之间相对位置的参数(表示摄影中心与影像之间相关位置的参数)。具体包括三个参数(f、X_0、Y_0)：X_0、Y_0 为像主点 O 在框标坐标系中的坐标，f 为摄影中心 S 到影像的垂距(主距)。恢复内方位元素即恢复摄影时的摄影光束。

相片的外方位元素是通过已建立的摄影光束，确定摄影瞬间摄影中心和影像在地面直角坐标系中空间位置和姿态的参数。一张相片具有六个外方位元素，包括三个直线元素(X_s、Y_s、Z_s 用于描述摄影中心在地面空间直角坐标系中的坐标值)以及三个角元素(φ、ω、k 描述摄影光束在拍摄瞬间在空间的姿态的要素)。三个角元素的其中两个用来确定摄影机主光轴 S_o 在空间的方向，另一角元素确定相片的方位。

4) 中心投影的共线方程

摄影测量解析中的核心方程为式(5-4)、式(5-5)所示的共线方程：

$$x-x_0=-f\frac{a_1(X_A-X_S)+b_1(Y_A-Y_S)+c_1(Z_A-Z_S)}{a_3(X_A-X_S)+b_3(Y_A-Y_S)+c_3(Z_A-Z_S)} \tag{5-4}$$

$$y-y_0=-f\frac{a_2(X_A-X_S)+b_2(Y_A-Y_S)+c_2(Z_A-Z_S)}{a_3(X_A-X_S)+b_3(Y_A-Y_S)+c_3(Z_A-Z_S)} \tag{5-5}$$

式中 (X_A, Y_A, Z_A)、(X_S, Y_S, Z_S)——地面点 A 和投影中心 S 在某地面直角坐标系中的坐标；

X_0、Y_0、f——三个内方位元素；

x, y——像点坐标；

a_1、a_2、a_3、b_1、b_2、b_3、c_1、c_2、c_3——外方位元素的函数。

式(5-4)、式(5-5)就是一般地区中心投影的构象方程，因像点、投影中心和物点共线又称为共线方程，此方程为摄影测量中最重要的基本公式。

通过共线条件方程可得到几点结论：当地面某一点坐标已知时，测量像点坐标，此时式(5-4)、式(5-5)中有6个未知数，对应6个外方位元素；利用3个或3个以上的已知地面平高点，可求出像片外方位元素(后方交会法)；立体相对的外方位元素已知时，测量像点坐标即可求解未知地面点的三维坐标；在给定相片的外方位元素条件下，并不能由像点坐标计算地面点的空间坐标，只能确定地面点的方向，只有给出地面点的高程才能确定地面的平面位置。

共线条件方程的应用包括以下几个方面：单像空间后方交会和多像空间前方交会；解析空中三角测量光束法平差中基本数学模型；摄影测量中的数字投影基础；计算航空影像模拟；利用数字高程模型(digital elevation model, DEM)与共线方程制作数字正射影像；利用DEM进行单张像片测图等。

5.2.3 常用摄影测量解析方法

1) 标定

在图像测量过程以及机器视觉应用中，为确定空间物体表面某点的三维几何位置与其在图像中对应点之间的相互关系，必须建立相机成像的几何模型，这些几何模型参数就是相机参数。在大多数条件下这些参数必须通过实验与计算才能得到，这个求解参数的过程称为相机标定(或摄像机标定)。无论是在图像测量或者机器视觉应用中，相机参数的标定都是非常关键的环节，其标定结果的精度及算法的稳定性直接影响相机工作产生结果的准确性。因此做好相机标定是做好后续工作的前提，提高标定精度是科研工作的重点所在。

相机标定有多种方法，包括传统相机标定法、主动视觉相机标定法、相机自标定法。

(1) 传统相机标定法。传统相机标定法需要使用尺寸已知的标定物，通过建立标定物上坐标已知的点与其图像点之间的对应，利用一定的算法获得相机模型的内外参数。根据标定物的不同可分为三维标定物和平面型标定物。三维标定物可由单幅图像进行标定，标定精度较高，但高精密三维标定物的加工和维护较困难。平面型标定物比三维标定物制作简单，精度易保证，但标定时必须采用两幅或两幅以上的图像。传统相机标定法在标定过程中始终需要标定物，且标定物的制作精度会影响标定结果。同时有些场合不适合放置标定物也限制了传统相机标定法的应用。该标定法的优点是适用于任意摄像机模型，标定精度高;缺点是需标定参照物,某些应用中难以实现。

(2) 主动视觉相机标定法。基于主动视觉的相机标定法是指已知相机的某些运动信息对相机进行标定。该方法不需要标定物,但需要控制相机做某些特殊运动,利用这种运动的特殊性可以计算出相机内部参数。其优点是算法简单,往往能够获得线性解,鲁棒性较高;其缺点是系统成本高,实验设备昂贵,实验条件要求高。

(3) 相机自标定法。自标定法中主要是利用相机运动的约束。相机的运动约束条件太强,因此使得其在实际中并不实用。利用场景约束主要是利用场景中的一些平行或者正交的信息。其中空间平行线在相机图像平面上的交点被称为消失点,它是射影几何中一个非常重要的特征,所以很多学者研究了基于消失点的相机自标定法。其优点是灵活性强,可对相机进行在线标定;其缺点是基于绝对二次曲线或曲面,算法鲁棒性差。

2) 单像摄影测量

单像摄影测量主要包括光束重建(内部定向)和后方交会(外部定向)两个步骤。

摄影光束的重建是进行摄影测量的前提,所谓光束是指影像的像点与投影中心所构成的投影光线的集合。而光束的重建即是指由量测得到的像点坐标与像空间坐标系的原点构成的锥体形状与摄影时光束的形状一致。显然光束的重建必须满足两个条件:一是恢复内方位元素,二是像点坐标中没有系统误差。

恢复内方位元素即内定向。在传统摄影测量中,影像内定向是指利用平面相似变换等公式将框标坐标变换为像平面直角坐标;在数字摄影测量中,影像内定向是指将扫描坐标系(像素坐标系)转换为像平面坐标系的过程。在内定向中有以下误差来源:相片本身的变形、镜头的畸变差、大气折光差、地球曲率影响、量测误差等。

畸变差是指由于在加工、安装过程中不可避免地存在一定残余误差,经过物镜的入射光线与出射光线不平行,导致像点偏离理论位置。这些残差即物镜的畸变差,分为径向畸变、偏心畸变和薄棱镜畸变三大类。一般只考虑径向畸变差对影像的影响,不讨论非对称性的切向畸变差。径向畸变有对称性畸变和非对称性畸变,一般只考虑对称性畸变。

大气折光差是指由于大气密度和折射率随高度增加而减少,导致光线发生折射,破坏了共线关系。

地球曲率影响是指地球为椭球体,大地水准面呈椭球面,实际测量中大地测量坐标系统以平面作为水准面,因此而带来的影响。地球曲率会影响摄影测量精度。

空间后方交会是指利用地面控制点(ground control point, GCP)及其在相片上的像点确定单幅影像外方位元素的方法。当用作摄影机的检定或其他较为精密的测定时,还可以借以同时求出影像的内方位元素。解算外方位元素的方法主要有三种:共线条件方程法、直接线性变换法(direct linear translation, DLT)、角锥体法。

由共线方程可知,利用 3 个或 3 个以上的空间已知点与其对应像点,可求出相片的 6 个外方位元素;但是在实际工作中,最少采用 4 个以上的已知点,原因是因为测量总会存在误差,甚至错误(粗差),为了提高精度(减小偶然误差),增加可靠性(控制粗差),需要更多的已知点。数据处理方法通常采用最小二乘法。

关于 DLT,有如下几点结论: DLT 与共线条件方程完全等价;DLT 多用于非量测相机摄影的像片解析,其特点是内方位元素未知;在近景摄影测量中常用 DLT 代替共线条件方程进行物像关系的解算;这是一种直接建立坐标仪坐标与物空间坐标的关系式的解算方法;解算中不需要内方位元素与外方位元素的初始近似值;利用 DLT 所需的控制点点数、点位要求与共线方程要求一致。

3) *双像解析方法*

双像解析摄影测量方法主要包括后方交会-前方交会法、相对定向-绝对定向法、一步定向法。

(1) 后方交会-前方交会法主要步骤。首先进行后方交会,利用单张影像上 3 个以上已知控制点分别计算相片外方位元素,再通过前方交会计算出地面目标的物方坐标。该方法的缺点在于每张影像上都必须有 3 个以上控制点,并且前方交会求取的地面点坐标的精度取决于后方交会所解算外方位元素的精度(前方交会过程没有充分利用多余条件进行平差计算)。因此该方法往往在已知影像的外方位元素、需确定少量的待定点坐标时采用。

(2) 相对定向-绝对定向法主要步骤。首先利用两张影像重叠区内 5 对以上同名点,按照共面条件方程解算相对定向元素,并计算同名点模型坐标,同时要求至少 2 个平高点、1 个高程点位于相片重叠区内以计算控制点模型坐标。然后利用控制点模型坐标和对应地面坐标根据三维相似变换方程解算出绝对定向元素。最后根据绝对定向元素求取目标的物方坐标。该方法的缺点在于需要已知重叠区内最少 5 对同名点。同样地,绝对定向的精度取决于相对定向的精度,因此常用于航带法解析三角测量的应用。

(3) 一步定向法主要步骤。利用已有控制点地面坐标、相片上对应像点坐标,根据共线条件方程一步解算出相片外方位元素和目标的地面坐标。该方法一步完成,精度完全由控制点和像点坐标量测精度决定,理论上比以上两种方法精度高。但该方法相较以上两种方法,求解过程较复杂。待定点的坐标完全按最小二乘法原理求解,该方法常用于光线束法解析空中三角测量中。

5.2.4 摄影测量用于断面变形检测的研究

断面变形测量一直以来都是隧道监测中的一项重要内容。传统的隧道变形测量手段可分为接触式测量和非接触式测量两大类。

(1) 接触式测量。

① 巴塞特收敛仪法。在隧道内选定一个横断面,在该断面上大致均匀地选择若干点,在

相邻两个测点之间安装一组观测臂。若干个观测臂首尾相连形成一个完整的闭合环。当隧道断面产生变形时，各监测臂能协调变形，变形情况由倾角传感器记录。该方法测量精度较好，但安装不方便、测点数量少、测量不灵活。原理与之类似的还有手拉皮尺法、框架挡板法。

② 预埋传感器法。通过施工时在衬砌内部预埋传感器，可长期监测隧道内力、变形等情况。常用的传感器主要是应变片，如日本青函隧道在正洞海底段 4 个点的断面上布设了应变片和应力计。

(2) 非接触式测量。

① 全站仪法。全站仪又称全站型电子速测仪，通常具备电子测角、电子测距和数据自动记录等功能，广泛应用在各种工程测量领域中。全站仪具有高精度、一定的自动化程度，但依然具有测点数量有限、耗费人力、对操作人员技术要求较高等缺点。

② 地面三维激光扫描法。以激光扫描的形式快速获取大量测点的三维坐标，通过拼接若干测站测得的点云，经拟合后得到隧道的三维轮廓。该方法精度较高，但数据处理过程烦琐，并且地面三维激光测距仪价格昂贵。

③ 摄影测量法。摄影测量是指通过影像研究信息的获取、处理、提取和成果表达的一门信息科学。随着数码相机各项技术的高速发展，摄影测量这门古老的学科又开始焕发出新的生机与活力。

由于传统变形测量手段已难以满足如今大量增长的隧道检测需求，一些国内外学者开始考虑把测绘领域中常用的摄影测量方法应用到隧道工程中。大量研究工作证实了摄影测量在隧道变形监测中应用的可行性与有效性，但在实际工程应用中仍存在一些问题。比如：

(1) 摄影测量需要兼顾精度与速度，而目前的研究成果普遍存在的问题之一即是精度与速度的矛盾。简单、快速的测量方法往往精度较差，而精度高的方法通常需要大量的前期准备(如布设控制点)、后期处理(如迭代、平差)，难以在实际工程中应用。

(2) 静态测量与动态测量的矛盾。静态测量往往只能测得少量数据，而动态测量可测得大量翔实的数据，但存在运动带来的振动问题，对于测量精度有较大影响。

(3) 山岭隧道与城市地铁隧道的差异性。山岭隧道往往断面较大，而城市地铁隧道断面往往较小。

尽管摄影断面几何测量仍存在一些问题，但经过相关研究人员的努力，真正应用于隧道几何与变形检测的摄影测量技术已取得显著进步，并有望在不久的将来得到全面应用。

5.3　摄影测量仪器与检测装备

5.3.1　图像传感器

图像传感器的作用是将感光面上的光像转换成与光像成比例的图像电信号，是数字摄像设备中最重要的部件。两种重要的数字图像传感器分别是CCD和CMOS,两者的主要区别是从芯片中读出数据的方式即读出结构不同。

5.3.1.1 CCD图像传感器

CCD由一行光线敏感的光电探测器组成,光电探测器一般为光栅晶体管或光电二极管。每种光电探测器都有最多可以存储电子数量的限制,取决于光电探测器的大小。曝光时光电探测器累积电荷,通过转移门电路,电荷被移至串行读出寄存器从而读出,每个光电探测器对应一个读出寄存器。串行读出寄存器亦为光敏器件,须由金属护罩遮挡以避免读出期间接收到其他光子。读出的过程是将电荷转移到电荷转换单元,转换单元将电荷转换为电压,并将电压放大。转移门电路及串行读出电路是电子耦合设备,每一个CCD最多由4个门组成,这些门在一定方向上传输电荷。电荷转换为电压并放大后,就可以转换为模拟或数字信号,其中数字信号是由模拟电压通过模数转换器(analog-to-digital converter, ADC)转换为数字电压的。

线阵CCD只能生成高度为一行的图像,要得到二维图像,线阵CCD必须做相对于被测物体的运动。一种方法是将线阵CCD安置在运动的被测物上方,另一种方法是被测物不动而线阵CCD相对被测物运动。使用线阵CCD采集图像时传感器本身必须与被测物平面平行并与运动方向垂直以保证得到矩形像素。同时根据线阵CCD的分辨率,线扫描频率必须与传感器、被测物间相对运动速度相匹配以得到方形像素。运动速度恒定,可以保证所有采集到的图像像素具有一致性。如果运动速度变化,就需要采用编码器控制触发线阵CCD采集每一行图像,从而保证图像的一致性。线阵CCD的行扫描频率非常高,会限制每行的曝光时间,因此对光照度的要求很高。

将线阵CCD进行扩展即成为全帧转移型面阵传感器。在面阵CCD中,光在光电探测器中转换为电荷,电荷按行的顺序转移到串行读出电路寄存器。在读出过程中,光电传感器还在曝光,仍有电荷在积累。由于上面的像素要经过下面的像素移位移出,因此像素积累的全部场景信息就会发生拖影现象。为了避免拖影,必须加上机械快门或利用闪光灯,这是全帧转移型面阵传感器的最大缺点。面阵传感器最大的优点是填充因子(像素光敏感区域与整个靶面之比)可达100%,从而使得像素的光灵敏度最大化并使图像失真最小化。

5.3.1.2 CMOS图像传感器

CMOS通常采用光电二极管作为光电探测器,与CCD不同,光电二极管中的电荷不是顺序地转移到读出寄存器,CMOS的每一行都可以通过行和列选择电路直接读出。CMOS常用数字视频输出,图像每行中的像素通过模数转换器阵列并行地转化为数字信号。CMOS的一大优点是其随机读取特性使其很容易实现图像的矩形感兴趣区域读出,使得在较小的感兴趣区域可以得到更高的帧频。CMOS的另外一个优点是可实现并行模数转换,而且还可以在每个像素上集成模数转换电路以进一步提高读出速度。CMOS每一行都可以独立读出,因此得到一幅图像的最简单方式就是一行一行曝光并读出。对于连续的行,曝光时间和读出时间可以重叠,即所谓行曝光,这种读出方式使图像的第一行和最后一行有很大的采集时差,采集运动图像会产生明显的变形。对于运动被测物,必须使用全局曝光方式,这种读出方式对应每个像素都需要一个存储区,因此降低了填充因子,全局曝光可以得到正确的图像。

5.3.1.3 线阵相机

线阵相机(line scan camera)是指采用线阵光电传感器的相机,有单线和多线之分。线阵相机顾名思义是呈"线"状的,虽然也是二维图像,但极长,在长度上有几千像素,而宽度却只有几个像素而已。

1) 工作原理

线阵相机的图像传感器的基本结构可分为单沟道和双沟道两种。

单沟道的线阵图像传感器的转移次数多、效率低,调制传递函数 MTF 较差,只适用于像敏单元较少的摄像器件。在要求提高线阵图像传感器的工作速度和提高转移效率的情况下,常采用双沟道的方式。对于一般情况而言,高于 256 位的线阵图像传感器大多为双沟道的器件。但由于两个模拟移位寄存器和两个输出放大器的参数不可能完全一致,就必然会造成奇、偶输出信号的不均匀性。所以有时为了保证像敏单元的一致关系,在较多像敏单元的情况下也采用单沟道的结构。

典型的线阵相机图像传感器有 TCD1209D、TCD1206SUP。TCD1209D 是典型的二相单沟道线阵相机图像传感器,为 2 048 像元的长阵列器件,具有速度快、灵敏度高、动态范围宽、像敏单元不均匀性好、功耗低、光谱响应范围宽等优点。该器件的像敏单元的不均匀性典型值为 3%,这是 2 048 像元的双沟道线阵相机器件所无法达到的。TCD1206SUP 为目前最具有典型性的双沟道器件,由 2 236 个 PN 结光电二极管构成光敏单元阵列,具有驱动简单、高灵敏度、较高动态范围以及温度变化不敏感等特点,广泛应用于物体外形尺寸的非接触自动测量领域,是一种较为理想的一维光电探测器件。

2) 适用范围

(1) 被测视野为细长的带状,如滚筒的检测。适用于检测视野为平面、圆柱形(扫描时绕轴心运动,相机扫圆的周长)时。

(2) 需要极大的视野或极高的精度。

线阵相机的典型应用领域是检测连续的材料,例如金属、塑料、纸和纤维等。被检测的物体通常匀速运动,利用一台或多台相机对其逐行连续扫描,以达到对其整个表面均匀检测。另外,线阵相机非常适合测量场合,这要归功于传感器的高分辨率,它可以准确测量到微米。

针对第(2)种选用范围,就需要用激发装置多次激发相机,进行多次拍照,再将所拍下的多幅“条”形图像合并成一张巨大的图。因此用线阵相机必须用可以支持线阵相机的采集卡。

另外,线阵相机大都为 10 mm、20 mm、30 mm 长的条状图像传感器。现在行频有 20 k、40 k、60 k,甚至 80 k,每行的像素数可达 16 384,即 16 k。这种相机大都用在幅面很大的检测设备上,比如印刷、玻璃、食品、烟草等。目前大多数的线阵相机采用黑白成像,部分采用彩色成像,但价格昂贵,主要是因为它是采用纯正的三个图像传感器成像,需要复杂的空间校正,而面阵相机是采用 bayer 转换或一些色彩变换得到的彩色图像。线阵相机对光的要求也更高,包括均匀性和耐久性,特别是当使用行频速度非常高的情况下(比如 60 k 或 80 k 时),由于速度太快,要求光的亮度非常高。另外就是编码器的选择要求高,否则会造成图像拉伸。

3) 优势与不足

线阵相机获取图像的方案在以下几方面有其特有的优势：视野大、精度高、纵向拼接容易实现。但也有以下的不足之处：对光源的补光敏感,需要较高的照度和均匀性;需要设置编码器,否则图像纵横向分辨率可能不一致;对设备的自身振动敏感,实际场景中的一条直线,由于振动可能采集到的就是一条波浪线;采集速度相对较慢。

5.3.1.4 面阵相机

面阵相机(area scan camera)是一款以面为单位来进行图像采集的成像工具,可以一次性获取完整的目标图像,具有测量图像直观的优势,在目标物体的形状、尺寸,甚至温度等方面的测量应用上发挥着至关重要的成像作用。

1) 工作原理

按一定的方式将一维线形图像传感器的光敏单元及移位寄存器排列成二维阵列,即可以构成二维面阵图像传感器。由于排列方式不同,面阵图像传感器有帧转移、隔列转移、线转移等类型。

2) 适用范围

对于面阵相机来说,应用面较广,可以用于如面积、形状、尺寸、位置,甚至温度等的测量。由于生产技术的制约,单个面阵相机的靶面不太容易达到一般工业测量对视场的需求,即大视场、高精度单个面阵难以满足,如果采用多个面阵相机则可以满足。

3) 优势与不足

面阵相机的优势有以下几点：采集速度相对较快;照度较低时不影响采集,即对照度相对线阵相机较不敏感;纵横向分辨率一致,不需要编码器。但也有以下的不足之处：对于被测物表面为曲面的,面阵相机需要校准。

5.3.1.5 图像传感器的选择

不同厂家生产的相机、镜头,价格在中端产品上差别不大,差距主要表现在高端产品,特别是国外一些相机公司由于出色的性能,从而报价较高。

相机产品类型较多,不同的相机用途不同。对于隧道检测,其环境特点主要是补光不便。隧道面照度既不能太高,也不能太低,尽管可以通过光圈进行适度调节,但效果不够理想。此处需要提到一款相机类型——微光相机,这种相机可以在照度非常低的情况下获得清晰的图像。因此在采购相机的过程中,除了考虑成本外,还需考虑适用性。

相机普遍存在以下典型的图像先天缺陷:

(1) 拖影。拖影的原因是相机成像曝光时间过长,解决方法是控制曝光时间。线阵与面阵相机均存在该问题。

(2) 丢帧。丢帧的原因有设计不良的驱动程序、工业相机硬件性能不良、CPU 的处理效率等。设计不良的驱动程序之所以会使相机发生丢帧现象,其实就是资料通道的堵塞,无法及时处理,新的图像进来时,前一张可能被迫丢弃,或是新的图像被迫丢弃。丢帧的原因多归因于系统缓存不够。

(3) 畸变。畸变的产生是由于镜头的技术原因,是光学透镜固有的透视失真的总称。这种失真对于照片的成像质量非常不利,考虑到这是透镜的固有特性(凸透镜汇聚光线、凹透镜发散光线),无法完全消除,只能改善。

除了畸变,镜头可能会存在的不足还有像差、像散、像场弯曲、色差等。这些不足可以通过合理设计镜头的结构形式和选择各片透镜的几何尺寸与折射率来改进,比如设置凹透镜、校正像差。

以上三种典型的图像先天缺陷在线阵相机和面阵相机中普遍存在,不是此有彼无的情况,所以不是选择线阵还是面阵的控制因素。选择图像传感器时应综合考虑上述因素,结合实际需要选择合适的图像传感器。

5.3.2　图像采集卡

图像采集卡是检测系统的心脏,要准确接收前端摄像机的各种规格的视频数据;接收外来的触发脉冲并启动摄像机的曝光和重扫描;要为后端的主机以总线的最高瞬时速度提供准确稳定的图像数据;要有高的数据传输效率;有的系统还需要能提供独立的视频显示输出。而图像采集卡前后端的控制、采集、传输和显示等操作,又要尽可能地减少 CPU 的参与,以便增加 CPU 对图像的处理效率。

1) 外触发和电子快门控制

外触发脉冲是送到图像采集卡的,图像采集卡接收到外触发后,并非马上转发给摄像机,而是考虑是否延迟一定时间后才触发 CCD。这是因为受外触发产生装置安装位置的限制,外触发形成的时间往往并非被检测物体到达视场(field of view, FOV)中心的时间,外触发脉冲要经过一定延迟后,被测物才到达 FOV 中心,所以图像采集卡接收到外触发后,根据运动速度和距 FOV 中心之间的距离,确定延迟时间,这一延迟时间需预先设定,并存放在图像采集卡内。

2）采集速度

行频和水平总采集点数(水平分辨率)之积决定了采样频率。标准视频和各种非标准视频的采样频率之间差异很大。例如国际无线电咨询委员会(International Radio Consultative Committee, CCIR)标准的采样频率为14.76 MHz,而高分辨率的采集频率可高达150 MHz;又如分辨率为1 024×1 024的8 bit摄像机,当帧频为25帧/s时,数据产生的速度为25 MB/s。如果将摄像机每个像素的bit数增加一点或使用更高的帧频时,采集频率会大幅提高,直至达到150 MB/s。图像采集卡应能自动检测、跟踪来自CCD大变化范围的视频信号。

3）图像传送和处理

计算机的外设部件互连标准(peripheral component interconnect, PCI)总线支持多总线主控制器,也就是说,图像采集卡可以取得PCI总线的控制权,将数据在图像卡和计算机内存之间传输,而不必通过CPU,在设计良好的PCI总线上,总线主控制器可以获得的瞬间传输速度高达132 MB/s。由于总线的资源是共享的,CPU经常要对外部设备、内存等进行管理而占用总线,真正使用于数据传送和处理而占用总线的时间只占70%,约90 MB/s左右有效的传输速度,根据CPU及其外围芯片组的选用和外部设备的多少而变化。在CCIR标准中,图像采集卡传输数据的最高速度为15 MB/s,在采集一帧图像的周期内,传送图像的时间大约只占总时间的1/6,尚有5/6的总线时间是空闲的,完全可以被用来做图像处理之用,所以CPU发出采集指令后,图像卡应独立工作,不再去占用CPU时间,让CPU腾出时间全力处理图像,同时软件工具也应支持这种工作方式,使得检测过程方便快捷。

4）多路传感器输入切换

图像采集卡需要有多个输入端口接收视频信号,并备有多路开关在不同输入端之间切换。一般情况下,图像采集卡对未同步的多个摄像机做切换时,切换后稳定地跟踪和锁定新视频的行场信号要花费较长时间,有的图像采集卡要经历几帧至十几帧时间才能稳定地锁定新视频。这是因为为了尽可能减少像素的抖动时间,锁相电路具有很深的负反馈,深负反馈减少了抖动时间,但却大大增加了锁相系统的响应时间,从而大大降低了失锁后恢复锁相的反应速度。因此可以将多台摄像机同步起来,由一部摄像机同步其他摄像机,通过视频分配器分别拷贝视频信号接到其他摄像机的外同步输入端,使视频分配器不会对主摄像机的视频输出带来阻抗不匹配的失真。另外还可以采用一槽多卡的图像采集卡,这种卡可以同时接收多路独立的视频信号。CPU可分别或同时向它们发出指令采集图像,而不需要进行同步处理。

5）图像采集卡的选择

图像数据量通常很大,而且由于计算机硬盘带宽的限制,高分辨率图像数据直接存入计算机硬盘会出现图像丢失现象，另外相机工作时会占用较多的 CPU 时间，同样不能适合于将高分辨图像数据直接存储至计算机硬盘。如果用计算机内存存储，计算机实际可用于图像存储的内存条容量不够。采用支持直接内存存取(direct memory access, DMA)技术的图像采集卡，同时配备 SAS 磁盘阵列，使输出的图像不经计算机即不占用 CPU 时间直接无丢帧地存储至计算机磁盘或磁盘阵列。当检测系统需要增加存储时间时，可增加 SAS 磁盘容量。图 5－5 是线阵 CCD 高速图像采集卡实物图。

图 5－5　线阵 CCD 高速图像采集卡实物图

5.3.3　照明光源

5.3.3.1　光源分类

由于隧道内环境恶劣、光照条件差，必须采用有效的照明光源设备，其目的是使被测物的重要特征显现，而抑制不需要的特征。常用隧道照明光源有两种。

1）发光二极管

发光二极管(light emitting diode, LED)是一种通过电致发光的半导体，能产生类似单色光的非常窄的光谱光，其发光亮度与通过二极管的电流相关，发出的光的颜色取决于所用半导体材料的成分。可以做成红外、可见光及近紫外，也可做成白光 LED。实际上白光 LED 内部产生的光是蓝色的，通过在半导体上加上黄磷涂层将蓝光转换为白光。LED 光源的一大优点是寿命长，寿命通常超过 100 000 h。另外，LED 可用作闪光灯，反应速度很快，几乎没有老化现象。由于 LED 采用直流供电，因此亮度容易控制，同时 LED 光源功率小、发热小。LED 的主要缺点是性能与周围环境温度有关，环境温度越高，LED 的性能越差，寿命越短。LED 目前已成为工业视觉检测领域中应用最多的一种光源。

2）激光光源

激光光源是利用激发态粒子在受激辐射作用下发光的电光源，是一种相干光源。自从

1960年美国的T.H.梅曼制成红宝石激光器以来，各类激光光源的品种已达数百种，输出波长范围从短波紫外直到远红外。激光光源可按其工作物质(也称激活物质)分为固体激光源(晶体和钕玻璃)、气体激光源(包括原子、离子、分子、准分子)、液体激光源(包括有机染料、无机液体、螯合物)和半导体激光源四种类型。

5.3.3.2 光源设计

对于光强为 I 的点光源，假设光源到某点的工作距离为 D，则该点的照度 E 可表示为

$$E=\frac{I}{D^2} \tag{5-6}$$

由式(5-6)可以看出，光源照度(单位：lx)与工作距离的平方成反比，与光源强度成正比，因此光源既要保证有足够的亮度，还要保证有一定的光束宽度。

5.3.3.3 光源照明方式

利用各种不同性能和结构的光源，以及物体和背景对光的反射和传送特性可以设计出不同的光源照明方案。照明方式可分为正向照明和背向照明两大类。

1) 正向照明

(1) 镜面照明。光线直接从被测物的表面反射进入摄像机镜头。被测物的镜面反射不一致的各个区域可用这一照明方式将它们区分出来。物体表面每倾斜1°，都会使镜面反射光移动2°。这种照明方式对于物体的位置非常敏感。

(2) 离轴照明。光源在镜头轴线的侧面，镜面反射到不了镜头，仅有漫反射光部分进入镜头，从而避开了镜面反射而引起特别亮光的干涉，而漫反射光部分则可能进入镜头。典型的例子就是光滑的金属表面模印上表面粗糙的文字，文字因漫反射光进入镜头而亮，而金属表面背景因镜面反射光而达不到镜头，形成黑背景。

(3) 半漫射照明。光线来自宽角度的各方向，例如环形光，这种照明方式具有较好的均匀性，能获得较好质量的图像，并且有较大范围的视场。

(4) 漫散照明。光线来自所有方向，由于不同的物体特征有不同的漫反射特性，从而使镜面反射最少，并且可使因表面方向变化引起的反射差异影响最小。

(5) 黑场照明。光线来自与镜头视线方向成90°的方向，所有镜面反射和所有来自平面的漫反射都会掠过镜头而不能进入摄像机。而无规律的物体表面，例如划痕，会产生强烈的闪烁，会被摄像机转换成图像。

2) 背向照明

(1) 漫射照明。这是背向照明中最通用的方式，它具有一块大的透明或半透明的平板，在平板的背后是光源。该方式设计简单，容易获得均匀光源。

(2) 凝聚照明。使用镜头将光线集中于一个方向，适用于背光照明时建立定向光特性。

(3) 黑场照明。光线从与镜头视线成 90°的方向射入,例如从透明物体的边缘进入,适用于检测物体中的裂痕、气泡等,光线在透明物中传输时不会进入镜头,当碰到某种小物体后,因折射有一部分光反射会进入镜头。

照明方式可以灵活变化来适应各种需求,例如使用线、网格、圆等光照形式的结构光来检测三维物体;使用光的偏振特性来消除镜面反射,突出表面细节;使用光学滤色片来加强特征区,滤除背景和其他不感兴趣的区域,从而简化图像的二值化和分割算法。

3) 照明方式设计

由于隧道环境的限制,光源只能采用正向照明方式。具体的正向照明方案有三种方式:第一种是正向高角度照明(即亮场),该方式是最常用的照明技术,优点是光照强、亮度相对均匀,缺点是会产生镜面的高亮反射;第二种是正向低角度照明(即暗场),特别适合于在平滑光洁的表面检测文字、划痕等具有较粗纹理的目标物,入射光在平滑表面以相同角度反射而错过镜头形成较暗的背景,具有漫反射特性或圆弧边缘的目标物则将一部分光反射入镜头而成为亮的图像;第三种是无角度照明(即黑场),最适宜检测凹凸不平的表面以及显现表面缺陷,缺点是阴影范围大。

5.3.4　旋转编码器

旋转编码器是用来测量转速并配合脉冲宽度调制(pulse width modulation, PWM)技术来实现快速调速的装置,光电式旋转编码器通过光电转换,可将输出轴的角位移、角速度等机械量转换成相应的电脉冲以数字量输出。分为单路输出和双路输出两种。技术参数主要有每转脉冲数(几十到几千)和供电电压等。单路输出是指旋转编码器的输出是一组脉冲,而双路输出的旋转编码器输出两组 A/B 相位差 90°的脉冲,通过两组脉冲不仅可以测量转速,还可以判断旋转的方向。

5.4　移动式隧道病害检测系统

5.4.1　检测系统组成

同济大学联合上海通芮斯克土木工程责任有限公司自主研制了"基于机器视觉的快速移动式地铁隧道结构病害检测分析系统"(moving tunnel inspection, MTI-100),如图 5-6 所示。设备外形尺寸长 1.7 m,宽 1.435 m(与轨距相同),高 1.9 m,总重约 140 kg,共分为三大部分:图像采集层、操作控制层及行走层。为完成地铁隧道内的渗漏水、裂缝等隧道病害快速检测任务,考虑到地铁内无法为检测设备提供电力,检测系统采用单人力推行驱动。系统具有检测精度高、速度快、操作简便、病害自动识别与分析、生成检测报告等特点,常规巡检下 2～3 人即可完成检测任务,可广泛应用于地铁隧道结构的快速检测。

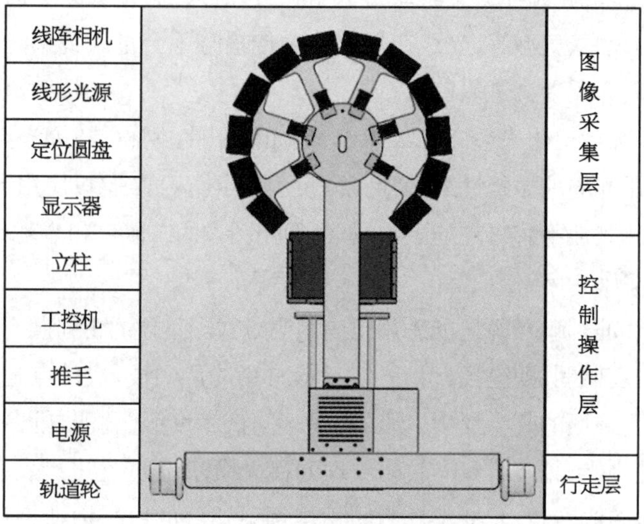

图 5－6　检测设备系统构架

该系统包括图像采集层、操作控制层和行走层。图像采集层主要完成图像采集及照明，由 6 台线阵 CCD 相机及线光源组成。操作控制层主要完成图像采集的操作控制，由工控机、显示器等组成。行走层主要完成设备的支撑与行走，由前后梁、横梁、滚轮等组成。图像采集系统核心为光电成像系统(主要在图像采集层)及控制存储系统组成(主要在操作控制层)。这里对组成系统的主要光电成像系统及控制存储系统做简要介绍。

1）检测系统特点

(1) 超高分辨率像质。为了达到高精度检测的目的，采用 6 路 7.5 k 高分辨率线扫描工业相机，表面扫描横向分辨率达到 45 k 像素，每米表面图像分辨率大于 1 000 万像素。

(2) 持久性强。检测设备具有高续航能力，可以在 2～3 h 内连续检测 2～3 区间或不连续检测 5～6 区间(依据硬盘容量限定)，电池供电充足，可保证设备 4 h 以上检测需要。

(3) 使用寿命久。全部设备均经过寿命试验，其中易损件光源及电池均可保证在正常使用条件下(每天 2～3 h)至少 3 年的使用寿命，同时各个部件均可进行更换，提高了设备使用服务寿命。

2）系统配置及参数

光电成像系统由 6 台线扫描工业相机、高分辨率成像镜头、2 台数据合并控制器及 12 台高亮度线扫描光源、数据线缆等构成；控制存储系统由工控机、相应图像采集卡、高速 SSD 固态硬盘组成；系统供电通过锂电池系统组成。在系统采样基本配置条件下的检测技术指标如下：

(1) 单相机分辨率：7 450 有效像素。

(2) 行扫描频率：最大 6 500 Hz。

(3) 单相机检测范围宽度：2 300 mm。

(4) 系统扫描分辨率：0.3 mm。

(5) 支持车辆最大检测速度：5.76 km/h(可根据实际最大速度降低相机主频,以提高单相机检测灵敏度,从而降低光源亮度和数据写入带宽要求)。

5.4.2 模拟隧道试验

在设备完成研制后,为了确保设备在实际检测过程中具有较高的准确性、可靠性以及可重复性,特别设计并搭建了模拟实际地铁隧道的模型隧道。通过在模拟隧道开展检测试验,对设备性能进行测试,同时扫描获取大量图像,用于调试图像处理软件。对盾构隧道结构病害检测设备的检测准确率、可重复性和精度进行试验。

1) 模拟隧道组成

为准确模拟地铁隧道环境,模拟隧道采用内壁为混凝土贴面,混凝土厚度约为 2 mm,隧道外表面为钢骨架与钢丝网组成,采用木质三合板与铝板拼接而成,隧道大小根据上海地铁盾构隧道 5.5 m 直径设计,模拟隧道总长度约为 21 m,如图 5-7 所示。

图 5-7　模拟隧道

2) 模拟隧道分块要求

为模拟盾构隧道,对隧道内壁进行分块,确保每次检测时每一块区域均得到检测。纵向按照 1.2 m(管片长度)分割;环向分割按照角度分割,以半隧道为例,检测范围为 145°,其中包括三台相机检测范围,每台相机检测范围 48.33°,包括拱顶 8°、邻接块与标准块各 65°及底部连接处 7°(无法模拟故在模拟隧道试验阶段舍去)。

环向分割原则：保证每台相机内至少包含两块,且每台相机视场范围交界处、各管片交接处均进行分割,保证模拟的真实性。环向分割具体方案如图 5-8 所示(以半隧道为例),

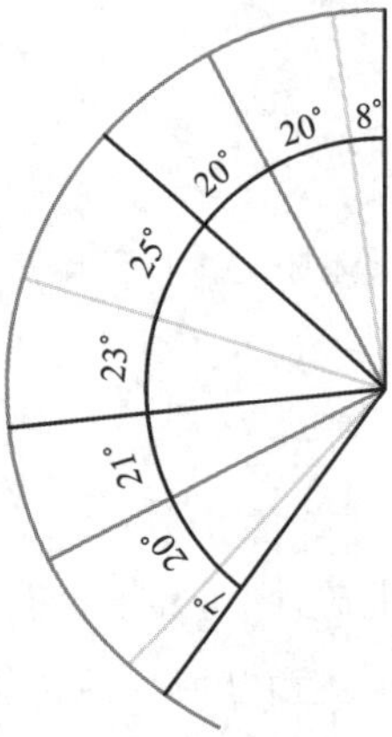

图 5-8　模拟隧道环向分割(半隧道)

共分为 8(半隧道环向)×35(21 m 隧道纵向×2)=280(块)。

如图 5-8 所示黑线为相机扫描范围分割线,浅灰线为管片分割线,深灰线为保证不出现较大分块进行的辅助分块线,采用粉笔划线的方式进行区分,以保证检测时的准确性。最下部 7°由于在模拟隧道中并未铺设,因此舍去。

3) 裂缝分布

为扩大模拟范围,包括更多的检测对象,仅对裂缝位置进行简要要求,具体以实际模拟情况为主,如图 5-9 所示。参考真实隧道情况,裂缝在拱顶 8°范围内分布约 20%的裂缝。同时为达到更好的模拟效果,对拱顶、邻接块、标准块均分布一定数量的裂缝,具体分布见表 5-2。

图 5-9　模拟隧道试验(后附彩图)

表 5-2　裂缝分布位置

部　　位	裂缝分布(%)
拱　顶	20
邻接块	40
标准块	40

具体分布情况根据裂缝效果为准。根据半隧道分块数量,给出裂缝示例,100 格裂缝均通过张贴裂缝号来标记裂缝,并统计裂缝宽度及位置,如图 5-10 所示。裂缝宽度分布如图 5-11 所示,共标示 100 条裂缝,其中 50 条统计了裂缝宽度。

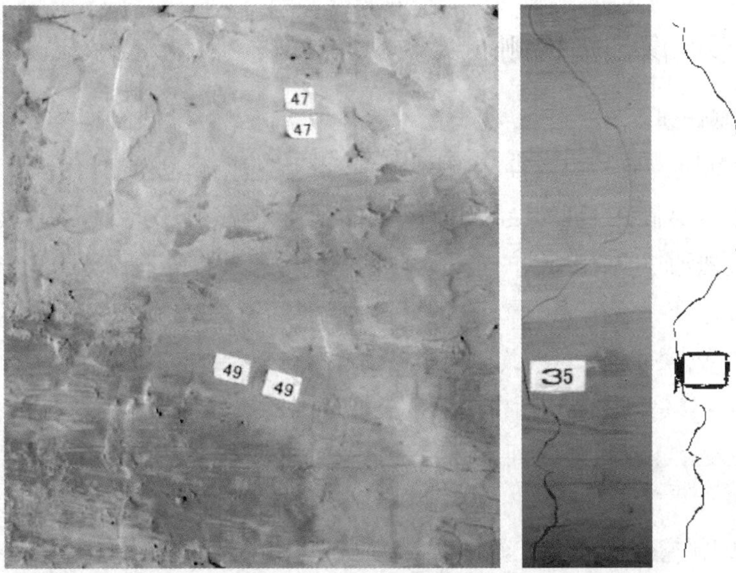

图 5 - 10　裂缝及检测结果

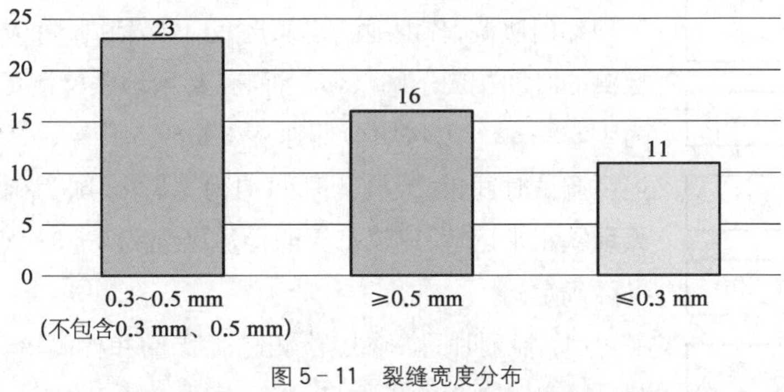

图 5 - 11　裂缝宽度分布

通过模拟隧道试验，共进行了 10 组重复性试验，统计病害检测结果和识别情况，病害识别准确率在 80%以上，认为达到了检测设备的基本要求，部分裂缝由于标签与裂缝张贴过紧导致无法识别。图 5 - 10 中同样展示了第 35 号裂缝情况，从图中可以看出，清晰得到了裂缝形态，该裂缝宽度通过现场量测为 0.34 mm，由此可以看出，该设备可实现 0.3 mm 宽度裂缝的检测工作。通过试验得到了大量的图像数据，可用来对图像识别软件进行测试和完善。真实地铁隧道因运营安全考虑，每天可以提供给设备检测试验的时间通常不超过 2 h，在新设备研发阶段，无法满足设备大量测试的要求，而模拟隧道因为不受运营限时及安全方面的限制，为设备测试提供了极佳的条件，上述所提供的模拟隧道对类似研究具有借鉴意义。

5.5 摄影成像扫描检测

5.5.1 检测计划

检测计划的制定包括检测内容、检测地点、检测设备、检测工作量和检测时间等。在每一次检测任务中都要制定合理的检测计划,一方面由于地铁运营的时间限制,地铁检测任务的制定需要合理协调时间,在地铁的非运营时间内同时可能有其他任务的工作人员在隧道中,为了快速高效完成检测任务,需要合理规划协调时间;另一方面,每一次地铁检测任务都需要花费相应的人力和时间,同时为了人员与设备的安全,合理的检测计划十分必要。

(1) 检测内容。检测内容包括检测病害类型(如裂缝、渗漏水、破损掉块、错台、不均匀沉降等)、检测隧道范围(具体区间范围)、是否需要检测报告(检测目的)、检测病害的指标等。

(2) 检测总工作量。检测总工作量以地铁检测里程指标衡量,地铁上行和下行分别统计,为了避免检测周期过长,建议每一条地铁线路作为一次检测工作的总工作量。

(3) 检测单日工作量。检测单日工作量需要和当地地铁营运管理部门协调,各地地铁运营时间不尽相同,每天可供地铁病害检测的时间相应不同。通常而言,每天地铁检测可用时间区间约为 12:00—2:30,按照检测速度 3 km/h 计算,去除设备拆装、搬运及调试时间,每天检测时间约为 1.5～2 h,为确保不影响第二天地铁正常运营,建议每天的检测区间为 2～3 个(根据区间长短具体确定)。

(4) 检测时间。参照检测总工作量和检测单日工作量,计算整个检测计划中的工作日,每日外业检测工作时间为 21:30 至第二日 4:00,由外业工作人员完成。内业工作时间为第二日 8:00—17:30。

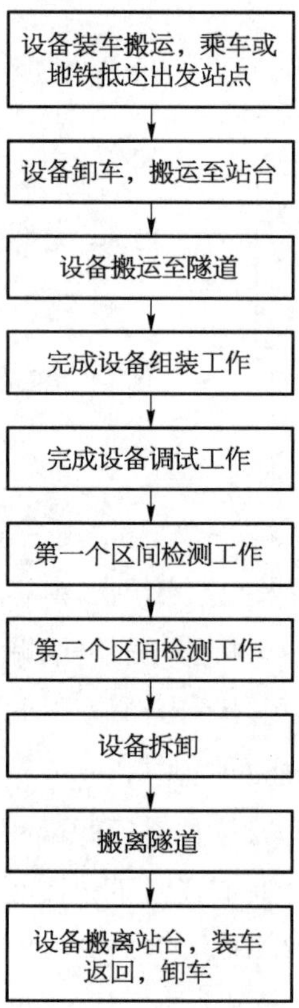

图 5 - 12 隧道检测外业作业过程

5.5.2 检测过程

外业工作主要包括设备准备、装运,运达地铁隧道后进行组装调试,隧道病害检测,最后拆卸、装运。在一次完整的隧道检测外业作业过程中应包括如图 5 - 12 所示的过程。

内业工作是针对外业所获取的相关资料、数据进行统计、归纳、分析处理和结果整理,得出工程所需要的数据、表册、图册等结果。对于隧道结构病害检测工作,内业工作主要包括病害图像提取、病害识别、病害分析、检测分析报告等。

5.5.3　检测装置与人员配置

外业工作中，除装车及卸车工作外(建议装车及卸车时有相关人员辅助，减少外业工作人员工作强度)，主要分为搬运工作与检测工作。由于检测装置为精密设备，涉及机械、电子等多方面专业仪器操作，因此在人员配置上需要考虑人员的专业技能或培训。根据目前试验的结果，采用快速移动式地铁隧道病害检测系统，建议安排 3 人为合理配置，包括 1 名机械操作、1 名电子电气操作以及 1 名隧道工程专业人员。

内业工作中主要包含数据导出、图像提取及病害识别，完成检测报告工作等。目前有关图像病害识别的处理工作主要通过程序来完成，但考虑检测结果的校对仍为人工作业，因此建议内业作业为 4 人小组，1 人主要负责数据导出及图像提取工作，2 人负责病害识别结果的校对，1 人负责项目总体管理以及检测报告的审核。

5.5.4　检测报告

检测报告的整理不仅是对检测工作、检测内容的总结和记录，更是对隧道结构病害的统计和结构安全性的评估，在每一次的检测工作中，撰写完整的检测报告十分重要。通常一份完整的检测报告应涵盖的内容包括项目概况、检测内容、检测时间、检测地点、人员安排、检测仪器、检测过程、数据处理、病害统计分析、结构安全状态预估和检测主要结论。对于两次或多次检测的区间，报告中还应对比病害的发展，并给出病害发展趋势分析。对于检测所采集的图像数据，应进行分类保存管理，对于识别出的结构病害，应建立数据库系统，实现病害信息的系统化、过程化管理。

检测报告的撰写是一项严肃而认真的工作，需要全程参与检测任务的技术人员来完成，并需要专业负责人审核。为规范盾构隧道结构病害检测报告，附录 1 给出了示例模板供参考。

5.6　数字图像处理

5.6.1　数字图像处理简介

数字图像处理又称为计算机图像处理，是指经过空间采样和幅值量化后的图像，将图像信号转换成数字信号并利用计算机或其他实时的硬件对其进行处理的过程。数字图像处理主要有以下优点：

(1) 精度高。对于一幅图像，无论是对 2 bit 还是 8 bit 图像的处理，对计算机程序来说其处理方式基本相同。增加图像像素数使处理图像变大，只需改变数组的参数，而处理方法不变。所以从原理上讲,不管处理多高精度的图像都是可能的。

(2) 再现性好。图像使用数组或数组集合表示,使得计算机容易处理。因此在传送和复制图像时,只在计算机内部进行处理,这样数据就不会丢失或遭破坏,因此数字图像处理不会因图像的存储、传输或复制等一系列变换操作导致图像质量退化,从而保持了完好的再现性。

(3) 通用性、灵活性高。不管是可视图像还是红外热成像、X 射线照片、超声波图像等不可见光成像,尽管这些图像成像体系中的设备规模和精度各不相同,但把图像信号直接进行 A/D 变换或记录成照片,对于计算机来说都能用二维数组表示,这就是数字图像处理的通用性。另外,对处理程序加以改变后可进行各种各样的处理,如上下滚动、漫游、拼图、合成、变换、放大、缩小和各种逻辑运算等,所以灵活性很高。

5.6.2 数字图像处理基本步骤

5.6.2.1 图像获取

图像获取是数字图像处理的第一步,也是至关重要的一步。图像获取获得的图像质量(大小、分辨率、图像是否退化等)直接影响到数字图像处理的最终结果。图像获取手段包括数码相机拍摄和工业相机采集(CCD 相机、CMOS 相机)。

5.6.2.2 图像复原

图像复原技术主要是针对成像过程中的“退化”提出来的。成像过程中的“退化”现象主要指成像系统受到各种因素的影响,诸如成像系统的散焦、设备与物体间存在相对运动或者器材的固有缺陷等,导致图像的质量不能够达到理想要求。

图像复原技术是通过去模糊函数去除图像中的模糊部分,还原图像的本真。其主要采用的方式是同采用退化图像的先验知识来对已退化图像进行修复或者是重建,就复原过程来看可以将之视为图像退化的一个逆向过程。图像复原首先要对图像退化的整个过程加以适当的估计,在此基础上建立近似的退化数学模型,之后还需要对模型进行适当的修正,以对退化过程出现的失真进行补偿,以保证复原之后所得到的图像趋近于原始图像,实现图像的最优化。但是在图像退化模糊的过程中,噪声与干扰同时存在,这给图像的复原带来了诸多的不确定性。

5.6.2.3 图像增强

图像增强技术和图像复原有些相似,同样为了解决图像退化失真问题。然而图像增强侧重于有目的地强调图像的整体或局部特性,将原来不清晰的图像变得清晰或强调某些感兴趣的特征,扩大图像中不同物体特征之间的差别,抑制不感兴趣的特征,使之改善图像质量、丰富信息量,加强图像判读和识别效果,满足某些特殊分析的需要。

图像增强技术通常包括两类方法:空域法和频域法。

空域法主要是在空间域中对图像的像素灰度值直接进行运算处理，可用下式来表示：

$$g(x,\ y)=f(x,\ y)\cdot h(x,\ y) \tag{5-7}$$

式中　$f(x,\ y)$——原始图像；

$g(x,\ y)$——增强后的图像；

$h(x,\ y)$——采用的空间运算函数。

频域法把图像看成一种二维信号，对其进行基于二维傅里叶变换的信号增强。采用低通滤波法去掉图中的噪声；采用高通滤波法增强边缘等高频信号，使模糊的图片变得清晰，可用下列公式来描述该方法：

$$F(\mu,\ \nu)=\wp\{f(x,\ y)\} \tag{5-8}$$

$$G(\mu,\ \nu)=H(\mu,\ \nu)\cdot F(\mu,\ \nu) \tag{5-9}$$

$$g(x,y)=\wp^{-1}\{G(\mu,\ \nu)\} \tag{5-10}$$

式中　$\wp\{f(x,\ y)\}$——某种频域正变换；

$\wp^{-1}\{G(\mu,\ \nu)\}$——该频域变换的逆变换；

$F(\mu,\ \nu)$——对原始图像 $f(x,\ y)$ 进行频域正变换的结果；

$H(\mu,\ \nu)$——频域中的修正函数；

$G(\mu,\ \nu)$——修正后的结果；

$g(x,\ y)$——$G(\mu,\ \nu)$ 逆变换的结果，即增强后的图像。

5.6.2.4　图像分割

图像分割是将图像中有意义的特征部分如病害的边缘、区域等提取出来，这是进一步进行图像识别、分析和理解的基础。现有的图像分割方法主要分为以下几类：基于阈值的分割方法、基于区域的分割方法、基于边缘的分割方法以及基于特定理论的分割方法等。

1) 基于阈值的分割方法

基于阈值的分割方法是一种最常用的并行区域技术，它是图像分割中应用数量最多的一类。假设图像为 $f(x,\ y)$，首先以一定准则在 $f(x,\ y)$ 中找出一个灰度值 T 作为阈值，把图像分割为两部分，把大于该阈值的像素点的灰度值赋值为 255，而小于该阈值的像素点的灰度值赋值为 0，阈值分割运算后的图像为二值图像 $g(x,\ y)$，从而实现图像的二值化。阈值分割的运算表达式为

$$g(x,\ y)=\begin{cases}255, & \text{if} \propto f(x,\ y)\geqslant T\\ 0, & \text{if} \propto f(x,\ y)< T\end{cases} \tag{5-11}$$

由此可见,阈值分割算法的关键是确定阈值,如果能确定一个合适的阈值就可准确地将图像分割开来。阈值确定后,将阈值与像素点的灰度值逐个进行比较,而且像素分割可对各像素并行地进行,分割的结果直接给出图像区域。

阈值分割的优点是计算简单、运算效率较高、速度快。在重视运算效率的应用场合(如用于硬件实现),它得到了广泛应用。常用的阈值处理技术包括全局阈值、自适应阈值、最佳阈值等。

全局阈值是指整幅图像使用同一个阈值做分割处理,适用于背景和前景有明显对比的图像。但是这种方法只考虑像素本身的灰度值,一般不考虑空间特征,因而对噪声很敏感。常用的全局阈值选取方法有利用图像灰度直方图的峰谷法、最小误差法、最大类间方差法、最大熵自动阈值法等。

自适应阈值应用于物体和背景的对比度在图像中的各处不一的情况。此时很难用一个统一的阈值将物体与背景分开。自适应阈值分割可以根据图像的局部特征分别采用不同的阈值进行分割。实际处理时,需要按照具体问题将图像分成若干子区域分别选择阈值,或者动态地根据一定的邻域范围选择每点处的阈值进行图像分割。这时的阈值为自适应阈值。

对于给定的图像,可以通过分析直方图的方法确定最佳阈值,例如当直方图明显呈现双峰情况时,可以选择两个峰值的中点作为最佳阈值。

2) 基于区域的分割方法

(1) 区域生长。区域生长的基本思想是将具有相似性质的像素集合起来构成区域。具体先对每个需要分割的区域找一个种子像素作为生长的起点,然后将种子像素周围邻域中与种子像素有相同或相似性质的像素合并到种子像素所在的区域中。将这些新像素当作新的种子像素继续进行上面的过程,直到再没有满足条件的像素可被包括进来。区域生长需要选择一组能正确代表所需区域的种子像素,确定在生长过程中的相似性准则,制定让生长停止的条件或准则。相似性准则可以是灰度级、彩色、纹理、梯度等特性。选取的种子像素可以是单个像素,也可以是包含若干个像素的小区域。大部分区域生长准则使用图像的局部性质。生长准则可根据不同原则制定,而使用不同的生长准则会影响区域生长的过程。

(2) 区域分裂合并。区域生长是从某个或者某些像素点出发,最后得到整个区域,进而实现目标提取。分裂合并差不多是区域生长的逆过程:从整个图像出发,不断分裂得到各个子区域,然后再把前景区域合并,实现目标提取。分裂合并的假设是对于一幅图像,前景区域由一些相互连通的像素组成,因此如果把一幅图像分裂到像素级,那么就可以判定该像素是否为前景像素。当所有像素点或者子区域完成判断以后,把前景区域或者像素合并就可得到前景目标。

3）基于边缘的分割方法

图像分割的一种重要途径是通过边缘检测，即检测灰度级或者结构具有突变的地方，表明一个区域的终结，也是另一个区域开始的地方。这种不连续性称为边缘。不同的图像灰度不同，边界处一般有明显的边缘，利用此特征可以分割图像。

图像中边缘处像素的灰度值不连续，这种不连续性可通过求导数来检测到。对于阶跃状边缘，其位置对应一阶导数的极值点，对应二阶导数的过零点(零交叉点)。因此常用微分算子进行边缘检测。常用的一阶微分算子有罗伯茨算子、Prewitt 算子和索贝尔算子，二阶微分算子有拉普拉斯算子和 Kirsch 算子等。在实际中各种微分算子常用小区域模板来表示，微分运算是利用模板和图像卷积来实现。这些算子对噪声敏感，只适合于噪声较小、不太复杂的图像。

4）基于特定理论的分割方法

图像分割至今尚无通用的自身理论。随着各学科许多新理论和新方法的提出，出现了许多与一些特定理论、方法相结合的图像分割方法。

(1) 聚类分析。特征空间聚类法进行图像分割是将图像空间中的像素用对应的特征空间点表示，根据在特征空间的聚集对特征空间进行分割，然后将其映射回原图像空间，得到分割结果。其中，K 均值、模糊 C 均值聚类算法是最常用的聚类算法。

K 均值算法先选 K 个初始类均值，然后将每个像素归入均值离最近的类并计算新的类均值。迭代执行前面的步骤直到新旧类均值之差小于某一阈值。模糊 C 均值算法是在模糊数学基础上对 K 均值算法的推广，是通过最优化一个模糊目标函数实现聚类，其不像 K 均值聚类那样认为每个点只能属于某一类，而是赋予每个点一个对各类的隶属度，用隶属度更好地描述边缘像素亦此亦彼的特点，适合处理事物内在的不确定性。

(2) 模糊集理论。模糊集理论具有描述事物不确定性的能力，适合于图像分割问题。1998 年以来出现了许多模糊分割技术，在图像分割中的应用日益广泛。模糊技术在图像分割中应用的一个显著特点就是它能和现有的许多图像分割方法相结合，形成一系列的集成模糊分割技术，例如模糊聚类、模糊阈值、模糊边缘检测技术等。

模糊阈值技术利用不同的 S 型隶属函数来定义模糊目标，通过优化过程最后选择一个具有最小不确定性的 S 函数。用该函数增强目标及属于该目标的像素之间的关系，得到的 S 型函数的交叉点为阈值分割需要的阈值。此方法的困难在于隶属函数的选择。

(3) 基因编码。把图像背景和目标像素用不同的基因编码表示，通过区域性的划分把图像背景和目标分离出来，具有处理速度快的优点，但算法实现起来比较难。

(4) 小波变换。基于小波变换的阈值图像分割方法的基本思想是首先由二进小波变换将图像的直方图分解为不同层次的小波系数，然后依据给定的分割准则和小波系数选择阈值门限，最后利用阈值标出图像分割的区域。整个分割过程是从粗到细，有尺度变化来控制，即起始分割由粗略的 L2 子空间上投影的直方图来实现，如果分割不理想，则利用直方图在精细的子空间上的小波系数逐步细化图像分割。分割算法的计算速度与图像尺寸大小呈线性关系。

5.7 图像数据库系统

数据库是数据集合的组织和存储方式，是为有效管理各种类型的数据而制定的一种数据结构。数据库系统是为适应数据处理的需要而发展起来的一种数据库处理系统，是存储介质、处理对象和管理系统的集合体。在地铁盾构隧道每一次的病害检测过程中，都会获取大量的图像数据；同时在图像处理过程中，与隧道相关的建设、运营、维护等信息，以及病害的相关信息都需要进行合理存储与管理，从而方便数据的分析与使用，这就离不开一种合理的数据库系统。本节以 MySQL 为例，建立了一个初步的图像数据库系统。

5.7.1 MySQL 概述

MySQL 性能高、成本低、可靠性好，已成为最流行的开源数据库，被广泛应用于互联网上的中小型网站。而且随着 MySQL 的不断成熟，也逐渐被用于更多大规模网站和应用，比如 Google、Facebook 等。非常流行的开源组合 LAMP 中的“M”指的就是 MySQL。

MySQL 可以工作在不同的平台上，支持 C、C＋＋、Java、Perl、PHP 等多种开发语言。同时 MySQL 使用的核心线程是完全多线程，支持多处理器。当然与其他的大型数据库如 Oracle、IBM DB2、MS SQL Server 等数据库相比，MySQL 还有很多不足，如规模小、功能有限等，但对于一般的中小型网站和应用来说，MySQL 提供的功能已经绰绰有余，而且由于 MySQL 是开源软件，可以大大降低开发成本，这一点往往最为大多数中小企业和个人用户所看重。

5.7.2 系统开发

图像数据库系统由若干数据表(table)组成，每个数据表包含若干字段，存储某个对象的数据信息。如图 5-13 所示为图像数据库系统的 ER 模型(entity-relationship model)。

这里将数据库的核心数据表大致分成四类，下面对每种类型做简要介绍。

1）图片类

图片表(picture table)是图像数据库系统最核心的数据表，其他所有数据表均是在其基础上开展工作。该表存储了图片的一些基本属性，比如名称、存储路径、类型、尺寸等，见表 5-3。

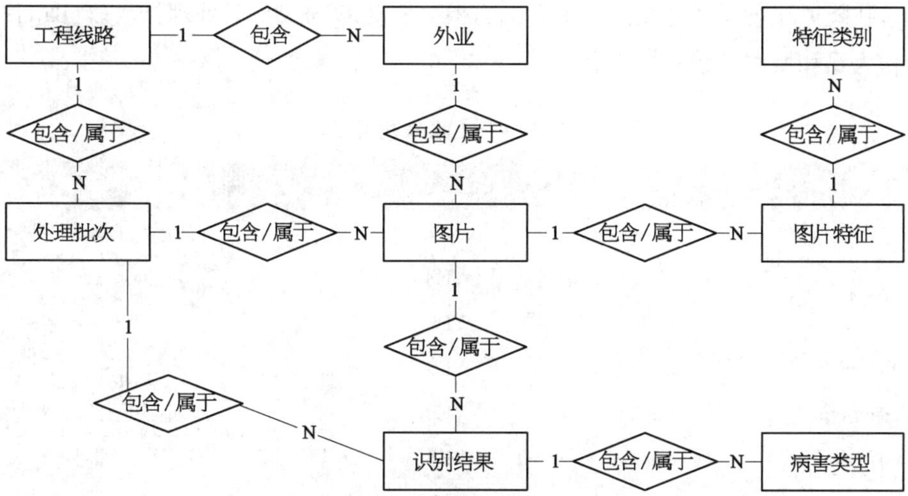

图 5-13　数据库 ER 模型图

表 5-3　图 片 表 内 容

字　段	类　型	空	默　认	注　释
id	int(11)	NO		主键,自增
work_id	int(11)	NO		外键,外业 id
detect_id	int(11)	YES		外键,处理批次 id
seq	int(11)	YES		图片序号
name	varchar(64)	YES		图片名称
path	varchar(128)	YES		图片路径
type	varchar(16)	YES		图片类型
size	float(11,2)	YES		图片大小
width	int(11)	YES		图片宽度(单位：像素)
height	int(11)	YES		图片高度(单位：像素)
crack_num	int(10)	YES		裂缝数量
crack_cost_time	int(11)	YES		识别裂缝所花总时间
water_num	int(11)	YES		渗漏水数量
water_cost_time	int(11)	YES		识别渗漏水所花总时间

注：1. “空”指代字段是否可以为 NULL。
2. 数据类型：int(整型)、float(单浮点型)、double(双浮点型)、char(字符型)、varchar(字符串型)、text(文本型)。
3. “默认”指代字段设置的默认值,留空表示不设置默认值。
4. 设置为主键的字段不可为空。
5. 设置为外键的字段必须为其他数据表的主键。

2）工程类

工程表(project table)存储隧道所属的工程信息,其内容见表 5-4;外业表(onsite table)

用来记录在隧道现场开展的图像采集工作的相关信息，见表 5－5；处理批次表(batch table)存储操作人员和操作时间的相关信息，见表 5－6。

表 5－4　工程表内容

字　段	类　型	空	默　认	注　释
id	int(11)	NO		主键，自增，工程 id
pid	int(11)	YES	0	父类型 id
name	varchar(64)	YES		工程或线路名称
description	varchar(255)	YES		注释
project_type	tinyint(2)	YES	1	地铁、公路、铁路等
code_no	varchar(16)	YES		编号

表 5－5　外业表内容

字　段	类　型	空	默　认	注　释
id	int(11)	NO		主键，自增
work_time	DateTime	NO		现场检测日期
project_id	int(11)	NO		工程 id
direction_id	int(11)	YES	0	上下行
work_item_path	varchar(250)	YES		工作目录
image_path	varchar(250)	YES		图片文件存储目录
seq_path	varchar(250)	YES		序列文件存储目录
prefix	varchar(100)	YES		文件名称前缀
support_exts	varchar(100)	YES		图片格式支持
detect_precision	double(11,2)	YES		识别精度
create_user	varchar(30)	YES		外业记录创建人
state	int(2)	YES	0	外业当前状态
camera_count	tinyint(2)	YES		相机数目
report_path	varchar(250)	YES		生成报告的存储路径

表 5－6　处理批次表内容

字　段	类　型	空	默　认	注　释
id	int(11)	NO		主键，自增
op_time	DateTime	NO		处理时间
project_id	tinyint(2)	YES		工程 id
create_user	varchar(30)	YES		批次处理人员

3）图像特征类

图像特征表(characteristic table)和详细图像特征表(characteristic_detail table)用来存储系统识别出来的图像特征信息，见表 5 - 7 和表 5 - 8。

表 5 - 7　图像特征表内容

字　段	类　型	空	默 认	注　释
id	int(11)	NO		主键，自增
name	varchar(32)	NO		名称
value_type	int(11)	NO		具体值的类别
description	varchar(512)	YES		注释

表 5 - 8　详细图像特征表内容

字　段	类　型	空	默 认	注　释
picture_id	int(11)	NO		图片 id
characteristic_id	int(11)	NO		特征 id
value	varchar(512)	NO		特征相应的值

4）病害类

病害类型表(diseases_type table)和病害结果表(diseases_result table)分别用来存储病害类型(如裂缝、渗漏水等)和系统对图片识别出的病害信息(如裂缝宽度、裂缝长度、渗漏水面积等)，见表 5 - 9 和表 5 - 10。

表 5 - 9　病害类型表内容

字　段	类　型	空	默 认	注　释
id	int(11)	NO		主键，自增
name	varchar(32)	NO		名称
description	varchar(512)	YES		注释

表 5 - 10　病害结果表内容

字　段	类　型	空	默 认	注　释
id	int(11)	NO		主键，自增
picture_id	int(11)	NO		图片 id
insect_type_id	int(11)	NO		病害类型 id
width	float(11,2)	YES		病害宽度

(续表)

字　段	类　型	空	默认	注　释
height	float(11,2)	YES		病害高度
max_width	float(11,2)	YES		病害最大宽度
max_length	float(11,2)	YES		病害最大长度
area	float(11,2)	YES		病害面积
color	varchar(32)	YES		标示的颜色值
x_start	int(11)	YES		图中水平方向的起始坐标
x_end	int(11)	YES		图中水平方向的终点坐标
y_start	int(11)	YES		图中垂直方向的起始坐标
y_end	int(11)	YES		图中垂直方向的终点坐标

另外还有一些相关联的数据表,在此不一一列出。

第6章

盾构隧道壁后注浆探地雷达无损探测

采用人工检查、三维激光扫描、摄影测量等方法，均只能检测隧道结构表观类型的病害或缺陷，而隧道结构的健康评价还受到其隐蔽病害的影响。针对隧道衬砌壁后的注浆不均问题，提出了基于探地雷达技术的检测方法。本章重点针对盾构隧道壁后注浆层的特点，研究开发相应的探地雷达技术。

6.1 盾构隧道壁后注浆目的及施工中存在的问题

软土地层中盾构法施工的隧道不可避免存在后期沉降问题，甚至导致周围地层发生过大变形，引发不必要的工程事故。在大城市进行大规模的地铁以及公路隧道建设，势必要求其在施工以及运营过程中保证其结构的安全性，同时最大限度地减小施工对周围环境的影响。

隧道产生纵向沉降的因素包括很多方面，主要有盾构机施工扰动与盾尾注浆不均影响，隧道下卧土层特性影响，隧道邻近建筑施工活动的影响，隧道上方地面载荷的增加，隧道所处地层的地下水位以及水底隧道潮汐变化，区间隧道下卧土层水土流失造成纵向沉降，隧道与工作井、车站连接处差异沉降以及地铁隧道长期受到车辆循环载荷的动力影响等。

目前在国内外，对施工和运营中出现的沿隧道纵向不均匀沉降的控制手段和措施相对缺少可靠的定量依据。一般做法是采用壁后注浆，依据注浆压力、注浆量、注浆时间等参数，结合隧道和地表沉降观测来控制注浆体分布、充填效果、浆体凝固硬化效果等，但控制效果不佳。

6.1.1 壁后注浆的目的

(1) 控制地层变形。由于盾构机刀盘的开挖直径大于管片外径，管片拼装完毕并脱出盾尾后，与土体间形成一个环形间隙，简称盾尾间隙。

盾尾间隙如果不及时得到填充，势必造成地层变形，使相邻地表建、构筑物沉降或隧道本身偏移。壁后注浆最重要的目的就是及时填充盾尾间隙，防止因盾尾间隙的存在导致地层发生较大变形。

(2) 提高隧道的抗渗性。壁后注浆的液浆凝固后，一般都有一定抗渗性能，可作为隧道的第一道止水防线，从而提高隧道抗渗性能。

(3) 具备一定早期强度的液浆及时填充盾尾间隙，可确保管片衬砌的早期和后期稳定性。盾构法隧道是一种管片衬砌与围岩共同作用的结构稳定的构造物，管片背面空隙均匀、密实地注入、充填是确保土压力均匀作用的前提条件。

6.1.2 壁后注浆系统分类

根据壁后注浆与盾构掘进的关系，从时效性上可将壁后注浆分为三大类。

(1) 同步注浆。盾尾间隙形成的同时立即注浆，使液浆及时填充盾尾间隙的方式。通过安装在盾构机盾尾上的注浆管注浆(图 6-1)，注浆管的埋设形式有两种——内凹式和外凸式(图 6-2)。两种不同形式主要是从盾构机设计上考虑的。外凸式注浆管减小了盾尾内部的占用空间，可一定程度地减小盾构外径，从而减小盾尾间隙，有利于减小土体扰动和控制掘进过程的地面沉降，但由于盾壳的非圆性，不利于盾构进、出洞，且在较硬土层容易磨损，一旦磨损后无法修复。而内凹式注浆管则在一定程度上增大了盾构外径和盾尾间隙，相对而言，增加了盾构掘进过程对周围土体的扰动，但由于不易磨损，其地层适应性更为广泛。

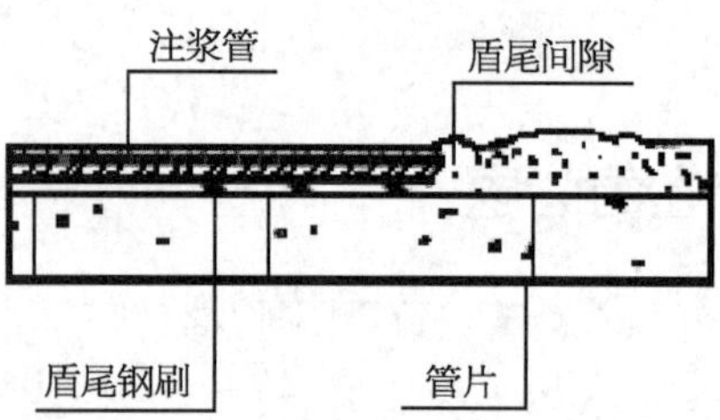

图 6-1 壁后注浆管示意图

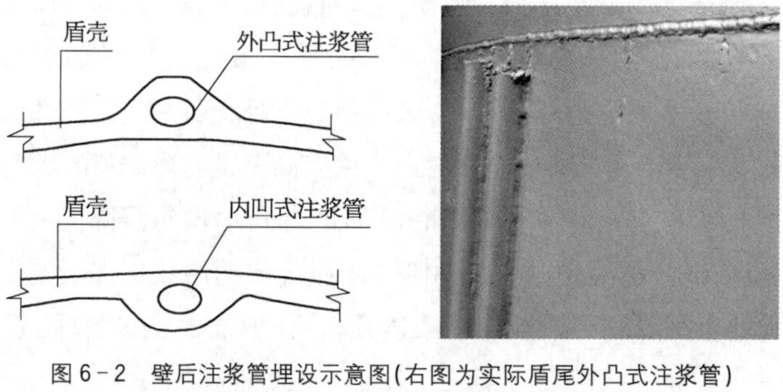

图 6-2 壁后注浆管埋设示意图(右图为实际盾尾外凸式注浆管)

(2) 及时注浆。掘进了一环或数环后，盾尾已存在大量间隙空间，才对盾尾间隙进行注浆的方式。这种注浆方式由于不能迅速对盾尾间隙进行填充，增大了对土的扰动性，不利于地面沉降控制，而且由于早期管片脱出盾尾后处于悬空状态，受力状态较差，容易发生错台。因此该方式仅在地质情况良好、对地表沉降要求较低时才能使用。

(3) 二次注浆。一次注浆效果不理想时，需要通过二次注浆对前期注浆进行补充。一般在隧道发生偏移、地表沉降异常时或在一些特殊地段(盾构进出站、联络通道附近)使用。

通过管片上的注浆孔注浆，如图 6－3 所示。这种注浆方式既可进行同步注浆，也可进行及时注浆和二次注浆。费德马(A.Feddema)、桥本(T.Hashimoto)在荷兰 Botlek 铁路隧道中采用 ETAC 管片注浆系统，并将 ETAC 注浆方式和传统的盾尾 BTC－Botlek 注浆方式进行比较，发现 ETAC 注浆方式具有不易堵管等优势。

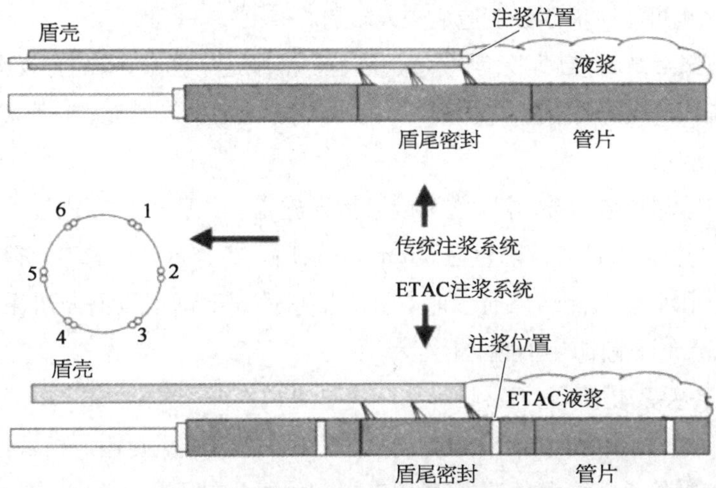

图 6－3　ETAC 管片注浆孔系统示意图

6.1.3　注浆材料的选择

壁后注浆的液浆一般分为单液浆和双液浆两大类。

(1) 单液浆。由粉煤灰、砂、水泥、水、外加剂等在搅拌机中一次拌和而成，这种液浆又可分为惰性液浆和硬性液浆。惰性液浆即液浆中没有掺加水泥等凝胶物质，早期强度和后期强度均很低的液浆。而硬性液浆即在液浆中掺加了水泥等凝胶物质，具备一定早期强度和后期强度的液浆。单液浆的活性液浆材料主要包括水泥、粉煤灰、中细砂、膨润土和安定剂(或减水剂)，根据配合比的不同，液浆的凝结时间可以在 2～12 h 内调整。单液浆中的惰性液浆材料和活性液浆相比，省去了水泥，由于粉煤灰的存在，该配方的液浆还算不上严格意义上的惰性液浆(地面试验时的凝结时间约为 30 d)。

(2) 双液浆。其中 A 液(水泥类)配方与活性液浆配方相比，只是省去了中细砂，A、B 液(水玻璃类)的体积混合比一般为 10∶1 左右，A、B 液按此比例混合后的凝结时间一般控制在 7～15 s。

6.1.4　壁后注浆施工中的问题

1) 注浆造成地表沉降超限

(1) 软土地层中没有进行同步注浆。采用管片注浆孔同步注浆的施工过程，如果没有严格的过程控制，或者注浆液浆初凝时间设定不合理，往往做不到真正意义上的同步注浆。

(2) 掘进过程仅以注浆量为控制指标，限定每环的注浆量范围，导致注浆量偏少，不能有效地对盾尾间隙进行填充。

(3) 液浆强度过低，或液浆和易性差，易离析而渗透到地层中，发生液浆损失。液浆拌和时的投料顺序也可能对液浆强度造成较大影响。

(4) 某些液浆凝结后，自身收缩量较大；或者双液浆过早初凝，未能有效填充盾尾间隙。

(5) 液浆流动性太好，隧道管片最重要的顶部出现无液浆填充；或者双液浆混合不充分，在土中逐渐流失。

(6) 没有与监测紧密结合，并以监测成果指导施工。从盾构机掘进过程的地表沉降规律来看，一般盾构机前方地表沉降量在 5 mm 内时，盾尾穿越这个位置时沉降不会超出规范允许的 30 mm。因此当监测结果显示前方沉降量超过 5 mm，又没有及时采取有效注浆措施，沉降超出规范允许范围的可能性相当大。

2) 注浆液浆从盾尾流入

(1) 注浆压力大时，液浆会沿着盾壳流入土仓中，进而从螺旋输送机输出；而注浆压力一旦大于盾尾密封的承压能力，将击穿盾尾密封。如果没有及时对盾尾密封注入油脂，液浆在盾尾刷中凝固后，会使盾尾密封失效，严重影响施工安全。

(2) 管片构造不合理，也会造成注浆液浆的渗漏，如某盾构管片设计时，过多地考虑了管片拼装过程可能发生混凝土面碰撞而破损的问题，将外弧面接缝处设计成斜角。由于这个接缝的存在，注浆压力稍高，液浆即会沿着盾壳与管片之间的间隙流入。在富水砂层掘进时，外部水土也会沿接缝流入。

3) 管片上浮

管片脱出盾尾后上浮的原因主要有：

(1) 地质情况。从南京地铁盾构施工情况看，淤泥质粉质黏土层的上浮量大于砂层；而从广州地铁盾构施工情况看，中、微风化岩层管片上浮量较大。管片上浮主要是受工程地质、水文地质、壁后注浆质量、盾构机姿态控制等因素的影响。

(2) 液浆选型不当，导致液浆早期强度偏低，不能及时与围岩土体形成共同作用。

(3) 液浆初凝时间控制不当，没有及时填充盾尾间隙或填充效果不佳。

(4) 注浆位置选择不当，采用管片注浆孔注浆时，以中下部注浆孔为注浆孔位。广州、上海、南京等地铁盾构施工中，都不同程度地出现过管片脱出盾尾后上浮的现象。近期在某城市盾构施工中，管片脱出盾尾后最大上浮量达 170 mm。分析管片上浮原因，不仅与地层情况有关，液浆的种类、配比、注浆压力、注浆位置等都会对管片上浮产生一定影响。

4) 管片注浆孔渗漏

从管片注浆孔进行注浆时，如果处于砂层、流塑状淤泥质地层或地下承压水较高的地层中,开孔时,外部的水土很可能涌入,造成隧道偏移、地表沉降。

从以上的注浆施工中存在的问题来看,传统的注浆工艺是否能有效确保盾构隧道工程盾尾空隙的充填,关系到能否有效控制地层和隧道结构本身的稳定性及其沉降。研究掌握隧道管片壁后液浆沿纵向、横向的分布以及厚薄等,并在把握液浆的分布基础上,再进行有的放矢的补偿式注浆,进而对沉降进行有效控制是非常必要的。为此,在软土地层隧道施工中,研究合适的注浆工艺,开发和利用盾构隧道的无损探测技术,使盾构隧道壁后液浆可视化,进而实现盾构隧道施工和沉降控制的科学化、合理化,提高盾构隧道工程施工的安全性、施工质量以及施工效率等均具有重要的意义。

综上所述,当前在地铁隧道施工中,仅依靠施工中的控制手段,包括注浆时间、注浆压力、注浆量等,结合地面沉降观测、隧道本身的沉降变形监测进行质量控制。在沉降大的地方,在隧道中相应位置上,通过早期埋入的注浆孔进行二次或控制注浆。由于液浆的部分特性,比如流动性、泌水性、渗透性、凝胶速度等,以及隧道所处地层的特性,例如隧道深度(上覆土层厚度,即上覆载荷)、土层的可灌性、对地下水的渗透性以及地下水的流动性等因素,注浆体在管片背后的性态并不一定是均匀的。液浆可能沿着某些溢浆通路流失,导致注浆量很大,注浆压力上不去。因此对隧道壁后的注浆效果进行检测是十分必要的。

6.2　隧道壁后注浆探地雷达无损探测国内外研究现状

为了适应隧道开挖施工的快速发展,要求隧道施工的检测技术向精确、快速、无损伤的方向发展。早在 1991 年,国际隧道协会地下结构维护与修复工作组就开始研究各种隧道衬砌无损探测技术的适用性,尤其是对衬砌及衬砌背后围岩的透视性无损探测方法的研究。德国地下交通设施研究会在 1992 年国际隧道协会年会上提交了一份关于隧道衬砌无损探测方面的各种技术性能、适用性、主要优势和主要问题的研究报告。

根据国际隧道协会对隧道内无损探测方法的评估和近年来在山岭隧道中应用的经验,无损探测方法应满足以下几方面的要求:

(1) 能够探测到隧道中各种异常情况(渗漏水、裂缝、腐蚀、空洞等)。

(2) 良好的穿透性,可以从隧道衬砌的内侧查出衬砌表面和衬砌内的损伤和缺陷。

(3) 具有灵活机动性,不影响设备运营(对正在运营的地铁隧道的各种设备),不受隧道净空大小的影响。

(4) 不受各种设备的影响(隧道内部的架空线路、各种通信线路等)。

(5) 抗环境干扰能力强,不受隧道内气候条件(温度 0～25℃、湿度 40%～90%、风速 2.5 m/s)的影响。

(6) 能源必须可携带,并且可以提供足够长时间的能量供给。

(7) 设备及探测方法本身对检查人员无危险。

(8) 检查结果必须具有利用相应软件和硬件做进一步处理的可能性,特别要具有比较损伤发展的可能性。

(9) 可以实时处理,迅速得到结果。

在众多的无损探测技术中探地雷达以其分辨率高、速度快、无损作业等优点,且相对探测深度范围大(从几厘米到几百米),在工程地质及隧道工程质量隐患检测方面被广泛应用。

探地雷达,是利用高频电磁波束的反射来探测不可见目标体或者地下界面,以确定其内部结构形态或位置的一种高分辨率电磁扫描技术。早在 20 世纪 50 年代,研究人员在大气核试验研究时就发现,由爆炸产生的电磁脉冲(electronic magnetic pulse)除对高压电力网产生干扰外,还能够穿透地表。基于这种认识,人们在对电磁脉冲的研究基础上于 20 世纪 60 年代开发出这种新型无损遥测技术。近年来,国外开始出现各种形式的试验性探地雷达,美国、日本、加拿大等国都相继开放出了自己的产品。经过不断革新,目前已推出多种功能强大的商用探地雷达,如美国地球物理探测设备公司的 SIR 系列、加拿大探头及软件公司的 Pulse EKKO 系列、日本应用地质株式会社的 GEORADAR 系列、瑞典的 RAMAC 钻孔雷达系统等。这些雷达所使用的中心频率在 10～1 000 MHz,探测深度可达 40～80 m,分辨率达厘米级。

与商业和军事上使用的频率域连续波(CW)雷达技术不同,探地雷达采用的是时间域脉冲雷达,将宽频带的电磁脉冲发射到地下介质中,在地下介质的电性分界面上电磁波发生反射现象,反射的电磁波回到地面,通过接收并分析这种反射信号的传播规律就可以达到探测地下目标的目的。

我国有很多单位和部门从 20 世纪 80 年代开始引进并着手研究探地雷达,主要应用探地雷达技术检测了很多隧道衬砌。如贵州省铁路隧道衬砌检测、北京地铁隧道衬砌检测、上海地铁隧道衬砌检测、北京密云水库九松山引水隧道衬砌检测、安徽高山公路隧道衬砌检测,南昆铁路线铝厂、石头寨 1 号等 21 座隧道衬砌检测。对衬砌背后空洞的判准率达 80%以上。隧道衬砌厚度的判准率达到了很高的精度 90%以上。目前国内外针对隧道的无损探测绝大多数集中在岩石隧道衬砌后的空洞,以及衬砌厚度等质量检测。

日本学者樱田永治和稻坦正治曾经对小直径的地下排水管线进行过探地雷达探测,采用的是如图 6-4 所示的探测系统,该系统由作为动力的电动车和其后装有探地雷达系统的支架系统组成。其探测目标是岩石隧道壁后的空洞和坍塌区域。由于探地雷达天线的重量比较大(约 10 kg),所以所采用的支架系统高度不能太高,否则不稳定,重量也不能太重,否则运输有问题。所以这种方法只适用于直径最大在 2～3 m 的较小直径隧道,对目前上海大量作为地铁隧道的大直径(直径 5.5～15 m)的盾构隧道并不适用。

2003 年,黄宏伟、刘遹剑、谢雄耀等人首次利用探地雷达方法,对上海某盾构隧道盾尾壁后注浆分布进行探测,并进行了初步分析。结果表明,利用该方法可有效探测隧道壁后的

图 6－4　小型隧道探地雷达探测系统

注浆分布，为隧道纵向力学变形性态的控制提供了一定的依据。

在软土盾构隧道中进行探地雷达检测壁后注浆相关的应用或试验国内外都未曾做过，在地铁运营期进行结构安全性检测尚属空白。目前通过收集到的国内外研究现状发现，几乎没有针对软土盾构隧道壁后注浆的无损探测研究。分析其原因主要有：

(1) 软土盾构隧道壁后注浆分布形态对隧道以及地表的沉降变形影响关注不够。相信在对环境要求越加严格的城市建设中会逐步得到人们重视。

(2) 软土盾构隧道周围环境对探地雷达无损探测的影响较大(隧道温度、湿度、钢筋混凝土管片屏蔽影响等)。

(3) 由于隧道结构的特殊性，对得出的探地雷达无损探测效果的可验证性差。

(4) 隧道壁后地层的变异性大，增加了探测的未知性。

6.3　盾构隧道壁后注浆探地雷达无损探测模拟试验研究

6.3.1　探地雷达无损探测原理

探地雷达采用非接地性测量，可做快速连续检测，对检测对象无损，能比较直观地表现检测目标。因此探地雷达技术成为地球物理勘探的重要方法之一，尤其是最近逐渐应用到软土盾构隧道壁后注浆效果的无损探测领域。

对于确定的 GPR 探测数据，影响地下目标纵向定位精度的因素主要有两个：双程走时和电磁波传播速度。计算机经搜索目标特征确定的双程走时的相对误差很小，真正影响目标定位精度的因素是电磁波传播速度。用于现场的电磁波传播速度的确定有很多方法，但大多可操作性较差或精度太低。目前对于探地雷达检测中速度的求取主要有这样几种方法：

1）介电常数法

常见的介质中大多数是非磁性介质，并且相对于GPR所用的高频电磁脉冲而言，通常探地雷达所遇到的介质都是以位移电流为主的低损耗介质。在这类介质中，波速主要取决于介质的介电常数，电磁波传播速度可由下式求得：

$$v=\frac{c}{\sqrt{\varepsilon}} \tag{6-1}$$

式中 v ——电磁波在介质中传播的波速；

c ——电磁波在空气中的传播速度(m/ns)；

ε ——介质的相对介电常数。

通常在探地雷达的数据库中存储了各类典型介质的介电常数，查出对应于测量对象材质的介电常数就能预测其速度。但查到的数据不一定适合当地当时的对象，尤其是材质中水分的变化，往往起到左右介电常数大小的关键作用。

材料的相对介电常数 ε 还可由实验室测定，这种方法需要的样本较多，受实验室条件设备的限制，因此具有一定的局限性。

2）几何刻度法

此方法是通过考虑在天线移动的过程中，地下目标对电磁波的不同反射路径而求得电磁波在地下介质中的传播速度，如图6-5所示，不难推导出下式：

$$t(x)=\frac{w}{v}=\frac{2\sqrt{x^2+z^2}}{v}=\sqrt{\frac{4x^2}{v^2}+t_0^2} \tag{6-2}$$

式中 $t(x)$ ——当前位置 x 到目标的双程走时；

t_0 ——沿垂直路径到目标的双程走时。

由式(6-2)利用实测雷达记录可反求出传播速度。

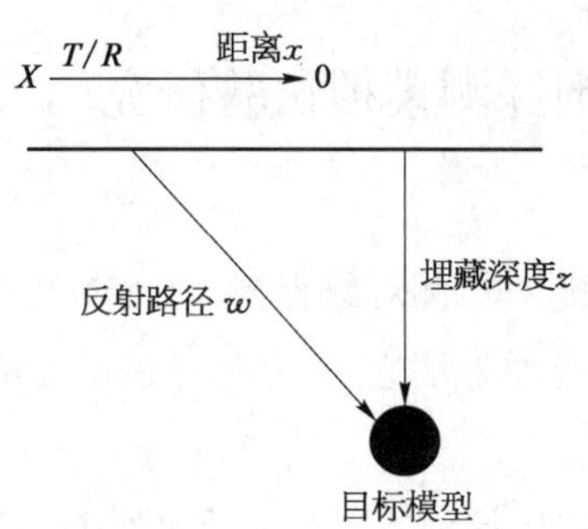

图6-5 利用几何刻度法求取波速

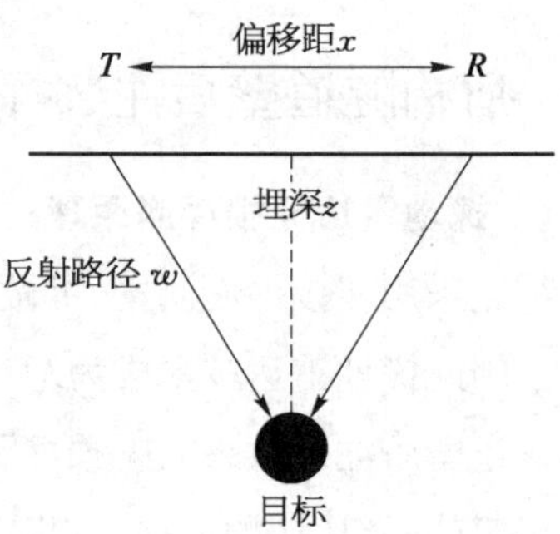

图6-6 利用CDP法求取波速

3）共中心点法(CDP)

从发射到接收，如图6-6所示，经目标反射后的双程走时为

$$t(x)=\frac{w}{v}=\frac{\sqrt{x^2+4z^2}}{v}=\sqrt{\frac{x^2}{v^2}+t_0^2} \tag{6-3}$$

式中　$t(x)$——偏移距 x 处对应双程走时；

　　　t_0——零偏移距处对应双程走时。

由式(6-3)，利用实测雷达记录可反求出电磁波传播速度，但是探测的前提是注浆层需要水平分布，由于隧道壁后的注浆层分布不具备这种要求，因此此法不是很适合 GPR 探测隧道壁后注浆之用。

4）霍夫变换法

霍夫变换法是图像处理中从图像中识别几何形状的基本方法之一。求取电磁波传播速度时，首先借助于霍夫变换法确定地下目标的反射曲线轮廓，再利用类似几何刻度法的原理，自动求取波速。

在探地雷达对隧道壁后注浆分布的探测中，将电磁波波速求准是保证精度的关键之一。根据前期对盾构隧道的大量实际探测结果发现，几何刻度法、共中心点法、霍夫变换法对于隧道实际探测求出波速是很难实现的，主要基于以下原因：

(1) 盾构隧道是纵向封闭的空间，受到管片钢筋的多次反射等因素影响，其探测结果要远远复杂于室外地下目标的探测，因此通过现场的探测估计波速很难达到理想的结果。

(2) 盾构隧道壁后注浆层的分布是未知的，很难找到符合共中心点法探测条件的水平分布层。

(3) 除了介电常数法外，其他方法都只能给出单一探测频率下的介质介电常数值，对于采用其他探测频率时，这些方法得到的介电常数值就不适用了。

6.3.2　盾构隧道壁后注浆探测模拟试验

探地雷达无损探测方法应用于盾构隧道壁后注浆施工中，其主要目的是探测注浆体沿着环向和纵向的分布形态以及注浆体和管片之间是否留有一定建筑空隙尚未填充。就软土隧道壁后注浆分布的探测而言是一个十分确定、具体的问题，主要关注的范围只是在壁后的 1 m 范围以内的区域，因此探测目标明确。虽然隧道壁后土层的变异，特别是含水率的变异，对于隧道壁后注浆的探测结果具有一定的影响，但是由于上海地区隧道的埋深在 −12 m 左右，处于淤泥质软土层，土层变异性以及含水量变化不大，而且隧道所采用的注浆材料常常是根据施工现场试验配比确定的，因此以上几个因素基本上都是确定的因素，从而为隧道注浆探测提供了有利的条件。

但是目前尚有许多关键技术需要解决。例如对探地雷达扫描图像的正确解释是建立在探测参数选置合适、数据处理得当、有足够的模拟试验对比，以及解释经验丰富等基础之上的。雷达探测剖面图需要通过现场管片、注浆体和土层的室内模拟试验得到盾构隧道壁后注浆体分布形态,并对其进行初步分类。对各种分布形态对隧道的影响做详细的讨论,并提出相应的建议,得到了一些有益的结论,为科学指导盾构隧道壁后注浆施工打下了较好的基础。

目前探地雷达探测地下管线以及地雷等障碍物方面的模拟试验研究较多。刘敦文设计了一个由混凝土、矿粉和尾砂等材料制成的带空洞的试验模型。在模型的预留空洞中分别充填水、砂、泥和空气进行模拟试验,研究不同充填介质在探地雷达探测图像中表现出的特征及差异,进而辨别不同充填的介质。

近年来国外的科拉(C. Colla)、麦卡恩(D. M. McCann)和福德(M. C. Forde)为了证实探地雷达波在粒状材料、干燥土壤以及盐化材料中的有效传播,以及利用 GPR 探测埋藏在干砂、湿砂以及盐化砂土中的钢筋的形状和位置进行了模拟试验,取得了较好的效果。卡佩内利(L.Capineri)、法洛尼(P.Falorni)和温莎(C. Windsor)针对埋藏在地下的地雷等障碍物进行了室内模拟试验,如图 6 - 7 所示。

图 6 - 7　利用探地雷达对埋藏的地雷等目标进行室内试验(后附彩图)

日本尾西顾捷为了了解滨海地区的淡水和盐水的地下分界面,建立了模型进行模拟分析,得出的结论是利用 GPR 能够很好地区分淡水和盐水的分界面。其建立的模型如图 6 - 8 所示。

帕尼亚瓜(Jesús Paniagua)为了研究探地雷达对地下各种不规则障碍物的探测规律,将各种不同材料和不同尺寸的材料埋在三种介电常数不同的土层中进行试验,如图 6 - 9 所示。

以上是国内外在探地雷达研究中进行过的一些模拟试验中的一部分,这些模拟试验都为准确识别探地雷达探测目标提供了有利的帮助。但目前国内外关于盾构隧道壁后注浆探测的试验尚未见到,盾构隧道壁后注浆的探测有别于其他障碍物探测,实际的盾构隧道处于

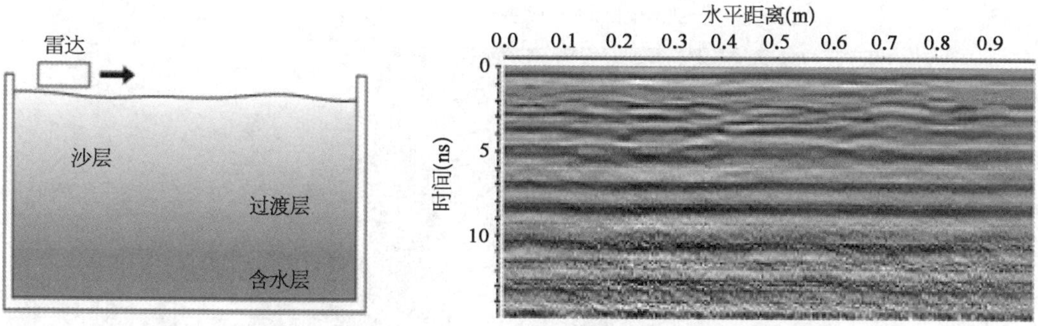

图6-8　室内利用探地雷达对地下水分界面进行探测试验

图6-9　现场利用探地雷达对地下障碍物进行探测及探测结果

1—铁桶；2—花岗岩墙体；3—砂层和板岩的分界面；4—电缆；5—PVC管；6—金属箱

一个非常复杂的环境中，除去隧道管片后土层的变异，特别是土层含水率的差异，以及注浆材料的组成不同、探测时间等因素的综合影响外，还有隧道本身封闭空间结构以及现场机械设备、电缆等对探测结果的影响。针对这些不确定因素，进行隧道壁后注浆模拟试验是非常必要的。通过试验总结出不同注浆形态在探地雷达时程剖面图中的成像规则以及数据和图像处理方法，为进一步在实际工程中的注浆层探测应用中进行特征图像和特征波的标定。

6.3.2.1　试验准备

1）试验箱

利用上海地铁隧道常用的单圆盾构施工管片中的一块标准块制成如图6-10所示的试验箱。管片直径为6.3 m，宽度为1 m，厚度为350 mm。在管片后支弧形木模板，模板与管片间距为200 mm，形成均匀注浆厚度。在模板和管片中间填充不同类型的液浆，同时还可以在模板和管片中形成不同直径的缝隙以模仿实际隧道推进过程中管片壁后存在的建筑空隙，如图6-11所示。

2）壁后土体

考虑到探地雷达探测结果受到土体的含水量影响较大，而且试验过程中黏土的含水量

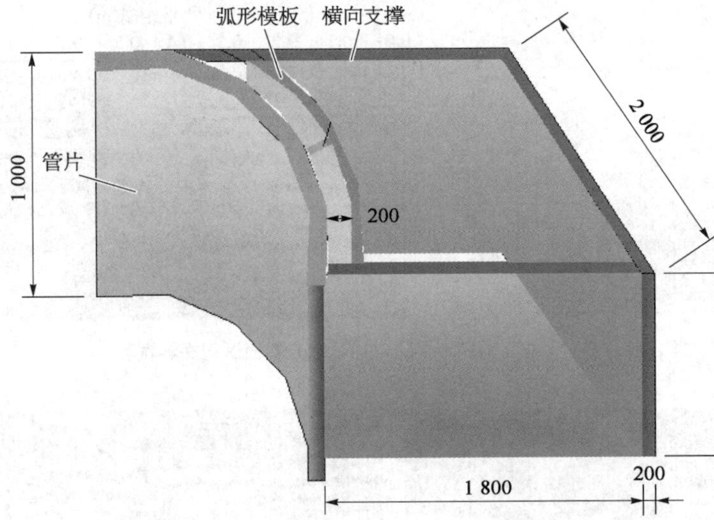

图 6-10　模拟实体管片壁后注浆装置示意图(单位：mm)

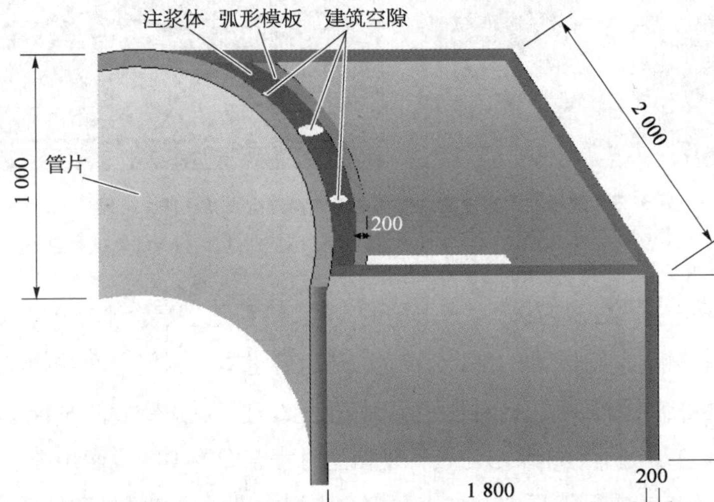

图 6-11　模拟实体管片壁后有建筑空隙时的装置示意图(单位：mm)

不易保持一致,故在试验中先采用湿度相对容易控制的干砂进行试验,在得出一定规律的基础上再进行现场原状土试验。

实际隧道处于一个复杂的环境中,除去土层的变异,特别是含水率的差别,以及注浆材料的组成、探测龄期的影响外,还有隧道本身结构对探测的影响(比如探地雷达电磁波在隧道中受到封闭管片多次反射的影响等)。模拟试验主要从注浆材料组成的不同、分布形态的差异、不同的探测时间以及可能存在的建筑空隙等几个主要方面进行分析。

3) 注浆材料组成及配比

软土盾构隧道壁后注浆材料配比种类有多种,常是根据不同的土层、不同的地质条件、不同的施工条件以及不同的施工目的使用不同的液浆配比。模拟试验中取用上海地铁隧道某区间隧道施工时采用的三种配比的液浆进行试验，其中双液浆 A 和双液浆 B 的配比见表 6－1。

表 6－1　双液浆的配比

双液浆配比 A				
A 液(kg)				B 液(kg)
水	水　泥	粉煤灰	膨润土	35℃水玻璃
100	100	66	5	30～50
双液浆配比 B				
A 液(kg)				B 液(L)
水	水　泥	稳定剂	膨润土	35℃水玻璃
803	376	3.2 L	78	120

上海地铁 8 号线某区间隧道施工中采用的惰性液浆由膨润土、水、磨细粉煤灰和黑砂(或黄砂)拌制而成，其配合比(重量比)为 1∶5∶3.5∶7，该液浆容重为 1.5 g/cm^3 左右。

6.3.2.2　试验方案

模拟试验主要从注浆材料组成的不同、分布形态的差异、不同的探测时间以及可能存在的建筑空隙等几个主要方面进行分析，因此试验方案主要有：

(1) 模拟实体管片壁后注浆均匀分布，如图 6－12 所示。

(2) 模拟实体管片壁后注浆不均匀分布，如图 6－13 所示。

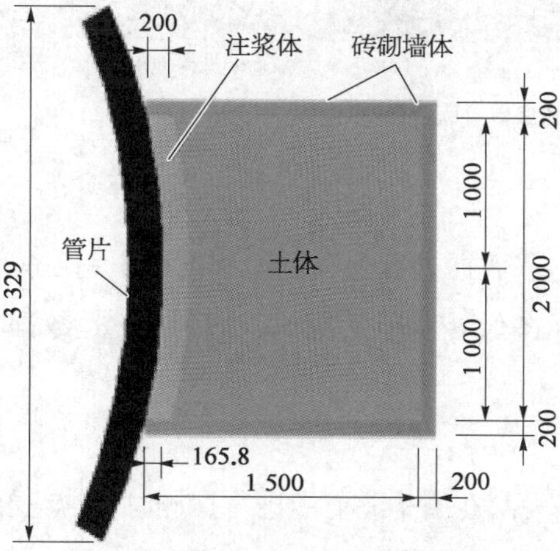

图 6－12　模拟实体管片壁后注浆均匀分布示意图(单位：mm)

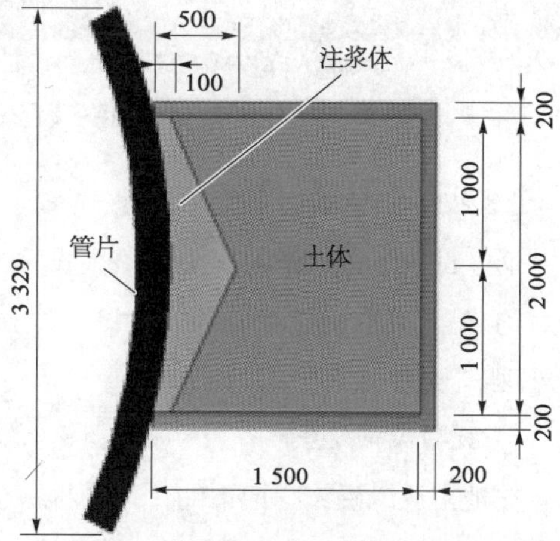

图 6－13　模拟实体管片壁后注浆不均匀分布示意图(单位：mm)

(3) 模拟实体管片壁后注浆和建筑空隙分布,如图 6 - 14 所示。

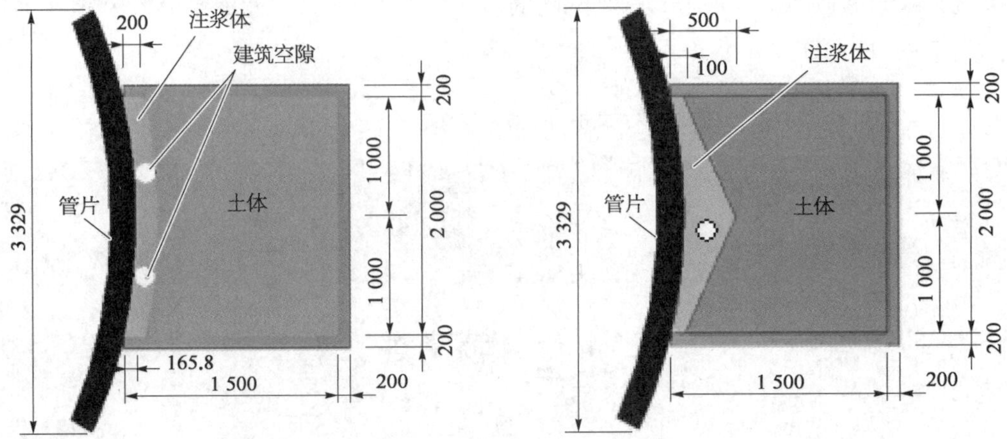

图 6 - 14　模拟实体管片壁后注浆和建筑空隙分布示意图(单位: mm)

同时在以上方案的基础上完成不同材料、不同天线中心距、不同探测频率以及不同探测时间的试验,相关设备如图 6 - 15 所示。

(a) 加拿大EKKOⅥ型探地雷达　　(b) 加拿大Noggin型探地雷达

图 6 - 15　不同探测频率的探地雷达设备

6.3.2.3　试验数据及图像处理

通过试验取得大量的探测试验数据,如何对这些数据进行处理以达到准确识别目标体的目的,是试验取得成功与否的关键。试验数据及图像处理包括两部分内容: 一是数据噪声处理,二是图像解释。

1) 数据噪声处理

探地雷达电磁波在地下的传播过程十分复杂,尤其在盾构隧道中进行探测时,时常受到噪声的影响,噪声的种类通常有环境噪声、系统噪声、被探测介质中的异常噪声等。

环境噪声包括环境随机噪声、隧道中的电缆引起的噪声干扰、隧道内的良波导体——

隧道底部通常安置有供水用钢管(图 6-16),以及隧道相对封闭空间造成的环境噪声等(图 6-17)。

图 6-16　盾构隧道内进行探测时电缆以及金属管线的影响

图 6-17　隧道封闭空间对探测的影响

探地雷达的噪声和杂波大致可归结为以下几类:

(1) 系统噪声。主要源于发射和接收天线之间的耦合,由于导线相互距离太小,也会产生较强的干扰,因此探测中要非常注意尽可能使长导线分离得远一些,以减小噪声。

(2) 多次波干扰。主要来自隧道封闭空间的多次反射波以及电磁波在穿越混凝土管片时在管片内部的多次反射。

(3) 空中直接反射。非屏蔽干扰主要有隧道内的低频电缆电场干扰以及其他一些金属设备的干扰等。

对系统噪声干扰可采用滤波和多次叠加压制；多次波干扰的问题一直是研究的热点和难点，提出的方法不少，但实际应用的效果都不是很理想；空中直接反射的干扰常常很强烈、易识别，但难以消除，一般使用屏蔽天线尽量消除这种干扰。正确识别各种杂波与噪声、提取其有用信息是探地雷达记录解释的重要的环节，其关键技术是对探地雷达记录进行各种数据处理。

2）图像解释

试验结果的图像处理利用了同济大学谢雄耀主持开发的 PipeGPR2.3 地下管线非开挖可视化探测软件系统处理后的效果图，图中以彩色显示各种介质，效果清晰，方便实际工程中的应用。通过对探地雷达时间剖面图进行增益调节、时间域高通滤波等数据处理后，利用处理结果的剖面图中各层介质的反射波的波峰不同，可以实现同一种介质位置的识别并进行彩色填充，最终形成以不同颜色表示不同介质的彩色剖面图。

6.3.2.4 试验结果分析

1）利用共中心点法测定试验砂土的介电常数

共中心点法的探测方式如图 6-18 所示，设在介质中电磁波传播速度为 v，均匀覆盖的水平反射界面深度为 h，发射天线与接收天线间距 x 的初始值为 a，最终值为 b，步长 $R_n - R_{n-1} = T_n - T_{n-1} = \Delta x/2$，$\Delta x$ 为移动步长。并设在初始状态下和最终状态下的电磁波双程走时分别为 t_1、t_2，根据电磁波在地下介质中的双程走时，得到下式：

$$z = \frac{1}{4}\sqrt{v^2 t^2 - x^2} \tag{6-4}$$

对不同天线间距获得的反射波双程走时 t 进行分析，得到电磁波在介质中的传播速度 v_0，可以得到电磁波在介质中的传播速度。

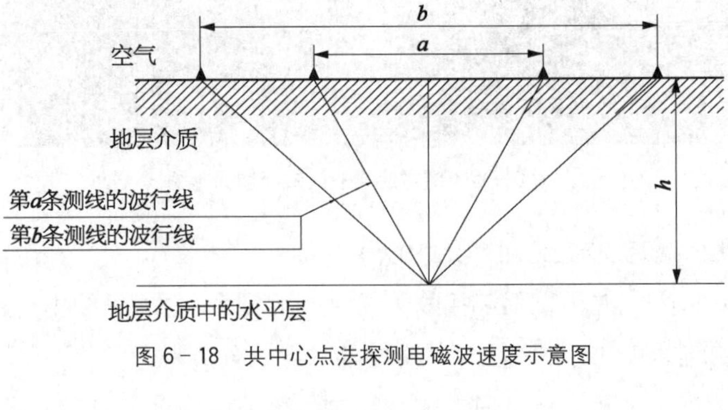

图 6-18　共中心点法探测电磁波速度示意图

将天线分离距 $x = a$、$x = b$ 分别代入式(6-4)，则有

$$\begin{cases} t_1^2 v^2 = a^2 + 4h^2 \\ t_2^2 v^2 = b^2 + 4h^2 \end{cases} \tag{6-5}$$

于是可以得到

$$v = \sqrt{\frac{b^2 - a^2}{t_2^2 - t_1^2}} \tag{6-6}$$

如果设 $b^2 - a^2$ 为 X^2，$t_2^2 - t_1^2$ 为 T^2，v 即为 $X^2 \sim T^2$ 图中斜率 K 的倒数的平方根，即

$$v = \sqrt{\frac{1}{K}} \tag{6-7}$$

由式(6-7)可以看出，在多层均匀水平层状介质中，由共中心点获得的数据记录即为水平层面中同一个反射点的记录，同相轴连线近似为一双曲线，且发射天线与接收天线间距 x 越小，这个近似就越准确。而对于倾斜反射界面、均匀覆盖介质情况下共中心点反射波并非共反射点反射波，不能用这个公式计算介质中的电磁波速度。

利用共中心点法测定砂土中电磁波波速试验，如图 6-19 所示。图 6-20 为共中心点法试验中得到的时间剖面图，从图中可以清楚地看到两条同相轴，根据深度分析，初步可以确定第一道同相轴为空气直达波，其次依次应为地波和砂土表面反射波。从图中读取初始天

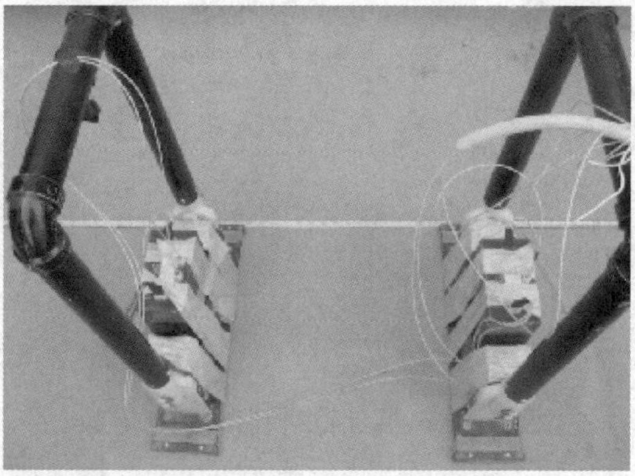

图 6-19　利用共中心点法探测砂土介电常数

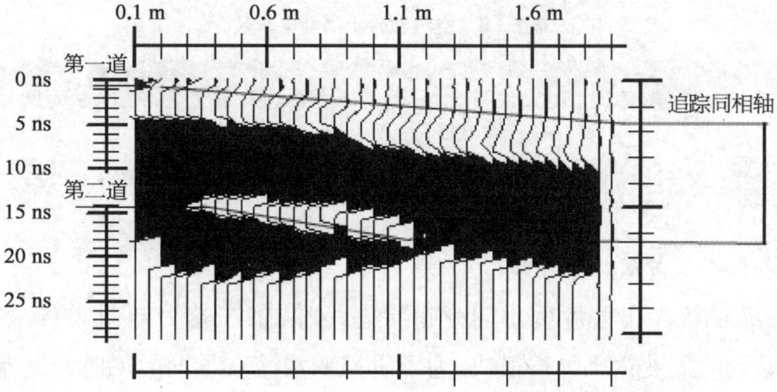

图 6-20　共中心点法探测结果

线宽度 a、最终天线间距 b，以及分别对应的双程走时 t_1、t_2 等数据，代入式(6－6)中。

通过追踪同相轴得到的各反射界面的 X^2-T^2 曲线图，结果如图 6－21 所示。其中图 6－21a 显示的是空气直达波的 X^2-T^2 关系，经过线性拟合得到直线的斜率为 9.78，代入式(6－7)中得到电磁波传播速度 v，$v\approx0.3$ m/ns。同样，图 6－21b 显示的是砂土界面反射波的 X^2-T^2 关系，图中直线的斜率为 128.4，根据式(6－7)，其对应的速度为 0.088 3 m/ns，判断为砂土内电磁波速度，结果见表 6－2。

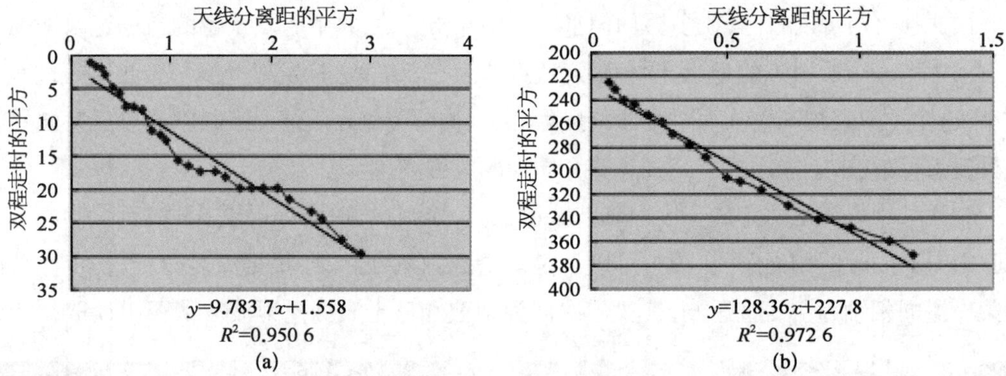

图 6－21　各同相轴天线间距的平方 X^2 与双程走时 T^2 的关系图

表 6－2　共中心点法速度分析结果

同相轴	拟合曲线斜率 K	电磁波速度(m/ns)	所在介质判断
第一道	9.78	0.3	空气
第二道	128.36	0.088	砂土

由式(6－1)可计算材料的介电常数。一般由于地层的参数不易准确获得，所以这种方法只用于粗略估计地层中的电磁波传播速度。利用式(6－1)也可计算砂土的介电常数，见表 6－3。

表 6－3　空气和砂土的介电常数

介　质	波速(m/ns)	介电常数
空　气	0.3	1
砂　土	0.088	11.54

2）双液浆 A 在管片后均匀分布

首先考虑双液浆 A 在管片后均匀分布状态，双液浆在养护初期，随着水化作用的完全，其介电常数随时间变化下降得很快，为了研究双液浆在不同龄期时介电常数变化对注浆分布探测的影响，试验中分别探测其龄期为 1 d、3 d 和 14 d 时的时程剖面图。试验过程如图 6 - 22 所示，最终形成的壁后注浆均匀分布如图 6 - 23 所示，探测过程如图 6 - 24 所示。测线布置在管片的内侧，分上、中、下三条测线。采用的加拿大 EKKOⅥ型探地雷达的参数设置如下：天线频率为 200 MHz，采样点为 121 个，叠加次数为 32 次，发射电压为 400 V，时窗为 48 ns，系统增益为 155 dB。

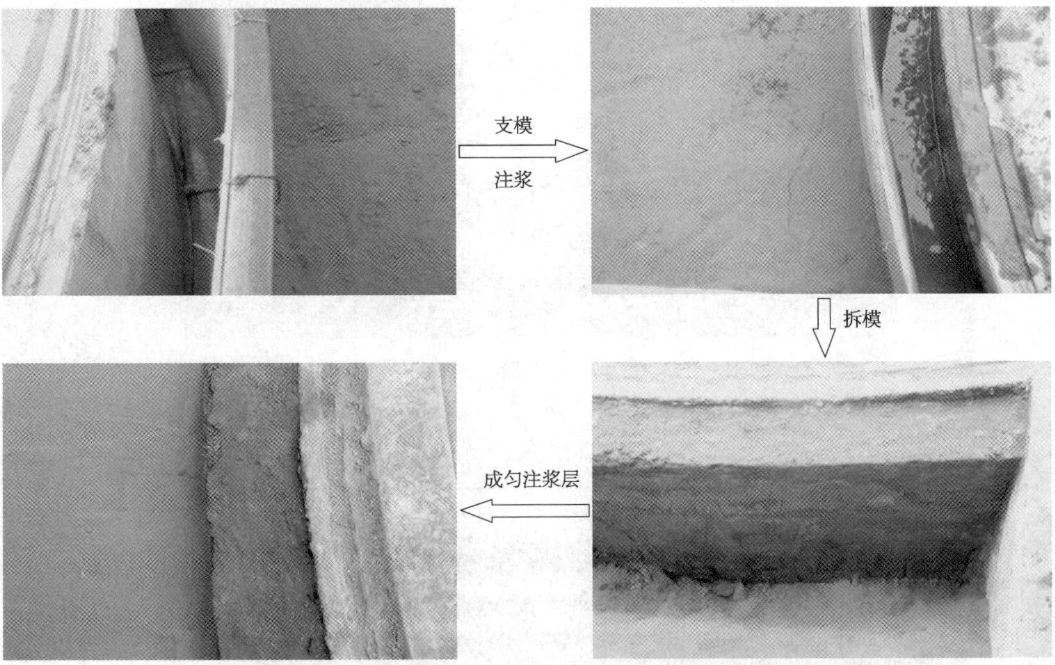

图 6 - 22　模拟管片壁后注浆均匀分布试验过程(后附彩图)

图 6 - 23　最终形成的均匀注浆层(后附彩图)

(1) 不同龄期的探测结果。注浆体在管片后均匀分布时，在不同龄期，采用 EKKOⅥ型探地雷达，其步长为 0.01 m，天线分离距为 0.4 m。截取 0～50 ns 部分，从图 6 - 25 中可以看

图 6 - 24　试验探测过程

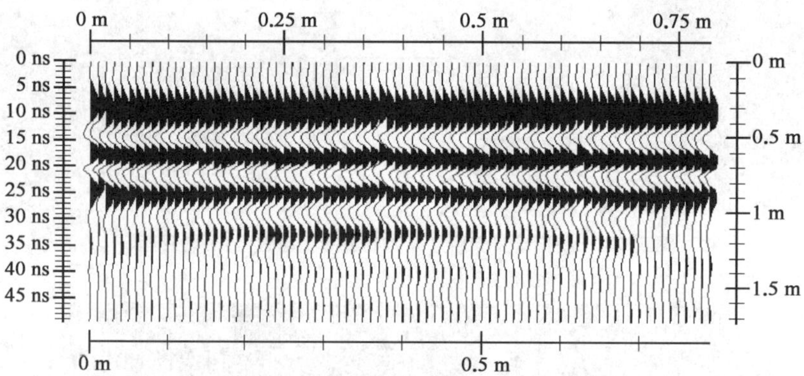

(a) 龄期为1 d

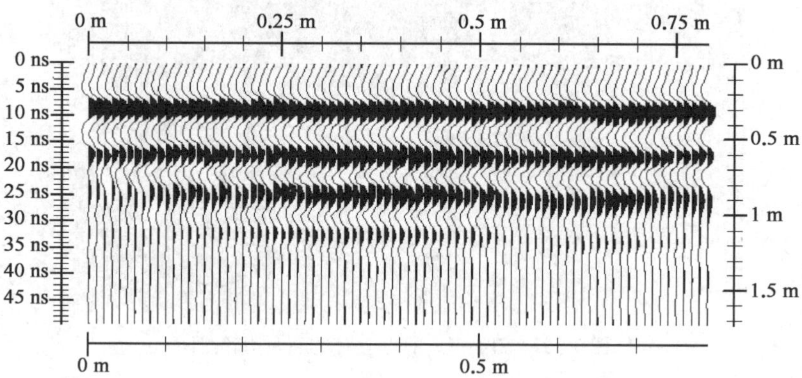

(b) 龄期为14 d

图 6 - 25　双液浆 A 龄期为 1 d 和 14 d 时的测定结果(原始数据)

出，双液浆A在注浆后不同龄期时的探地雷达剖面图是不同的，尤其是在液浆初凝的几天里，主要表现在混凝土管片和注浆体以及砂层之间界面的反射强度有所不同。其主要原因是注浆体在不同龄期时的介电常数的变化。在龄期第一天时由于液浆的含水量较大，其介电常数较大，对电磁波的吸收也较高，因此在混凝土管片和液浆分界面形成了第二道强反射波。在龄期第14天时，由于液浆的水化完全，含水量降低，其介电常数逐渐减小，因此界面反射系数也相应减小，反映在探测剖面图上就是反射波强度的减弱。

从图6-25中还可以看出，尽管反射波的强度随龄期有所变化，但是反射波在混凝土管片中的双程走时是不变的，而且各层界面之间出现的相对位置关系也是有规律的，这也为探测并准确确定混凝土管片以及注浆体厚度提供了依据。

(2) 已注浆和未注浆时的对比结果。图6-26显示的是未填充注浆材料空隙时(厚度为20 cm)和已注浆后(厚度为20 cm)的对比结果。

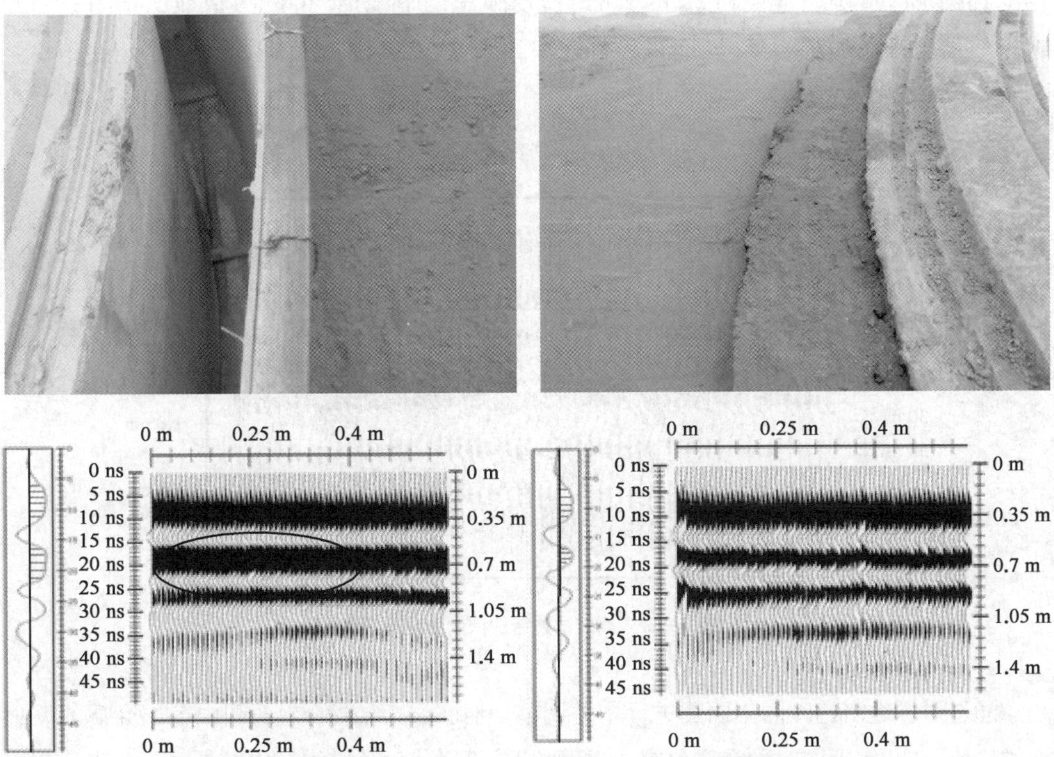

(a) 尚未注浆的探测结果　　(b) 注浆后的探测结果

图6-26　注浆前后的测定结果对比(原始数据)(后附彩图)

从数据对比中可以看出：在一定入射角和探测频率下，反射系数大小以及反射强度与界面两侧的介质性质有关，若按垂直入射考虑，混凝土对空气(按相对介电常数值 $\varepsilon'=1$、电导率 $\sigma\approx 0$) 的反射系数 $R\approx 0.429$；混凝土对双液浆B(双液浆B第14天的相对介电常数值

$\varepsilon' = 25.4$, $f = 250$ MHz)的反射系数为 $R \approx -0.337$,两者的反射系数相差较大。同时由于反射系数由正变负,或者由负变正时,都会产生相位的翻转,以此作为识别注浆层的主要方法和手段。图 6-26 中两个区域都产生了相位的翻转,原始采集的信号受到多次反射和高频噪声的干扰,相位翻转难以直接识别。

对于记录中的随机噪声,由于其振幅的正负和大小均是随机的,而有用信号的振幅是规律的。当在空间域(道平均)内进行平均时,该方法属于一种空间滤波,主要目的是突出水平层或倾角较小的目标体的反射波,而压制散射波及随机噪声。

高通滤波可保留高频信号,将截止频率以下的信号成分滤除。通过输入高通截止频率值(其取值在 10%~90%的尼奎斯特频率范围内,试验处理过程中取 20%的尼奎斯特频率)来消除低频信号的干扰。

图 6-27 是图 6-26a 经过数字滤波处理后的结果。经过道平均,高通滤波后图 6-27 中的椭圆形区域中(16 ns 和 21 ns 处)明显反映出两道峰值,可以清楚地识别出电磁波在空气层中产生的相位翻转,而未经过处理的图 6-26a 中就很难识别出此处的相位翻转现象。

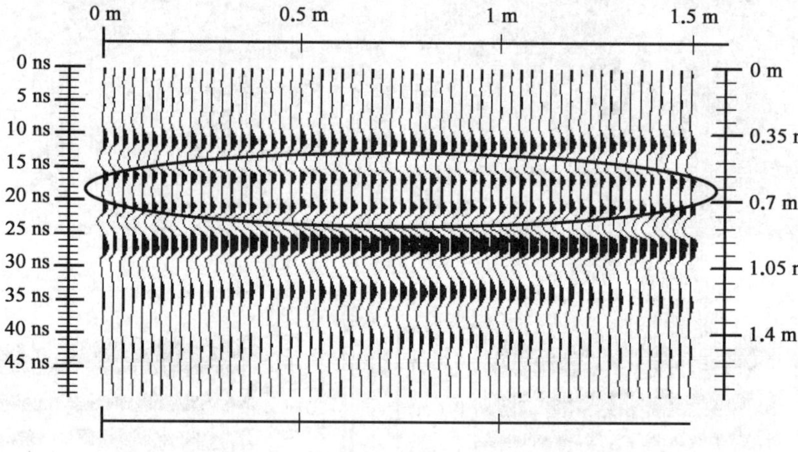

图 6-27　高通滤波后的探测时程剖面图

通过对探地雷达时间剖面图进行增益调节,利用处理结果的剖面图中各层介质的反射波的峰值不同,实现同一种介质位置的识别并进行彩色填充,最终形成以不同颜色表示不同介质的彩色剖面,如图 6-28 所示。从彩色剖面图中可以清晰地识别出壁后 20 cm 的空隙,黑色为管片,灰色为干砂层。

(3) 不同探地雷达天线分离距的对比分析。探地雷达天线中心频率的选择需要兼顾目标深度、目标最小尺寸以及天线尺寸是否符合场地的要求,图 6-29a、b、c 为不同天线分离距时,对双液浆 A 龄期为 3 d 的探测。共进行了天线间距分别为 0.4 m、0.6 m 和 0.8 m 测线

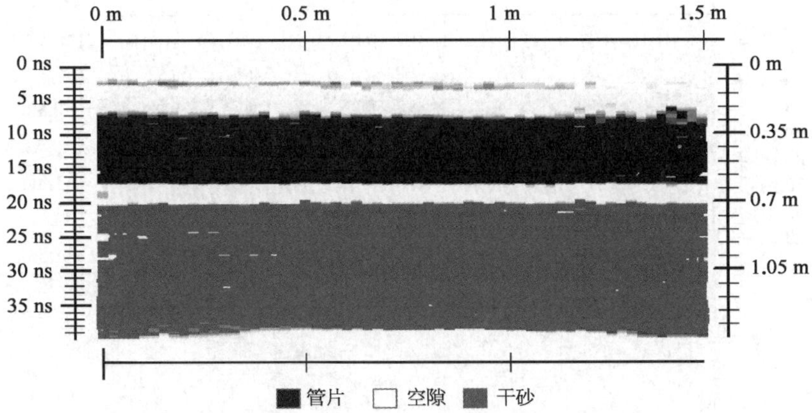

图 6 - 28　彩色显示的结果

的测定,天线中心频率为 200 MHz,以便了解不同天线分离距对探测结果的影响。

从图 6 - 29d 中可以看出,单天线分离距雷达记录剖面图中,由于噪声的干扰及雷达波信号的衰减,使得浅层反射信号较强,深部反射信号相对较弱,局部反射界面也不是很清楚,经过三次覆盖雷达记录的叠加结果,深部的信息增强,反射界面也比较清晰。

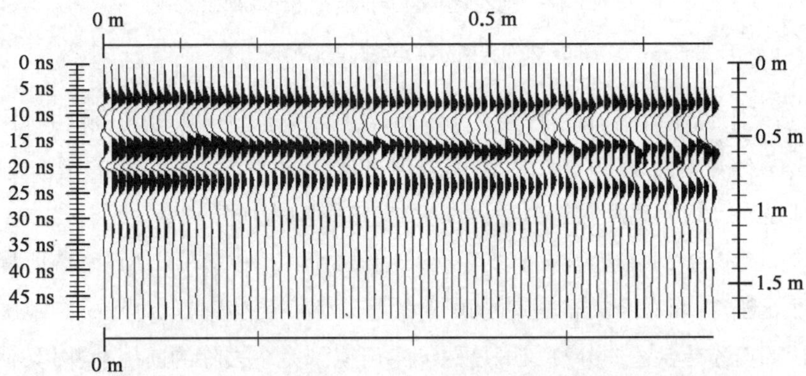

(a) 天线分离距为 0.8 m 时的探地雷达剖面图

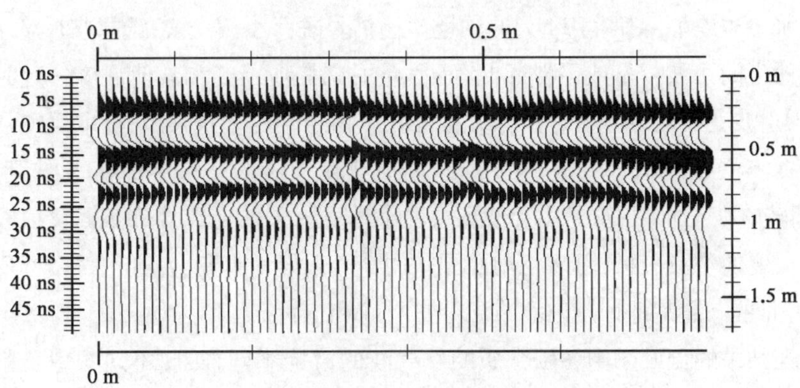

(b) 天线分离距为 0.6 m 时的探地雷达剖面图

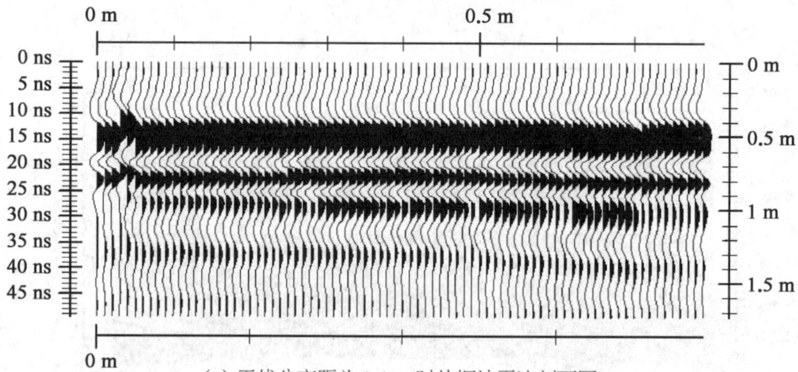

(c) 天线分离距为 0.4 m 时的探地雷达剖面图

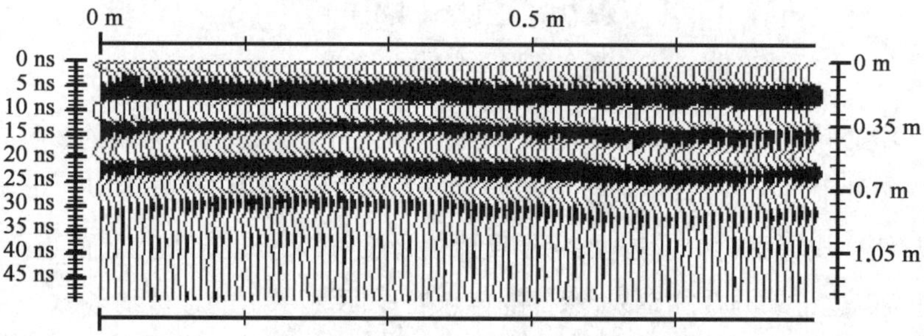

(d) 不同天线分离距叠加后的探地雷达剖面图

图 6-29　天线分离距叠加前后的对比图

从以上结果中也能看出,管片厚度为 35 cm,注浆层厚度为 20 cm,探测目标深度一般为 60 cm 左右。天线分离距从 40 cm 到 60 cm 再到 80 cm,随着天线分离距的增加,垂直分辨率将降低,特别是当天线分离距接近目标体深度时,该影响将加强。

(4) 均匀注浆层探地雷达信号小波变换及图像处理。用 MATLAB 系统所提供的二阶 DB 小波进行处理时,因噪声具有一定的频带宽度,故噪声应存在于对应一定范围的尺度参数的分解结果中,选择合适的分解尺度是保证噪声得到完全去除的前提,同时又使得处理的工作量尽可能减小。通过多次的试验对比得到的分解尺度为 13 时能够获得较好的结果。

将双液浆 A 均匀注浆后第 14 天的探地雷达信号进行小波变换,选择某尺度上或者某尺度一定时间段上的小波分量或平滑近似,而舍弃了在其他尺度和其他尺度一定时间段上的分解值,利用小波变换的时频多分辨率分析去除了信号中的干扰噪声,提取反映注浆层位置的有价值的探测信号,如图 6-30 所示。经过小波变换后的结果中清晰地出现相位翻转,15 ns时其翻转点在正相位,这是由于波形中注浆体反射子波与管片外表面反射波叠加的结果。通过多尺度的小波分析,可以将剖面图中的噪声很好地抑制,并且使得目标反射波得到明显突出,进而可以清楚地识别出注浆层分布空间和位置。

利用处理结果的剖面图中各层介质的反射波的波峰不同,实现不同颜色表示不同介质的彩色剖面,如图 6-31 所示。

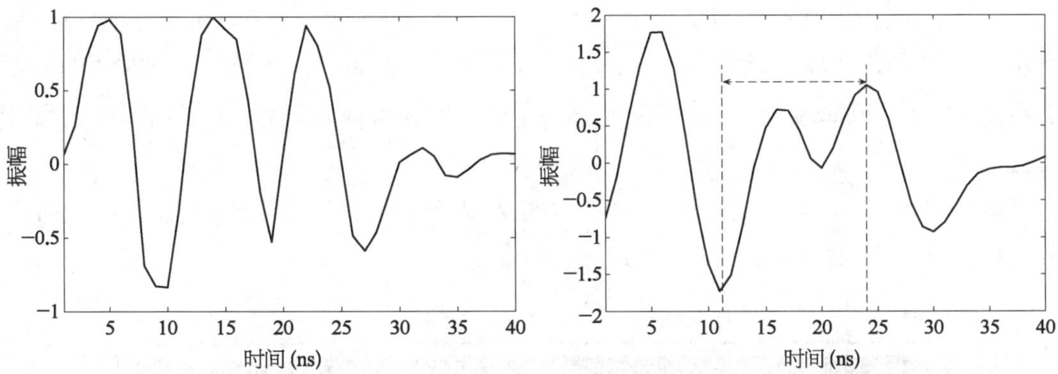

图 6-30　双液浆 A 厚 20 cm 的探地雷达原始信号及小波变换结果

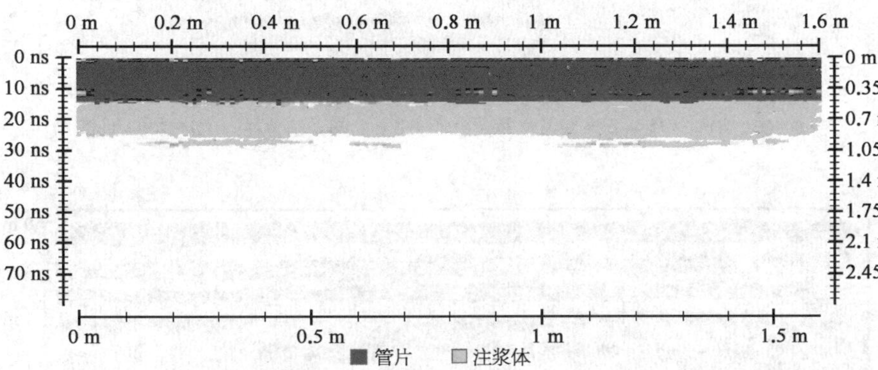

图 6-31　数据处理后的彩色显示结果(20 cm 厚度注浆层)

3）双液浆 B 在管片后形成建筑空隙时分布

在前次试验的基础上，清除管片后的注浆体，重新支模。模拟管片后的建筑间隙(50～160 mm)，采用均匀注浆形式，在模板中注入双液浆 B，如图 6-32 所示，并探测龄期为 1 d、3 d 和 14 d 时的探地雷达时程剖面图。

图 6-32　管片和均匀注浆之间具有空隙的分布图

试验中分别采用EKKOⅥ型探地雷达，天线主频为200 MHz和Noggin型探地雷达，天线主频为250 MHz进行探测。Noggin型探地雷达参数设置如下：天线频率为250 MHz，采样点为121个，叠加次数为32次，发射电压为100 V，时窗为48 ns，触发源为距离轮，天线间距为0.003 m。

图6-33～图6-35分别为管片壁后均匀注入双液浆B后第1天、第3天和第14天的探测结果。箭头所指处可以看出建筑空隙分布的位置。

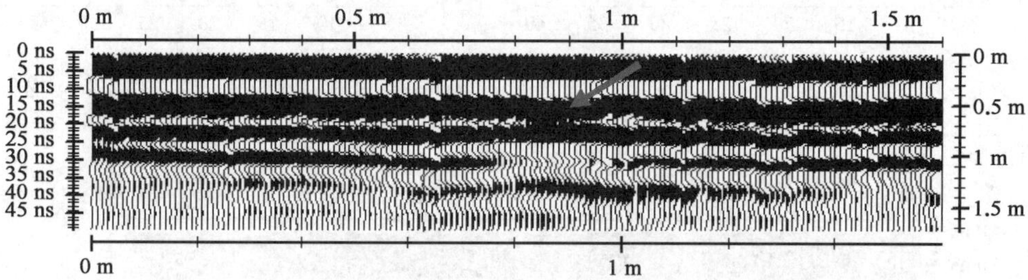

图6-33　均匀注浆并具有建筑空隙时龄期为1 d的测定结果(EKKOⅥ 200 MHz)

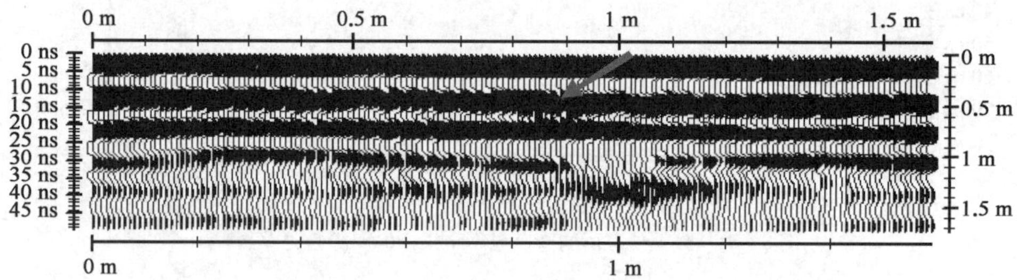

图6-34　均匀注浆并具有建筑空隙时龄期为3 d的测定结果(EKKOⅥ 200 MHz)

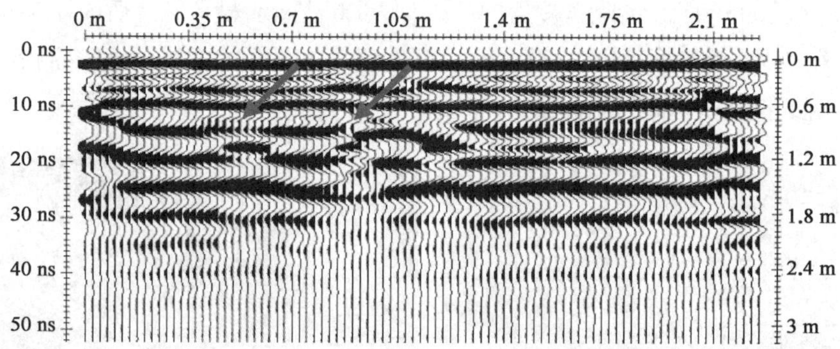

图6-35　均匀注浆并具有建筑空隙时龄期为14 d的测定结果(Noggin 250 MHz)

通过图6-33～图6-35的对比，分析如下：

(1) 波形分析。反射脉冲的振幅主要取决于介质界面的反射系数，而反射系数大小在一定入射角和探测频率条件下与界面两侧的介质性质有关，若按垂直入射考虑，混凝土对空气(按相对介电常数值 $\varepsilon'=1$、电导率 $\sigma\approx 0$) 的反射系数 $R\approx 0.429$；空气对双液浆B(双液浆

B 第 14 天的相对介电常数值 $\varepsilon'=25.4$，$f=250$ MHz)的反射系数为 $R\approx-0.662$。反射系数相差较大，因此具有圆形建筑空隙的反射波峰很明显，如图 6－35 中箭头所示。

(2) 波形特征分析。当电磁波由圆形充满空气的空隙射入注浆液浆时，引起相位的翻转，在图 6－35 中深度 13 ns，水平位置 1.05 m 处，翻转的道数为 5 道，天线的步长为 0.025 m，因此目标体的直径大约为 0.125 m，实际建筑空隙的直径为 0.16 m。因此利用此特性可以确定目标体深度的位置以及估计目标体的尺寸。

(3) 异常形态分析。实体管片模型设置的不同直径的建筑空隙尺寸分别为 70 mm、160 mm 和 50 mm，深度都是 0.35 m 处，水平位置分别为 0.5 m、1 m 和 1.5 m 处。建筑空隙目标体的直径越大者，子波源越多，波源也越强，因此差异也越明显。另一方面，受垂直分辨率的影响，一般把探测目标体的厚度 $b=\lambda/4$ 作为垂直分辨率的下限。根据公式 $\lambda=v/f$ 可知，250 MHz 天线在空气介质中 $\lambda/4\approx0.3$ m，所以在实测的图像上直径为 0.05 m 的建筑空隙很难直接观察出来。而直径为 0.16 m 的建筑空隙却能够分辨出来。若要识别尺度更小的建筑空隙，需要提高探地雷达的天线中心频率，从而降低垂直分辨率的下限。

(4) 天线频率条件分析。理论上电磁波的传播速度不受天线中心频率的影响(在探地雷达的工作频段内)，因此异常体形态应不变，所受影响的是因电磁波衰减引起的波峰幅度的改变，以及穿透深度和探测精度的改变。从图 6－34 和图 6－35 中也可以看出，天线中心频率高，浅层的探测精度高，但是电磁波的衰减快。因此在实际盾构隧道的探测中，天线中心频率的选取需要结合探测的精度和深度来考虑。

(5) 对于两种不同探测频率的雷达探测结果比较可以看出，天线中心频率的选择对于成像质量具有一定的影响。就 200 MHz、250 MHz 探地雷达比较，250 MHz 探测频率下，介质界面位置的准确度较好，比较适合隧道壁后注浆的探测要求。

4) 惰性液浆 A 在管片后形成不均匀注浆分布

实际隧道中管片后注浆的分布是未知的，也是非均匀的。为了进一步研究不均匀注浆分布形式在探地雷达探测图像中的成像效果以及成像规律，试验中以三角形不均匀分布为例进行模拟，试验过程如图 6－36 所示。

图 6－37 和图 6－38 分别为实体管片壁后注浆三角形分布第一天、第三天的探测剖面图，分别进行了滤波、增益等处理，保留了直达波部分。

从壁后注浆的初期几天里进行的探地雷达结果中可以发现，尽管反射强度有所降低，但是各个界面的反射位置还是完全重合的。电磁波在混凝土管片中的传播特征还是很清晰的，即同相轴连续较好，振幅(能量)较大。如图 6－37 中箭头所示的位置出现了同相轴明显不连续现象，顶界形成近似双曲线形态，这是圆形空洞在雷达图像中形成的比较典型的特征，在此周围雷达波均有衰减。从翻转的道数上可以估算出圆形空洞的尺寸，6 道翻转，天线的步长为 0.025 m，因此目标体的直径大约为 0.15 m，实际建筑空隙的直径为 0.16 m。

图 6-36　实体管片壁后不均匀注浆试验模拟过程(后附彩图)

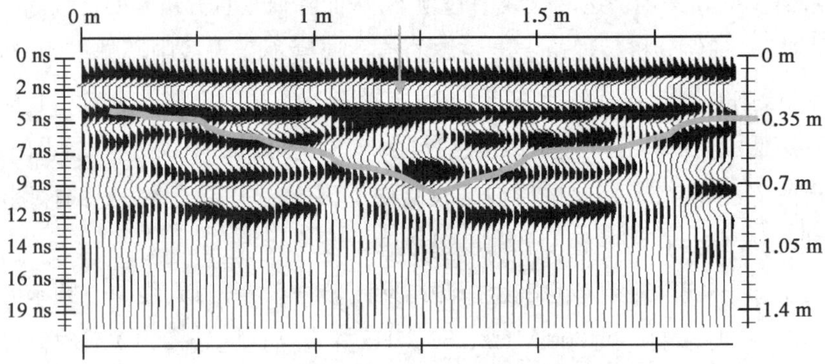

图 6-37　管片壁后不均匀注浆第一天探测剖面图

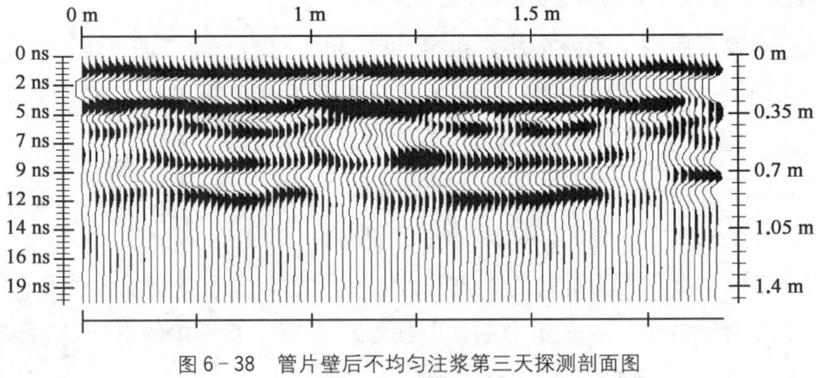

图 6-38　管片壁后不均匀注浆第三天探测剖面图

相对空洞的相位翻转,注浆层和干砂界面的分界面位置的反射及相位翻转就不是很明显,主要原因是:

(1) 注浆层和干砂界面过于倾斜,受到反射角度和接收距离产生的时间差影响,产生界面偏移。

(2) 电磁波在管片和注浆层中的多次反射叠加也会对注浆层和干砂界面产生一定的干扰。

但从波形的异常和相位的翻转入手,还是比较清楚地描绘出液浆的分布形态和圆形建筑空隙的位置的,如图 6 - 37 中的曲线所示。

图 6 - 37 和图 6 - 38 分别经过了低通滤波、高通滤波、增益等处理,但是仍受多次反射和噪声的叠加干扰,难以识别。经过 DB2 小波、分解尺度为 10 时进行的分析,从图 6 - 39 和图 6 - 40 中可以看出噪声被很好地抑制,目标反射波得到明显突出。尺度参数直接影响小波基的属性,尺度越大,小波基的频率越低,略去高频部分,即可得到近似平滑部分。

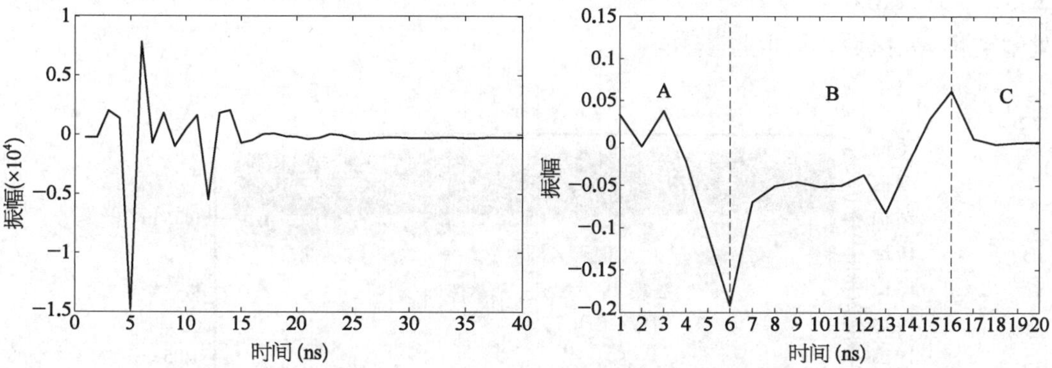

图 6 - 39　注浆层厚度约为 30 cm 的探地雷达原始信号及小波变换结果

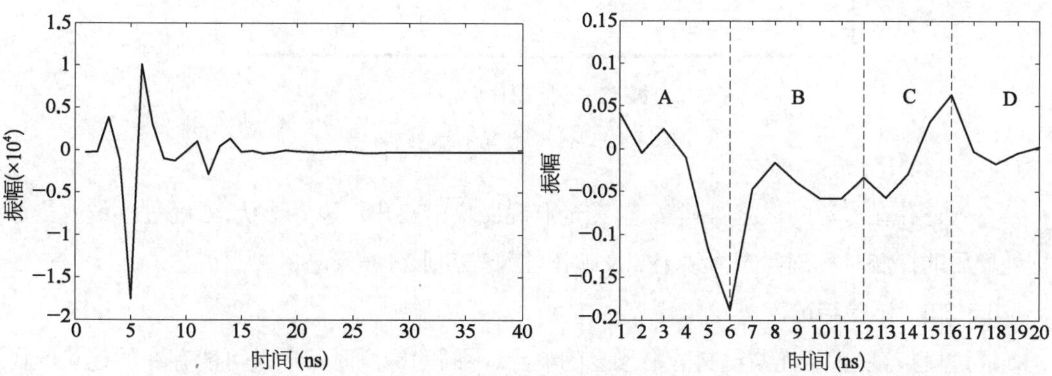

图 6 - 40　注浆层厚度约为 30 cm 并具有空隙时的探地雷达原始信号及小波变换结果

在图 6 - 39 中,A 区为混凝土管片,B 区为注浆层,C 区为干砂层。注浆层的厚度从双程走时上计算为 10 ns,根据式(6 - 1)可计算电磁波在注浆层中的传播速度为 0.053 m/ns(注浆体的介电常数为 32,频率为 250 MHz),再由式(6 - 7)计算注浆层的厚度约为 26.5 cm,与实际注浆层的厚度 30 cm 较为接近。

在图 6 - 40 中,A 区为混凝土管片,B 区为注浆层,D 区为干砂层。B 和 C 区之间存在一个明显的相位翻转,根据试验分析,是由电磁波从注浆层到空气层产生的相位翻转。从图中可以得到建筑空隙与管片外表面之间的双程走时为 6 ns,经计算,两者之间的间距约为 0.15 m,实际两者之间的距离为 0.13 m,由此可以证明小波变换的准确性。

图 6 - 39 和图 6 - 40 中的小波变换分析结果接近于理想的子波特征,为进一步的注浆自动层识别提供可靠的样本数据。经过 DB2 小波、分解尺度为 10 时进行的分析,略去高频部分,即可得到近似平滑部分,再经过彩色填充,最终形成如图 6 - 41 所示的图像。其中上部深色区域为管片,其沿水平探测方向上分布较为均匀,从图中右侧的坐标可以看出,其厚度约为 35 cm(右侧深度坐标是以单层速度进行换算得到的,混凝土层的介电常数取为 6.25,电磁波在混凝土中的传播速度为 0.12 m/ ns)。图中浅色区域为壁后注浆体分布情况,将注浆区域边界连接起来就可以看出大致呈倒三角形分布,在水平距离为 0.8 m、时间深度为 8 ns 处的空洞异常区域还是非常明显的。

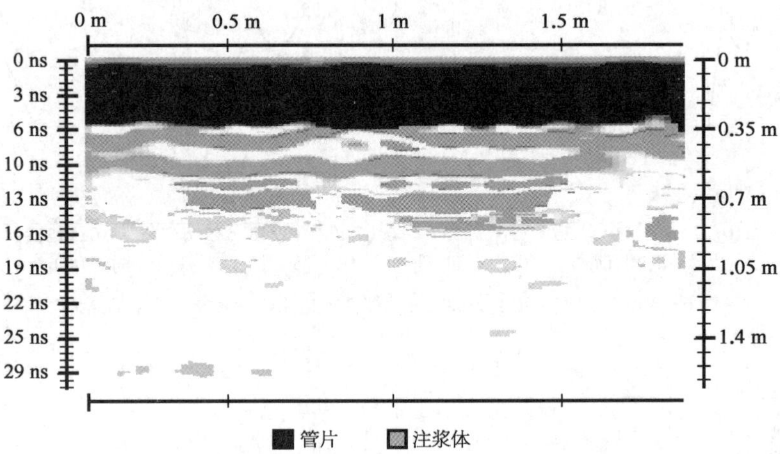

图 6 - 41　经过彩色显示后的结果

尽管还存在一定的误差,目前尚未完全准确反映出三角形边界形状,但经过小波变换数据处理后的探测时程剖面图大致上能反映出注浆三角形分布形态。

6.3.2.5　试验结论

通过模拟试验,从注浆材料分布形态的差异、不同的探测时间以及可能存在的建筑空隙等几个主要方面进行分析,总结出不同注浆形态在探地雷达时程剖面图中的成像规则以及数据和图像处理方法。隧道壁后注浆模拟试验是非常必要的,将试验中已知的注浆层分布状态和探测图像相互验证,证明探测结果是可信的、准确的。

试验研究结果表明,经过多次叠加后的雷达时程剖面图中,雷达记录剖面的深部信息强于单天线距雷达记录,多次叠加结果的反射界面也比较清晰。

利用电磁波由空隙射入注浆体时,引起相位翻转的特性,可以确定目标体深度的位置以及估计目标体的尺寸。但受垂直分辨率的影响,一般把探测目标体的厚度 $b=\lambda/4$ 作为垂直分辨率的下限。250 MHz 天线的图像上直径小于 50 mm 的建筑空隙很难直接观察出来。

数字滤波和小波变换仍是目前较为有效的数据处理方法,尤其在注浆层探测结果分析中,二阶 DB 小波多尺度分析可以很好地抑制噪声,准确地得到目标体的反射特征图像。

6.4　盾构隧道壁后注浆探地雷达无损探测正演数值模拟分析

探地雷达探测的成果是时间剖面图,对于复杂的时间剖面图的解释工作除了要求解释人员具有相当的专业知识和经验外,通常要求大量的试验来相互验证,现场的试验常常受到各种条件的制约,比如场地、天气、材料准备、探地雷达设备以及经济条件等方面的影响,常常是费时、费力、费钱、效率低,不能对大量的试验进行验证,这就影响了探地雷达探测结果的准确解释,尤其是有关隧道壁后注浆的探测。

无疑利用计算机进行正演数值模拟方法是解决上述矛盾,提高探测效率和数据解释的好办法。目前各国的科研工作者在各种领域中都在努力研究和改进计算机正演数值模拟方法,这些方法不但可以揭示一些令人意想不到的结果,还能得到常规试验得不到的数据,更重要的是为建立探地雷达探测隧道壁后注浆体分布数据库积累数据。

6.4.1　盾构隧道壁后注浆探地雷达时域有限差分法数值模拟框架

基于盾构隧道壁后注浆分布的特性考虑,用时域有限差分法(FDTD)模拟探地雷达电磁波在隧道管片后介质中传播的模拟。在壁后注浆模型构建时,假定射角为零,不考虑磁导率的影响,依据电磁波原理得到了 GPR 检测壁后注浆的回波反射模型。根据以上 FDTD 应用的几个基本点,将雷达电磁波在壁后介质中传播的正演模拟步骤归纳如下:输入隧道管片壁后介质的基本参数,建立结构模型,获取并输入激励源,对离散源进数值差分,使之成为对应时间步的点,利用时域有限差分原理计算电磁波在介质中传播特性,包括反射、透射和损耗特性,分析并分别计算总场和透射场、计算反射场、输出反射波的信号。依据以上步骤,建立了隧道壁后注浆分布范围探地雷达波在介质层中传播的正演模型的程序,图 6 - 42 为数值模拟的程序框图。

根据隧道壁后注浆探测特点,建立如图 6 - 43 所示的二维 FDTD 正演模型程序框图结构及 PML 吸收边界分布图。左右两侧和底部 8 层设置为 PML 吸收层,模拟程序采用 MATLAB 编程。

(1) 网格单元的尺寸和时间步长。剖分单元尺寸的大小对于能否利用时间域有限差分法获得计算空间内高精度的电磁场值至关重要。剖分单元尺寸越小,获得的数值解精度越高,但同时会造成计算机运算成本增大。因此剖分单元尺寸的选择既要考虑保证足够的计算

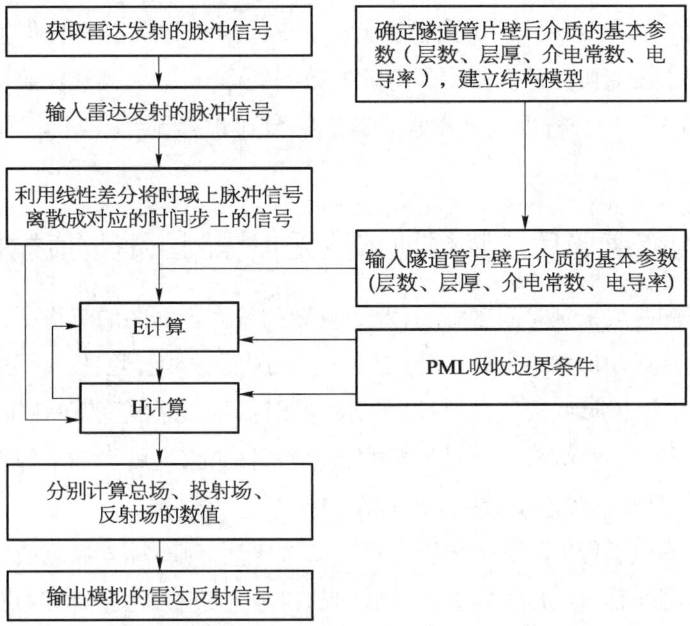

图 6-42 探地雷达电磁波在隧道管片壁后注浆结构体系中传播的正演模型程序框图

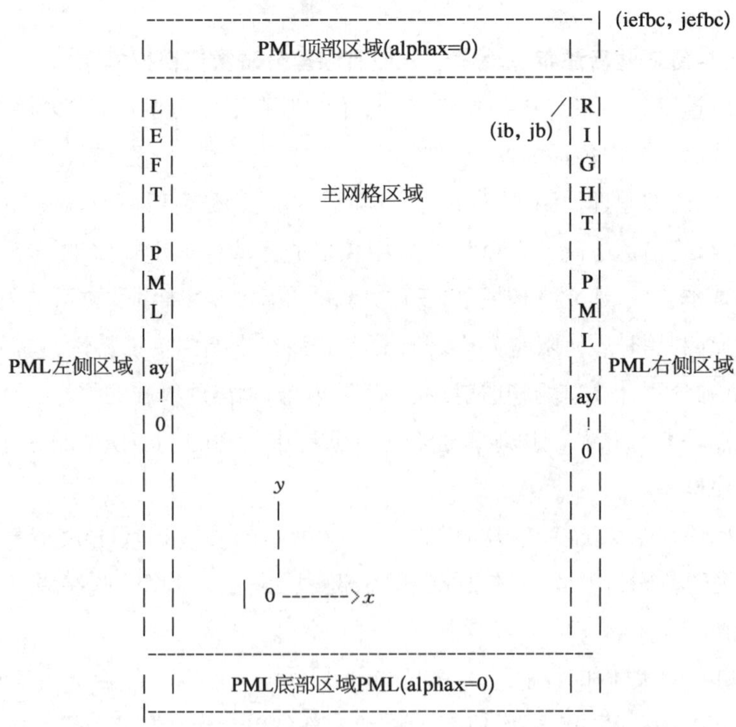

图 6-43 二维 FDTD 正演模型程序框图结构及 PML 吸收边界分布

精度,还要尽量减小计算机的运算成本。剖分单元尺寸大小的设计主要考虑发射天线的频率、介质的电磁性质以及目标体的尺寸和几何形态。发射频率越高,介质的介电常数或电导率越大,电磁波的波长就会越小,要求剖分单元尺寸也必须较小。通常剖分单元每一条边的长度不得大于发射天线主频波长的 1/10,特殊情况下,为获得高精度解,单边的长度甚至要小于波长的 1/20。即应满足 $\lambda_{\min} \geqslant 10\Delta$, $\Delta = \min(\Delta x,\ \Delta y)$, $\lambda_{\min}$ 是被研究媒质空间的最小波长值。由此平面空间网格取 $\Delta x = \Delta y = \lambda/20$。同时取 $\mathrm{d}t = \Delta/2.5c$。

(2) 采用雷克小波源,在时间域的表达式为 $R(t) = [1 - 2(\pi f_{\mathrm{M}} t)^2]\mathrm{e}^{-(\pi f_{\mathrm{M}} t)^2}$,在频率域的表达式为

$$\begin{gathered} \overline{R}(f) = \frac{2}{\sqrt{\pi}} \left(\frac{f}{f_{\mathrm{M}}}\right)^2 \mathrm{e}^{-(f/f_{\mathrm{M}})^2} \\ t = (n - d)\mathrm{d}t \end{gathered} \tag{6-8}$$

式中　f_{M} ——最小幅值的频率;

$\mathrm{d}t$ ——时间步长;

$n_{\max}$ ——时间步长总数, $n = 0,\ 1,\ \cdots,\ n_{\max}$;

d——延迟系数, $d = 100$,通过调整延迟系数可以得到全波反射,如 $d = 0$, 则为半波反射。

小波源的位置在第一层介质表面上的一个网格处。

6.4.2　盾构隧道壁后注浆纵向分布数值模拟

探地雷达实际探测中接收到的信息比理论上模拟的雷达波曲线要复杂很多,这是由于实际的探地雷达能够接收到所能接收的信息,探地雷达使用宽频带的脉冲,因此在这个过程中,接收机接收的电信号不仅是目标体的反射信号,只要是频率在雷达频带宽度内的波都会被接收机记录下来。也就是说许多噪声也被同时记录下来了。在噪声干扰较强时,可能会将有用信息(管片外表面反射波、注浆体反射波等)掩盖,造成无法识别。但在数值模拟研究中只是考虑理想的无干扰的情况下,探地雷达只接收到管片以及注浆层反射的信息,在此基础上进一步研究实际探地雷达采集图像,为进一步识别和数据处理打下基础。

6.4.2.1　盾构隧道壁后注浆纵向均匀分布模拟情况

首先考虑注浆体沿盾构隧道纵向分布的情况,纵向探测的主要目的是研究注浆体在沿隧道纵向的分布状态,如图 6-44 所示。由于盾构隧道在施工中穿越的地质层不同、推进速度不同、对周围土体扰动不同等原因,纵向的注浆体分布应该是不同的。而且由于隧道防水等原因而进行后期补强注浆以及对隧道不均匀沉降的调整时进行压底注浆等也只是局部位置进行的,所以注浆体在纵向的分布是不均匀的。通过纵向探测可以发现隧道沿纵向上注

浆薄弱的区域，以便快速进行补偿注浆施工。对于纵向均匀注浆情况，如果忽略隧道管片的反射影响，从空间位置上则可以简化为沿水平方向和管片壁后深度方向的二维问题进行数值模拟。按注浆层厚度分为 0 cm、20 cm、35 cm 和 50 cm 四种情况进行研究，以便找出在注浆层厚度不同时，探测图像的变化情况。

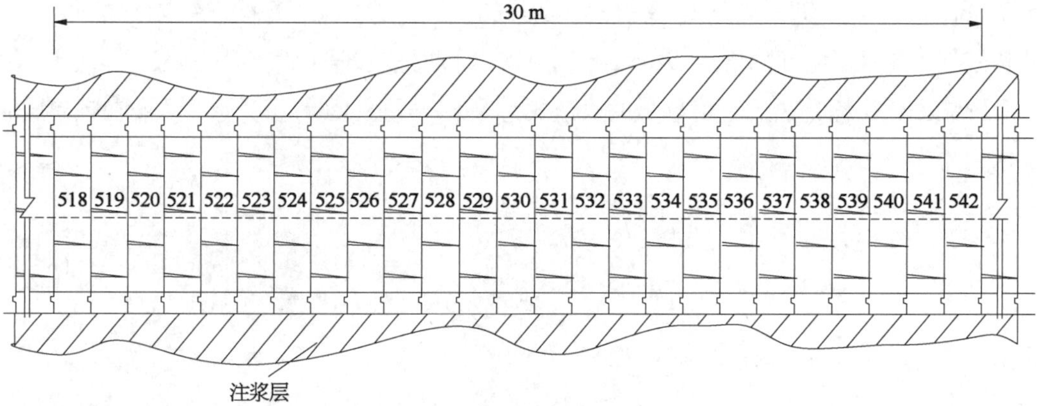

图 6－44　盾构隧道纵向探测布线示意图

1）注浆层厚度为 0 cm 的数值模拟

正演模型中离散网格平面尺寸为 300×200；连接边界的最大顶点为(300，200)，最小顶点为(0，0)；天线中心频率为 200 MHz，$\Delta x=\Delta y=\lambda/20=0.025$ m。其中混凝土层为 14 个网格，厚 35 cm。设入射波垂直于分界面($\theta=0$)，天线分离距为 6 个网格，为 0.15 m，天线移动的步长为 0.125 m。正演数值模型中，各介质的介电常数和厚度如图 6－45a 所示。混凝土层 $\varepsilon=6.25$，$d=35$ cm，$\sigma=0.001$ s/m；干砂层 $\varepsilon=12$，$d=180$ cm，$\sigma=0.002$ s/m。

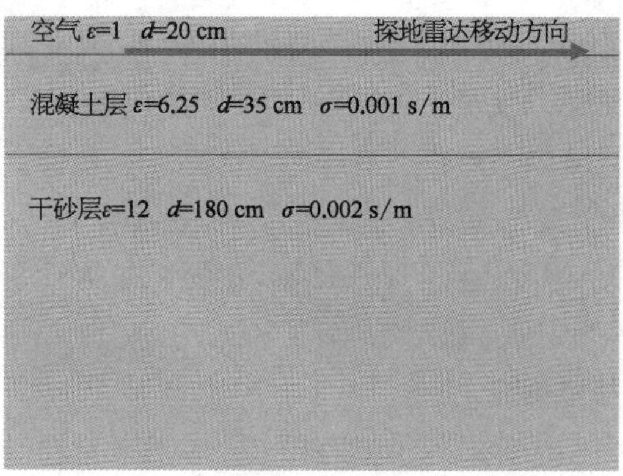

(a) 正演结构模型

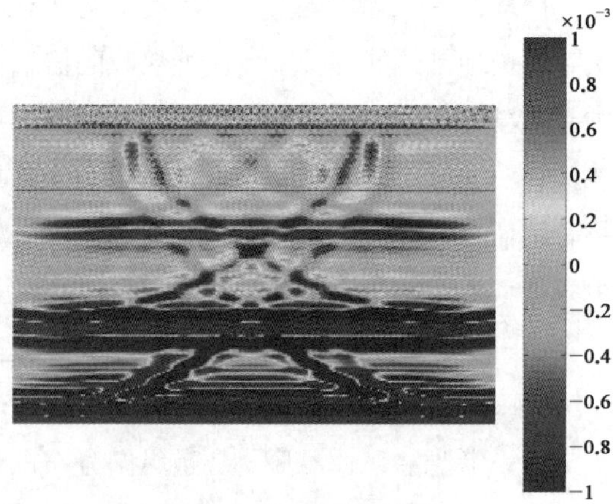

(b) t=50 ns时E_z场分量的瞬间图

图 6－45　无注浆层时的正演结构模型及探地雷达电磁波在介质中的传播情况

隧道中实际的管片为钢筋混凝土材料，在试验研究过程中发现，其内部的钢筋直径较小，对探地雷达电磁波的屏蔽作用较小，因此在正演数值模拟中采用混凝土层的管片来代替隧道实际的管片，取得了较好的效果。图 6 - 45b 中表示的是竖向电场强度 E_z 随时间步长变化的情况，正负号表示的是电场强度的方向，不同颜色表示电场强度的大小。

从图 6 - 46 中可以清楚地看出，在混凝土和砂层之间界面上有一道强反射，其对应的双程走时大约为 9 ns，将模拟结果作为参考基础，将有注浆层的模拟与其进行对比和分析，即可得出各个分界面的准确位置。

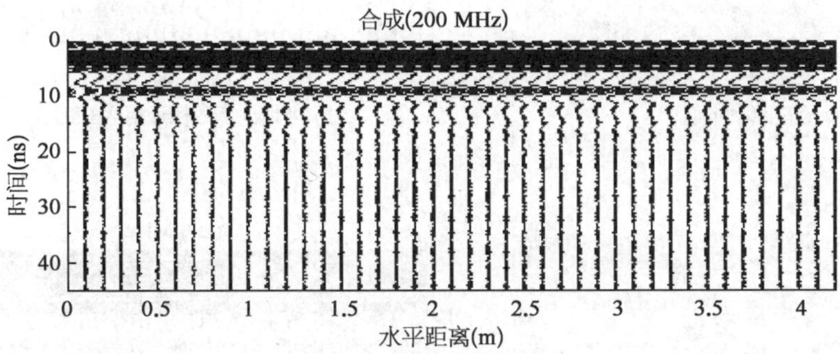

图 6 - 46　无注浆层时的探地雷达剖面图正演结果

2）注浆层厚度分别为 10 cm、20 cm 及 50 cm 的数值模拟

为了研究不同注浆层厚度对电磁波反射的影响，以及探地雷达成像规律，故进行以下模拟研究：混凝土层厚度以及天线中心频率不变，注浆层厚分别为 10 cm、20 cm 及 50 cm 的数值模拟。接收天线与发射天线平行，且沿地面平行移动。天线中心距为 0.15 m。天线移动的步长为 0.125 m。天线中心频率为 200 MHz，每个网格尺寸 $\Delta x = \Delta y = \lambda / 20 = 0.025$ m。

正演数值模型中，各介质的介电常数和厚度尺寸分别如图 6 - 47a、图 6 - 48a、图 6 - 49a 所示。电磁波的衰减主要影响因素之一是材料的电导率 σ，在数值模拟过程中对于电导率 σ 的取值大小按照表 6 - 4 来参照取值。液浆取双液浆 A 龄期为 3 d 时(200 MHz 下)的介电常数值 $\varepsilon = 32$。混凝土层 $\varepsilon = 6.25$，$d = 35$ cm，电导率 $\sigma = 0.001$ s/m；干砂层 $\varepsilon = 12$，$d = 180$ cm，$\sigma = 0.002$ s/m。

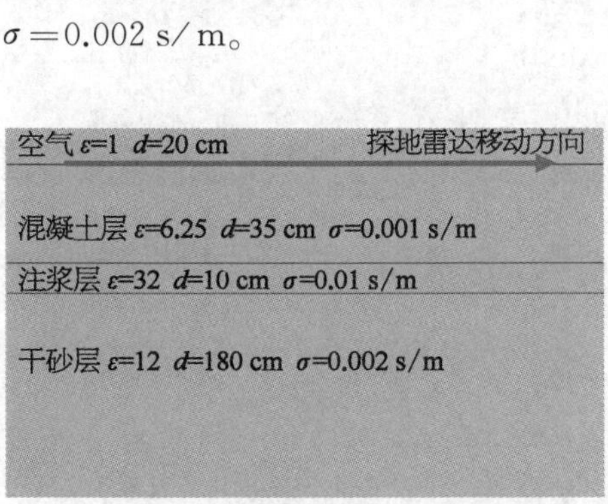

(a) 正演结构模型

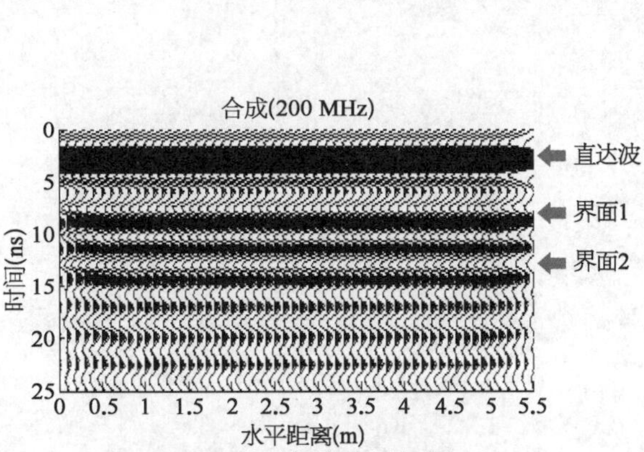

(b) 不同时间的探地雷达剖面图

图 6 - 47　注浆层为 10 cm 时的正演结果

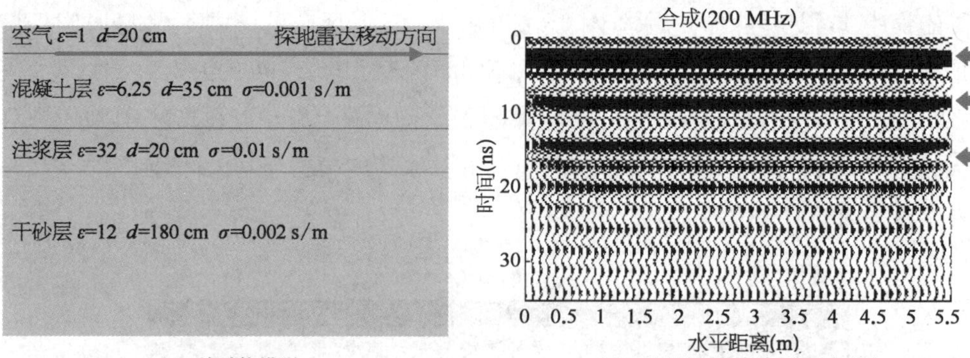

(a) 正演结构模型　　(b) 不同时间的探地雷达剖面图

图 6-48　注浆层为 20 cm 时的正演结果

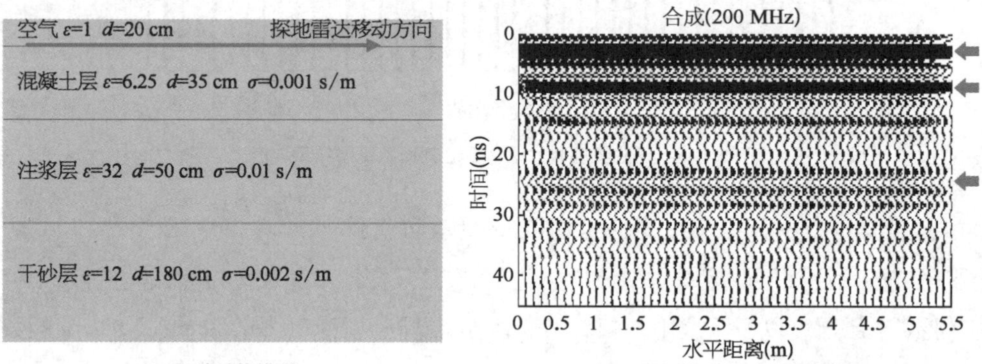

(a) 正演结构模型　　(b) 不同时间的探地雷达剖面图

图 6-49　注浆层为 50 cm 时的正演结果

表 6-4　几种材料的介电常数和电磁波的传播速度

材料名称	相对介电常数 ε	传播速度 v 的近似值(m/ns)	电导率(s/m)
空气	1	0.3	0
纯水	81	0.033	0.001～0.003
盐水	81	0.033	4
干混凝土	6	0.12	0.01
湿混凝土	12	0.085	0.05
干花岗岩	5	0.13	<0.000 01
湿花岗岩	7	0.11	0.01
干石灰岩	7	0.11	<0.000 01
湿石灰岩	8	0.106	0.25
湿砂岩	6	0.12	0.4
混凝土、砂(干)	4	0.15	0.001

（续表）

材料名称	相对介电常数 ε	传播速度 v 的近似值(m/ns)	电导率(s/m)
混凝土、砂(饱和)	30	0.055	0.07
黏土(饱和)	10	0.095	0.3
金属	1	0.3	>1 010

正演模拟结果如图 6 - 47b、图 6 - 48b、图 6 - 49b 所示。尽管存在多次反射干扰波，但从三组模拟的结果图像上仍能清晰地显示出三道反射波位置：第一道为空气直达波；界面 1 为混凝土层和注浆层界面的反射；界面 2 为注浆层和干砂层之间的界面反射。分析如下：

(1) 从反射强度和色散特性分析。反射脉冲的振幅主要取决于介质界面的反射系数，对于以上三种相同的材料，其反射系数是相同的。由于介质的损耗，电磁波在注浆材料中不断衰减，注浆层越厚，电磁波衰减越多，因此 20 cm 的注浆雷达反射强度要大于 50 cm 的反射强度。

(2) 从同相性分析。根据地下介质存在电性差异，就可以在探地雷达时程剖面图中找到相应的反射波与之对应。根据相邻道上反射波的对比，把不同道上同一反射波同相位连接起来的对比线称为同相轴。根据同一波组的相位特征即波峰、波谷的位置在时间剖面上几乎没有变化的特性，从图 6 - 47b、图 6 - 48b、图 6 - 49b 的对比中可以清楚地看出各个注浆界面的准确位置。根据图 6 - 46 的结果可知，双程走时大约为 9 ns 处为管片外表面处和注浆材料界面的反射波。图 6 - 47b 中，电磁波由混凝土进入注浆材料中，再由注浆材料进入干砂中。反射系数由混凝土对液浆(混凝土的相对介电常数为 $\varepsilon'=6.25$，液浆的相对介电常数为 $\varepsilon'=32$) 的 $R\approx-0.387$，变为液浆对干砂(干砂的相对介电常数为 $\varepsilon'=12$，$f=200$ MHz)的反射系数 $R\approx0.24$。反射系数相差较大，反映在波形上为相位的翻转。由此判断图中箭头所示同相轴即为液浆和干砂分界的界面位置，从图中得出双程走时约为 13.5 ns，由式(6 - 1)可计算出液浆的厚度为 0.118 m，实际设计的注浆层厚度为 0.10 m，结果非常接近。同理，图 6 - 48b 中液浆和干砂分界的界面位置，从图上得出的双程走时约为 16.5 ns，计算出液浆的厚度为 0.197 m，实际设计的注浆层厚度为 0.20 m。图 6 - 49b 中液浆和干砂分界的界面位置，从图上得出的双程走时约为 25.5 ns，计算出液浆的厚度为 0.434 m，实际设计的注浆层厚度为 0.50 m。

(3) 从目标体尺寸和模拟结果的精度分析。随着注浆层变薄，受垂直分辨率的影响，来自顶底界面的反射发生相长性干扰，一般把探测目标体的厚度 $b=\lambda/4$ 作为垂直分辨率的下限。由根据公式 $\lambda_{min}=v_{min}/f$，可知 200 MHz 天线的 $\lambda_{min}/4\approx0.066$ m，λ_{min} 是被研究媒质空间的最小波长值。因此注浆层厚度接近 6 cm 时，分辨率不是很高，当注浆层厚度远大于临界厚度时则在探地雷达波形图上能够清晰地反映出来。同时也说明了当注浆层的厚度小于 6 cm 时，则需要提高探地雷达的天线中心频率。

在探地雷达时间剖面图像中，影响探测精度的主要干扰源是电磁波在管片以及注浆层的表面之间的多次反射。由于电磁波在管片混凝土和液浆中的衰减较慢，所以这种多次反射在时间剖面图中很深的地方仍然比较强，从图 6－47b 中的 17 ns 和 22 ns 处为注浆层的多次反射；图 6－49b 中 14.5 ns 处为混凝土管片的多次反射。在实际隧道的探测时间剖面图中同样也存在管片和注浆层的多次反射现象。

(4) 数值模拟与室内试验实测结果对比分析。为进一步识别和解释注浆试验探测结果，将相同天线中心频率下，注浆层为 20 cm 时的正演模拟结果和双液浆 A 龄期为 3 d 时(200 MHz 下)室内试验实测注浆层厚度为 20 cm 的结果进行对比分析，如图 6－50 所示。两者从波形和同相轴位置角度分析，都具有很好的相似性。箭头①为直达波，10 ns 左右的箭头②所示的第二道反射波为管片外表面和注浆层的界面，16 ns 左右的第三道反射波为注浆层和砂土之间的界面。

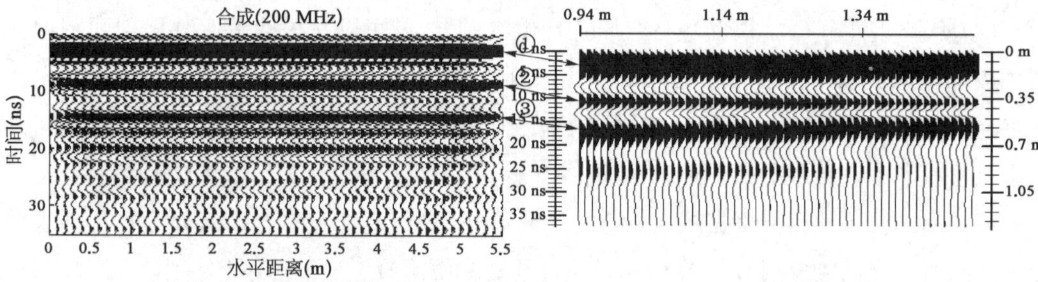

(a) 注浆层为20 cm时的正演结果 (b) 室内试验实测结果

图 6－50 正演结果和实测结果对比(双液浆 A 龄期为 3 d 时，200 MHz)

3) 注浆层厚度为 20 cm 时采用不同探地雷达天线中心频率的数值模拟

探地雷达天线中心频率的选择需要兼顾目标深度、目标最小尺寸以及天线尺寸是否符合场地的要求。一般来说，在满足分辨率且场地条件又许可的时候，应尽量选择中心频率较低的天线，以保证足够的穿透深度。对于隧道壁后注浆的探测深度一般在 1～2 m，因此选用的探地雷达中心频率不应低于 200 MHz，天线中心频率过高则探测精度不够，电磁波衰减很快。如何确定一个更适合隧道探测的雷达天线中心频率，利用数值模拟将给出一个有利的、科学的比较，从而代替凭经验选用天线中心频率的方法。图 6－51～图 6－53 为分别采用 200 MHz、250 MHz 及 500 MHz 的天线对注浆层厚 20 cm 的模型进行的数值模拟结果。液浆取双液浆 A 龄期为 3 d 时(200 MHz、250 MHz、500 MHz 下)的介电常数 ε 分别为 32、29、21。混凝土层 $\varepsilon=6.25$，$d=35$ cm，$\sigma=0.001$ s/m；干砂层 $\varepsilon=12$，$d=180$ cm，$\sigma=0.002$ s/m。

通过对比可以清晰地看出，天线中心频率的选择对于成像质量具有很大的影响。250 MHz

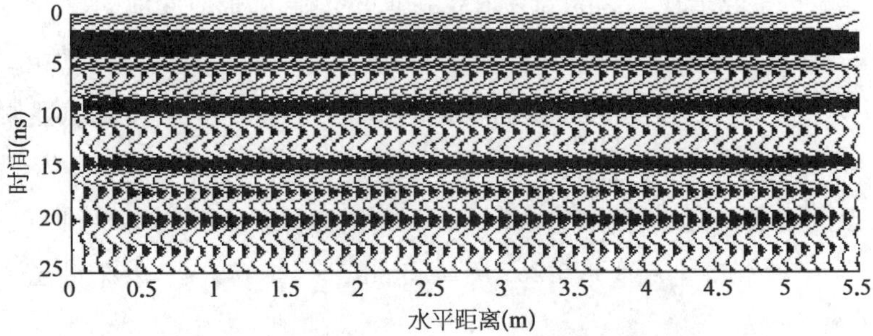

图 6 - 51　天线中心频率为 200 MHz 的模拟结果

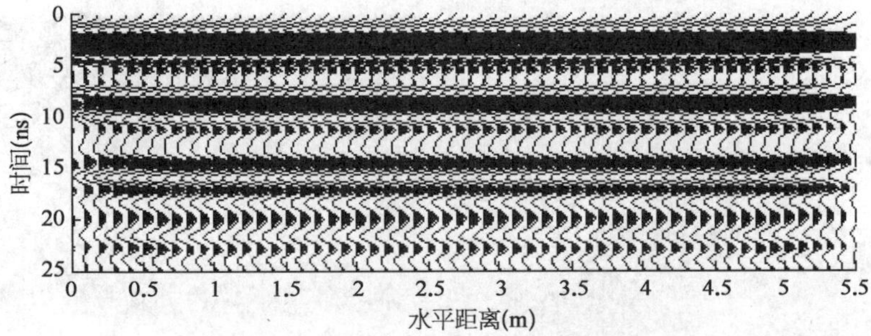

图 6 - 52　天线中心频率为 250 MHz 的模拟结果

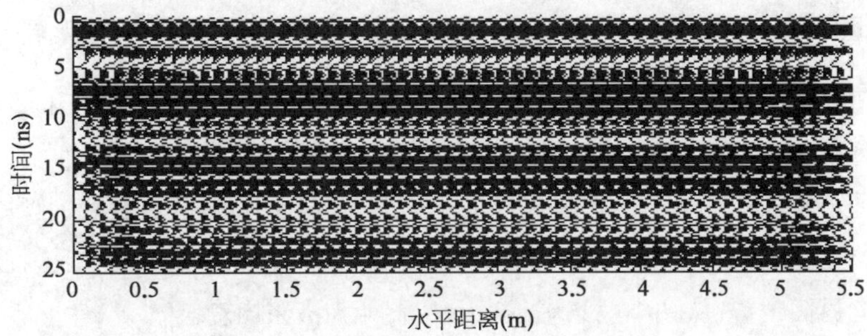

图 6 - 53　天线中心频率为 500 MHz 的模拟结果

频率下介质界面位置的准确度要好于其他两种。从图 6 - 52 中可以清晰地识别出注浆层和砂层之间界面的位置在 16 ns 处,结果很理想。相比之下,500 MHz 频率下,反映管片壁后的浅层信息较丰富,但是受其波长较短的影响,介质之间的界面受多次叠加的干扰,难以准确识别。同时由于高频电磁波在介质中衰减的速度较快,因此深层的探测信息则难以保证预想的精度。200 MHz 频率下的探地雷达时间剖面要略好于 500 MHz 频率,但并不是最理想的探测频率。

4) 均匀注浆层含有不同直径建筑空隙的数值模拟

在盾构隧道施工中,盾尾脱出后的局部建筑空隙由于周围土体向内挤压、塌落以及注浆不均匀等的影响，局部易形成封闭的尚未填充的建筑空隙，即形成局部的建筑气泡。及时发现并通过注浆及时填充是有效减小由此产生的地表不均匀沉降的关键。为此，探地雷达需要对注浆层中以及土层中的建筑空隙进行准确的识别。建立的正演数值模型如图 6－54 所示，在注浆层中水平放置的三个空洞，其尺寸 Φ 分别为 7 cm、16 cm、5 cm。为了与室内试验进行比较，模拟探测采用的频率为 250 MHz。液浆取双液浆 B 龄期为 3 d 时(250 MHz 下)的介电常数 $\varepsilon=30$。混凝土层 $\varepsilon=6.25$，$d=35$ cm，$\sigma=0.001$ s/m；干砂层 $\varepsilon=12$，$d=180$ cm，$\sigma=0.002$ s/m。

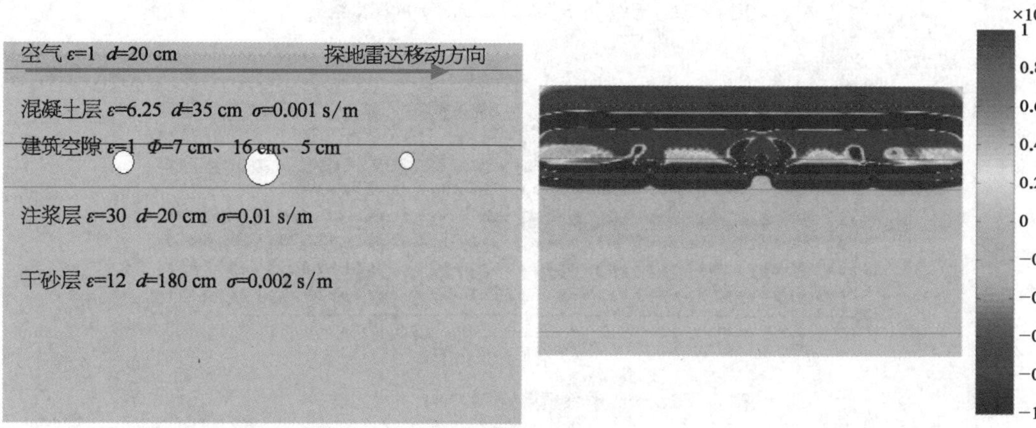

(a) 正演结构模型　　(b) $t=13$ ns时E_z场分量的瞬间图

图 6－54　均匀注浆层存在不同直径建筑空隙时的正演模型及模拟过程(后附彩图)

正演数值模拟得到了非常理想的结果，通过对注浆层带有建筑空隙的正演数值模拟即可清楚地解释出室内试验探测结果，从以下几点进行分析：

(1) 介质分界面位置吻合。从图 6－55 可知，3～9 ns 处为明显的混凝土管片层；根据正演模拟结果，16.5 ns 左右为液浆和干砂分界面，图 6－55b 中尽管受到多次反射波的干扰，也能读出液浆的界面位置，从图中两条虚线所示位置即为液浆厚度。

(2) 反射波极性翻转明显。根据公式 $\lambda=v/f$ 可知，250 MHz 天线的 $\lambda/4\approx0.05$ m，在正演结果中可以看出，尽管建筑空隙的尺寸较小，在时间剖面图上也能产生相应的反射波极性翻转，如图 6－55 所示的三条抛物线形的反射弧。但在实际探测中由于浅层的多次反射波的干扰对抛物线反射弧影响很大，只有较大直径的空隙可以识别。当电磁波从空气进入砂层中的反射，如图 6－55 所示，圆形区域中所对应的部分两者也非常相似。

从以上结果可知，有关模拟隧道壁后注浆中带有不同直径空隙的试验结论是正确的、可信的。也由此可见，正演数值模拟对正确解释隧道壁后注浆探地雷达时间剖面图具有很重要的指导意义。

5) 同时具有均匀注浆层和建筑空隙的数值模拟

从国内外有关的模型试验、离心试验、数值分析、实测结果等来看，当管片脱出盾尾之后

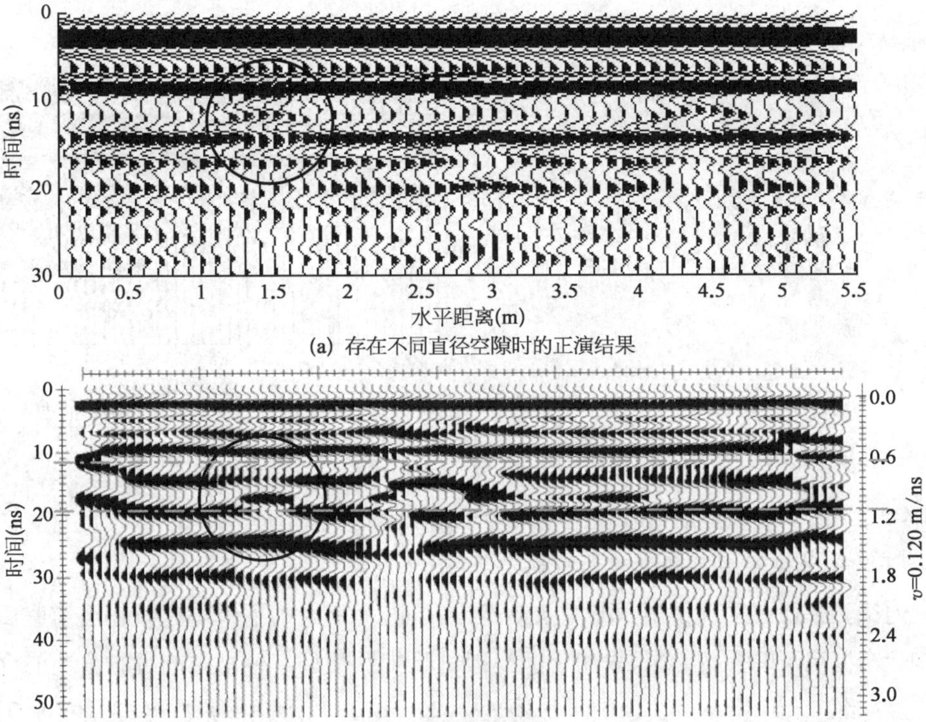

(a) 存在不同直径空隙时的正演结果

(b) 试验探测结果

图 6-55　正演结果和试验探测结果对比

壁后土体填充建筑间隙，造成地表沉降，其形式包括黏土中浅埋隧道漏斗状的坍塌、砂土中浅埋隧道柱状坍塌、黏土中深埋隧道拱形区域坍塌、砂土中深埋隧道拱形区域坍塌。因此液浆很难被注入已经被封闭的建筑空隙中去，往往形成局部的注浆厚度很大，而局部很大尺寸的部位还没有被填充的情况。为了研究同时具有注浆层也有未被填充的建筑空隙的探地雷达探测时间剖面图，进行如图 6-56 所示的数值模拟。液浆取双液浆 B 龄期为 3 d 时(250 MHz 下)的介电常数为 $\varepsilon=30$。混凝土层 $\varepsilon=6.25$, $d=35$ cm, $\sigma=0.001$ s/m；干砂层 $\varepsilon=12$, $d=180$ cm, $\sigma=0.002$ s/m。

图 6-56 中，当隧道壁后建筑空隙填充不完全，紧贴壁后尚有一定空隙时利用探地雷达进行探测是完全可行的。不论是从波形的衰减还是从反射波的极性翻转上分析，都能准确区分注浆层和空隙的分界面位置。

当壁后为空气时，其电导率 $\sigma=0$，电磁波在其中传播时基本上没有被吸收，因此在深度方向上的多次反射比较明显，相反液浆的介电常数和电导率 $\sigma=0.1$ s/m，电磁波的衰减较快。同时从相位的极性翻转和反射强度上也可以判断出介质的属性。以上的模拟结果不但为研究壁后注浆和建筑空隙提供了有利的判断依据，也为后期的探测结果的自动识别提供了丰富的训练样本集。

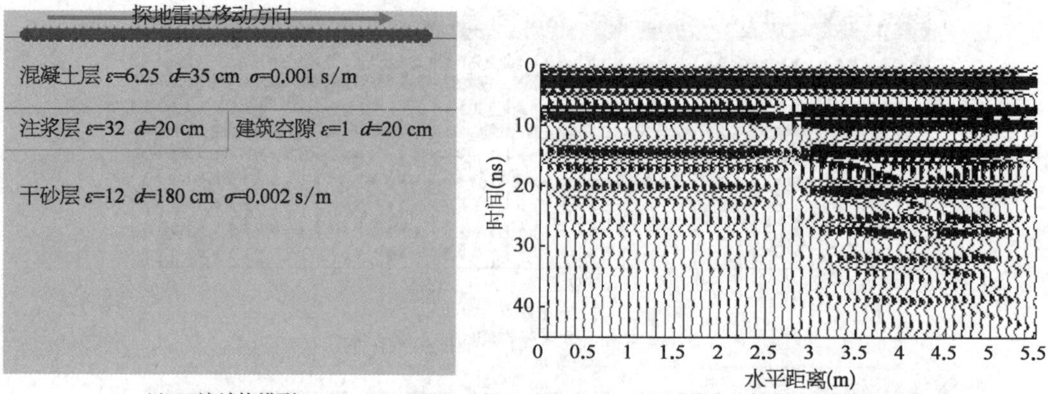

(a) 正演结构模型　　(b) 天线中心频率为250 MHz模拟结果

图 6-56　具有局部均匀注浆层和建筑空隙时的正演结果

6.4.2.2　盾构隧道壁后注浆纵向不均匀分布模拟情况

1）不均匀注浆层为三角形时的模拟

室内试验中曾经采用了三角形注浆形式，为了进一步详细了解电磁波在隧道壁后注浆不均匀分布情况下的探测结果，采用正演模拟试验相互验证。模型中的各种介质的介电常数和厚度如图 6-57 所示。注浆层中最薄处为 20 cm，三角形顶部最厚处的尺寸为 50 cm。液浆取双液浆 B 龄期为 3 d 时(250 MHz 下)的介电常数为 $\varepsilon=30$。混凝土层 $\varepsilon=6.25$, $d=35$ cm, $\sigma=0.001$ s/m；干砂层 $\varepsilon=12$, $d=180$ cm, $\sigma=0.002$ s/m；空气 $\varepsilon=1$, $\sigma=0$。

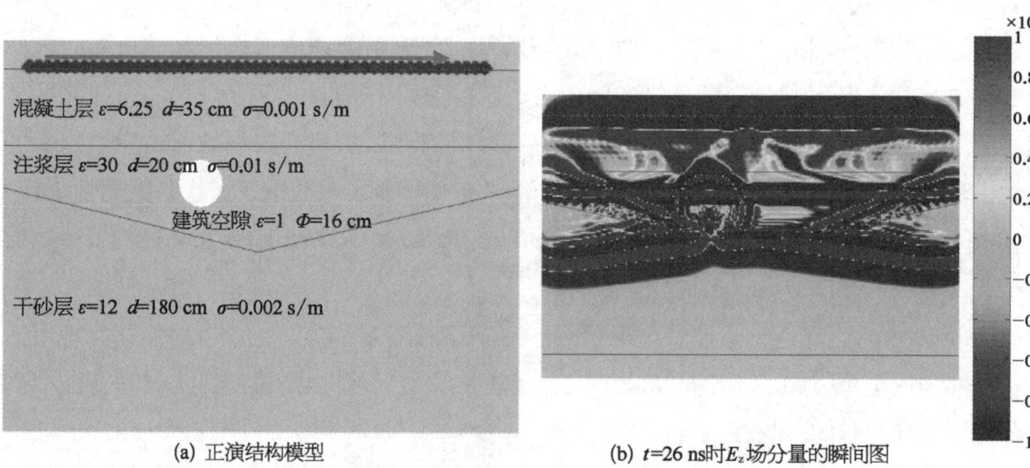

(a) 正演结构模型　　(b) t=26 ns时E_z场分量的瞬间图

图 6-57　具有三角形注浆层和建筑空隙时的正演结果(后附彩图)

结合正演的结果分析室内模拟试验中采用三角形注浆的探测结果，图 6-58 中箭头①所指的 15 ns 处水平向反射波，为多次反射波干扰，由于距离管片和注浆材料表面的时程为 15 ns−9 ns=6 ns，根据式(6-1)计算，厚度约为 0.36 m，因此判断为混凝土管片的二次反射波。通过以上的多次模拟发现，当注浆层厚度大于 20 cm 时，管片的二次反射波就比较明显；相反，当注浆层厚度小于 20 cm 时，管片的二次反射几乎找不到。分析其主要原因是，当注浆层较薄时，管片的二次反射波强度相对较弱，被覆盖在液浆和土层界面的强反射中。当液浆厚度增大时，管片的二次反射波能量相对变强，因此比较明显。

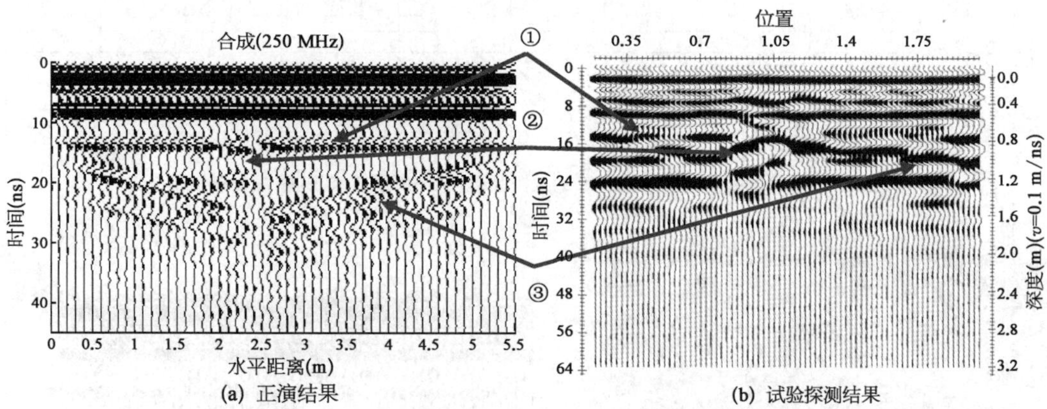

图 6 - 58　具有三角形注浆层和建筑空隙时的正演结果与试验探测结果对比

电磁波在注浆材料中传播特征很清晰，在剖面图像的 15 ns 左右都出现了同相轴明显不连续的现象，图中箭头②的顶点形成近似抛物线形态，这是圆形建筑空隙在雷达波图像上的比较典型的特征。对于三角形注浆分布形态的识别上，图 6 - 58 中箭头③所示注浆层和砂层界面的同相轴沿水平方向倾斜，反映在探测剖面图上为水平波形的异常，根据此特征就能清楚地描绘出液浆层呈三角形的分布形态了。

2）不均匀注浆层近似为圆弧形时的模拟

在盾构隧道施工中，当拼装好的管片脱出盾尾时，周围土体即向内挤压，可能使注浆体产生环向不均匀分布；也有可能注浆体在重力作用下集聚在隧道底部或一侧，顶部的土体在土压力的作用下向壁后建筑空隙中挤压，形成底部的注浆体相对较饱满；同时由于二次补偿注浆是间隔进行的，因此可能局部管片壁后的注浆量大于其他管片后的注浆量，形成如图 6 - 59 所示的注浆分布情况。建立的数值模拟模型如图 6 - 60 所示，各介质的电性参数同上，其中注浆层中最薄处为 20 cm，最厚处为 50 cm。液浆取双液浆 B 龄期为 3 d 时 (250 MHz 下)的介电常数为 $\varepsilon=30$。混凝土层 $\varepsilon=6.25$，$d=35$ cm，$\sigma=0.001$ s/m；饱和黏土层 $\varepsilon=35.8$(250 MHz 下)，$d=180$ cm，$\sigma=0.28$ s/m。从图 6 - 60 中可以看出，对于沿隧道纵向不均匀分布的模拟探测结果是很理想的，图中箭头①所示的为注浆层和黏土层的界面反射波，箭头②为电磁波在混凝土管片中的多次反射干扰波。实际上的隧道探测结果由于受各种噪声和反射波的影响，可能比上面的结果复杂，但通过对比识读就能找到相应的反射波信息，达到确定界面的目的。

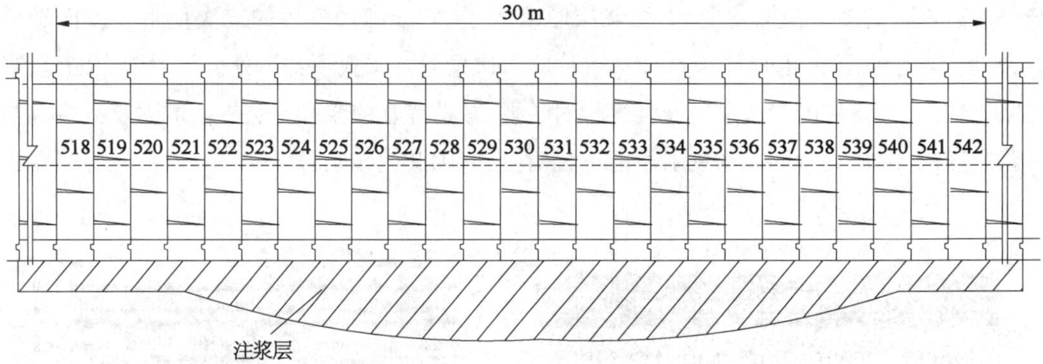

图 6－59　隧道纵向底部可能存在的呈圆弧形(局部厚度较大)的注浆分布情况

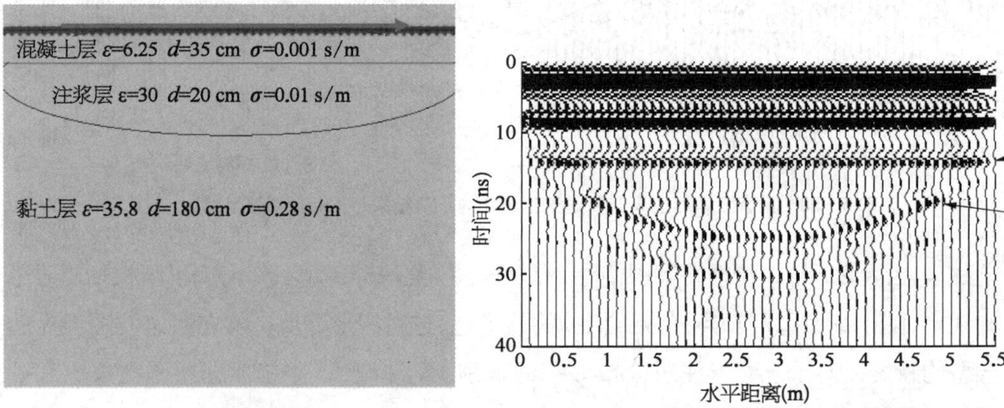

(a) 正演结构模型　(b) 天线中心频率为250 MHz模拟结果

图 6－60　注浆层沿纵向呈圆弧形分布时的正演模型及结果

6.4.3　盾构隧道壁后注浆环向分布数值模拟

在盾构隧道注浆施工中，当拼装好的管片脱出盾尾时，周围土体即向内挤压，可能使注浆体产生环向不均匀分布，也有可能注浆体在重力作用下集聚在隧道底部或一侧，顶部的土体在土压力的作用下向壁后建筑空隙中挤压，形成底部的注浆体相对饱满、顶部的注浆体厚度较小的分布形式。当注浆压力小、注浆时间长时的土体可能已经发生较大的位移，注浆量可能较小；注浆压力较大时在可灌性较好的砂质土中可能产生劈裂渗透作用，液浆沿劈裂的缝隙渗透较远，形成不均匀分布。另外，由于液浆的稠度、凝固时间等因素都可能导致液浆在管片和壁后土体之间的建筑间隙中的分布均匀或者不均匀。在这样的地方壁后注浆体扩散的范围有多远亦不清楚，易形成如图 6－61 所示管片环向壁后注浆分布形态。

纵向的探测结果以及纵向的数值模拟只能了解隧道沿纵向的注浆分布情况，及时掌握隧道环向的注浆分布情况对于隧道以及地表的沉降控制都具有重要作用，同时注浆层也作为隧道外壁的一层保护层，其分布得均匀与否直接影响到隧道运营期的安全可靠性。纵向

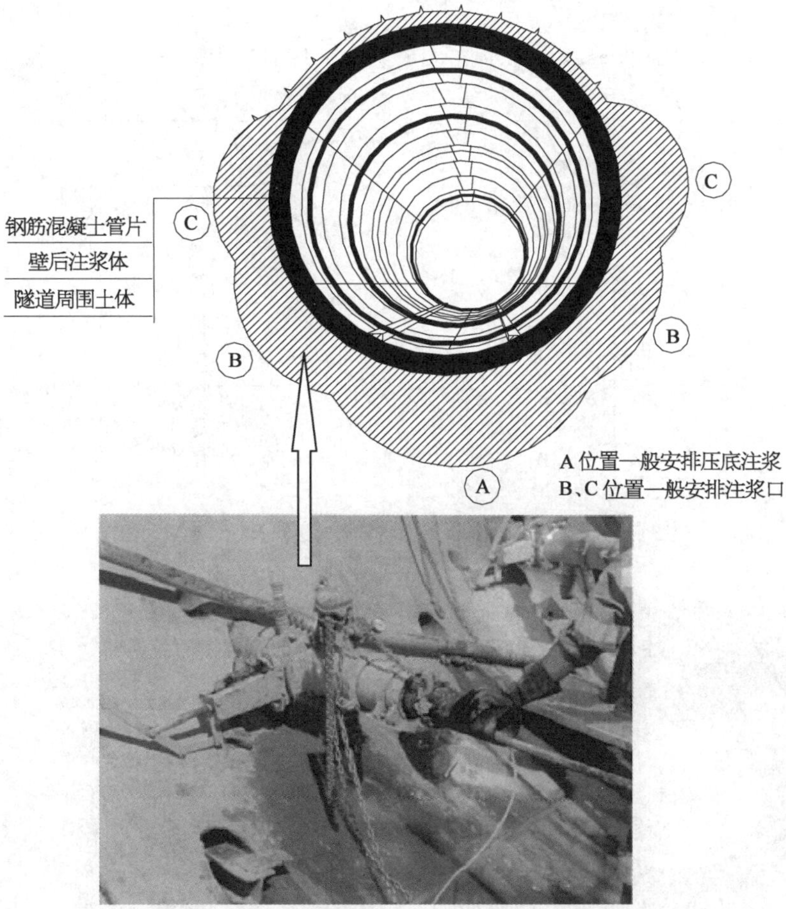

图6-61　管片环向壁后注浆分布示意图(后附彩图)

的探测不能完全了解环向的注浆信息,因此需要对隧道环向进行探测和数值模拟。

在隧道中进行探测以及数值模拟的影响因素不但有来自注浆层的多次反射波干扰,同时还受到封闭空间内侧管片的反射干扰,因此其成像规律比较复杂。在纵向数值模拟时为了得到理想的探测效果,忽略了隧道内部管片的反射,但在隧道环向数值模拟时分析管片的反射影响。

目前大多数的商用雷达采用偶极子天线。而偶极子天线辐射具有优先的极化方向,如图6-62所示,介质的介电常数越大,偶极子源的辐射功率就越往地下集中,辐射场强在临界角($\sin\theta_c=\sqrt{\varepsilon_0/\varepsilon_r}$)方向最大。因此在检测时天线的取向要保证电场的极化方向平行目标体的长轴或走向方向。当目标体的长轴方向不明或要提取目标体的方向特性时,最好在正交两个方向上都进行检测。

上海地铁隧道的直径较大,一般内径为5.5 m,实际隧道探测中由于缺乏必要的移动和支撑设备,往往很难探测到隧道上半部的管片壁后的注浆分布,因此图6-63a中,模拟探地

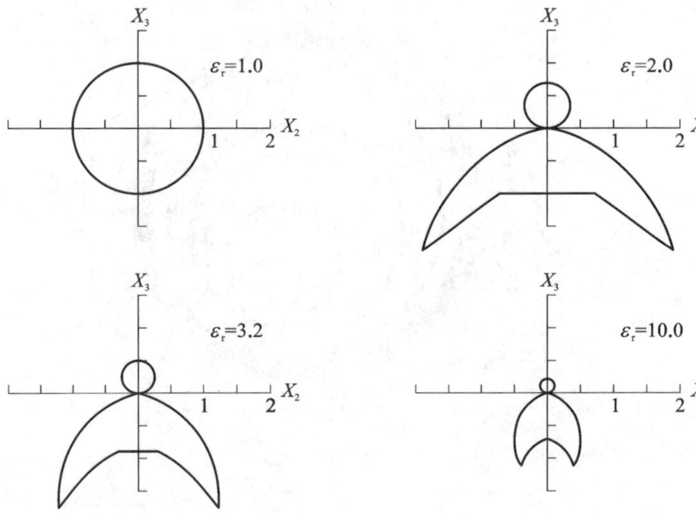

图 6－62　不同介电常数下地表面上偶极子天线辐射方向图

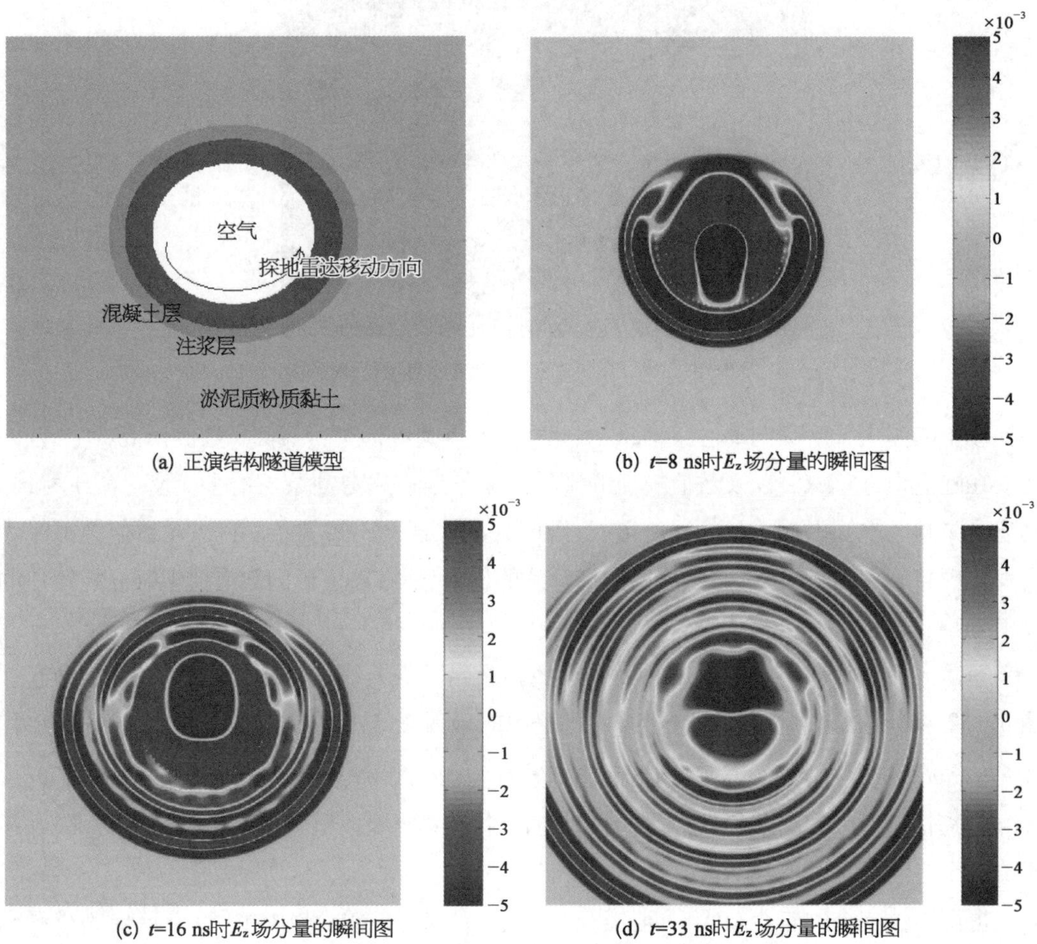

图 6－63　数值模拟沿隧道环线探测注浆层的正演结果(后附彩图)

雷达天线的移动方向为沿隧道下半部紧贴管片表面探测。天线的中心距 $\alpha \approx 0.1$ m，天线移动的步长为 0.12 m。

以上数值模拟过程中对于隧道壁后的土体都采用的是和隧道注浆材料介电常数相差较大的干砂作为介质，实际中上海地区地铁隧道埋深所处的土层一般常为淤泥质粉质黏土和灰色淤泥质黏土，其介电常数与液浆材料的介电常数的差异将直接影响探测的精度和准确性。模拟中参考上海地区淤泥质粉质黏土（含水量为 50%，孔隙比为 1.43），探测频率为 250 MHz 时的介电常数为 36，$\sigma = 0.01$ s/m；混凝土层 $\varepsilon = 6.25$，$d = 35$ cm，$\sigma = 0.001$ s/m；液浆取双液浆 B 龄期为 3 d 时（250 MHz 下）的介电常数为 $\varepsilon = 30$。图 6-63b、c、d 分别表示电场强度在隧道管片、注浆层以及砂土层中的反射、折射传播过程的变化。图 6-63b 中清晰可见电磁波一小部分通过管片的内表面反射到隧道内部的上部管片表面，再次形成折射和反射；图 6-63c、d 为电磁波在管片内部的多次反射、折射的结果；图 6-63c 表明探地雷达发射的脉冲电磁波的能量绝大部分还是被向着垂直天线的下部结构和介质吸收了。

由于探地雷达实际探测中受到隧道内部管片的多次反射干扰，在合成探地雷达剖面图时也同样存在这样的多次反射波，如图 6-64 中箭头①所示位置的反射波。这种多次反射对于浅层的目标反射信息影响较大，图中混凝土管片外表面处的界面反射波就被多次振荡反射波信号所掩埋和影响，因此对于提高在隧道这种空间封闭结构中进行隧道壁后注浆探测精度的一个关键问题就是解决和消除隧道内部的多次反射波影响。从图像上识别并排除出多次反射波的干扰后，正演结果中能得出注浆层的界面位置，如图中箭头②所示 16 ns 处的强反射波即为注浆层的界面反射波。

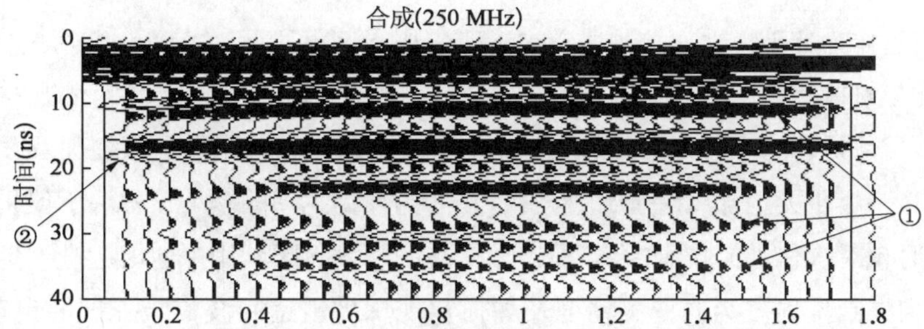

图 6-64　数值模拟沿隧道环线探测注浆层的正演结果

6.4.4　数值正演模拟结论

通过基于 FDTD 的探地雷达数值正演模拟和试验结果对比分析，可以得出如下结论：

(1) 通过对不同厚度注浆层的正演模拟结果以及室内试验的对比，得出了液浆在探地雷达时间剖面图上的典型相位翻转的特征以及准确的时程位置关系。

(2) 分别采用 200 MHz、250 MHz 以及 500 MHz 的天线对注浆层为 20 cm 厚度的模型进行数值模拟,结果显示 250 MHz 的天线中心频率更适合隧道壁后浅层注浆范围的探测。

(3) 隧道壁后均匀注浆层含有不同直径空隙的数值模拟结果验证了有关隧道壁后注浆试验中带有不同直径盾尾空隙的时程剖面图中各道反射波的识别是准确的。

(4) 对于注浆层的局部异常部位(主要是建筑空隙),通过实测和正演分析也能在探地雷达剖面图中准确地给出相应位置。尽管对于其他不规则的、不同尺寸的空隙还需要做进一步的试验研究。

(5) 对于隧道壁后可能存在的不均匀注浆层,数值正演效果比较理想,而且还对识别三角形注浆分布的时程剖面图提供了有利的帮助,为今后应用探地雷达探测隧道壁后注浆分布打下基础。

(6) 对于沿隧道环向探测,考虑受到隧道封闭空间的特殊性,混凝土管片外表面处的界面反射波就被多次振荡反射波信号所掩埋和影响,形成较为复杂的时程剖面图,正演方法与实测探测结果的对比分析以及经过数据处理,剔除这部分多次反射波的方法是解决这一问题的较好方法。

由于隧道结构的特殊性以及注浆施工的隐蔽性,决定了探地雷达无损探测必须从已知目标体分布情况出发,利用基于时域有限差分法原理的 GPR 数据二维正演方法相结合分析,可以对隧道壁后注浆体的分布形态进行准确的识别和分类,进而解决隧道的注浆控制问题。

6.5 盾构隧道壁后注浆探地雷达无损探测结果的图像识别技术

探地雷达作为非破坏性探测手段正被广泛应用于地下目标,如空洞、管道、地雷、隧道等的探测。如何对探地雷达回波信号进行处理以识别地下埋设的目标始终是困扰探地雷达应用的难题。目前处理的手段主要依赖于成像技术,成像技术借助信号预处理及算法生成图像,处理结果一般由人工加以解释,这样含有较多的人为主观因素。该方法不仅无法进行实时处理,同时也对操作者的技术、经验提出了很高的要求。因此用探地雷达进行地下目标的探测时,如何提高探地雷达的探测精度及如何实现探地雷达回波信号处理的自动化、可视化,成了当前迫切需要解决的问题。

探地雷达目标识别需要从目标的雷达回波中提取目标的有关信息标志和稳定特征并判明其属性。它根据目标的后向电磁散射来鉴别目标,是电磁散射的逆问题。利用目标在雷达远区所产生的散射场的特征,可以获得用于目标识别的信息、回波信号的幅值、相位、频率和极化等。对获取的目标信息进行计算机处理,与已知目标的特性进行比较,从而达到自动识别目标的目的。一般来说,识别过程主要分成数据的获取、预处理、特征提取和分类判决四个步骤。相应模型如图 6 - 65 所示。

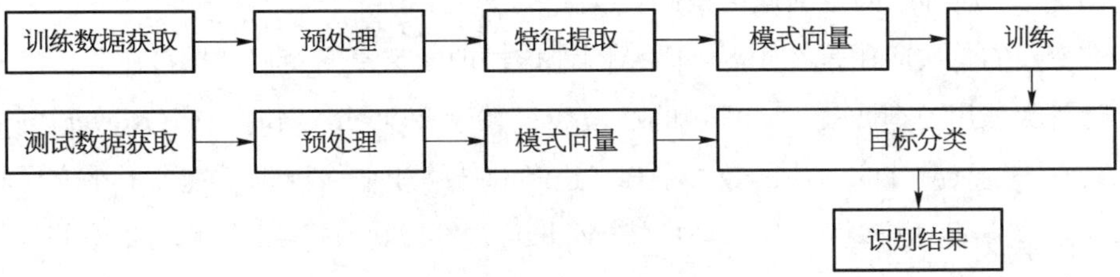

图 6－65　模式识别的全过程

整个识别过程可以分为训练(或设计)阶段和识别阶段两个阶段。前者用一定数量的训练样本进行分类器的设计或训练,后者用所设计或训练的分类器对待识别的样本进行分类决策。

6.5.1　基于小波神经网络的图像识别技术

6.5.1.1　小波神经网络的研究现状和发展历史

小波自 20 世纪 80 年代提出以来,理论和应用都得到了巨大的发展,小波分析的出现被认为是傅里叶分析的突破性进展。小波神经网络就是以小波函数为隐含层节点的基函数的神经网络,它属于前向神经网络,是小波理论与人工神经网络相结合的产物,也是小波理论和人工神经网络发展的必然结果。

通常用于信号分类的小波基函数选用 Morlet 小波,r 通常取值为 1.75。目前小波神经网络还处于发展阶段,多个领域的成功运用说明其有很好的发展前景,用于信号表示的小波网络比较多,但用于信号分类识别的小波网络不是很多。小波变换具有良好的时频局部性质,神经网络则具有自学习功能和良好的容错能力,小波神经网络(wavelet neural nerwork, WNN)由于较好地结合了两者的优点而具有强大的优势。小波与前馈神经网络的结合是小波神经网络的主要研究方向,也是探地雷达图像自动识别的主要手段。图 6－66 为单输入小波神经网络,图 6－67 为多输入小波神经网络。

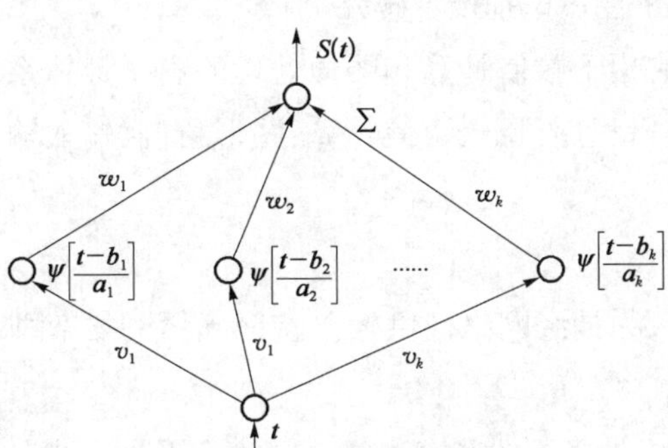

图 6－66　单输入小波神经网络

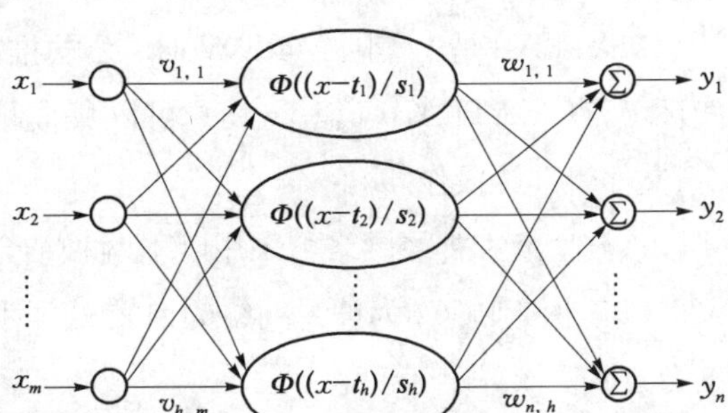

图 6－67　多输入小波神经网络

6.5.1.2 小波神经网络的理论基础

小波变换的首次应用是在1984年，法国地球物理学家莫雷特(Morlet)在分析地震波的局部性时首次采用了小波变换。真正的小波研究始于1986年，当时迈耶(Meyer)创造性地构造了具有一定衰减性的光滑函数 Ψ，其二进制的伸缩和平移构成了实轴上平方可积函数空间 $L^2(R)$ 的规范正交基。其后，马拉特(Mallat)、多贝西(Daubechies)、崔锦泰等为小波的研究和应用做出了重要贡献。

小波变换和傅里叶变换的出发点都是将信号表示成基函数的线性组合，所不同的是傅里叶变换采用时间属于$(-\infty, +\infty)$的谐波函数 e^{inx} 作为基函数，而小波变换的基函数是具有紧支集的母函数 $\Psi(t)$，通过对母函数 $\Psi(t)$ 进行伸缩和平移得到一个小波序列：

$$\Psi_{a,b}(t)=\frac{1}{\sqrt{a}}\Psi\left(\frac{t-b}{a}\right)a, b \in R, a \neq 0 \tag{6-9}$$

式中 a——伸缩因子；

b——平移因子。

对于任意的函数 $f(t) \in L^2(R)$ 的连续小波变换为

$$W_f(a, b)=\langle f, \Psi_{a,b}\rangle=|a|^{-1/2}\int_R f(t)\Psi\left(\frac{t-b}{a}\right)\mathrm{d}t \tag{6-10}$$

其重构公式(逆变换)为

$$f(t)=\frac{1}{C_\Psi}\int_{+\infty}^{-\infty}\int_{+\infty}^{-\infty}\frac{1}{a^2}W_f(a, b)\Psi\left(\frac{t-b}{a}\right)\mathrm{d}a\,\mathrm{d}b \tag{6-11}$$

基本小波函数的选取很重要，常常取决于实际应用。之所以称其为“小波”函数，是因为在几何形状上小波函数一般都具有两个基本特征：必须是振荡函数和迅速收敛的函数。在选取或自己构造小波函数时，必须遵循以上两个准则。尺度因子和平移因子的不同会给小波函数的几何形状带来很大的变化。

6.5.1.3 基于MATLAB编程的小波神经网络的图像识别技术研究

MATLAB是由美国Math Works公司推出的用于数值计算和图像处理的科学计算系统环境，在MATLAB环境下，用户可以集成地进行程序设计、数值计算、图形绘制、输入输出、文件管理等操作。

小波变换和神经网络可采用以下两种结合方式：

(1) 小波变换作为神经网络的前置处理手段，为神经网络提供输入特征向量的松散型结合方式。

(2) 用小波函数作为神经网络的激励函数形成神经元的紧密型结合方式。因为小波变换是一种函数逼近，即用时频域都有良好局部化特性的小波函数的加权和可以表示任意的函数，所以采用完全正交的局部函数作为神经网络的激励函数，构造小波神经网络，具有更大的优越性。其作用机理和采用 Sigmoid 函数的多层感知器基本相同，但由于激励函数的局部化特征，小波神经网络对局部间差异较大的函数逼近能力更强。这种特性尤其适用于非均匀性数据对的逼近。

小波神经网络框架是基于陈哲提出的基于 BP 算法学习的小波神经网络基础之上形成的。

设第 n 个样本输入为

$$X^n=\{x_i^n\}\quad i=0,\ 1,\ 2,\ \cdots,\ L \tag{6-12}$$

网络输出为

$$Y^n=\{y_k^n\}\quad k=0,\ 1,\ 2,\ \cdots,\ S \tag{6-13}$$

期望输出为

$$D^n=\{d_k^n\}\quad k=0,\ 1,\ 2,\ \cdots,\ S;\ n=0,\ 1,\ 2,\ \cdots,\ N \tag{6-14}$$

式中　N ——样本总数；

L ——输入层单元数；

S ——输出层单元数。

输入层激励函数为线性变换，中间层为小波变换层，输出层激励函数为 Sigmoid 函数。

假设 V_{ji} 为中间层第 j 个单元与输入层第 i 个单元之间的连接权值，U_{kj} 为输出层第 k 个单元与中间层第 j 个单元之间的连接权值。

用 net_j 代表第 j 个小波单元的输入，即有 $net_j=\sum_{i=1}^{L}V_{ji}X_i^n$，则第 j 个小波单元的输出为

$$\Psi_{aj,\ bj}(net_j)=\Psi\left[\frac{net_j-b_j}{a_j}\right] \tag{6-15}$$

第 k 个输出层单元的输出为

$$y_k=\sigma\left[\sum_{k=1}^{S}U_{kj}\Psi_{aj,\ bj}(net_j)\right] \tag{6-16}$$

其中，$\sigma(x)=\dfrac{1}{1+e^{-x}}$，为 Sigmoid 函数。

这样误差函数为

$$E=\frac{1}{2N}\sum_{n=1}^{N}\sum_{k=1}^{S}(Y_k^n-D_k^n)^2 \tag{6-17}$$

从而可得到误差的各导数分别为

$$
\begin{aligned}
\frac{\partial E}{\partial U_{kj}} &= -\sum_{n=1}^{N}(D_k^n - Y_k^n)\Psi_{aj,\,bj}(net_j^n) \\
\frac{\partial E}{\partial V_{kj}} &= -\sum_{n=1}^{N}\sum_{k=1}^{S}(D_k^n - Y_k^n)U_{kj}\Psi'_{aj,\,bj}(net_i^n)\frac{X_i^n}{a_j} \\
\frac{\partial E}{\partial b_j} &= \sum_{n=1}^{N}\sum_{k=1}^{S}(D_k^n - Y_k^n)U_{kj}\Psi'_{aj,\,bj}(net_j^n)/a_j \\
\frac{\partial E}{\partial a_j} &= \sum_{n=1}^{N}\sum_{k=1}^{S}(D_k^n - Y_k^n)U_{kj}\Psi'_{aj,\,bj}(net_j^n)\left(\frac{net_j^n - b_j}{a_j b_j}\right)
\end{aligned}
\tag{6-18}
$$

这里取 $\Psi(x)$ 为 Morlet 小波，它是余弦调制的高斯波，时域频域同时具有较高分辨率。Morlet 小波及其导数为

$$
\Psi(x) = \cos(1.75x)\exp\left[-\frac{x^2}{2}\right] \tag{6-19}
$$

$$
\frac{\partial \Psi(x)}{\partial x} = -\left[x\cos(1.75x) - 1.75\sin(1.75x)\right]\exp\left[-\frac{x^2}{2}\right] \tag{6-20}
$$

若按梯度下降学习算法，则有

$$
\begin{aligned}
V_{ji}(t+1) &= V_{ji}(t) - \eta\frac{\partial E}{\partial V_{ji}} + \mu\Delta V_{ji}(t) \\
U_{kj}(t+1) &= U_{kj}(t) - \eta\frac{\partial E}{\partial U_{kj}} + \mu\Delta U_{kj}(t) \\
a_j(t+1) &= a_j(t) - \eta\frac{\partial E}{\partial a_j} + \mu\Delta a_j(t) \\
b_j(t+1) &= b_j(t) - \eta\frac{\partial E}{\partial b_j} + \mu\Delta b_j(t)
\end{aligned}
\tag{6-21}
$$

式中　η、μ——分别为学习因子和动量因子。

采用的多层网络小波算法的探地雷达注浆体自动识别程序流程如图 6-68 所示。

多层网络小波算法的主要步骤如下：

第一步：建立样本的标准输入和输出。对样本输入数据进行标准化，同时建立样本输出目标反射系数(0,1)矩阵(如果是注浆层则为 1，否则为 0)。

第二步：网络状态初始化。用较小的随机数对网络权值、阈值和伸缩因子、平移因子设定初值，设计初始隐含层单元取 15 个；同时初始化学习步长和调整步长因子；初始化单元误差和整体误差 $\delta_k = 0$，整体误差 $\delta_{总} = 0$。

第三步：把标准化的输入样本值作为输入层单元 i 的输出 I_i，用输入层到隐含层的权值 V_{ji} 和隐含层单元的阈值 θ_j，求出对隐含层单元 j 的输入 U_j 以及相应的输出 H_j：

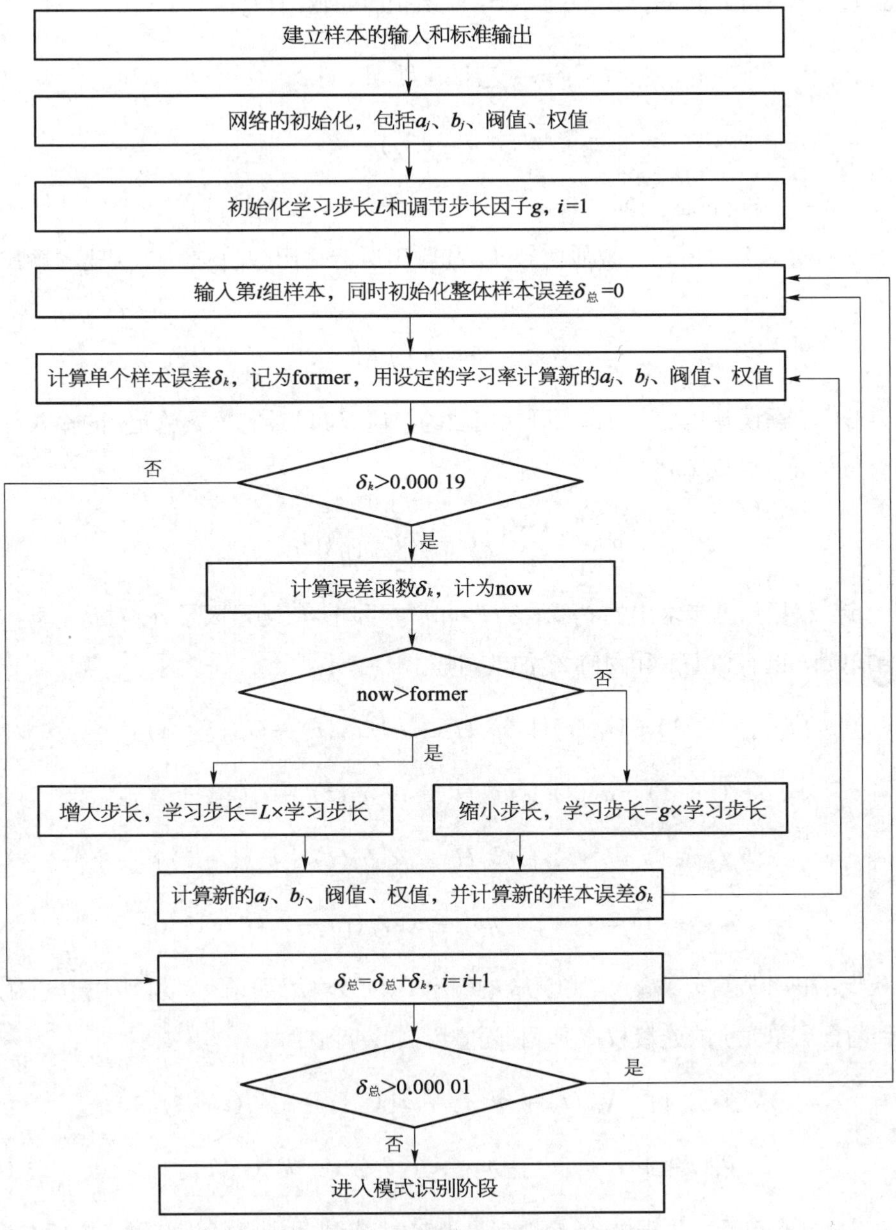

图 6－68　小波神经网络的程序流程图

$$U_j = \sum_i V_{ji} g I_i + \theta_j \tag{6-22}$$

$$H_j = \Psi_{aj,\,bj}(U_j) \tag{6-23}$$

式中　$\Psi_{aj,\,bj}(g)$——Morlet 小波函数。

第四步：用隐含层单元 j 的输出 H_j、隐含层到输出层的连接权值 U_{kj}，以及输出层单元

k 的阈值 γ_k 求出对输出层单元 k 的输入 S_k 以及相应的输出 O_k：

$$S_k = \sum_j U_{kj} g H_j + \gamma_k \tag{6-24}$$

$$O_k = f(S_k) \tag{6-25}$$

式中　$f(g)$——Sigmoid 函数。

第五步：根据学习模式的教师信号 T_k 和输出层的输出 O_k 的差，求出有关输出单元 k 的误差 δ_k：

$$\delta_k = (O_k - T_k) g O_k g (1 - O_k) \tag{6-26}$$

第六步：根据误差 δ_k，从隐含层到输出层的权值 U_{kj} 以及隐含层单元 j 的输入 U_j，求出有关隐含层单元 j 的误差 σ_j：

$$\sigma_j = (\sum_k \delta_k g U_{kj}) g \Psi'_{aj,\,bj}(U_j) \tag{6-27}$$

第七步：根据第五步求出的 δ_k 以及 H_j 和学习因子 η、动量因子 μ，对从隐含层单元 j 到输出层单元 k 的权值 U_{kj} 和阈值 γ_k 加以调整：

$$U_{kj}(t+1) = U_{kj}(t) + \eta \delta_k H_j + \mu [U_{kj}(t) - U_{kj}(t-1)] \tag{6-28}$$

$$a_j(t+1) = a_j(t) + \eta \delta_k H_j + \mu [a_j(t) - a_j(t-1)] \tag{6-29}$$

$$b_j(t+1) = b_j(t) + \eta \delta_k H_j + \mu [b_j(t) - b_j(t-1)] \tag{6-30}$$

$$\gamma_k(t+1) = \gamma_k(t) + \eta \delta_k + \mu [\gamma_k(t) - \gamma_k(t-1)] \tag{6-31}$$

第八步：根据误差 σ_j，输入层单元 i 的输出 I_i 以及学习因子 η、动量因子 μ，对从输入单元 i 到隐含层单元 j 的连接权值 V_{ji} 和阈值 θ_j 加以调整：

$$V_{ji}(t+1) = V_{ji}(t) + \eta \sigma_j I_i + \mu [V_{ji}(t) - V_{ji}(t-1)] \tag{6-32}$$

$$\theta_j(t+1) = \theta_j(t) + \eta \sigma_j + \mu [\theta_j(t) - \theta_j(t-1)] \tag{6-33}$$

第九步：判断单元根据误差 δ_k 是否满足设定值，若满足则继续训练下一个标准输入值，并累加整体误差；否则跳到第六步。

第十步：判断整体误差是否满足设定值，若满足则停止，进入探地雷达目标识别阶段；否则返回第三步。

第十一步：储存训练好的各层权值、阈值和 a、b。

第十二步：模式识别阶段。输入新的探地雷达探测数据，利用各层权值、阈值和 a、b 进行计算，形成新的输出结果，并进行结果的可视化显示。

6.5.2　基于小波神经网络的隧道壁后注浆探测识别结果

6.5.2.1　典型特征波的提取

为了成功地对地下目标进行分类，信号特征的提取是关键。每一个被选取的 A 扫描用矢量 f 来表示，其中包括了原始信号 $x(n)$ 的各种变换结果。信号的特征提取可以从时域、频域、自相关、双谱、小波域等方面进行，从时域波形来提取目标信号特征。

经过数值模拟和试验验证得到探地雷达电磁波在混凝土与注浆体之间的界面上，以及注浆体与土体的界面上都出现了相位翻转的现象。追寻波形相位翻转，以及相邻两道同相轴位置具有相似性的规律，同时配合功率谱分析，即可得到注浆层的分布范围以及厚度。

6.5.2.2　小波神经网络训练样本的形成

1）小波神经网络训练样本的输入

在以波形信号形式输入的神经网络应用中，波形信号的特征参数的选择与提取是非常关键的一步，特征参数选得恰当与否决定了神经网络能否达到预定识别效果。利用已有的试验探测数据从中提取典型的波形进行小波神经网络训练样本的输入。

图 6－69 所示是在等间隔的 N 个位置上接收到的 N 列回波信号的情况，称之为 B 扫描(B－scan)。从图中可见，一个 B 扫描是由 N 个 A 扫描(在一个位置上接收到一列回波信号的情况，称之为 A 扫描)组成，当对一个 B 扫描的回波信号进行量化后，便得到探地雷达的原始数据，它是一个 $M\times N$ 的矩阵(M 是对每个 A 扫描数据的采样点数，N 是包含的 A 扫描的个数)。

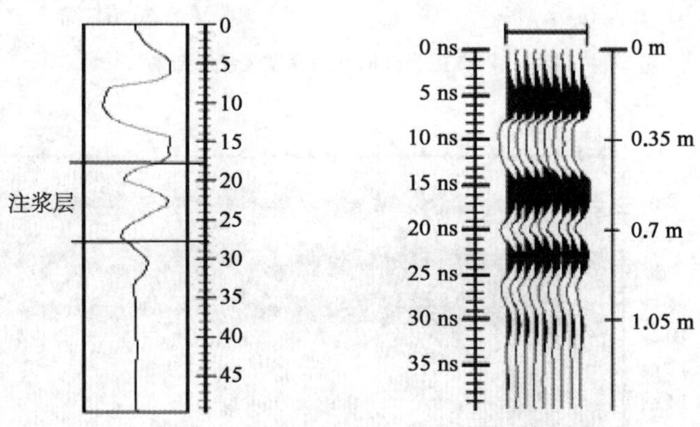

(a) A扫描　　(b) B扫描

图 6－69　含有注浆层的典型试验结果

从探地雷达所测试的试验数据、正演结果以及现场探测结果中，根据探地雷达电磁波在介质中传播的特性不同，即介质界面反射在液浆层发生极性翻转的特点，抽取较为典型的含有注浆层的探地雷达时间剖面数据作为小波神经网络模型的学习训练集，图 6－69～图 6－72 所示分别为正常注浆层模拟试验结果、含有建筑空隙的模拟试验结果、正演模拟不同厚度注浆层的结果以及现场探测结果。

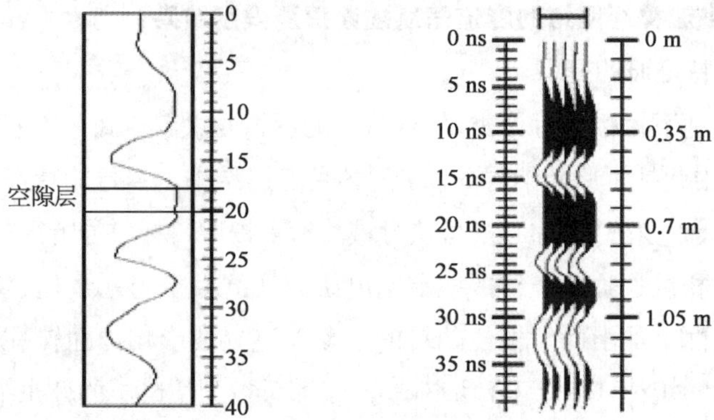

(a) A扫描　　(b) B扫描

图 6-70　含有建筑空隙的典型试验结果

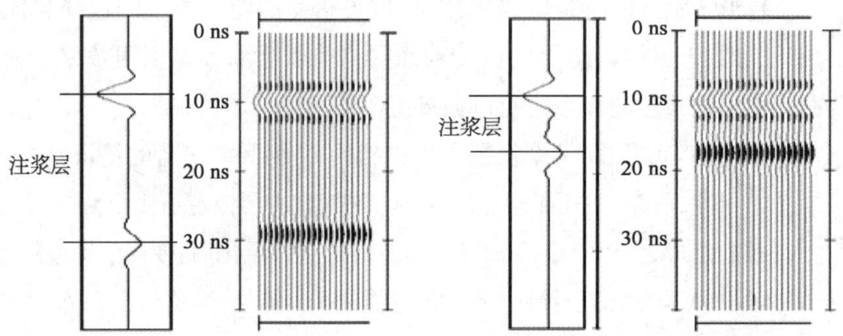

(a) A扫描　　(b) B扫描

图 6-71　正演模拟不同厚度注浆层结果

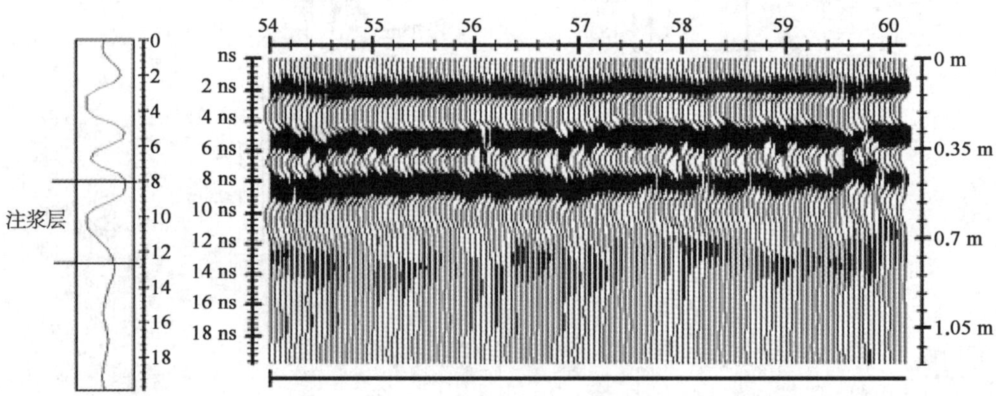

(a) A扫描　　(b) B扫描

图 6-72　盾构隧道现场注浆层探测结果

在以上所获取的数据集合中以典型的波形相位翻转为依据进行数据筛选，在每组数据中抽取一定数量的 A 扫描数据用于测试集合。将 A 扫描数据的每个采样点对应的幅值提取出来形成一个 40×19 的矩阵(40 是对每个 A 扫描数据的采样点数，19 是包含的 A 扫描的个数)，通过归一化处理，得到训练样本矩阵。由各组典型分布形态的数据中抽取的A扫描数据数量一般控制在3～5道，最终形成的样本集合中总道数控制在20～30道，这样有利于减小样本空间，有效提高了神经网络计算和识别的效率。

2）小波神经网络训练的标准输出

小波神经网络的输出样本是根据前期的探地雷达所测试的试验数据和正演结果来进行确定的。根据人工准确比对识别的基础上建立输出集，形成一个40×19的矩阵(40是对每个A扫描数据的采样点数，19是包含的A扫描的个数)。在识别的注浆层位置上赋值1，在注浆层以外的区域赋值0，这样得到输出样本矩阵，采用MATLAB编程处理，根据矩阵中不同区域的值可以得到彩色显示的注浆层区域，有助于小波神经网络识别结果的相互对比验证，如图6-73所示。

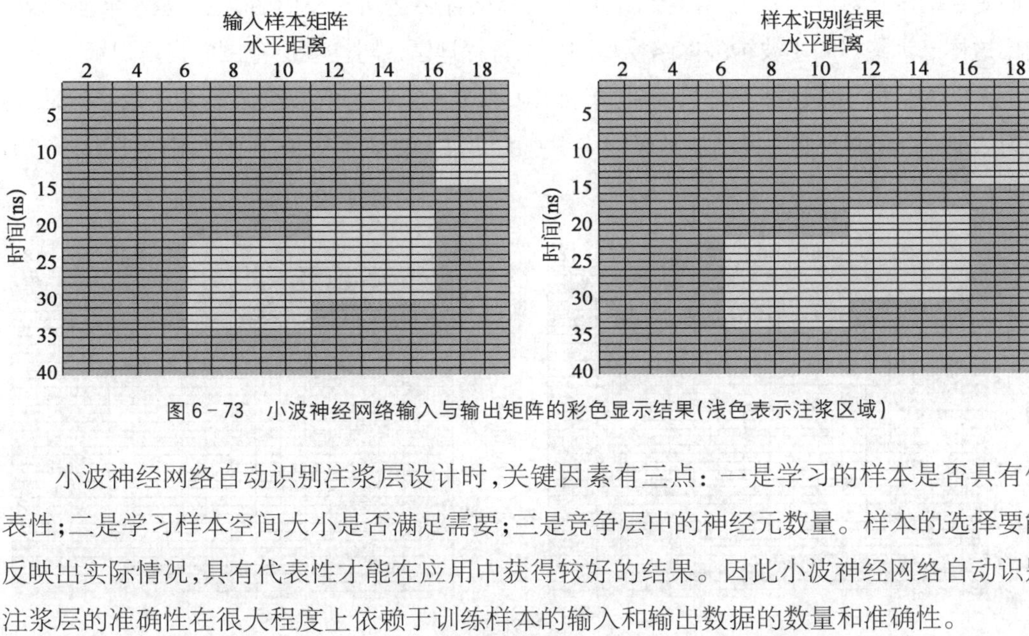

图6-73　小波神经网络输入与输出矩阵的彩色显示结果(浅色表示注浆区域)

小波神经网络自动识别注浆层设计时，关键因素有三点：一是学习的样本是否具有代表性；二是学习样本空间大小是否满足需要；三是竞争层中的神经元数量。样本的选择要能反映出实际情况，具有代表性才能在应用中获得较好的结果。因此小波神经网络自动识别注浆层的准确性在很大程度上依赖于训练样本的输入和输出数据的数量和准确性。

在探地雷达无损检测研究中，利用已有的大量模拟试验探测数据、数值模拟结果、现场试验数据(图6-69～图6-72)，从中提取典型的波形形成小波神经网络训练样本的输入集，使样本具有很好的代表性和准确性。

6.5.2.3　小波神经网络注浆层图像识别结果分析

采用基于MATLAB的小波神经网络注浆识别程序，在其运行之前，必须设计好网络结构参数、训练参数，以及一定数量的训练集和测试集数据。为了测试该程序的稳定性能、收敛速度等指标，图6-74为其各阶段总体学习误差累计对比示意图，从图中可以看出小波神经网络训练收敛速度较快。

根据训练样本集，小波神经网络通过不断学习，归纳出双程走时与注浆层典型特征波形

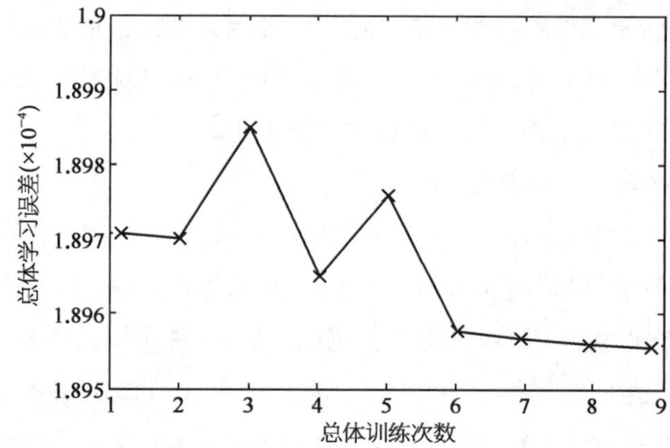

图 6-74　小波神经网络识别训练总体误差

之间复杂的内在对应关系，计算得到小波神经网络各层之间的权值、阈值以及小波参数等。利用这样已训练好的小波神经网络模型即可进行探地雷达对注浆层范围的自动识别。

以室内模拟注浆层探测结果为例进行识别，图 6-75 是对双液浆 A 均匀注浆分布时，期龄为 3 d 时的探测数据进行小波神经网络识别的结果。将识别结果与原始图像(图 6-75b)

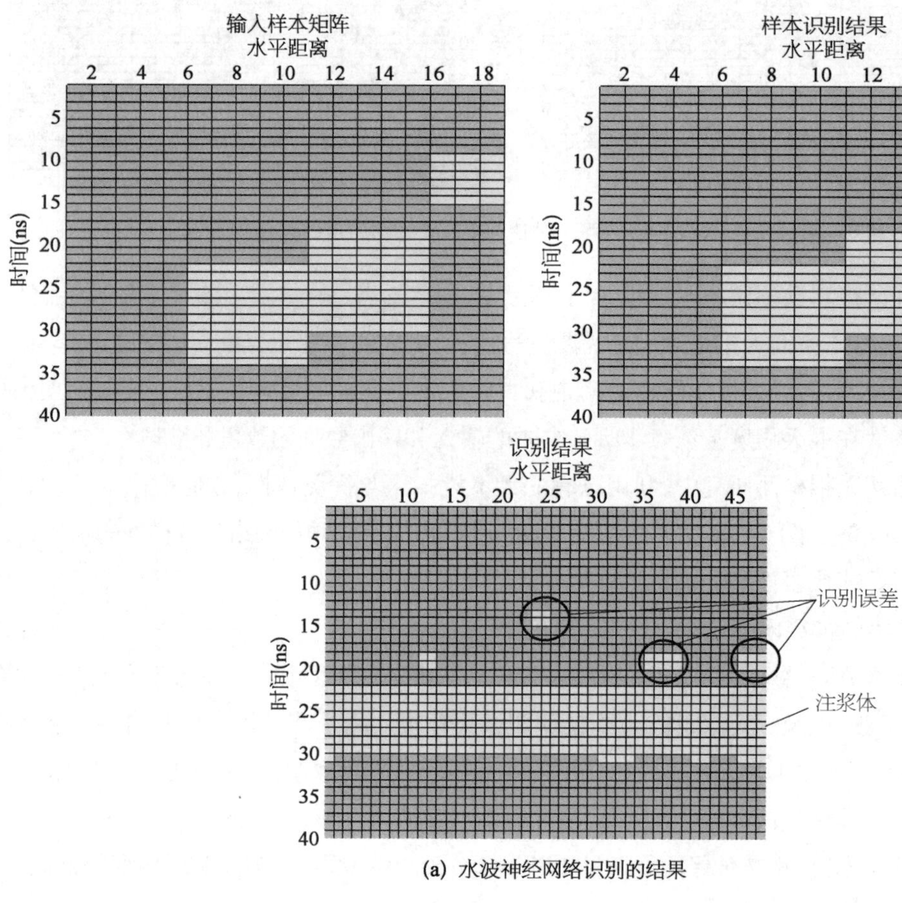

(a) 水波神经网络识别的结果

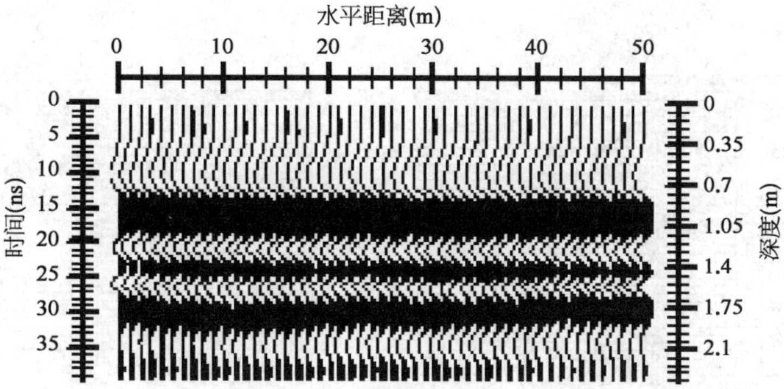

(b) 探测数据

图 6-75　小波神经网络对均匀注浆分布识别结果(浅色表示注浆区域)

进行对比可以看出：

(1) 识别结果与原始图像中注浆层的位置具有很好的一致性。实际注浆层的分布是比较均匀的。识别结果中，22～30 ns 连续、均匀地显示为注浆材料，根据双程走时为 30 ns－22 ns＝8 ns，计算注浆层的厚度约为 21.4 cm，与实际的 20 cm 厚的注浆层很接近，说明了自动识别的正确性。

(2) 识别结果中存在一些离散的注浆点，这是由于识别过程中的计算误差造成的，这些离散点的位置分布在注浆层的上方，这部分区域为管片所在的位置，因此可以忽略掉这些误差点。

(3) 为了进一步提高识别的准确性和精度，可以在样本训练中进一步减小系统训练的总体误差，但随之产生的是收敛时间的运算成本增大。因此在实际应用中需要根据识别精度和训练时间之间的最优点来设置系统总体训练误差值。

图 6-76 是对惰性液浆 A 三角形分布时，期龄为 3 d 的探测数据进行小波神经网络识别的结果。同样在小波神经网络对训练样本的识别结果具有较高精度的前提下，开始进行下一步自动识别。将识别结果与原始图像(图 6-76b)进行对比可以看出：

(1) 识别结果与原始图像中注浆层的位置存在一定的相似性，基本上能反映出注浆三角形分布的大体轮廓，尤其是空洞区域的位置，识别的结果是基本准确的。

(2) 由于实际探测结果中不可避免地产生一定的干扰波，前期的背景预处理方法不能完全消去的干扰波对识别产生一定的影响。例如当注浆层厚度超过 20 cm 时，管片的多次反射波将对注浆层的反射形成干扰，若要提高识别的精度，首先是要消除浅层多次反射波的干扰。

6.5.3　盾构隧道壁后注浆探地雷达无损探测图像识别案例

6.5.3.1　上海某大型越江隧道壁后注浆探地雷达无损探测图像识别

上海某大型越江隧道位于上海市区北部、内环线与外环线之间，东连规划中的五洲大

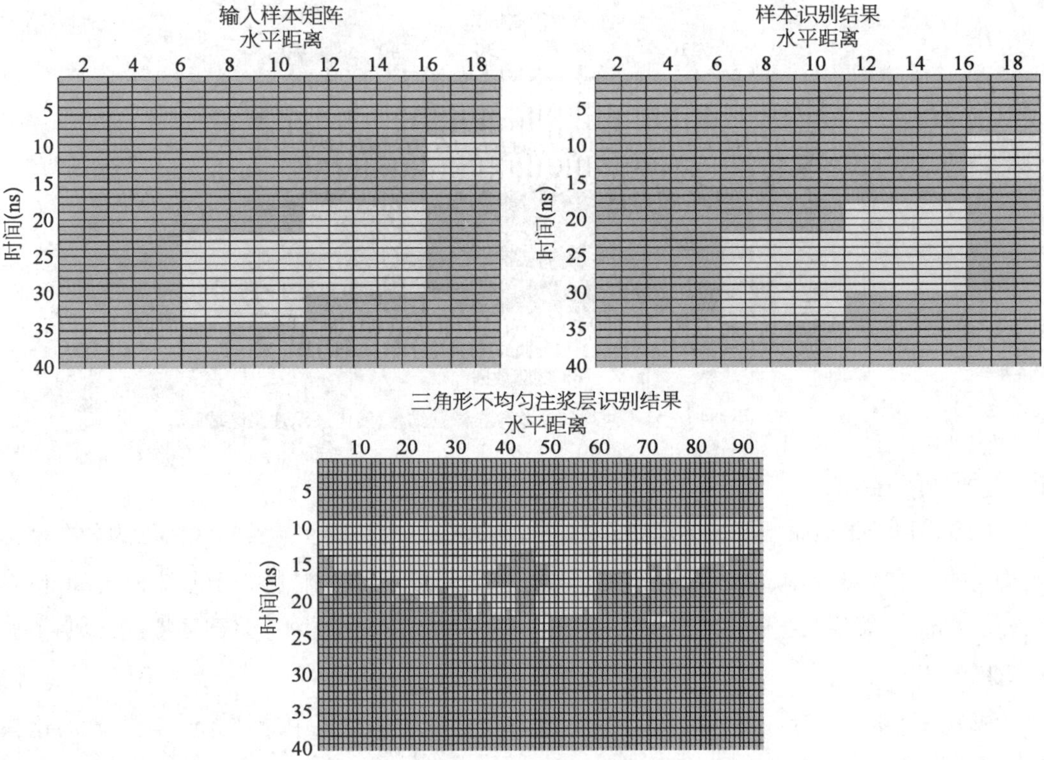

(a) 小波神经网络识别的结果

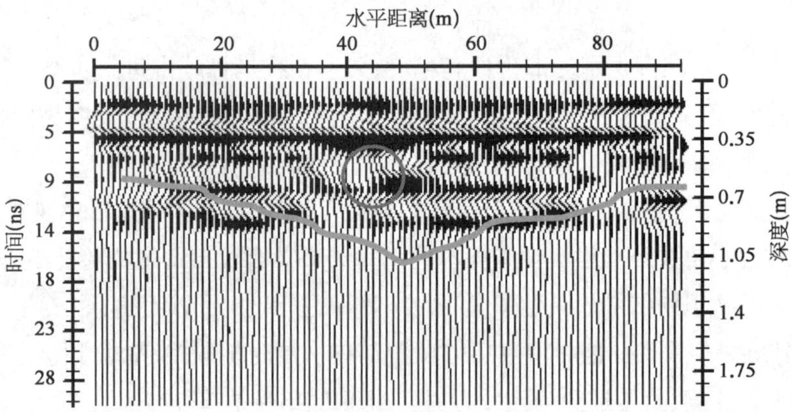

(b) 探测数据

图 6－76　小波神经网络对三角形注浆分布识别结果(浅色表示注浆区域)(后附彩图)

道,西接翔殷路、中环线。隧道线路总长度：南线 2 606.32 m,北线 2 597 m,其中盾构推进段南线为 1 242.09 m,北线为 1 231 m。盾构直径 11.9 m,隧道外径 11.56 m,内径 10.6 m,环宽 1.5 m,该隧道是我国大直径的盾构法隧道之一。

根据工程地质勘查资料,隧道主要穿越灰色黏质粉土层、灰色淤泥质黏土层、灰色黏土层等。场地浅部地下水位受黄浦江水位变化控制,砂质粉土层为区域第一承压含水层,承压水头为 0.18～0.23 MPa。隧道道路的摊铺里程约 4.6 km，面积约 3.8 万 m^2，沥青混凝土总量为 3 000 t，沥青结构为 4 cm 中粒式沥青混凝土。

2005 年 7 月中旬对隧道南北线分别进行探测。此时隧道开始进入主线道路摊铺施工，探测的位置在隧道路面下部的电缆管道部位。隧道采用的是泥水平衡盾构机，其采用的同步注浆材料是双液浆，在现场实测时，注浆已经完成半年，其介电常数约为 16。

南线在距离车站 80 m、160 m、320 m 处进行纵向和环向探测，管片的厚度为 48 cm。在距离进洞 0～320 m 处沿隧道纵向探测，此处管片加上路面底板的厚度为 56 cm。

南北线共采集 21 条测线，使用加拿大 Noggin 型探地雷达，参数设置如下：天线频率为 250 MHz，采样点为 121 个，采样道数为 2 681，叠加次数为 32 次，发射电压为 100 V，时窗为 48 ns，触发源为距离轮，天线间距为 0.003 m，天线的步长为 0.05 m。

从图 6 - 77 中可以看出，经过数据处理后的探地雷达对隧道壁后注浆界面的分布有了很清楚的识别，第四道反射波即为液浆的界面位置。从图像上看，隧道管片和底板的界面都非常清楚。以层速度分析时，取电磁波在混凝土中的传播速度 0.12 m/ns，第三道强反射波即为管片外表面和注浆层之间的界面，右侧深度坐标轴显示的深度也正为 0.56 m，探测识别结果与实际结果非常一致。

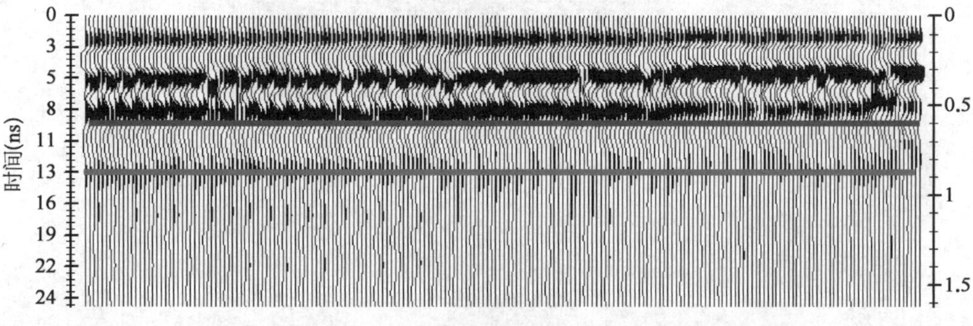

图 6 - 77　南线 320 m 长测线探测结果(图中显示其中 50 m 部分)

从纵向 320 m 的探测图像上看，隧道壁后注浆还是比较均匀的，最大注浆层厚度约为 22.5 cm，注浆层厚度最小处约为 15 cm。

利用小波神经网络将现场探测的数据进行自动识别注浆层，得到的较好结果如图 6 - 78 所示。从识别结果中清楚地看到，300～350 道处的注浆层厚度较薄。图 6 - 78c 为经过数据处理后形成的图像。

6.5.3.2　上海市上中路隧道壁后注浆探地雷达无损探测图像识别

上海市上中路隧道工程共设南线和北线两条隧道，为双管双层双向八车道隧道工程。工程以南线上层、北线下层车道作为主线控制中心线，线路总长约 2.8 km，是连接浦东、浦西的交通枢纽工程和重要的地下生命线工程。

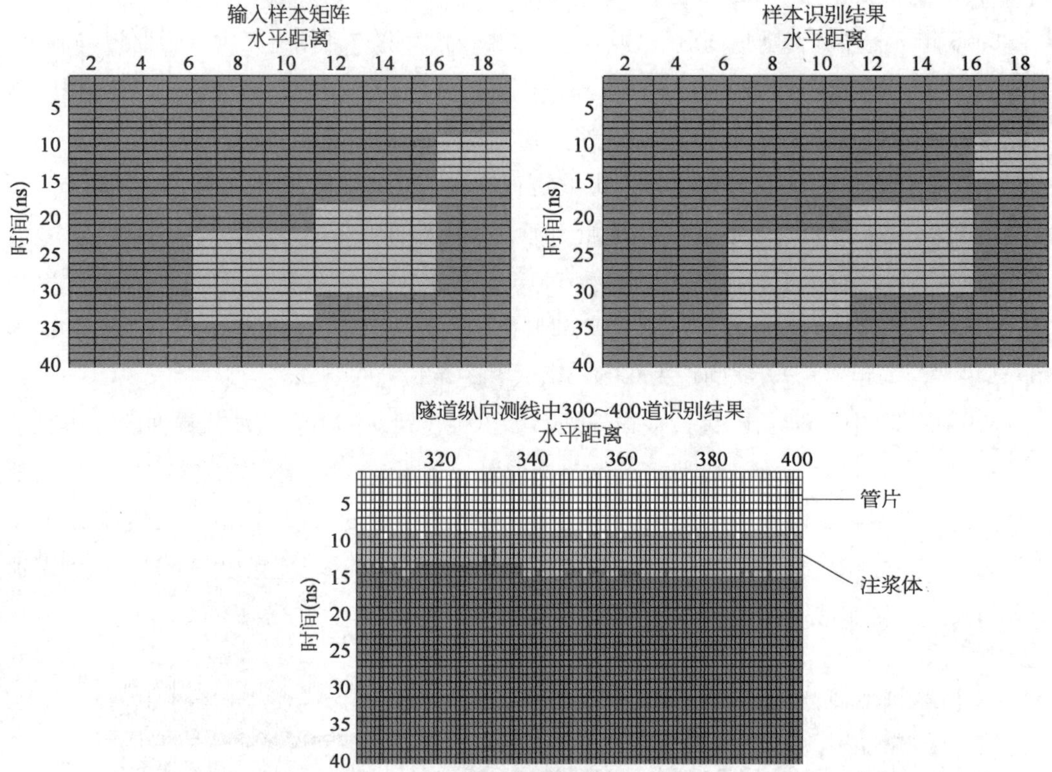

(a) 小波神经网络识别的结果

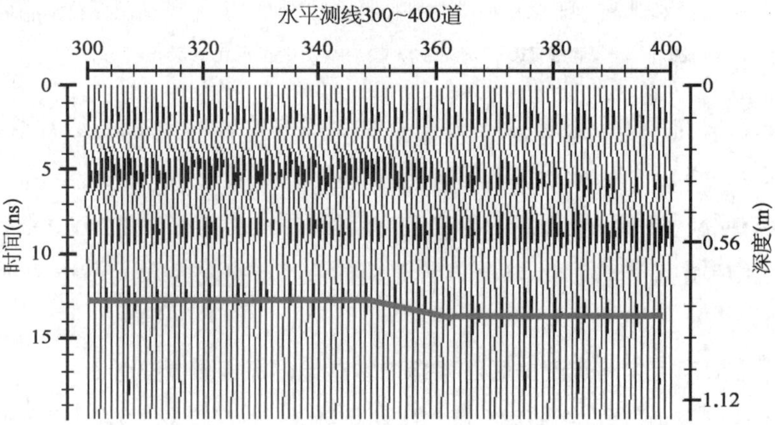

(b) 探测数据

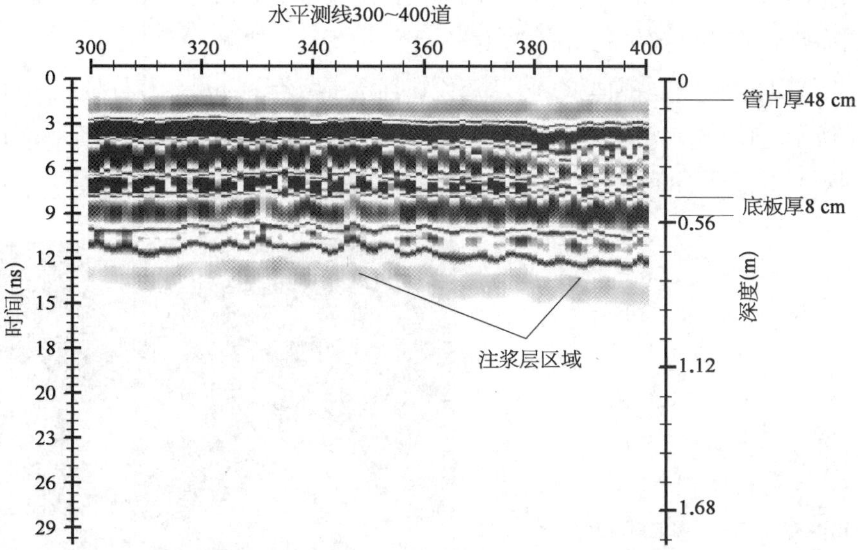

(c) 经过数据处理后形成的图像

图 6-78 隧道注浆分布探测识别结果(图 a 中浅灰色表示注浆区域,白色表示衬砌管片)(后附彩图)

上中路隧道圆隧道南线长 1 270 m,北线长 1 274 m,盾构推进采用 ϕ14 870 mm 泥水气压平衡式盾构机掘进施工。隧道最大坡度为 4.5%,覆土最浅处(8.825 m)位于浦东出洞段,出洞处隧道轴线标高为 −11.35 m。隧道管片:外径 14 500 mm,内径 13 300 mm,环宽 2 000 mm,管片厚度 600 mm,如图 6-79 所示。

图 6-79 上中路隧道施工情况

隧道衬砌采用单层衬砌,为通用环楔形管片,每环由 10 块管片构成。采用全圆周错缝拼装工艺,在加强隧道整体性的同时,可以通过通用环楔形管片的旋转,来满足隧道轴线和推进施工的需要。其中标准块 7 块(S1、S2、S3、S4、S5、S6、S7),邻接块 2 块(S8、S9),封顶块 1 块(S10)。封顶块为小封顶形式。普通衬砌环由钢筋混凝土管片构成,混凝土强度等级为 C55,抗渗等级为 1.2 MPa,钢筋采用 HPB235 级、HRB335 级钢。管片环与环之间用 38 根 M27 的斜螺栓相连接,每环管片块与块间以 20 根 M36 的斜螺栓连接。

由于上中路隧道直径较大，目前现有的探地雷达设备不能完全探测隧道的整个环向，因此根据实际情况，在不同部位利用隧道内部施工的设备进行探测。

首先根据现场条件选取典型的几段，每段在其左右两侧下部沿着管片环线进行探测，如图 6-80a 所示，每段选取 5 段管片，每环管片布置一条环向测线，可以在路面垫块铺设前的环段进行探测，如图 6-80b 所示，以增大探测范围。

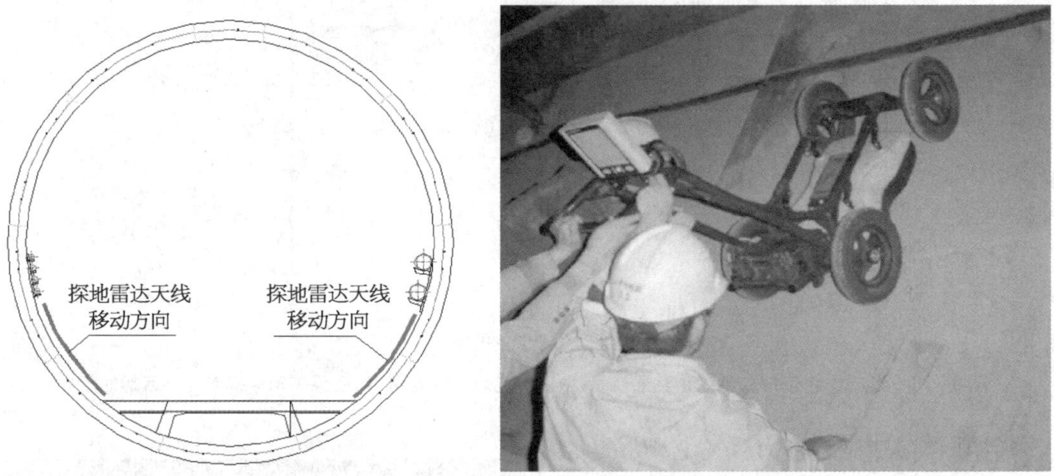

(a)　　(b)

图 6-80　探地雷达沿隧道环向探测

纵向布置的测线主要是探测注浆体在纵向上的分布状态。由于盾构隧道在施工中穿越的地质不同、推进速度不同、对周围土体扰动不同等原因，纵向上的注浆体分布应该是不同的。试验中通过纵向布线可以发现注浆薄弱的区域。采用加拿大 Sensor & Software Inc.生产的 Noggin250 型探地雷达仪进行测网扫描探测，探地雷达参数设置如下：天线频率为 250 MHz，采样点为 121 个，采样道数为 2 681 道，叠加次数为 32 次，发射电压为 100 V，时窗为 48 ns，触发源为距离轮，天线间距为 0.003 m。

首先根据现场条件选取典型的几段，每段测线的长度一般可以选为 10～20 m，纵向测线主要布置在底部腰处，两侧各两条测线。测线布置如图 6-81 所示。

1）注浆材料介电常数估计

现场注浆材料的组成包括细砂、黏合剂等混合材料，含水量大约为 300 kg/m^3。由于上中路隧道的注浆材料配比与以往上海地铁隧道施工中常用的注浆材料有所不同，因此上中路隧道施工中采用的液浆材料只能按惰性液浆估计其介电常数值。这里考虑含水量和注入时间的影响，注浆材料的介电常数值取 18。

2）壁后空隙量计算

理论上隧道壁后的建筑空隙厚度为 $h=\frac{D-d}{2}=\frac{14.87-14.5}{2}=18.5\ (\text{cm})$，考虑到外置

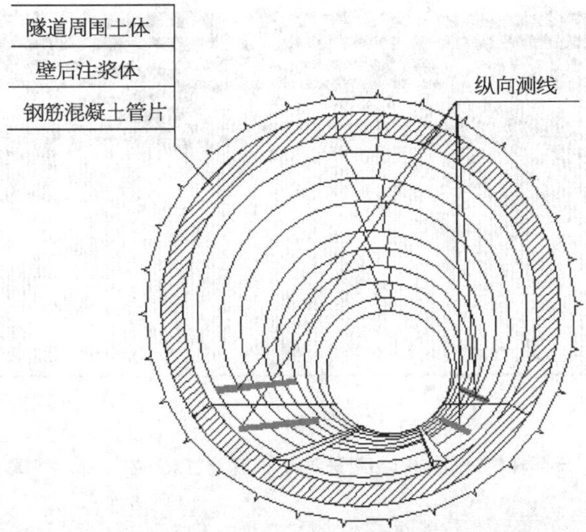

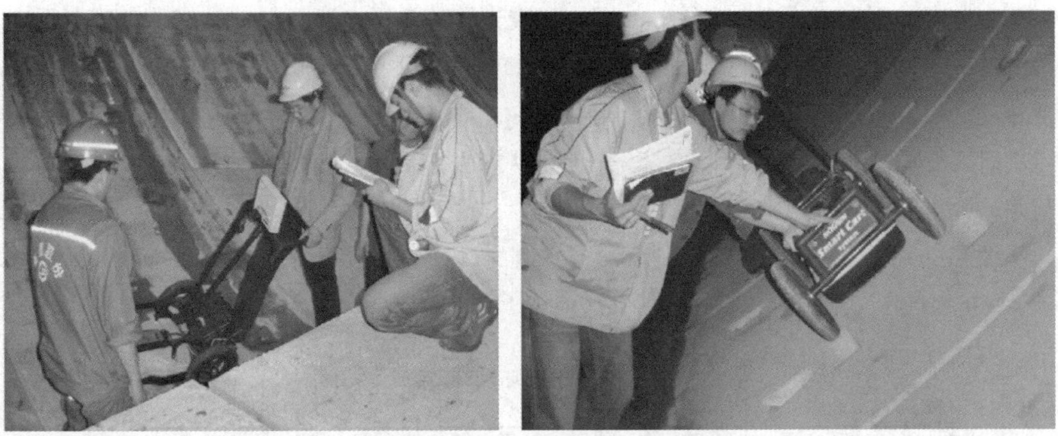

图6-81　探地雷达沿隧道纵向探测

注浆管、盾壳刮土效应,以及盾构纠偏、曲线推进等因素影响,实际的壁后存在的空隙量应为25～28 cm。由此计算隧道每环的注浆量应为17.07 m^3。

在隧道正常推进的过程中每环的设计注浆量为14 m^3,在隧道出洞时以及江底局部注浆量有所调整,注浆量有所增加,有的每环注浆量达到20～24 m^3,由此反算,局部壁后可能填充的注浆层厚度为22～26 cm。

3）试验数据分析

以第175环的环向探测结果进行分析,从图6-82中可以看出,图中圆圈部分出现异常区域,从现场和实际的隧道结构分析,此处是175环向上块与块之间的螺栓及预制件。这种干扰在纵向的环与环之间也是很规则地出现的。

混凝土的介电常数取6.25,电磁波在其中的传播速度为0.12 m/ns,由此可以看出在隧

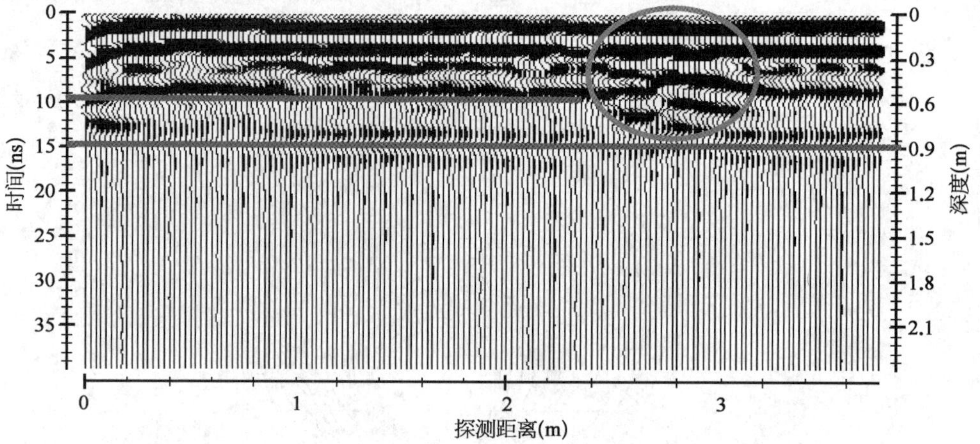

图 6-82　第 175 环环向探测结果(相对进洞方向,探测位置在左下部,后附彩图)

道深度方向上(右侧坐标轴)0～0.6 m,即为混凝土管片的厚度。图中 10～15 ns 区间(两条线所示区间)则为注浆层的区域,由注浆材料的介电常数可以得到,电磁波在注浆层中的传播速度大约为 0.07 m/ns,由此可以计算出注浆层的厚度大约为 17.5 cm。由于受到条件的限制只能沿隧道环向探测 3 m 左右长度,但是从探测结果上看,还是比较好地反映出了壁后注浆的分布形态。

图 6-83 是沿第 170～180 环进行纵向探测的,由于实际探测长度为 20 m,为了清楚显示,图中只给出了沿纵向 4.5 m 长度部分,即第 177～180 环。

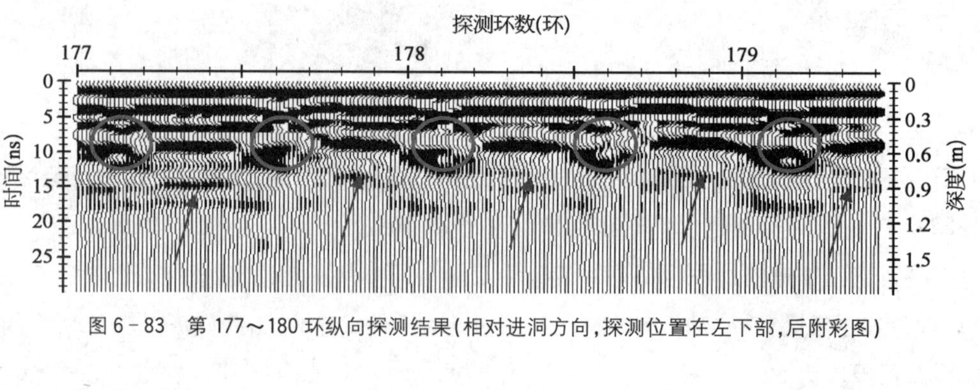

图 6-83　第 177～180 环纵向探测结果(相对进洞方向,探测位置在左下部,后附彩图)

在纵向上,每隔 1 m 左右出现的特征波、位置、深度都有相同的干扰信号,即上文分析的环与环以及块与块之间的螺栓和金属预埋件,如图 6-83 中所示位置。由于受到干扰,使得纵向上的注浆位置显示受到了较大干扰。在每两个干扰区域之间存在一段非干扰区,从此区域可以得到每环的注浆分布位置,如图 6-83 中箭头所示位置。

通过对数据进行滤波、增益、填充显示等处理后显示的注浆层结果如图 6-84 所示。

从图 6-84 中可以看出第 177～178 环之间的注浆层略厚，第 178～179 环之间的注浆层略薄。

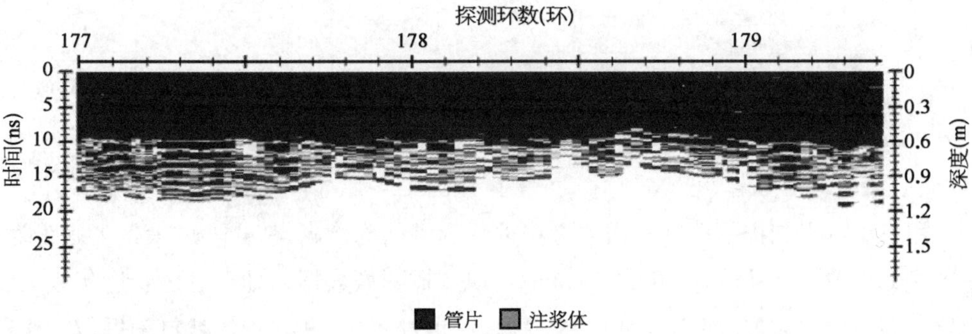

图 6-84　经数据处理并填充后的第 177～180 环纵向探测结果

第7章

基于深度学习的图像处理

采用三维激光扫描或摄影扫描的方法进行隧道结构检测，都会形成大量的图像数据。传统图像处理方法无法快速、高效、准确地实现隧道图像数据的处理。随着近年来人工智能机器学习方法的发展，深度学习方法特别是深度卷积神经网络，依其自动提取图像特征的能力而快速发展为图像处理领域的最有效方法之一。本章首先介绍了机器学习与深度学习的概念，并重点介绍了深度学习的各种算法模型，最后构建了隧道图像病害自动识别的深度学习模型。

7.1 机器学习与深度学习

7.1.1 机器学习

1959 年美国的塞缪尔(A. L. Samuel)写出了一个可以不断提供对弈而学习的西洋棋下棋程序，并将相关成果写成论文 *Some Studies in Machine Learning Using the Game of Checkers* 发表于期刊 *IBM Journal of Research and Development*。四年后，这个程序战胜了设计者本人。又过了三年，这个程序战胜了美国一位保持了八年不败的西洋棋冠军。这个程序展示了机器的学习能力，同时在这篇论文中也给出了机器学习(machine learning, ML)的第一次定义：在不直接针对问题进行编程的情况下，赋予计算机学习能力的一个研究领域。这是最早的机器学习算法，从此也涌现了大量的机器学习研究热潮。机器学习被认为是计算机拥有智能的根本途径，在人工智能发展的早期阶段占据了重要地位。

近代，对于机器学习的准确定义，不同的专家学者给出了不同的答案。例如，兰勒(P. Langley)对于机器学习的解释是“机器学习是一门人工智能的科学，该领域的主要研究对象是人工智能，特别是通过经验提升算法的性能”。比较权威的定义为机器学习权威米切尔(T. Mitchell)在 *Machine Learning* 一书中给出：“机器学习这门学科所关注的问题是：计算机程序如何随着经验积累自动提高性能。”具体可以表述为“对于某类任务 T 和性能度量 P，如果一个计算机程序在 T 上以 P 衡量的性能随着经验 E 而自我完善，那么称这个计算机程序在从经验 E 学习”。

对于其中的任务，其解释是“机器学习任务通常用机器学习系统如何处理一个例子来描述。这个例子是从我们希望机器学习系统处理的某个对象或事件定量地测量的特征集合”。而其中的特征就是可以抽取出来的可以定量表示和衡量的数学表达。机器学习中常用的任务包括分类、回归、转录、机器翻译、语义分词、目标检测、去噪、聚类等。机器学习是当今信息化时代应用最广的技术之一,从百度网页搜索、社会内容过滤,再到电子商务网站上的感兴趣商品推荐,再到具体产品,如相机和智能手机,机器学习都获得了巨大成功。传统的机器学习技术想要构建一个模式识别系统,需要一个精致的引擎和相当专业的知识来人工设计一个处理原始数据的特征提取器,因而其泛化学习能力有限。

7.1.2 深度学习

深度学习(deep learning)是机器学习的一种方式,是近十年来人工智能领域取得的重要突破。它在语音识别、自然语言处理、计算机视觉、图像与视频分析、多媒体等诸多领域的应用取得了巨大成功。从本质上来说,深度学习是一种特征学习方法,把原始数据通过一些简单但非线性的模型转变为更高层次、更加抽象的表达。通过足够多的转换组合,任意复杂的函数在理论上都可以被学习。

深度学习中的“学习”一词和机器学习中的意义相同,即计算机从数据中发现并总结规律的能力。而深度学习中的“深度”一词,并不是指算法的高深。事实上,深度学习源于传统的人工神经网络,传统的人工神经网络由于全连接方式导致计算参数多,不能设置大量单元多层连接。而深度学习在克服了其缺点后,在图模型的层数以及每一层的节点数量,相比于人工神经网络而言,有了很大程度的提升,故冠名以深度学习。鉴于深度学习在学术界和工业界的巨大影响力,2013 年《麻省理工科技评论》(*MIT Technology Review*)将其列为世界十大技术突破之首。

深度学习正在取得重大进展,很多实际工程应用已经证明,它能够擅长发现高维数据中的复杂结构,因此能够被应用于科学、商业和政府等领域。除了在图像识别、语音识别等领域不断创出新纪录,它还在另外的领域击败了其他机器学习技术,包括预测潜在的药物分子活性、分析粒子加速器数据、重建大脑回路、预测在非编码 DNA 突变对基因表达和疾病的影响等。更令人惊讶的是,深度学习在自然语言理解的各项任务中取得了非常可喜的成果,特别是主题分类、情感分析、自动问答和语言翻译。在不久的将来,随着深度学习算法更新、大数据更加丰富、计算机计算能力提升,深度学习将会取得更大的成功。

7.2 人工神经网络

人工神经网络(artificial neural network, ANN)简称神经网络,是计算机模拟人脑的一种算法。但是由于人脑构成复杂,计算机计算条件有限,神经网络只能模拟人脑的简化模型。其机制是，在理解和抽象了人脑结构和外界刺激响应机制后，以网络拓扑知识为理论基础，模拟人脑神经系统对复杂信息处理机制从而构成的有向无环的结构模型。该模型的优点在于其分布的处理能力强、容错性高、鲁棒性好，并可以完成自学习等，在大量样本中能够学习到离散或者连续的向量或者函数。

7.2.1 人工神经网络的构成

1）单个神经元

在生物神经网络中，最基本的成分是神经元(neuron)模型，每个神经元与其他神经元相连，当它“兴奋”时，就会向相连的神经元发送化学物质，从而改变这些神经元内的电位；如果一个神经元的电位超过了一个“阈值”，那么它就会被激活，即“兴奋”起来，向其他神经元发送化学物质。1943 年，麦卡洛赫(W. S. McCulloch)和皮茨(W. Pitts)根据生物神经网络建立了 M-P 神经元模型，神经元接收来自其他神经元传递过来的输入信号，这些输入信号通过带权重的完全连接进行传递，神经元接收到的总输入通过“激活函数”处理产生神经元的输出。

在一个 M-P 神经元中，输入项为变量(X_1, X_2, …, X_n)，对于每个输入项 X，有一个唯一的与之对应的权重(W_1, W_2, …, W_n)，将变量 X 和权重 W 相乘，加上偏置项 b，并由激活函数激活，获得神经网络的输出 S：

$$S = f\left[\sum_{i=1}^{n}(X_i \cdot W_i) + b\right] \tag{7-1}$$

图 7-1 给出了一个简单的神经结构。

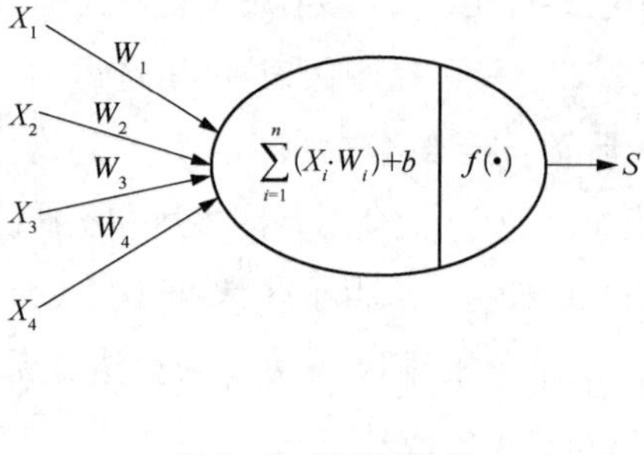

图 7-1 神经元结构

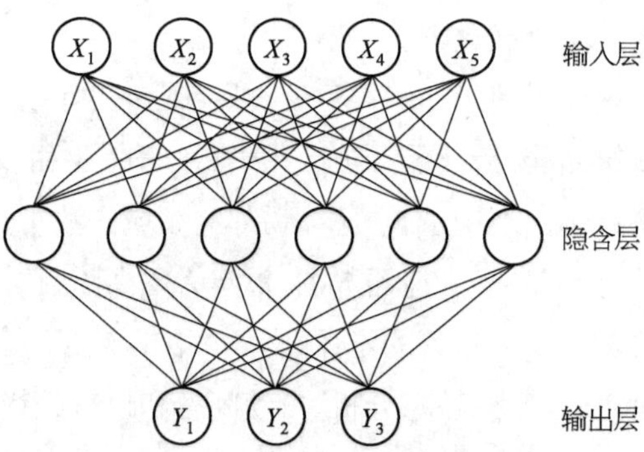

图 7-2 简单的神经网络模型

2）神经网络结构

神经网络通常由多个神经层组成，每一层又由多个神经元组成。第一层为神经网络的输入层，最后一层为神经网络的输出层，中间层为神经网络的隐含层。在传统的人工神经网络中，隐含层通常为一层或者两层，整个神经网络的参数量相对较少。图 7-2 给出了一个简单的神经网络模型。

如图 7-2 所示的神经网络由输入层、隐含层、输出层三层组成。第一层为输入层，其包含 5 个输入单元 X_1、X_2、X_3、X_4、X_5；中间一层为隐含层，包含 6 个隐含单元；最后一层为输出层，包含 3 个输出单元 Y_1、Y_2、Y_3。

7.2.2　人工神经网络的反向传播算法

反向传播算法(backpropagation algorithm, BP 算法)是一种监督学习算法，由鲁梅尔哈特(D. E. Rumelhart)和辛顿(G. E. Hinton)等人提出，其学习过程由信号的正向传播与误差的反向传播两个过程组成。目前而言，反向传播算法是目前用来训练人工神经网络的最常用且最有效的算法。反向传播算法的具体过程如下：

(1) 正向传播时，将训练集输入到神经网络的输入层，经各层逐层处理后，传向输出层并得到输出结果。

(2) 反向传播时，将神经网络的输出结果和样本真值的误差(error)，从输出层通过隐含层逐层传播，并将误差分摊给各层的所有神经元，从而获得各层神经元的误差信号，将误差信号反向传播，修正权重。

(3) 在反向传播之后，神经网络的各层权重得到了更新，再次进行正向传播，而后不断迭代上述过程，更新神经网络的权重和偏置，使得输出样本值接近样本实际值，当损失函数收敛时，神经网络的训练完成。

对于每一次反向传播算法的具体步骤如下：

(1) 给定一个样本集(x, y)，共 m 组。利用前向传播公式，得到每层的激活值。对于最后一层输出层的各个输出单元 i，计算残差：

$$\delta_i^{(n_l)}=\frac{\partial}{\partial_{Z_i}^{n_l}}\frac{1}{2}\parallel y-h_{W,b}(x)\parallel^2=-(y-a^{(n_l)})gf'(z^{(n_l)}) \tag{7-2}$$

(2) 计算隐含层各层的残差，这种从后往前逐次求导的过程即为反向传播，隐含层各层的第 i 个节点的残差计算如下：

$$\delta_i^{(\xi)}=\left(\sum_{j=1}^{S_{\xi+1}}W_{ji}^{(\xi)}\delta_j^{(\xi+1)}\right)f'(z_i^{(\xi)}) \tag{7-3}$$

(3) 计算偏导数值：

$$\begin{aligned}\nabla_{W_{ij}^{(\xi)}}J(W,b;x,y)&=a_j^{(\xi)}\delta_i^{(\xi+1)}\\ \nabla_{b_i^{(\xi)}}J(W,b;x,y)&=\delta_i^{(\xi+1)}\end{aligned} \tag{7-4}$$

(4) 更新权重和偏置参数，初始化每层节点的权值和偏置为 0，m 表示样本数：

$$
\begin{aligned}
&\Delta W_{ij}^{(\xi)}=0\\
&\Delta b_{ij}^{(\xi)}=0\\
&\Delta W_{ij}^{(\xi)}=\Delta W_{ij}^{(\xi)}+\nabla_{W_{ij}^{(\xi)}}J(W,\ b;\ x,\ y)\\
&\Delta b_{i}^{(\xi)}=\Delta b_{i}^{(\xi)}+\nabla_{b_{i}^{(\xi)}}J(W,\ b;\ x,\ y)\\
&W_{ij}^{(\xi)}=W_{ij}^{(\xi)}-\alpha\left[\left(\frac{1}{m}\Delta W_{ij}^{(\xi)}\right)+\lambda W_{ij}^{(\xi)}\right]\\
&b_{i}^{(\xi)}=b_{i}^{(\xi)}-\alpha\left[\frac{1}{m}\Delta b_{i}^{(\xi)}\right]
\end{aligned}
\tag{7-5}
$$

7.2.3 人工神经网络的相关参数

在构建一个典型的ANN时，主要包括如下参数：输入参数个数、输出参数个数、隐含层数、隐含层神经元个数、学习率、初始连接权值等。当模型模拟的任务确定时，可调节的基本参数为隐层数、隐层神经元个数、学习率、初始连接权值。

1）隐层数

柯尔莫哥洛夫定理说明带有合适网络结构和恰当权值的单隐层ANN可以逼近任意闭区间上的连续函数。因而为了合理地完成复杂非线性映射，选择隐层数时可以采取试算法。

2）隐层神经元个数

如何确定隐层神经元个数，目前理论上并没有一种科学和普遍的方法，但最基本的原则是在满足精度要求的前提下取尽可能紧凑的结构，即取尽可能少的数目。

3）学习率

学习率 η 的取值会影响学习过程中网络权值的稳定性。大的学习率可能使得网络权值每一次的修正量过大，甚至会导致权值在修正过程中超出某个误差的极小值时不规则跳跃而不收敛；小的学习率会导致学习时间过长，但是能保证收敛于某个极小值。

4）初始连接权值

BP算法本身决定了误差函数一般存在多个局部极小点，不同的网络初始权值直接决定了BP算法收敛于哪个局部极小点或全局极小点。因此为了得到比较好的结果，就必须要求计算程序通过多次改变网络初始连接权值求得相应的极小点，并通过比较这些极小点误差的大小，确定“全局极小点”。

7.3 深度学习方法

1）自动编码器

自动编码器(auto encoder, AE)由鲁梅尔哈特等人于1986年提出，从形式上可以看作传统的多层感知器的变种，其基本思路是将输入信号经过多层神经网络后重构原始的输入，即将神经网络的隐含层看成是一个编码器和解码器，输入数据经过隐含层的编码和解码，到达输出层时，确保输出的结果尽量与输入数据保持一致。图 7-3 给出了一个简单的自动编码器模型结构，这个结构中有 4 个输入参数、1 个偏置项，通过编码函数 $h=f(x)$ 和一个解码函数 $r=g(h)$，最终得到 4 个输出值，并确保输出数据和输入数据尽可能保持一致。

自动编码器是一种无监督的学习算法，主要用于数据降维和特征抽取，在深度学习中，也可用于复杂模型开始前的训练阶段，确定权重矩阵的初始值。

自动编码器可以通过级联和逐层训练的方式组成深层的结构——深度自动编码器(deep auto encoder, DAE)，其中只需要将前一层中隐含层的输出作为当前层的输入。深度模型通过逐层优化的方式训练后，还可以通过让整个网络重构输入信号的原则进行精调。深度自动编码器相比于原始的深度自动编码器增加了深度，以提高学习能力，更利于预训练。

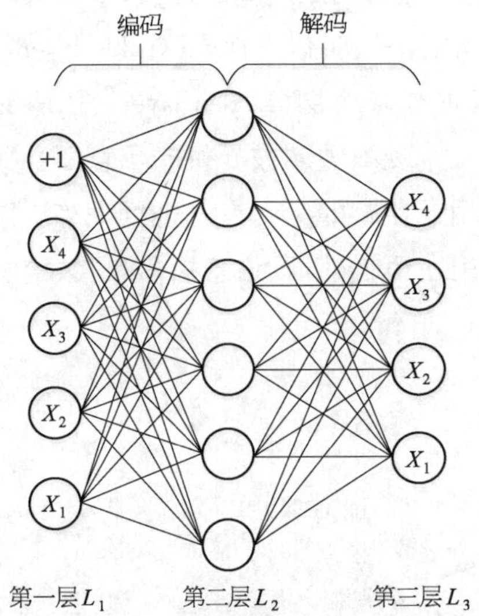

图 7-3　自动编码器模型结构示意图

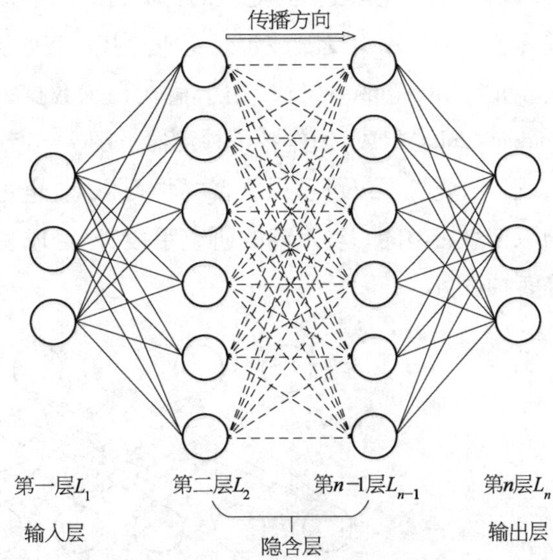

图 7-4　深度神经网络结构

2) 深度神经网络

在本书第 7.2 节中已经介绍了神经网络相关的知识体系，不过传统的人工神经网络中隐含层只有一层，模型的分类能力十分有限。罗森布拉特(F. Rosenblatt)提出的感知机可以认为是最简单的神经网络模型，但是由于其结构简单，对于复杂的函数无能为力。随着数学理论的发展，鲁梅尔哈特等人在单层感知机的基础上发明了多层感知机，多层感知机也被称为深度神经网络。多层感知机可以摆脱早期离散传输函数的束缚，使用多层的非线性连续函数模拟神经元对激励的响应，在训练算法上仍然使用反向传播 BP 算法。

图 7-4 为全连接深度神经网络结构示意图。通过增加隐含层的数量及相应的节点

数,可以形成深度的全连接神经网络。该网络层数多,每层之前都是通过全连接的方式进行连接。

深度神经网络的优点在于可以学习数据中隐含的深层特征,模拟非常复杂的非线性函数,然而随着神经网络层数的增加,神经网络模型的参数大量增加,优化函数越来越陷入局部最优解,而且这个最优解越来越远离真正的全局最优解,最终得到的结果效果可能还不如浅层的神经网络。同时随着神经网络层数的增加,梯度弥散和梯度消失的现象也更加严重,神经网络的训练难度随之大大增加。

3）受限玻尔兹曼机

受到统计力学的启发,深度学习鼻祖辛顿于 1986 年提出了玻尔兹曼机(Boltzmann machine, BM)。玻尔兹曼机是一种随机的递归神经网络,是能通过学习数据固有内在表示,解决复杂学习问题最早的人工神经网络之一。受限玻尔兹曼机(restricted Boltzmann machine, RBM)是玻尔兹曼机的扩展,由于去掉了玻尔兹曼机同层之间的连接,因而大大提高了学习效率。受限玻尔兹曼机总共只有两层神经元：一层叫作可视层(visible layer),由显元(visible units)组成,用于输入训练数据;另一层叫作隐含层(hidden layer),由隐元(hidden units)组成,用作特征检测器。图 7-5 给出了一个受限玻尔兹曼机的示意图。受限玻尔兹曼机不仅可以用监督的学习方式,也可以使用无监督的学习方式进行训练。作为深度学习中的一种重要的研究手段,已经成功地应用在语言处理、信息检索、图像检索等多种任务。

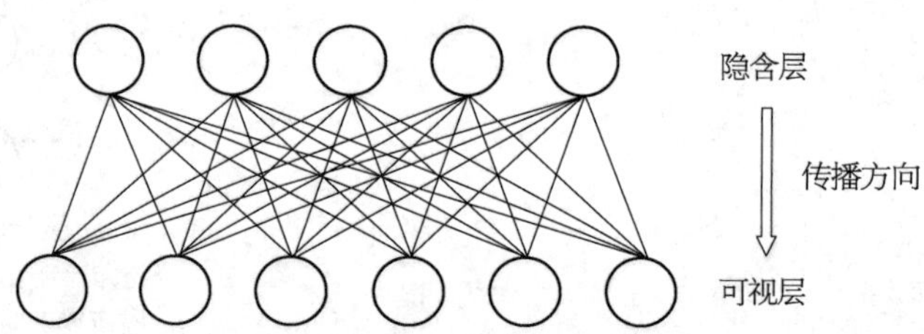

图 7-5　受限玻尔兹曼机示意图

4）卷积神经网络

深度学习之所以成为计算机科学领域上的研究热点,很大程度上是因为卷积神经网络突破性的发展。卷积神经网络模型最早由勒肯(Y. LeCun)等在 1998 年提出,用于手写字符图像的识别。2012 年的 ImageNet 大规模视觉识别挑战竞赛中,辛顿团队的克里什夫斯基(A. Krizhevsky)构建的卷积神经网络 AlexNet 模型取得了超高的准确率和极低的错误率,远远优于传统的模式识别算法。卷积神经网络(convolutional neural network, CNN)是一种深度神经网络,由于其深度深、层数多,导致其参数多,使得训练困难,容易发生过拟合。然而也是由于其特性,给予了其对大规模数据拟合的能力,在处理图像问题时,卷积神经网络得心应手、效果显著。

卷积神经网络之所以能够在大量层数、参数的前提下完成训练,获得准确的结果,原因在其特殊的特征处理器。卷积神经网络的特征处理器主要包括卷积层和池化层,启发于生物视觉神经细胞连接方式的研究,卷积层和池化层能够大量减少运算量,同时也提升了网络拓扑结构的合理性,使得复杂的卷积神经网络变得更加清晰。图 7-6 给出了一个典型的卷积神经网络,即用于手写字母识别的 LeNet5 模型。

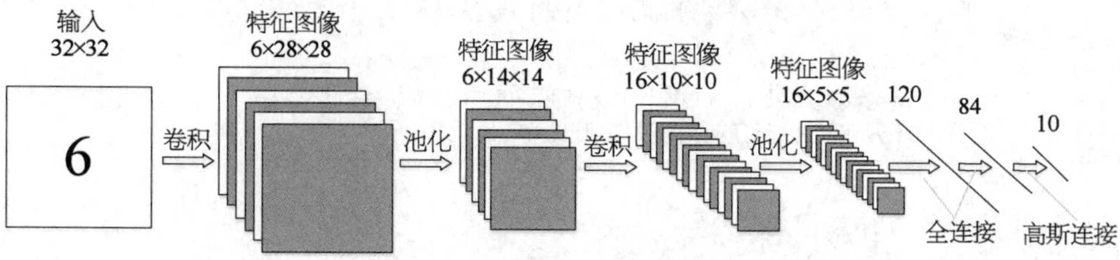

图 7-6　经典的 LeNet5 卷积神经网络模型

5）循环神经网络

在深度神经网络、卷积神经网络中,样本的处理在各个时刻相互独立,即每层神经元的信号只能向下一个神经元传播,因此该类神经网络无法对时间序列上的变化数据进行建模,当样本出现的时间顺序对于自然语言处理、语音识别应用非常重要时,为了适应这种需求,就出现了另一种神经网络结构——循环神经网络(recurrent neuron network, RNN)。RNN 是一种对序列数据建模的神经网络,即一个序列当前的输出与前面的输出也有关。具体的表现形式为网络会对前面的信息进行记忆并应用于当前输出的计算中,即隐藏层之间的节点不再无连接而是有连接的,并且隐藏层的输入不仅包括输入层的输出还包括上一时刻隐藏层的输出。如图 7-7 所示,$t+1$ 时刻网络的最终结果 O_{t+1} 是该时刻输入和所有历史共同作用的结果,从而实现了对时间序列建模的目的。

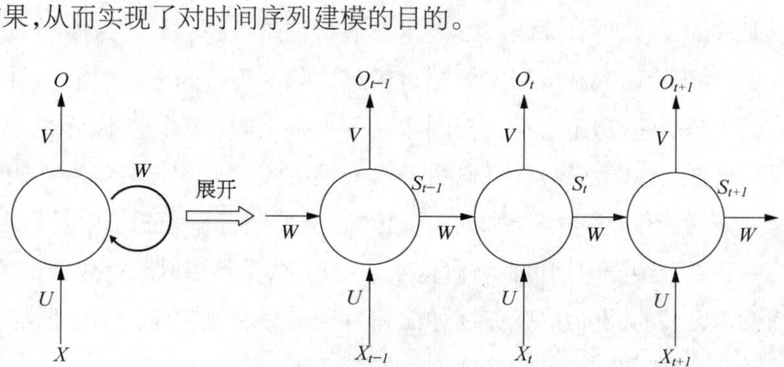

图 7-7　RNN 在时间上进行展开

为了适应不同的应用需求,RNN 模型出现了不同的变种,主要包括长短期记忆模型(long-short term memory, LSTM)、Simples RNNs(SRNs)、Bidirectional RNNs,见表 7-1。

表 7-1 RNN的相关变种模型

变种模型	特点
长短期记忆模型	包括输入门、遗忘门、输出门。其中"遗忘门"可以让循环神经网络"忘记"之前没用的信息;而"输入门"的作用是在循环神经网络"忘记"部分之前的状态后,还需要从当前的输入补充最新的"记忆";而"输出门"会根据最新的状态、上一时刻的输出和当前的输入来决定该时刻的输出。可以学习长期依赖信息
Simples RNNs	是一个三层网络,并且在隐藏层增加了上下文单元。上下文每一个节点保存其连接的隐藏层节点的上一步的输出,即保存上文,并作用于当前步对应的隐藏层节点的状态,能够解决标准的多层感知机无法解决的对序列数据进行预测的任务
Bidirectional RNNs	由两个RNN上下叠加在一起组成,其输出由这两个RNN的隐藏层状态决定,双向RNN网络模型可以用来根据上下文预测一个语句中缺失的词语,即当前的输出不仅与前面的序列有关,并且还与后面的序列有关

6) 多模型融合的神经网络

除了单个的神经网络模型,还出现了不同神经网络模型组合的神经网络,比如CNN和RBM、CNN和RNN等,通过将各个网络模型的优势组合起来可以达到更好的效果。相关学者将CNN与RNN相结合用于对图像描述的自动生成,使得该组合模型能够根据图像的特征生成文字描述或者根据文字产生相应内容的图片。

随着深度学习技术的发展,相信会有越来越多的性能优异的神经网络模型出现在大众的视野,如近期火热的生成对抗网络(generative adversarial networks, GAN)及相应变种模型为无监督学习的研究开启了新的方向。

7.4 基于深度学习的隧道病害识别实例

7.4.1 渗漏水病害识别的全卷积网络模型

在大数据时代的背景下,计算机科学技术发展可谓是日新月异。深度学习是其中如火如荼的重要课题,其理论研究和应用实践也越来越成熟。传统的土木工程学科与计算机科学技术的结合是大势所趋,势不可挡。在图像处理上常用的任务为图像分类、目标定位、语义分割等。以盾构隧道渗漏水图像为例(图7-8):图像分类是将含有渗漏水的图像与不含渗漏水的图像分离,但不能获得渗漏水的具体位置,只能明确一张图像中是否存在渗漏水;目标定位是在一张隧道图像中用边框将渗漏水定位出来,虽然可以获得渗漏水的具体位置,但不能获得渗漏水区域的准确几何信息(如面积);语义分割是将渗漏水区域与其他背景信息分割开来,能够获得渗漏水区域的具体位置和准确几何信息。

7.4.1.1 全卷积神经网络

全卷积网络(fully convolutional network, FCN)是深度学习中一种卷积神经网络,2015年由加州大学伯克利分校Long等首先提出,专门用于图像的语义分割。对于FCN而言,网

(a) 原图　(b) 图像分类　(c) 目标定位　(d) 语义分割

图 7-8　图像识别的主要目标

络输入的是一张图像,网络输出的也是一张图像,网络的功能是学习像素到像素的映射,以实现像素级的识别。针对盾构隧道渗漏水病害,改进 FCN 结构,提出基于 FCN 的盾构隧道渗漏水图像算法,主要包括两个步骤:一是建立样本数据集,二是构建网络结构。

7.4.1.2　渗漏水病害图像样本数据集建立

所用的图像样本数据集是通过移动式隧道病害检测系统对某地铁盾构隧道衬砌表面实施图像采集获得。为了降低计算机显存的需求,所采集的图像经过裁剪后为 1 000 像素×1000 像素的图像子块,形成共计 12 000 张的图像样本数据集。按照"训练集∶验证集=4∶1"的比例,将图像样本数据集分成训练集和验证集,因此训练集图像数量为 9 600 张,验证集图像数量为 2 400 张。

在图像样本数据集中,每张原图一一对应一张标签图(ground truth)。标签图是通过人工将图像中渗漏水区域标注得到的参考基准。在标签图中,通过不同的颜色区分图像中不同的类别,将渗漏水标记为(R,G,B)=(128,0,0)的灰色区域,将背景标记为(R,G,B)=(0,0,0)的黑色区域,共计两类。图 7-9 为图像样本数据集中的部分原图和标签图。

在制作标签图的过程中,渗漏水边界的确定是非常关键的。有些图像中渗漏水区域的边界不明显,不易通过肉眼进行确定。图 7-10a 给出一张渗漏水图像,其中虚线 A 包围了一个区域,实线 B 也包围了一个区域。沿图中Ⅰ-Ⅰ断面,绘制渗漏水图像的灰度值曲线如图 7-10b 所示。相对其他区域而言,A 线内的区域灰度值较低,处于整个灰度曲线的谷底。A 线与 B 线之间的区域,其灰度值略高于 A 线内的区域,呈现出"台阶"状。B 线以外区域的灰度值较高,但受噪声的影响波动明显。从视觉上来看,A 线内的区域有明显的水渗出,在隧道衬砌上可观察到明显的流挂水迹。在 A 线与 B 线之间的区域呈现明显色泽变化的潮湿斑。根据《地下防水工程质量验收规范》(GB 50208—2011)中第 C.1.5 条关于渗漏水现象的定义知,A 线内的区域属于渗水,A 线与 B 线之间的区域属于湿渍。因此将 B 线内的区域定义为渗漏水区域。

7.4.1.3　全卷积网络结构的构建

基于加州大学伯克利分校视觉和学习中心开发的深度学习框架(convolutional architecture for fast feature embedding, CAFFE),构建适用于渗漏水病害图像识别的 FCN 网络结构,其

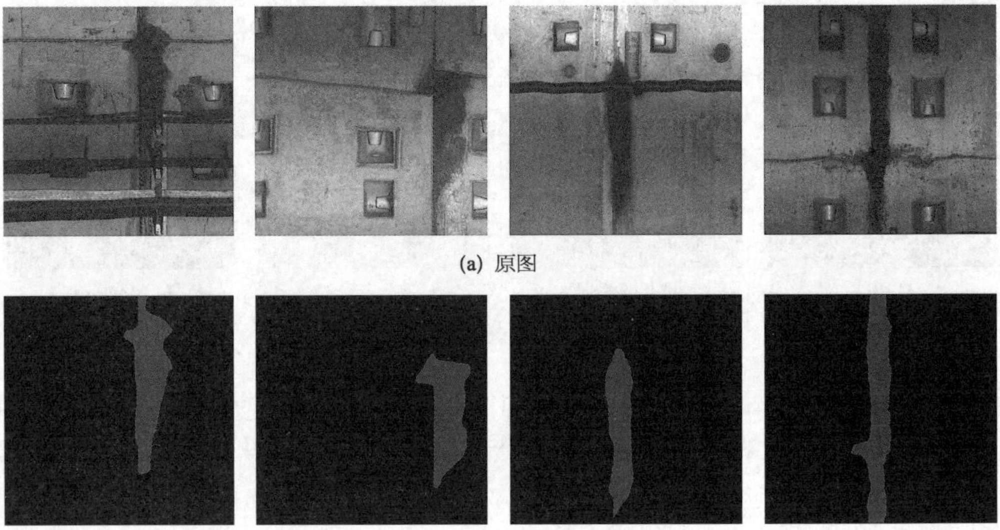

(a) 原图

(b) 标签图

图 7-9　渗漏水图像样本数据

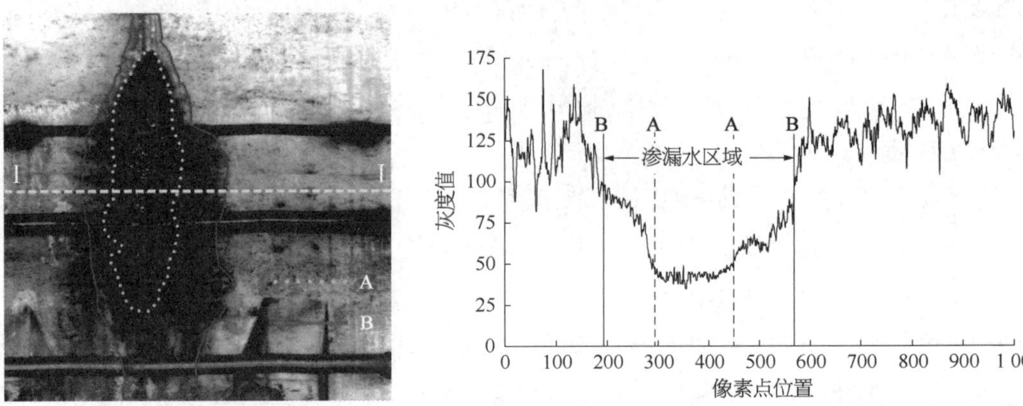

(a) 渗漏水图像　　(b) I-I断面灰度值

图 7-10　渗漏水区域的定义(后附彩图)

结构示意图如图 7-11 所示。首先将图像样本数据集中的原图和标签图输入 FCN 网络。在原图的基础上,进行多次的卷积运算和池化运算后,产生抽象的特征图(图 7-11 中间横向数字即为每个卷积层输出的特征图数量),再通过反卷积运算将这些抽象的特征图恢复到与输入图像相同的尺寸,从而对每个像素都产生了一个预测,同时保留了原始输入图像中的空间信息。通过总体误差函数度量网络输出的预测图与对应标签图之间的误差,完成一次迭代中的正向推理运算。随后采用随机梯度下降方法对总体误差函数进行最小化,并通过反向传播算法将误差的梯度进行反向传递,实现权值的更新,完成一次迭代中的反向学习运算。由学习曲线(图 7-12)看出,经过 20 000 次的迭代运算,误差值趋于收敛,得到 FCN 网络的一组最优权值集。这组最优权值集经保存后,即为训练得到的模型。

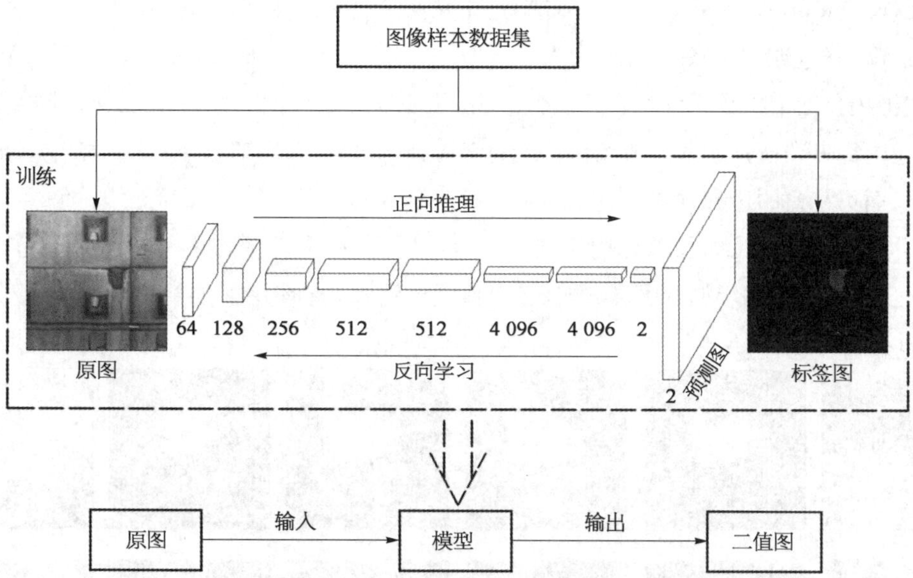

图 7 - 11　渗漏水图像识别全卷积网络结构(后附彩图)

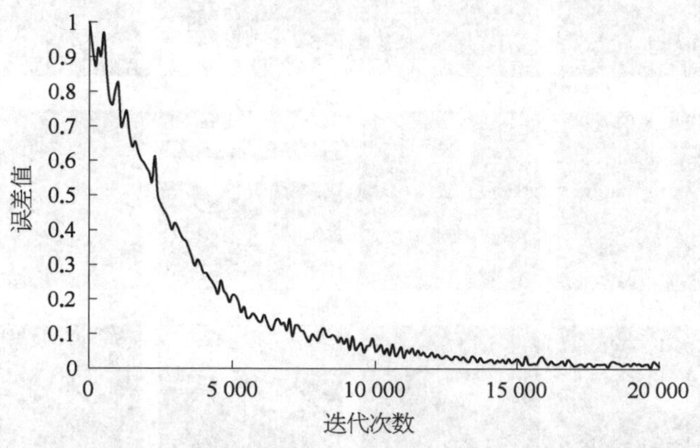

图 7 - 12　学习曲线

将样本数据集之外的隧道衬砌表面图像输入到 FCN 网络后,调用模型中的权重集便可对图像中的每个像素进行预测,此时只进行正向推理,不进行反向学习。属于渗漏水的像素被预测为灰度值等于 1 的前景像素,不属于渗漏水的像素(如管片拼缝、螺栓孔、管线、阴影等干扰物)被预测为灰度值等于 0 的背景像素,从而实现渗漏水病害的图像识别。

7.4.1.4　渗漏水图像识别算法对比分析

针对盾构隧道渗漏水病害的图像识别,这里选用大津法、区域生长法、分水岭法三种常用的传统方法与 FCN 进行对比分析。大津法(Otsu algorithm, OA)是一种自适应阈值确定的方法,能够根据图像的灰度特性将图像分为前景和背景两个部分;豆海涛等根据混凝土渗漏水红外热图像的特点,采用 OA 提取了红外图像中的隧道衬砌渗漏水的面积信息。区域生长法(region growing algorithm, RGA)是指从某个像素开始,将与该像素有相似属性(如灰度、纹理、颜色等)的相邻像素合并成目标区域。分水岭法(watershed algorithm, WA)是一种基于拓扑理论的数学形态学的识别方法,其基本思想是把图像看作测地学上的拓扑地貌,图像中每一个像素的灰度值表示该点的海拔高度,每一个局部极小值及其影响区域称为集水盆,而集水盆的边界则形成分水岭。

不同算法下渗漏水区域的识别结果如图 7-13 所示,其中基准图的白色区域为原图中经过人工标注的真实渗漏水区域,作为各个算法识别效果的参考基准。

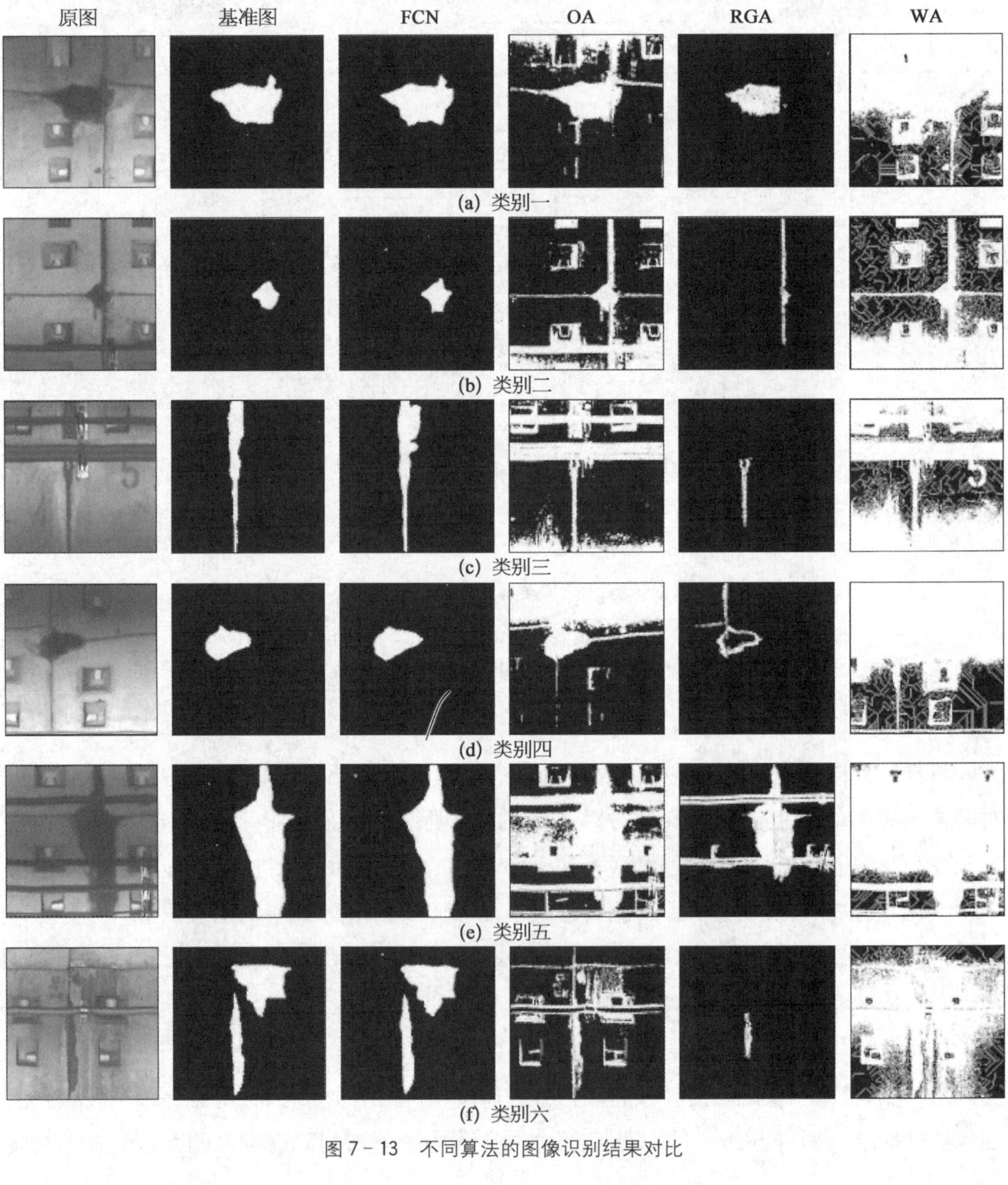

图 7-13　不同算法的图像识别结果对比

对于类别一，图像中包含拼缝和螺栓孔(图 7 - 13a)。FCN 的识别效果最好，能够很好地克服拼缝和螺栓孔对渗漏水图像识别的影响；OA 受拼缝和螺栓孔影响严重，导致渗漏水区域过大；拼缝影响了 RGA 的生长边界，使得拼缝另一侧的渗漏水区域被忽略；WA 同样受拼缝和螺栓孔影响严重，渗漏水区域难以识别。

对于类别二，图像中出现拼缝、螺栓孔、管线(图 7 - 13b)，但管线尚无遮挡渗漏水区域。FCN 识别的渗漏水区域不受管线影响，而 OA 错把管线当作渗漏水区域；由于拼缝与渗漏水区域的图像特征接近，致使 RGA 将拼缝错检为渗漏水；WA 受拼缝和螺栓孔的影响均较大。

对于类别三，图像中有拼缝、螺栓孔、支架、管线(图 7 - 13c)，且管线遮挡了渗漏水的部分区域，较为复杂。与基准图中渗漏水区域对比后发现，FCN 虽然很好地克服管线遮挡带来的影响，但受到支架的轻微影响，使得渗漏水区域略大；OA 难以区分真正的渗漏水区域；管线的遮挡能够限制 RGA 的生长；WA 的识别效果对局部小区域较好，如图中的管片编号“5”，但对渗漏水区域的识别不理想。

对于类别四，图像中含有拼缝、螺栓孔、阴影(图 7 - 13d)。FCN 没有受到阴影的干扰；OA 受阴影影响较大，显著增大了渗漏水区域的面积；RGA 不受阴影的干扰，但依旧受到拼缝的影响；WA 受阴影影响严重，识别后的渗漏水边界基本上看不到。

对于类别五，图像中有拼缝、螺栓孔、阴影、管线(图 7 - 13e)，且管线遮挡部分为渗漏水区域。FCN 识别的渗漏水区域大致与基准图中渗漏水区域相吻合，不受拼缝、螺栓孔、阴影、管线等干扰物的影响；OA 则受干扰物影响敏感，难以分清渗漏水区域的边界；RGA 在渗漏水区域生长的过程中，将管线也归为了渗漏水区域；WA 已经严重失去渗漏水区域的信息。

对于类别六，图像中的渗漏水区域不连通(图 7 - 13f)。FCN 能够将不连通的渗漏水区域较好地识别出来；OA 受拼缝、管线干扰严重，已经丢失各渗漏水区域的边界信息；RGA 难以识别不连通的渗漏水区域；WA 对此时的渗漏水区域失效。

从以上六种类别的渗漏水图像识别结果可以看出，与大津法、区域生长法、分水岭法等传统图像识别算法对比，FCN 能够有效地避免管片拼缝、螺栓孔、管线、阴影等干扰物的影响，特别是在克服管线遮挡方面，具有优越的鲁棒性。

病害错检率是指错检的像素数与图像总像素数的比值，其计算公式见下式：

$$P_i = \frac{N_i}{N_{\text{total}}} \times 100\% \tag{7-6}$$

式中　P_i——算法 i 的错检率，i 分别取 FCN、OA、RGA、WA 四种情况；

N_i——算法 i 错检的像素数；

N_{total}——图像中的总像素数，由于图像大小均为 1 000 像素×1 000 像素，所以 $N_{\text{total}} = 10^6$ 像素。

不同算法错检的渗漏水像素数及错检率见表 7-2,图 7-14 为对应的柱形图。可以看出,对于渗漏水图像的六种类别,FCN 的错检率最低,其次分别为 RGA、OA、WA。

表 7-2 不同算法的错检率结果

类别	错检的像素数(像素)				总像素数(像素)	错检率(%)			
	N_{FCN}	N_{OA}	N_{RGA}	N_{WA}	N_{total}	P_{FCN}	P_{OA}	P_{RGA}	P_{WA}
一	8 339	119 232	38 818	562 833	1 000 000	0.8	11.9	3.9	56.3
二	4 128	235 223	23 570	444 548		0.4	23.5	2.4	44.5
三	19 147	261 013	41 099	619 976		1.9	26.1	4.1	62.0
四	2 971	288 029	32 019	614 964		0.3	28.8	3.2	61.5
五	10 688	364 877	149 222	673 769		1.1	36.5	14.9	67.4
六	10 839	116 887	96 928	561 288		1.1	11.7	9.7	56.1
平均错检率						0.9	23.1	6.4	58.0

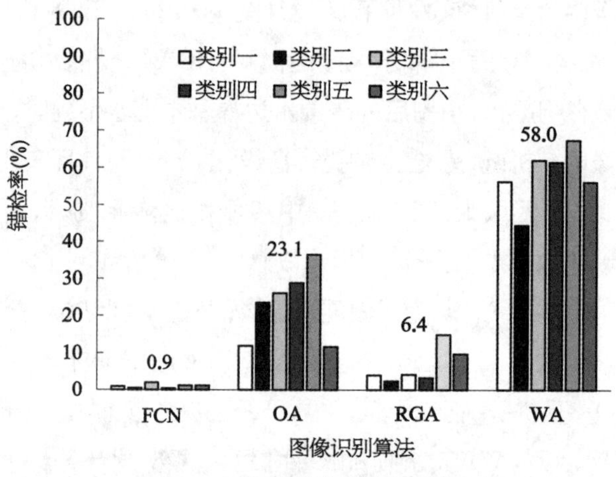

图 7-14 不同算法的错检率对比

FCN 是由多层卷积神经网络构成的全卷积网络,主要包括卷积运算、池化运算等,能够自动提取并学习隧道病害的高级图像特征。传统的三种图像识别方法 OA、RGA 和 WA 在进行渗漏水病害提取时,仅用到灰度、边缘、纹理等低级特征。这些低级特征容易受到管片拼缝、螺栓孔、管线、阴影等噪声的干扰,导致错检率居高不下,而高级特征具有较强的泛化能力和鲁棒性,能够显著降低错检率。

深度学习计算采用的硬件条件为 Intel core i7-4790@3.60GHz,8 核处理器,RAM 为 16 GB,GTX-1080。不同算法下渗漏水识别的运行时间见表 7-3,图 7-15 为对应的柱形图。对于渗漏水图像的六种类别,运行时间由短到长依次为 OA、FCN、WA、RGA。FCN 比 OA 多 0.17 s,位居第二位。

表 7－3　不同算法的运行时间比较　(s)

类　别	FCN	OA	RGA	WA
一	0.20	0.04	3.83	0.38
二	0.26	0.03	2.79	0.36
三	0.20	0.03	4.07	0.42
四	0.20	0.04	4.03	0.32
五	0.20	0.05	15.96	0.34
六	0.21	0.03	5.24	0.41
平均时间	0.21	0.04	5.99	0.37

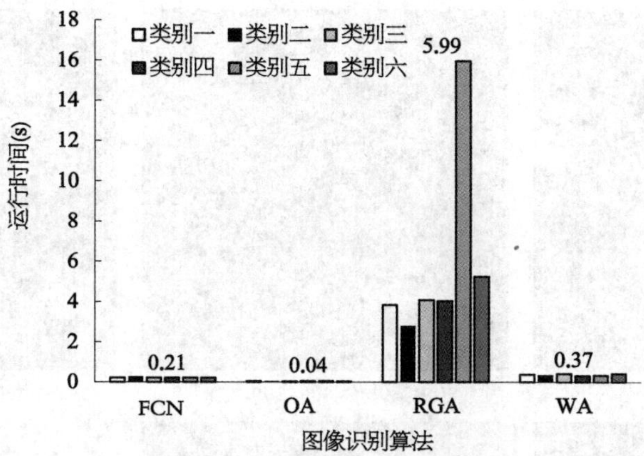

图 7－15　不同算法的运行时间对比

从渗漏水病害图像的识别结果、错检率、运行时间来看，FCN 较 OA、RGA、WA 三种现有传统方法具有较大优势。FCN 能够有效避免管片拼缝、螺栓孔、管线、阴影等干扰物的影响，特别是在克服管线遮挡方面具有优越的鲁棒性；在地铁盾构隧道衬砌表面复杂干扰物的影响下，OA、RGA、WA 难以识别渗漏水的准确区域。FCN 的错检率最低，其平均值为 0.9%，远远低于其他三种方法。在运行时间方面，OA 的平均运行时间最短，但错检率较高，FCN 比 OA 多 0.17 s，位居第二位，显著短于 WA 和 RGA 两种方法。

7.4.1.5　渗漏水图像识别算法对比分析后的讨论

地铁盾构隧道渗漏水病害图像作为一类特殊的工程图像，包含的图像内容较多，除了渗漏水区域外，还存在拼缝、管线、螺栓孔、支架、水渍、划痕、阴影等干扰物，给渗漏水的图像识别带来了很大的挑战。通过上述研究分析，看出 FCN 在解决该挑战上具有优越性，适用于不同干扰物存在下的渗漏水图像识别。在 FCN 网络中，卷积算子和池化算子是两个主要的运算方式。卷积算子的主要作用是提取渗漏水区域的高级图像特征，在经过反复迭代后，卷积核所对应的权重会收敛于一组值，以使网络最终输出的图像保证前景和背景分离。经过卷积操作后，若直接进行分类的话，会面临巨大的计算量，因此在卷积算子后通常会连接池化算子。池化算子的功能在于显著减小卷积核权重的数量，并使特征图具有非相关变化（位置变化、方向变化、光照变化等）的不变性。

以图 7-8 的原图和语义分割图为例，图 7-16 各分图依次显示了 FCN 网络结构中第 6 层、第 9 层、第 10 层、第 25 层、第 27 层、第 42 层的特征图，发现低层的响应特征图主要表现为背景、纹理、轮廓等细节信息（图 7-16a），而高层的响应特征图显示得非常抽象和稀疏（图 7-16d），用于剔除不相关的图像内容。经过多次卷积和池化运算后，网络最后一层输出的特征图如图 7-16f 所示，可以看出图像中的拼缝、管线、螺栓孔在图像中已经完全弱化，前景和背景得到显著分离，验证了 FCN 在复杂背景下渗漏水图像识别的有效性。

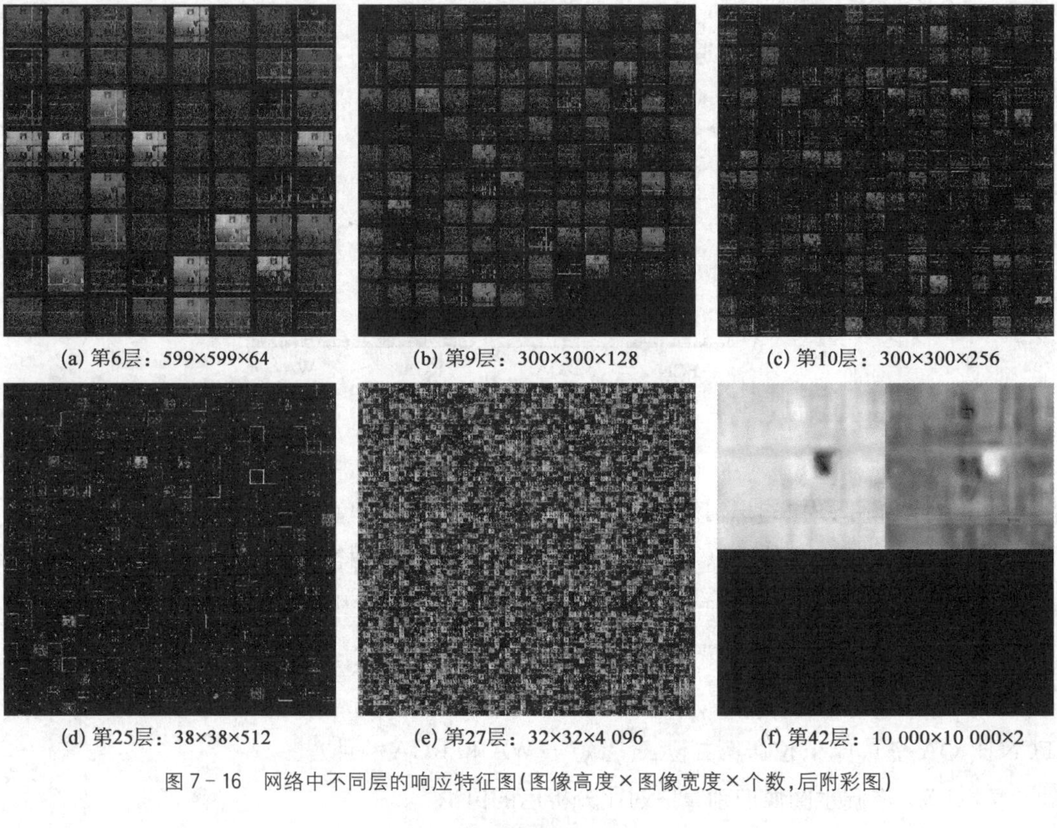

(a) 第6层：599×599×64　(b) 第9层：300×300×128　(c) 第10层：300×300×256

(d) 第25层：38×38×512　(e) 第27层：32×32×4 096　(f) 第42层：10 000×10 000×2

图 7-16　网络中不同层的响应特征图（图像高度×图像宽度×个数，后附彩图）

7.4.2　基于 R-FCN 的隧道衬砌病害检测模型

图 7-8 给出了图像识别的主要任务。对于大尺度图像，如果由于目标病害所占整个图像上的尺度小，直接进行语义分割，可能造成计算缓慢、识别效果不佳的后果。此时可采取的手段是先进行目标检测（目标定位），再将定位的内容进行进一步的分割。本节案例使用 R-FCN 方法进行隧道病害检测。

7.4.2.1　方法概述

在病害检测任务上,输入图像为完整的大尺度图像,其大小为 3 000 像素×3 724 像素。从结构上可以把本方法划分为两部分,一部分为骨干结构(backbone architecture),另一部分为头结构(head architecture)(图 7-17)。骨干结构负责对整张大图像进行处理,获得其特征图像,头结构对特征图像进行处理,获得候选区域并进行类别的分类和目标边界的定位。

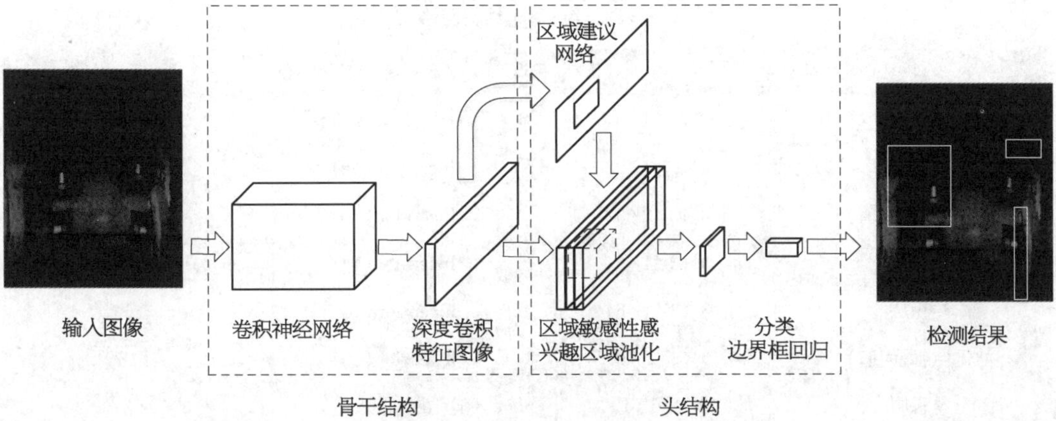

图 7-17　模型组成(后附彩图)

从整个方法的计算上,本方法有两个损失函数,可以分成两条计算路线,一条是候选区域计算,另一条是最终目标检测计算。两条计算路线有一部分相互重叠,即整个图像的深度卷积特征的提取,其他的部分计算相互独立。如图 7-18 所示,黑色点画线连接的黑框表示候选区域计算,灰色点画线连接的灰框表示目标检测计算。

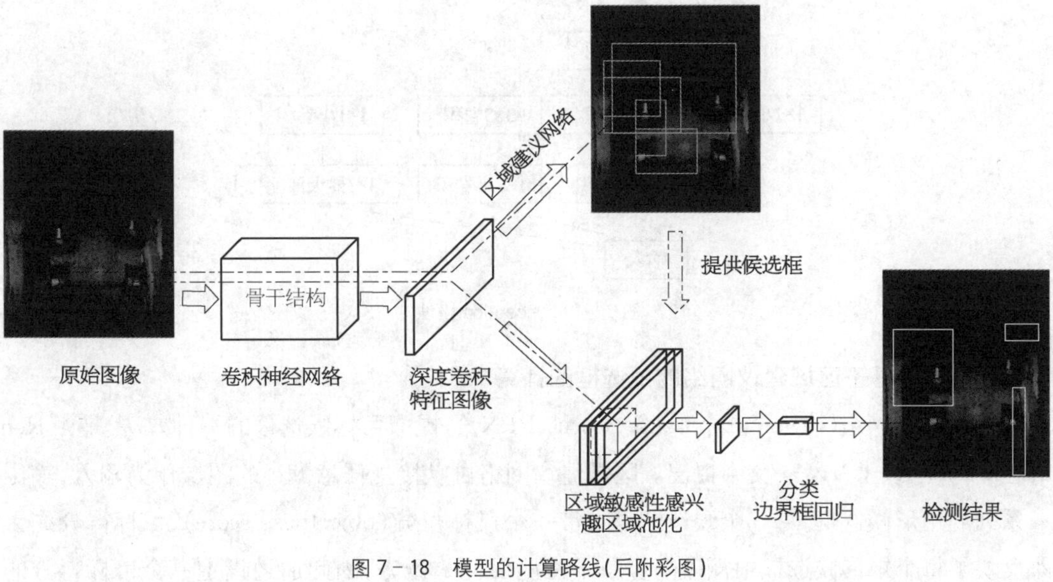

图 7-18　模型的计算路线(后附彩图)

7.4.2.2 深度卷积特征的提取

深度卷积特征的提取依靠于卷积神经网络模型，在目标检测任务上，由于图像尺度大，检测目标占据整张图像的区域较小，直接进行图像分类效果不明显，在结合并改进了GoogLeNet模型和VGG16模型后，设计了适用于隧道病害提取的卷积神经网络模型，并用作病害检测方法的骨干结构，见表7-4。其中Inception模块如图7-19所示。

表7-4 骨干结构网络

类型	大小/步长/数量	类型	大小/步长/数量
卷积层	3×3/1/32	池化层(最大值)	3×3/2/480
卷积层	3×3/1/32	Inception(4a)	
池化层(最大值)	3×3/2/32	Inception(4b)	
卷积层	3×3/1/64	Inception(4c)	
卷积层	3×3/1/64	Inception(4d)	
池化层(最大值)	3×3/2/64	Inception(4e)	
卷积层	3×3/1/192	池化层(最大值)	3×3/2/832
池化层(最大值)	3×3/2/192	Inception(5a)	
Inception(3a)		Inception(5b)	
Inception(3b)			

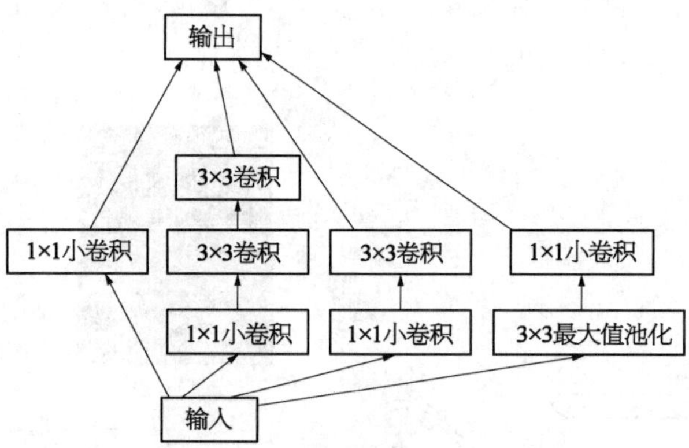

图7-19 Inception模块

7.4.2.3 基于区域建议网络的候选框的计算

区域建议网络(region proposal network, RPN)是提取目标候选框的一种方法，是由Ren等在*Faster R-CNN*一文中提出。区域建议网络可以接受任意大小的图像作为输入，输出一系列的矩形候选框，每一个候选框都附带一个目标得分(objectness score)，目标得分的大小反映了每个矩形候选框中涵盖内容属于检测目标的概率，因此通过设定一个目标得分的阈值,可以获得一定数量的矩形候选框。

一般来说,通过区域建议网络得到的矩形候选框并不完全精确,否则仅仅一个区域建议网络就能完成病害检测的任务。区域建议网络的功能在于获取可能的目标区域,最终检测得到的目标将由神经网络的分类器决定。

区域建议网络的优点显著,它是一个端对端的模型,可以完整地嵌入到深度学习方法中,在神经网络的训练阶段,区域建议网络也同时进行正向和反向传播,更新模型中的参数,也正因为如此,区域建议网络获取候选框区域的速度快。除此之外,区域建议网络的效果也远远优于其他的候选区域选择方法。

1) 区域建议网络计算流程

区域建议网络示意图如图 7 - 20 所示。通过特征提取并计算区域建议网络,候选框计算路线即完成。在区域建议网络中,也有相关参数需要训练,故也分为训练阶段和测试阶段。在训练阶段,使用的算法仍然是反向传播算法,骨干结构中的相关参数和区域建议网络的相关参数同时更新。

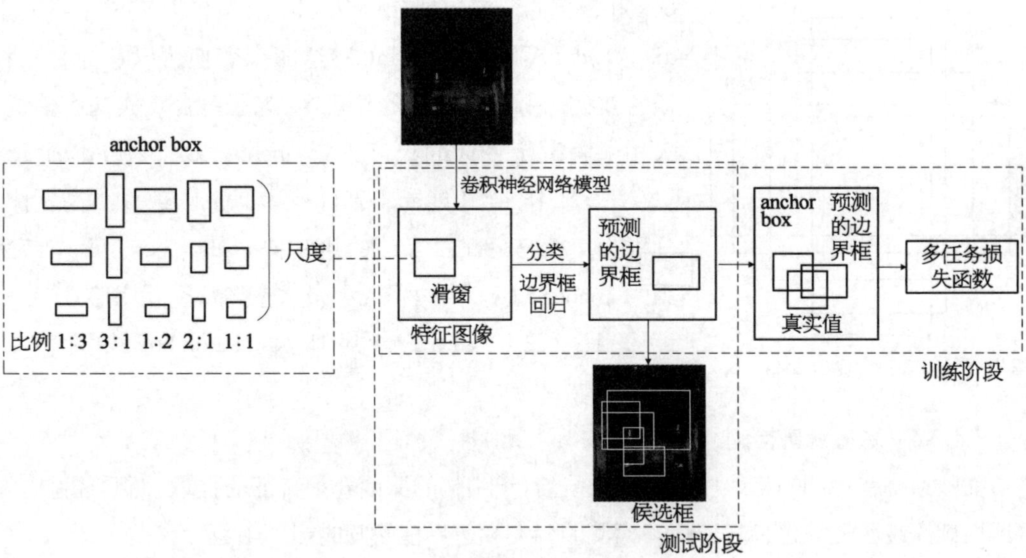

图 7 - 20　区域建议网络示意图(后附彩图)

候选框计算路线可以详细划分为以下部分:

输入图像经过卷积神经网络骨干结构,通过运算得到卷积特征图像,其大小和维度为 $p \times q \times n$。

在提取的卷积特征图像上,使用一个矩形图框进行滑动,每个滑动窗口将所在区域内的特征映射为一个具体的数值,这个滑动的矩形图框窗口被称为 anchor box。对于 anchor box 有两个固定的属性:高宽比和尺度。高宽比指的是 anchor box 矩形框的高度和宽度的比例,反映了检测目标的形状;尺度指的是检测目标区域所占整张图像上的比例,反映的是检测目标的大小。高宽比和尺度决定了 anchor box 的个数。对于 n 维的卷积特征图像,k 个不同的 anchor box,每一次滑动都会产生 k 个 n 维的低维向量。

此向量通过两次全连接的方式进行类别的分类和边界的回归。类别的分类是为了判断 anchor box 所在区域是否含有目标。在区域建议网络中只有两个类别:背景和前景。背景是非检测目标的背景信息,前景是检测任务里的目标,而对于边界框的回归,每个区域对应了四个未知数。所以对于 k 个 n 维的低维向量,与 $2k$ 个神经元全连接,使用 softmax 进行 $2k$ 的分类,同时该向量还与 $4k$ 个神经元全连接,进行边界框的回归。

2) *隧道病害检测中的 anchor box*

隧道结构病害具有其独有的特征,例如渗漏水有渗流效果,在重力的作用下,常常会向下发展,而裂缝由于受力原因,向破损方向发展,这导致了在形态学上,隧道病害往往呈现出细长形状。

在区域建议网络的边界框回归损失函数推导的过程中,要求区域建议网络中 anchor box 和目标的真实值具有一定的相似性,此时需要学习的是 dx(A)、dy(A)、dw(A)、dh(A)这四个变换可以认为是一种线性变换。所以在本节的建模中,为了符合真实病害情况,采用了高宽比较大的尺度设定 anchor box。在 *Faster R-CNN* 一文中,给出的 anchor box 为 3 种尺度、3 类高宽比,分别为 1∶2、1∶1、2∶1,总共 9 种 anchor box。而本节采用的 anchor box 为 3 种尺度、5 类高宽比,分别为 1∶3、1∶2、1∶1、2∶1、3∶1,总共 15 种 anchor box,如图 7-21 所示。

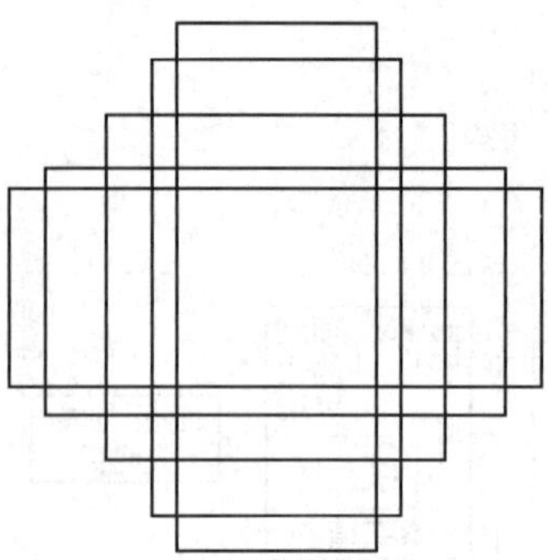

图 7-21　5 类高宽比的 anchor box

7.4.2.4　隧道病害检测

在隧道病害检测的路线中,同样先经过骨干结构的深度卷积特征的提取,而后经过区域敏感性感兴趣区域池化和隧道病害检测的分类和边界框回归的损失函数。

1) *感兴趣区域池化*

对于候选框联合卷积神经网络的目标检测方法,当得到候选框时,图像中的候选框通过位置对应关系得到在深度卷积特征图像中的对应区域,由于候选框的(RoI pooling)将其尺度归一,从而进行目标的分类和边界框的回归。感兴趣区域池化的思想源于空间金字塔池化,然而空间金字塔池化往往具有多个尺度,而感兴趣区域池化类似于单个尺度的空间金字塔池化。如图 7-22 所示,计算候选框后将其映射到特征图像上,得到了三个尺度形状都不同的图像,感兴趣区域池化将每个区域平均分成 4×4 区域,对每个区域分别池化,得到相同尺度的特征图像。

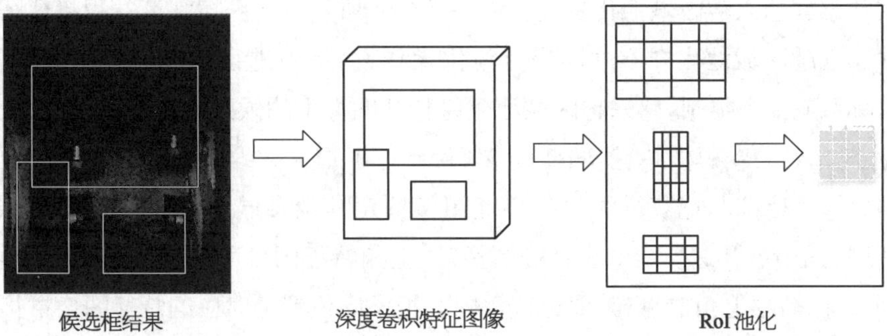

图 7-22　感兴趣区域池化(后附彩图)

2）区域敏感性感兴趣区域池化

图像分类和物体检测任务除了上文提到的差异,还有一点关键的不同,在于图像的平移和尺度不变性与图像的平移和尺度可变性。图 7-23 给出了一个具体的实例。对于图 7-23a 和图 7-23b,做图像分类任务时,图像的不变性在于当图像位置或者占据尺度发生变化时,网络总能精准地区分其类别。但是对于物体检测,图像的平移和尺度是唯一的,也是就说,对于图 7-23c 中的两个颜色框的检测结果,黑色框要比白色框精确,如果白色框的得分优于黑色框,那么检测网络最终给出的结果为白色框,是一个不准确的结果。所以在目标检测任务中,要求图像的平移和尺度可变性。

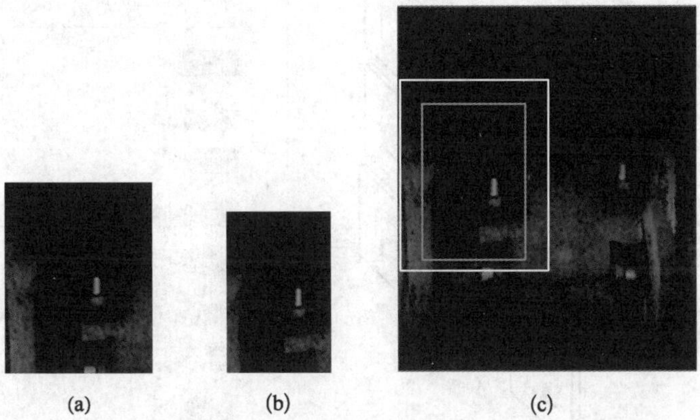

图 7-23　图像不变性与图像分类和目标检测(后附彩图)

全卷积神经网络一般具有大量的神经网络层。通常情况下,网络层数越多,神经网络的图像分类效果越好,但是同时也会使得神经网络对位置的敏感性越差。如果把深层的全卷积网络应用于物体检测,很容易发生如图 7-23c 所示的白色框的检测结果。区域敏感性感兴趣区域池化(position-sensitive RoI pooling)是可以弥补其缺陷的一种有效手段。区域敏感性感兴趣区域池化是由 J. Dai 等人(2016)提出,可以认为是感兴趣区域池化的一种变种形式。通过加入判断位置信息的卷积层,可以重新获得位置的敏感性。

区域敏感性感兴趣区域池化的过程如图 7-24 所示。在获得深度卷积特征图像后,区域敏感性感兴趣区域池化并不立即进行池化操作,而是先进行了卷积操作。假设方法中检测的目标共有 l 个类别,感兴趣区域池化将特征图像上的候选框对应区域平均分成 $k\times k$ 个区域,则此处的卷积核共有 $(l+1)\times k^2$,得到 $(l+1)\times k^2$ 维度的特征图像,在示意图中的例子中,$l=3$,$k=3$。把获得的卷积特征图像按照其位置展开,每个位置上的特征图像维度为 $l+1$,图中展开之后有 9 个特征图像,左上角特征图像所对应的卷积核的功能是提取 $l+1$ 个目标的左上角信息,其他位置类同。把不同位置上对应的特征图像拼接起来,就是感兴趣区域池化的对应范围,在图中的例子为四维的 $M\times N$ 图像,展开得到 4 个 $M\times N$ 的矩阵,利用式(7-7)计算池化,最终获得 4 个 3×3 的矩阵,这 4 个矩阵连接 softmax 分类器进行分类:

$$r(i,\ j)=\sum_{(x,\ y)\in bin(i,\ j)} z_{i,\ j,\ c}(x_0+x,\ y_0+y)/m \tag{7-7}$$

式中 $r(i,\ j)$——$k\times k$ 矩阵中的第 $(i,\ j)$ 个数值;

m——$M/k\times N/k$ 区域范围内数值个数的总和;

$z_{i,\ j,\ c}(x,\ y)$——坐标 $(x,\ y)$ 对应的数值;

$(x_0,\ y_0)$——区域内左上角的坐标。

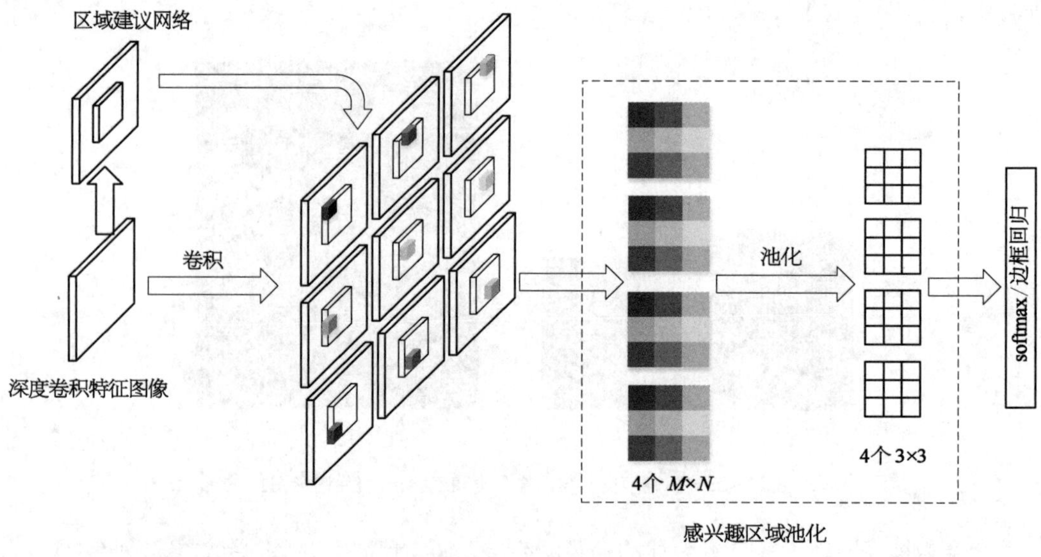

图 7-24　区域敏感性感兴趣区域池化示意图

3) *病害检测的损失函数*

病害检测的损失函数包含两部分:分类和边界框的回归。

在病害检测的分类任务中,使用的是 softmax 分类器,见式(7-8)。对于边界框回归,其损失函数见式(7-9)~式(7-11)。在任务中仍使用了多函数集合的损失函数,见式(7-12):

$$L_{cls2}(p_i) = -\log p_i \tag{7-8}$$

$$L_{bbreg2}(v_i,\ v_i^*) = \sum smooth_{L_1}(v_i - v_i^*) \tag{7-9}$$

$$v_x = \frac{(x - x_p)}{w_p};\ v_y = \frac{(y - y_p)}{h_p};v_w = \ln\left(\frac{w}{w_p}\right);\ v_h = \ln\left(\frac{h}{h_p}\right) \tag{7-10}$$

$$v_x^* = \frac{(x^* - x_p)}{w_p};\ v_y^* = \frac{(y - y_p)}{h_p};\ v_w^* = \ln\left(\frac{w}{w_p}\right);\ v_h^* = \ln\left(\frac{h}{h_p}\right) \tag{7-11}$$

$$L_2(p_i,\ t_i) = L_{cls2}(p_i) + \lambda L_{bbreg2}(v_i,\ v_i^*),\ \begin{cases}\lambda = 1 & i \geqslant 1 \\ \lambda = 0 & i = 0\end{cases} \tag{7-12}$$

式中　x、y、w、h——矩形区域中心的横坐标、纵坐标、宽、高；

变量 x、x_p、x^*——网络预测的边界框、候选框的边界框、目标的真实边界框(y、w、h 类同)的 x 坐标。

$i=0$ 时类别为背景。

7.4.2.5　模型训练

在病害检测模型的训练中，使用了预训练的卷积神经网络模型对骨干结构进行权重的初始化，总共对模型进行了 3 万次迭代，在前 1 万次迭代过程中，学习率设定为 0.001，在后 2 万次的迭代过程中，学习率设定为 0.000 1。训练方式使用了随机梯度下降法并应用同时训练两条计算线路的联合训练。

7.4.2.6　方法评价标准

1）检测结果的评价

本案例中通过两个指标(检测率、检测准确度)衡量检测结果的准确度。

检测率(detection rate)表示测试集中检测得到的正确结果数量和实际的结果数量的比值，在最终的结果检测中，设定了一个阈值为 0.8。当检测结果的得分超过阈值则输出该检测结果。检测率直接反映了实际病害检测的应用效果。

检测准确度(detection accuracy)表示病害检测结果得分的平均值，检测准确度反映了该方法的识别能力。

2）边界框回归的准确度评价

边界框回归的准确度可以理解为检测目标定位的准确度，如果检测得到的边界框包含了大部分背景和少部分检测前景，或者并不能包含完整的病害，显然这种结果不能让人满意。本案例中考虑了检测边界框和样本真值之间的三种困境，如图 7-25 所示。图 7-25a 中的检测结果虽然包含了完整病害信息，但是同样包括了不必要的背景信息；图 7-25b 中的检测结果没有包含完整的病害信息；图 7-25c 中的检测结果则介于图 7-25a、b 两者之间，没有包含完整的病害信息，还含有了不必要的背景信息。

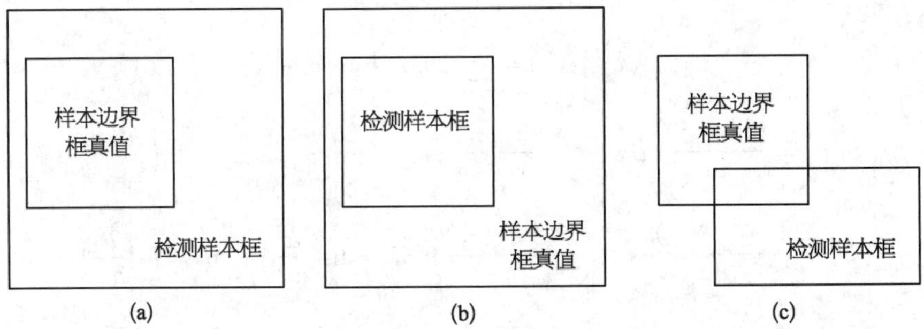

图 7-25　检测样本框和样本真值的三种困境

本案例制定了两个参数衡量边界框回归的准确度。如图 7-26 所示，A_1 表示图中浅灰色面积，A_2 表示图中中灰色面积，A_3 表示图中深灰色面积，A_1、A_2 之和表示样本的真实边界框范围，A_2、A_3 之和表示检测得到的边界框范围。参数 η_1 表示重叠区域和样本真值的比值[式(7-13)]，η_1 越大，表示检测结果中包含的目标信息越完整；参数 η_2 表示重叠区域和检测边界框的比值[式(7-14)]，η_2 越小，表示检测结果中包含的背景信息越少：

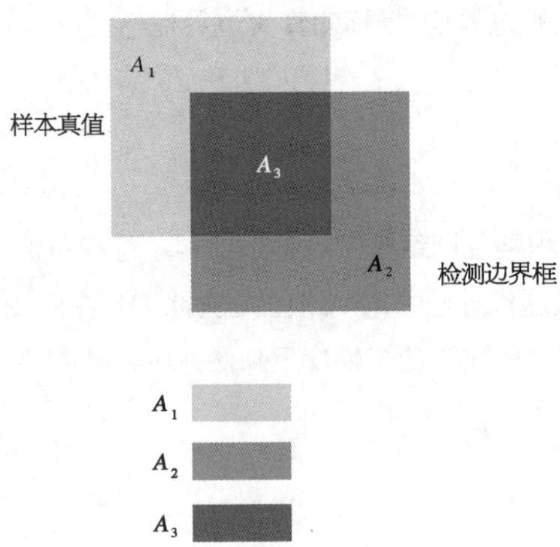

图 7-26　边界框回归的准确度参数定义示意图

$$\eta_1 = \frac{A_2}{A_1 + A_2} \tag{7-13}$$

$$\eta_2 = \frac{A_3}{A_2 + A_3} \tag{7-14}$$

3）检测效率的评价

检测效率的衡量标准为 3 000 像素×3 724 像素的大尺度图像在本方法下的检测速度。

7.4.2.7　训练结果

模型训练完成后，在测试数据集上含有裂缝和渗漏水的目标进行检测。测试集包含 1 139 幅图像，其中隧道病害目标共有 1 867 个。检测率为 94.4%，检测准确率为 85.6%，检测效率为 0.266 s。边界框回归的参数 η_1 平均值为 0.874，η_2 平均值为 0.062。图 7-27 显示了一些病害检测结果，灰色框为检测的最终结果。由于检测病害相对较小，使用白色框放大结果的展示，方便查看。

7.4.2.8　方法对比

对于物体检测任务，也有其他方法可以实现，例如深度学习 R-CNN 系列方法、传统图像处理方法等。作为对比，本案例同样开展了深度学习方法 Faster R-CNN 和传统 HOG+

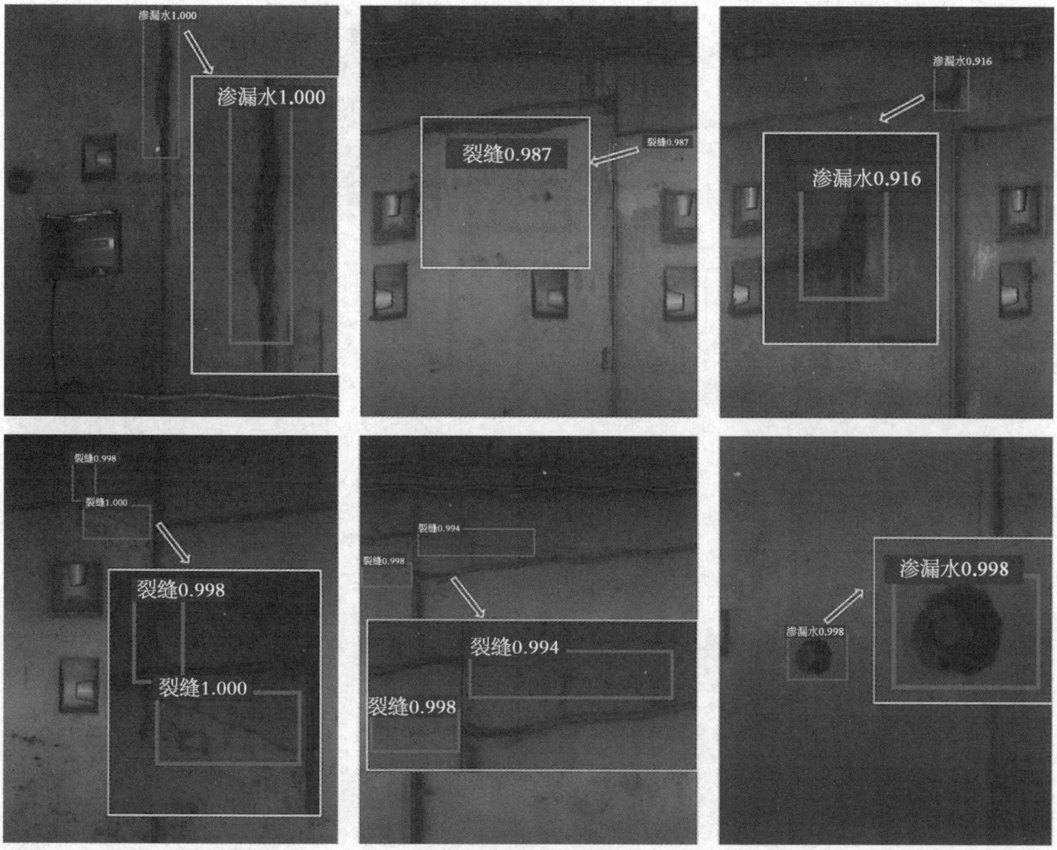

图 7－27　病害检测结果(后附彩图)

SVM 方法病害检测研究。

Faster R－CNN 方法也是候选框和卷积神经网络结合的方法。图 7－28 给出了 Faster R－CNN 示意图,从图中可以看出,该方法与 R－FCN 十分相似,其采用的是简单的感兴趣区域池化方式,计算量较大,对于深层卷积神经模型骨干结构容易丢失其位置信息。对于 Faster R－CNN,其骨干结构往往是层数较少的神经网络模型,例如 ZF 和 VGG 等。

HOG＋SVM 检测方法最早是法国研究人员达拉尔(N. Dalal)和特里格斯(B. Triggs)在 2005 年 IEEE 国际计算机视觉与模式识别会议(CVPR 2005)上提出,成功应用于行人检测。在深度学习未崛起之前,目标检测任务主要为 HOG＋SVM 及其变种。HOG 为方向梯度直方图(histogram of oriented gradient)的缩写,是一种在计算机视觉和图像处理中用来进行物体检测的特征描述子。通过计算和统计图像局部区域的方向梯度直方图来构成特征。由于 HOG 是在图像局部方格单元上操作,因此对图像几何与光学形变均能保持较好的不变性。支持向量机(support vector machine, SVM)是机器学习中一种常用的方法,属于有监督学习,常应用于模式识别、分类以及回归分析等任务中。

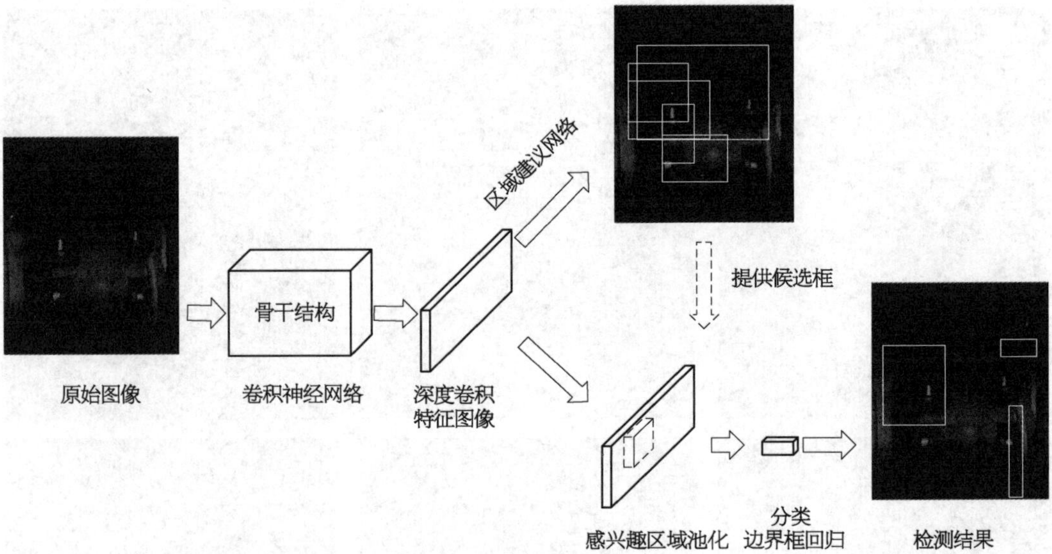

图 7-28　Faster R-CNN 示意图(后附彩图)

这里实现了两种方法,并使用同样的数据进行了训练,而对于传统算法,由于其提取特征缓慢,仅仅使用了 1/10 的数据进行计算,计算得到的结果见表 7-5。

表 7-5　三种方法训练结果汇总

方　法	检测率(%)	检测准确度(%)	检测效率(s/m)	η_1	η_2
本案例方法	94.4	86.6	1.84	0.874	0.062
Faster R-CNN	94.0	87.3	2.73	0.803	0.125
传统方法	49.5		437	0.646	0.227

表中结果表明,与传统的目标检测方法相比,深度学习方法性能十分突出,无论是检测的精确度、效率还是定位的准确性都远远超过了传统方法。传统方法致命缺陷在于速度缓慢,特征识别设计困难,对于隧道衬砌这种背景复杂、图像噪声严重的任务,很难满足工程需求。

对于两种深度学习方法,从测试结果可以看出,两者之间差异不大,本案例的方法在检测率上略优于 Faster R-CNN,而在检测准确度上略逊。在检测效率上,本案例方法比 Faster R-CNN 快约 33%,同时在边界框回归的准确度上也更高。

第8章

盾构隧道结构检测的其他方法

本章主要介绍近几年来著者在盾构隧道结构检测的其他方法开展的研究，包括隧道结构渗漏水红外检测、隧道纵向沉降静态监测、隧道纵向沉降动态监测和隧道裂缝深度检测。

8.1 隧道结构渗漏水红外检测

渗漏水是盾构隧道最为常见的病害之一，一方面危害盾构隧道结构和周边环境，另一方面影响行车和洞内设施安全。因此对运营盾构隧道渗漏水病害进行检测以指导养护就显得十分必要。然而隧道内环境较复杂，传统目测的效率和精度都比较差，并且需要消耗大量的人工。为了快速有效地检测盾构隧道渗漏水情况，对红外检测渗漏水的方法展开研究。

8.1.1 检测原理

红外热成像技术利用光电技术检测物体热辐射的红外线特定波段信号，将该信号转换成可供人类视觉分辨的图像和图形，并计算出温度值。

物体表面温度只要超过绝对零度就会辐射出电磁波，随着温度变化，电磁波的辐射强度与波长分布特性也随之改变，波长介于 0.75～1 000 μm 的电磁波称为“红外线”，而人类视觉可见的“可见光”介于 0.4～0.75 μm。红外线在地表传播时，会受到大气组成物质(特别是 H_2O、CO_2、CH_4、N_2O、O_3等)的吸收，强度明显下降，仅在短波 3～5 μm 及长波 8～12 μm 的两个波段有较好的穿透率(transmission)，通称大气窗口(atmospheric window)，大部分的红外热像仪就是针对这两个波段进行检测，计算并显示物体的表面温度分布。此外，由于红外线对绝大部分的固体及液体物质的穿透能力极差，因此红外热成像检测是以测量物体表面的红外线辐射能量为主的一种检测方式。

通俗地讲，红外热像仪就是将物体发出的不可见红外能量转变为可见的热图像。热图像上面的不同颜色代表被测物体的不同温度，基于此来检测隧道结构的渗漏水情况。

8.1.2 隧道实测

本案例介绍基于红外检测技术在上海市地铁隧道进行的现场试验，并利用 MATLAB 图像处理程序提取渗漏水面积。

现场试验时间：2009 年 12 月 10 日。试验地点：上海轨道交通 9 号线 2 期商城路车站。试验设备：FLIR P65 便携式红外热像仪。图 8－1 是试验设备和现场试验照片。

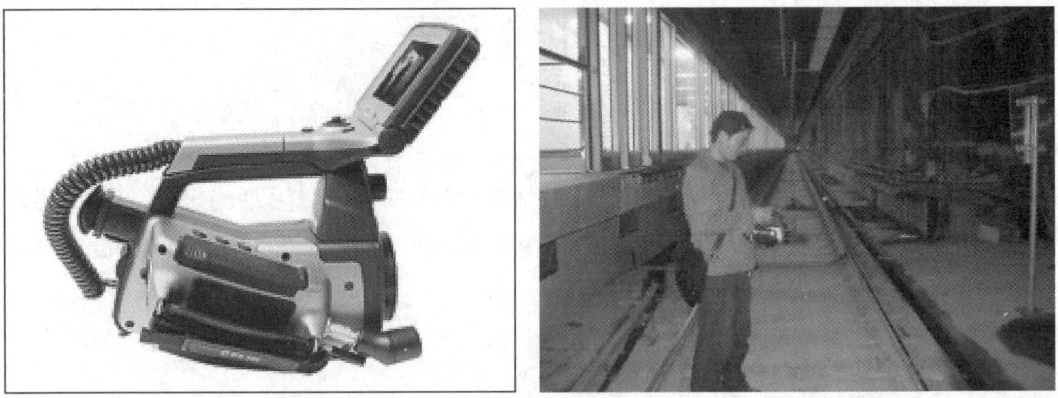

(a) FLIR P65便携式红外热像仪　　(b) 隧道现场试验照片

图 8－1　盾构隧道现场渗漏水检测试验照片及设备

此次隧道静态现场试验得到很多数据，能够清晰检测出隧道渗漏水的情况，图 8－2 和图 8－3 是两幅典型的渗漏水红外图像和 MATLAB 计算结果。

图 8－2c 和图 8－3c 中的四小幅图分别为原图的灰度图、平滑处理后的图像、阈值分割后的图像、为计算渗漏水面积而反转的图像。考虑了诸多因素，对渗漏水红外热图像进行多指标修正，修正后的两幅图像中渗漏水区域所包含的像素数分别为 8 225 像素和 41 168 像素，计算得到渗漏水面积(检测距离为 2.5 m)分别为 34 750.6 mm^2 和 173 934.8 mm^2(用 M 表示)。根据隧道管片等尺寸近似获得实际渗漏水面积是 33 000 mm^2 和 160 000 mm^2(用 R 表示)。

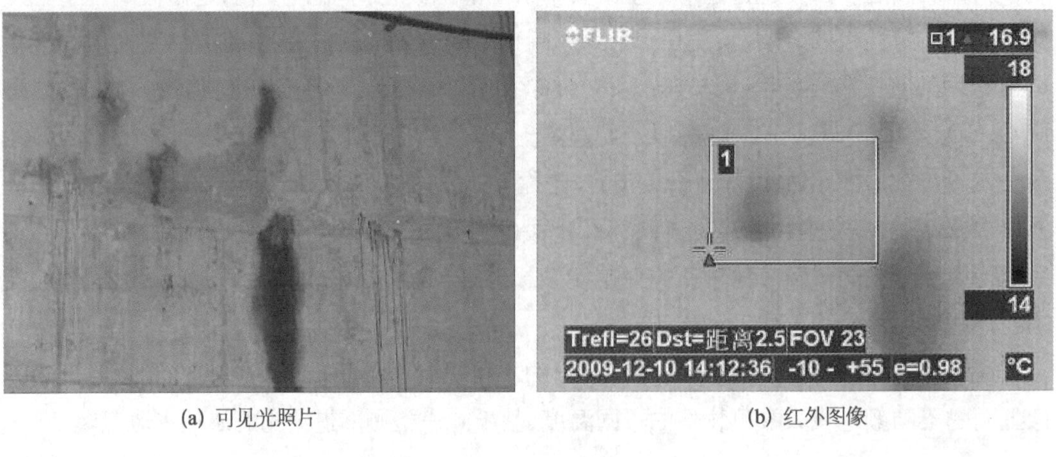

(a) 可见光照片　　(b) 红外图像

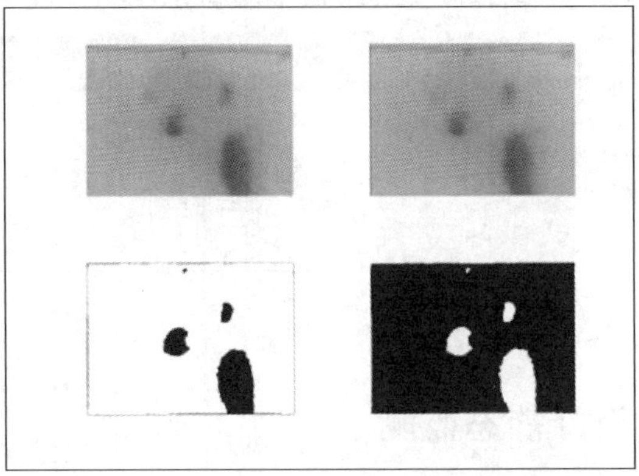

(c) 处理后图像

图 8-2　盾构隧道现场试验车站渗漏水图像及图像处理结果(后附彩图)

(a) 可见光照片

(b) 红外图像

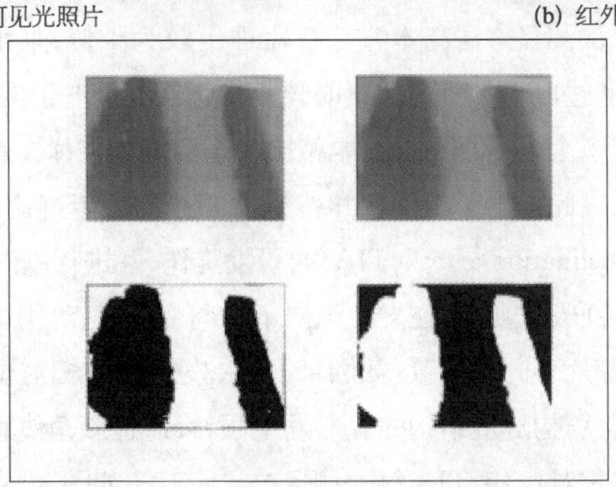

(c) 处理后图像

图 8-3　盾构隧道现场试验隧道渗漏水图像及图像处理结果(后附彩图)

对比经多指标修正后的渗漏水面积误差($f_{盾构}=(|M-R|)/R$),将数据进行整理,结果见表 8-1。结果表明盾构隧道在多指标修正后渗漏水面积误差较小。

表 8-1 盾构隧道经多指标修正后渗漏水(静态)面积误差

指 标	车 站	区间隧道
图像处理面积(mm^2)	34 750.6	173 934.8
实际渗漏水面积(mm^2)	33 000	160 000
误差(%)	5.3	8.7

8.2 隧道纵向沉降静态监测

近几年,无线传感器网络技术(wireless sensor network, WSN)和微机电系统(micro electro mechanical system, MEMS)传感器等新兴技术快速发展,凭借着其自身独特的优势迅速影响并应用于地下建筑监测领域,在地下工程越来越体现出自身的价值。其中 WSN 信息化程度高、可扩展性强,MEMS 体积小、性能高、能耗低、成本低。针对基于 MEMS 倾角传感器感知盾构隧道纵向沉降,分别从静态监测和动态监测开展研究,建立基于盾构隧道纵向沉降曲线的隧道纵向变形性能评价与预测理论,探究盾构隧道纵向变形模式,为盾构隧道结构的设计和运营维护提供科学指导。

8.2.1 基于倾角传感器的纵向沉降静态监测方案

8.2.1.1 方案描述

目前土木工程领域中较常用的纵向沉降监测方法有人工水准测量、静力水准仪、电子水平尺等。其中电子水平尺测量方法与本方法在原理上较为相似,采用多个电子水平尺首尾相接的方式进行测量,通过电子水平尺内置的倾角传感器测量电子水平尺倾角变化值,从而对沉降进行监测。但其多个电子水平尺首尾相接的连接方式整体性差,导致误差较大,并且其体积较大、成本较高,因此提出了基于倾角传感器的纵向沉降静态监测方法,进行无线纵向沉降传感器(tunnel inclination array, TIA)的研发工作,并进行室内试验和现场试验。

忽略盾构隧道横断面收敛变形,在发生纵向不均匀变形时,对于纵向结构挠曲变形和纵向结构剪切变形,相邻管片环同一位置(如腰部)均会发生竖向相对位移。将一根杆的两端与相应点连接,杆会随着盾构隧道结构的变形发生倾斜,通过倾角传感器测量杆的倾角变化来测得相邻管片环竖向相对位移,TIA 每一测量单元示意图如图 8-4 所示。

8.2.1.2 测量范围

根据现有盾构隧道纵向沉降监测数据,通过计算统计得到 TIA 测量盾构隧道纵向沉降曲线时每一测量单元的测量范围。以上海轨道交通某区间现场沉降监测数据为背景,得到相邻断面高差变化的频率直方图,如图 8-5 所示。

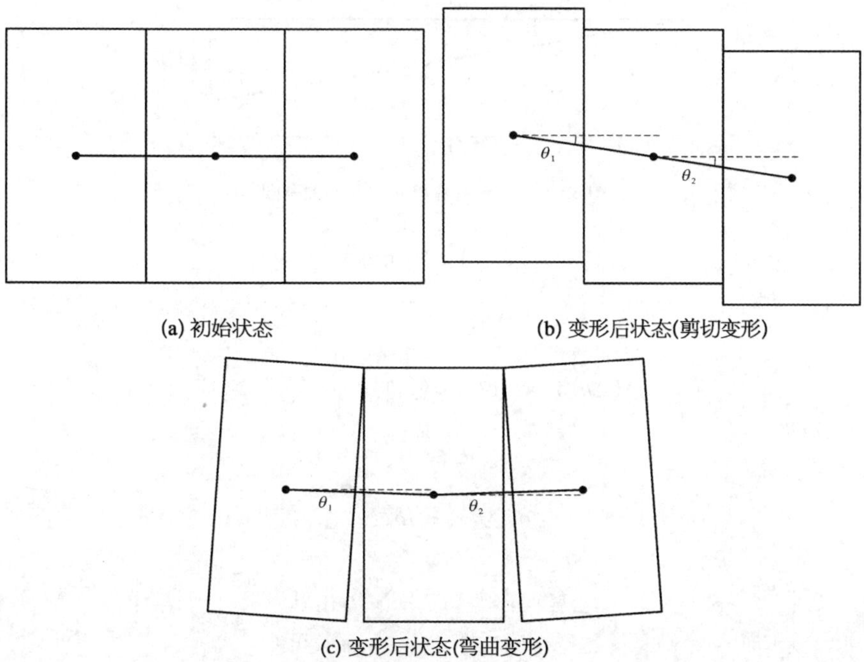

图 8-4　TIA 传感器测量盾构隧道纵向变形示意图

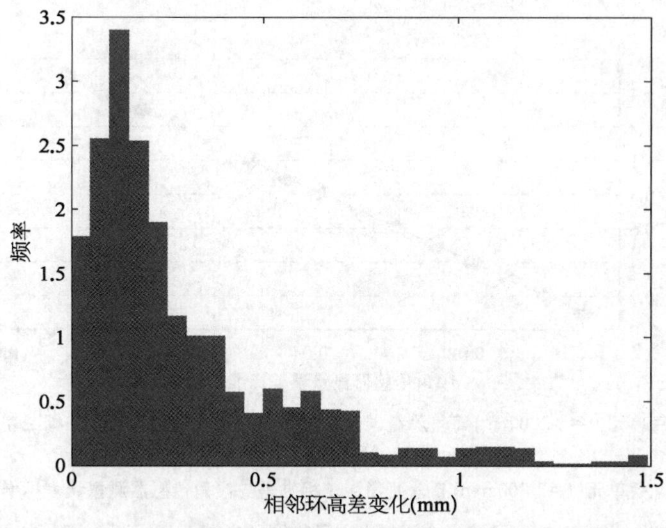

图 8-5　每段高差变化频率直方图

从图 8-5 可得，TIA 每一测量单元的测量范围为 0～1 mm，测量误差标准差应控制在 0.2 mm。

8.2.1.3　TIA 测量误差理论推导

TIA 每一测量单元的几何关系如图 8-6 所示，并列出下列式子：

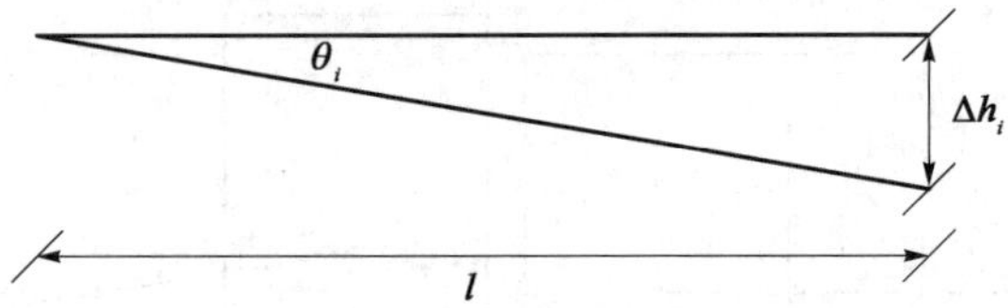

图 8-6　每一测量单元的几何关系图

$$l = 1\,200 \text{ mm} \tag{8-1}$$

$$\Delta h_i = l \sin \theta_i \tag{8-2}$$

$$\delta(\Delta h_i) = l \cos \theta_i \delta(\theta_i) + \sin \theta_i \delta(l) \tag{8-3}$$

$$\theta_i \approx 0 \tag{8-4}$$

$$\delta(\Delta h_i) = l\delta(\theta_i) \tag{8-5}$$

$$\Delta H = \sum_{i=1}^{n} \Delta h_i = \sum_{i=1}^{n} l \sin \theta_i \tag{8-6}$$

$$\delta(\Delta H) = \sqrt{n}\,\delta(\Delta h_i) \tag{8-7}$$

计算结果如图 8-7 和表 8-2 所示。

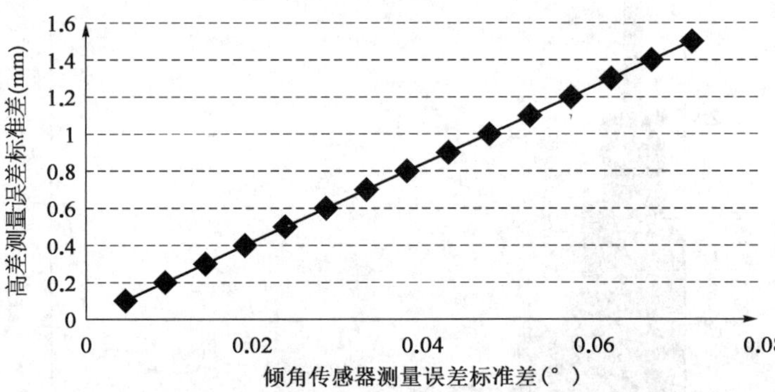

图 8-7　每单元(l=1 200 mm)高差测量误差标准差与倾角传感器测量误差标准差关系曲线

表 8-2　每单元(l=1 200 mm)高差测量误差标准差与倾角传感器测量误差标准差关系

$\delta(\theta_i)$(°)	$\delta(\theta_i)$(rad)	$\delta(\Delta h_i)$(mm)
2.4×10^{-3}	4.2×10^{-5}	0.05
4.8×10^{-3}	8.3×10^{-5}	0.1
7.2×10^{-3}	1.3×10^{-4}	0.15
9.5×10^{-3}	1.7×10^{-4}	0.2

（续表）

$\delta(\theta_i)$(°)	$\delta(\theta_i)$(rad)	$\delta(\Delta h_i)$(mm)
1.2×10^{-2}	2.1×10^{-4}	0.25
1.4×10^{-2}	2.5×10^{-4}	0.3
2.0×10^{-2}	3.5×10^{-4}	0.42
2.5×10^{-2}	4.4×10^{-4}	0.52

由图 8－7 与表 8－2，如果根据 TIA 每个测量单元的测量范围得出的每个测量单元的测量误差标准差小于 0.2 mm，则相应倾角传感器的测量误差标准差要求为$(9.5\times10^{-3})°$左右。

8.2.2　基于倾角传感器的纵向沉降静态监测传感器研发

8.2.2.1　机械设计

TIA 是一种通过在隧道内壁上布设连杆式机械装置，利用倾角传感器通过测量连杆倾角变化值对连杆竖向位移进行测量，从而获得隧道纵向沉降值的设备。所测量的倾角数据通过无线传输模块传送至接收站，通过对采集到的数据进行计算处理，可以获得隧道纵向沉降曲线。

TIA 机械设计的设计要求和所要解决的问题为：

(1) 杆件与杆件的连接接头能够产生弯曲变形。

(2) 连接接头处与隧道壁必须保证固定牢靠。

(3) 杆件中部能够安装倾角传感器模块。

(4) TIA 机械装置需要考虑防腐蚀性。

(5) 在满足功能的前提下，尽量减小体积和重量，降低成本。

1) 杆件与杆件的连接接头

当相邻管片发生纵向差异沉降时，相邻杆件会产生一定的弯曲变形，因此要求杆件与杆件的连接接头能够产生弯曲变形。考虑强度、列车振动因素以及耐久性因素，采用橡胶管作为杆件与杆件的连接接头，其模型与实物图分别如图 8－8 与图 8－9 所示。

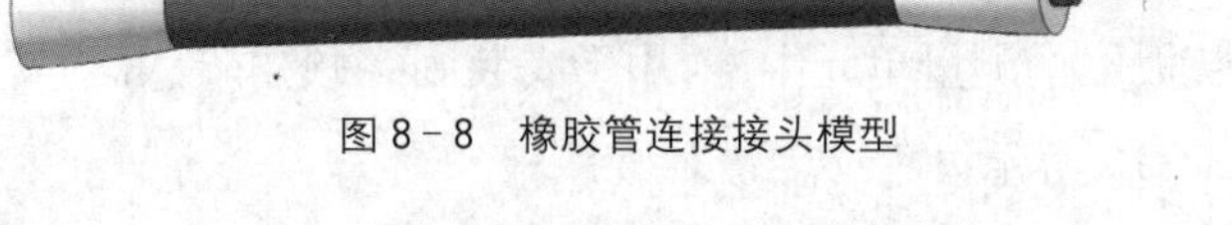

图 8－8　橡胶管连接接头模型

2) 橡胶管连接接头与隧道壁固定装置

杆件连接接头处与隧道管片保持相同竖向位移是 TIA 装置测量盾构隧道纵向差异沉

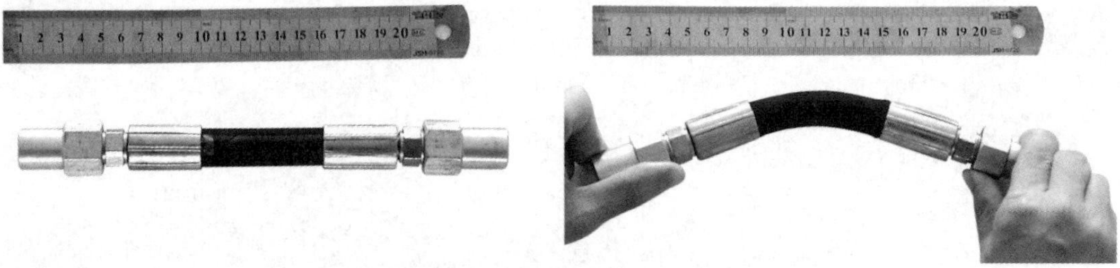

图 8-9　橡胶管连接接头实物

降的前提，因此连接接头处与隧道壁必须保证固定牢靠。TIA 装置采用 L 形固定装置，其模型图与实物图分别如图 8-10 与图 8-11 所示。

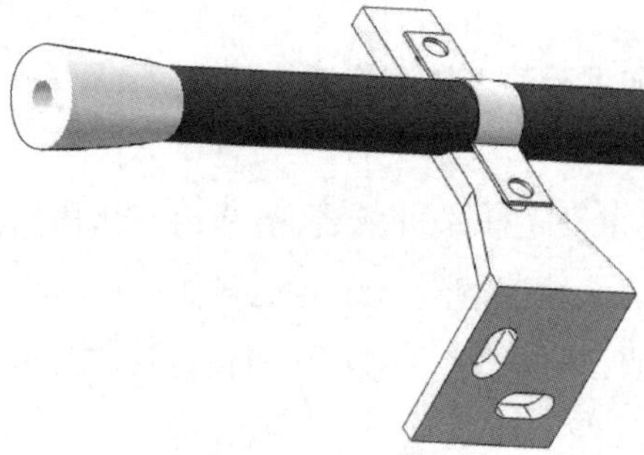

图 8-10　橡胶管连接接头固定装置模型

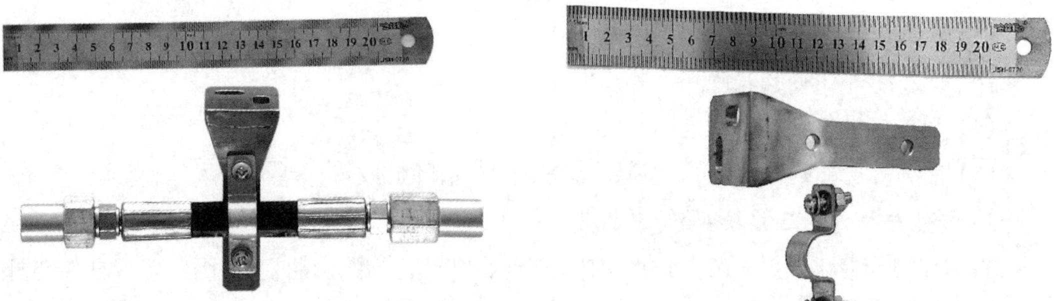

图 8-11　橡胶管连接接头固定装置实物

3）倾角传感器安装板

倾角传感器安装板位于测量单元中部，用于安装固定倾角传感器，其模型图与实物图分别如图 8-12 与图 8-13 所示。

4）杆件尺寸

TIA 是利用倾角传感器测量相邻环隧道管片竖向位移，因此每个测量单元的长度与隧道

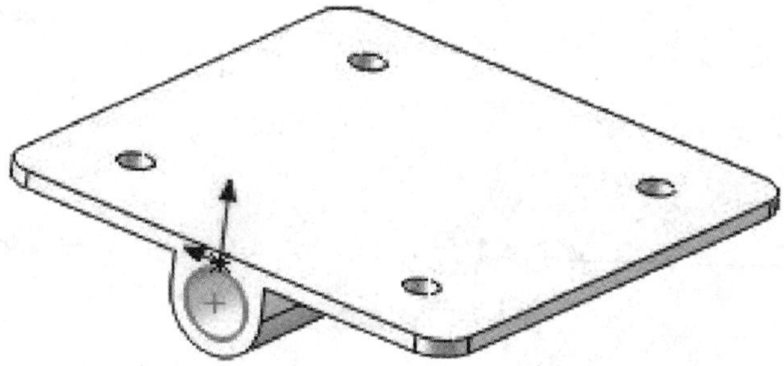

图 8 - 12　倾角传感器安装板模型

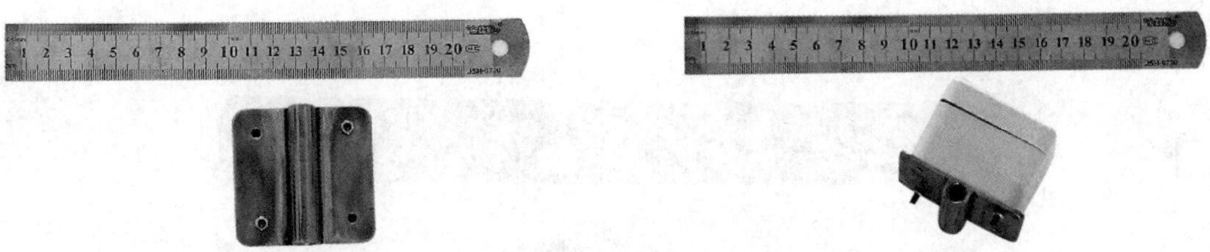

图 8 - 13　倾角传感器安装板实物

管片宽度保持一致，扣除倾角传感器安装板与橡胶管连接接头的长度，进行杆件长度设计，并在两端加工外螺纹与压紧螺母配合进行连接，其模型图与实物图分别如图 8 - 14 与图 8 - 15 所示。

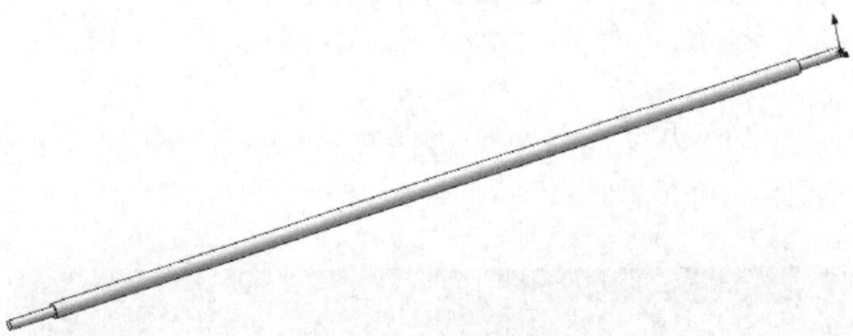

图 8 - 14　杆件模型

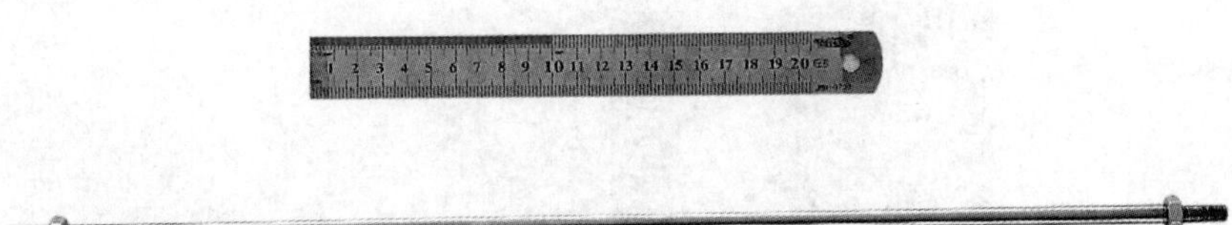

图 8 - 15　杆件实物

5）TIA 机械设计图

测量单元的模型图与实物图分别如图 8 - 16 与图 8 - 17 所示。

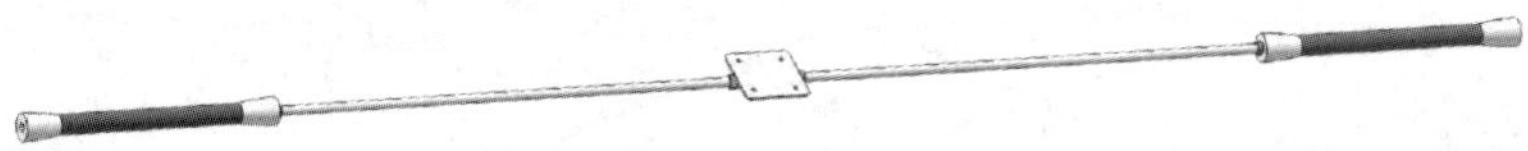

图 8-16 测量单元模型

图 8-17 测量单元实物

8.2.2.2 超小型倾角传感器

测量单元中部倾角传感器采用无锡某公司超小型倾角传感器，其实物如图 8-18 所示。

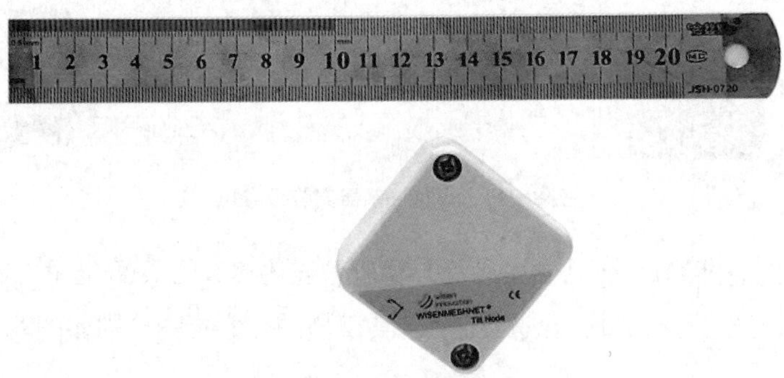

图 8-18 超小型倾角传感器实物

1）尺寸大小

超小型倾角传感器外观尺寸为 52 mm×50 mm×40 mm，如图 8-19 所示。小尺寸可方便应用于盾构隧道纵向沉降传感器。

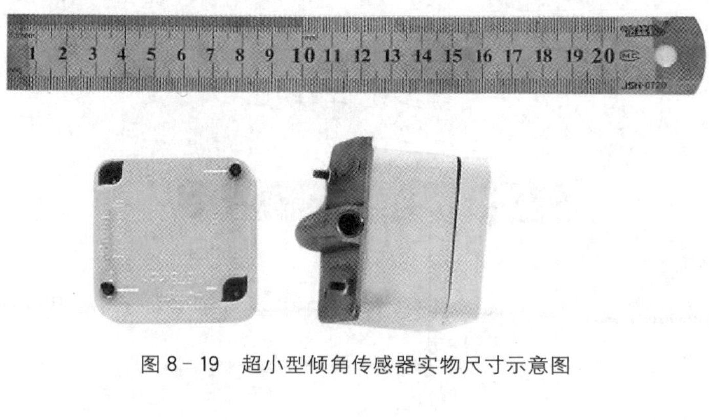

图 8-19 超小型倾角传感器实物尺寸示意图

2）测量精度和量程

实际所用的五个倾角传感器节点测量精度及量程见表 8-3。

表 8-3　所用倾角传感器测量精度及量程

倾角传感器编号	倾角传感器型号	量　程	误差标准差(°)	
			A 轴	B 轴
1	0F6082D8	[−15°,15°]	0.002 7	0.003 2
2	0F608265	[−15°,15°]	0.003 5	0.003 4
3	0F6082DF	[−15°,15°]	0.003 5	0.003 3
4	0F608241	[−15°,15°]	0.003 7	0.002 8
5	0F6082B0	[−15°,15°]	0.006 1	0.004 1

从表 8-3 可得,所用倾角传感器的测量误差标准差最高为$(6.1\times10^{-3})°$,以此计算得到的每个测量单元的测量误差标准差为 0.15 mm,基本满足盾构隧道纵向沉降传感器测量要求。

相较于阵列式位移计(shape accel array, SAA),所采用的倾角传感器测量精度以及同等条件下高差测量精度对比结果见表 8-4。

表 8-4　倾角传感器测量精度以及同等条件下高差测量精度对比结果

传感器种类	测量单元长度(m)	测量单元数量	总长度(m)	倾角传感器误差标准差(°)	倾角传感器精度(3σ)(°)	测量单元高差测量精度(mm)	测量总精度(mm)	成本(元/m)
SAA	0.3	100	30		0.028 6	0.15	1.50	7 000
TIA(最高)	0.3	100	30	0.002 7	0.008 1	0.04	0.42	3 500
TIA(最低)	0.3	100	30	0.006 1	0.018 3	0.10	0.96	

从表 8-4 可知,相较于 SAA,TIA 采用的倾角传感器精度更高、成本更低。

3) 传感器能耗

该超小型倾角传感器可调低功率至 1 mW,内置一节标准 1 号电池,可以持续使用 3 年,能够满足长期监测要求。

4) 自动化及耐久性性能

该超小型倾角传感器组装成本及维护成本低,能够自动组网、自动采集以及无线升级,对环境适应性强,能在−35～80℃的环境中全天候工作,具有 IP67 防水等级,能够方便应用于恶劣的监测环境。

8.2.2.3　无线传输网络

无线传输网络 WISENMESHNET 共分为三层:节点、网关、服务器。网络系统结构如图 8-20 所示。

上海轨道交通 12 号线隧道现场的无线传输网络结构如图 8-21 所示。

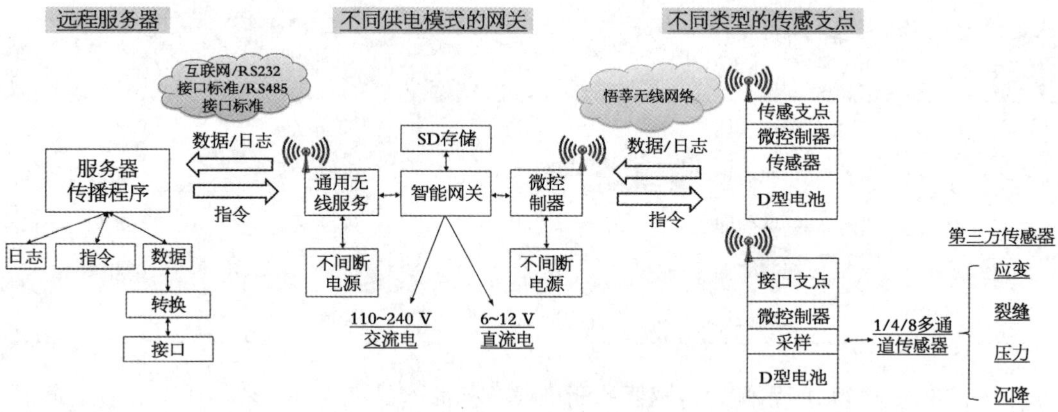

图 8－20　网络系统结构示意图

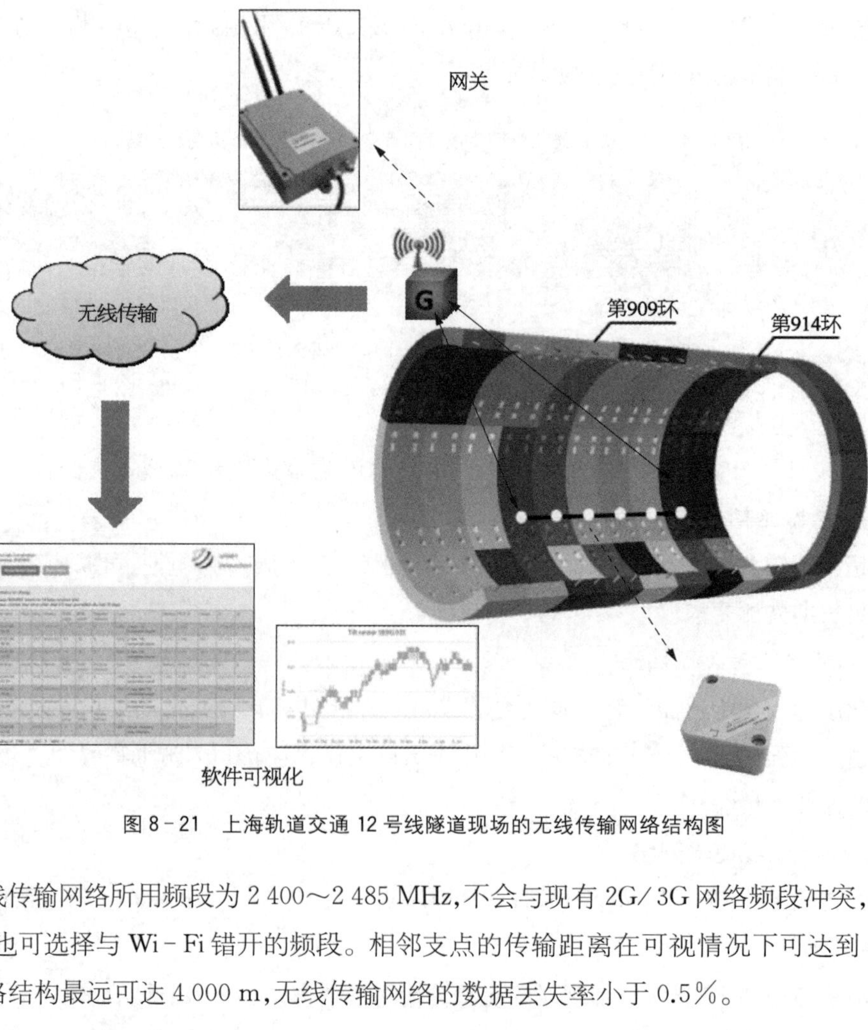

图 8－21　上海轨道交通 12 号线隧道现场的无线传输网络结构图

无线传输网络所用频段为 2 400～2 485 MHz，不会与现有 2G/3G 网络频段冲突，此外如有需要，也可选择与 Wi－Fi 错开的频段。相邻支点的传输距离在可视情况下可达到 400 m，十层网络结构最远可达 4 000 m，无线传输网络的数据丢失率小于 0.5％。

8.2.3　无线纵向沉降传感器室内试验

1）试验目的

测试所研发的基于倾角传感器的盾构隧道纵向沉降传感器的可行性及测量精度，验证理论分析的正确性。并分析其他原因误差大小及传感器存在的问题，为传感器进一步改进提供依据。

2）基本原理

忽略盾构隧道横断面收敛变形，在发生纵向不均匀变形时，对于纵向结构挠曲变形和纵向结构剪切变形，相邻管片环同一位置（如腰部）均会发生竖向相对位移。将一根杆的两端与相应点连接，杆会随着盾构隧道结构的变形发生倾斜，通过倾角传感器测量杆的倾角变化来测得相邻管片环竖向相对位移。TIA 室内试验几何示意如图 8－22 所示。相关几何关系式如下：

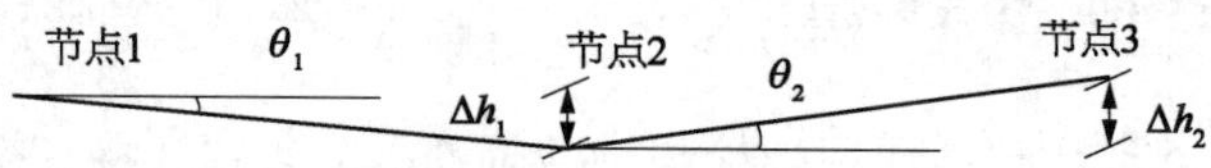

图 8－22　TIA 传感器测量盾构隧道纵向变形几何示意图

$$\Delta H = \Delta h_1 + \Delta h_2 \tag{8-8}$$

$$\Delta h_1 = l \sin \theta_1 \tag{8-9}$$

$$\Delta h_2 = l \sin \theta_2 \tag{8-10}$$

3）试验仪器

TIA 传感器机械装置如图 8－23 所示。

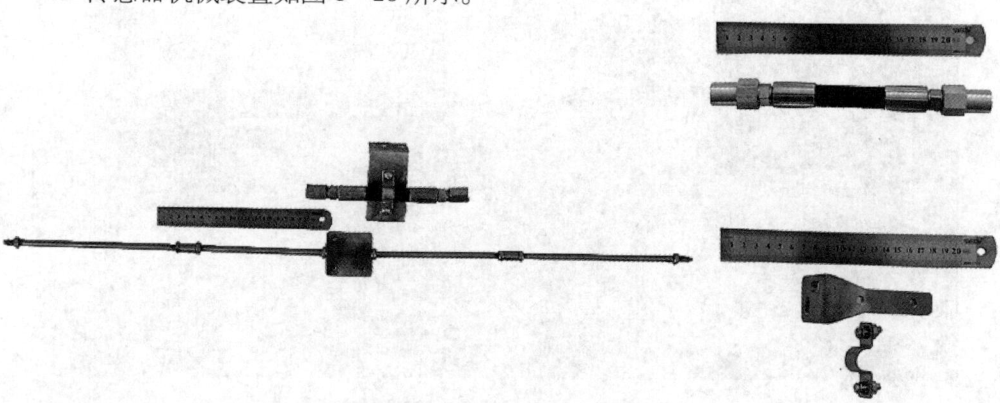

图 8－23　TIA 传感器机械装置

试验辅助滑动装置模型与实物分别如图 8－24、图 8－25 所示。

4）试验步骤

(1) 采用两个测量单元进行试验，并进行仪器安装工作。将试验辅助滑动装置用膨胀螺栓固定在墙面上；将超小型倾角传感器用螺栓安装在 TIA 传感器机械装置传感器安装板

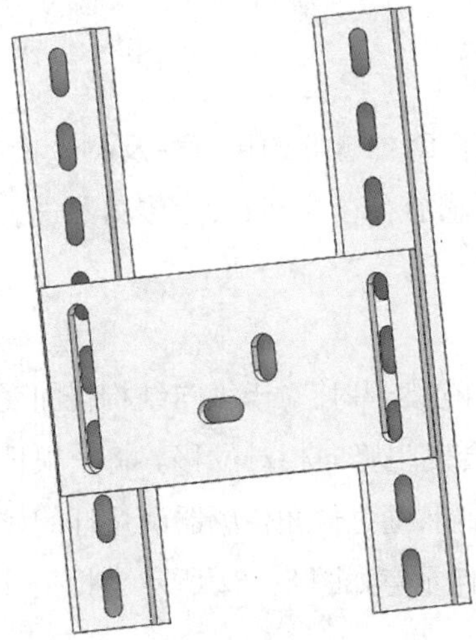

图 8-24　试验辅助滑动装置模型

图 8-25　试验辅助滑动装置实物

上;将 TIA 传感器机械装置传感器用螺栓与试验辅助滑动装置连接。初始状态时,各节点尽量保持在同一水平面上。试验装置安装完毕后如图 8-26 所示。

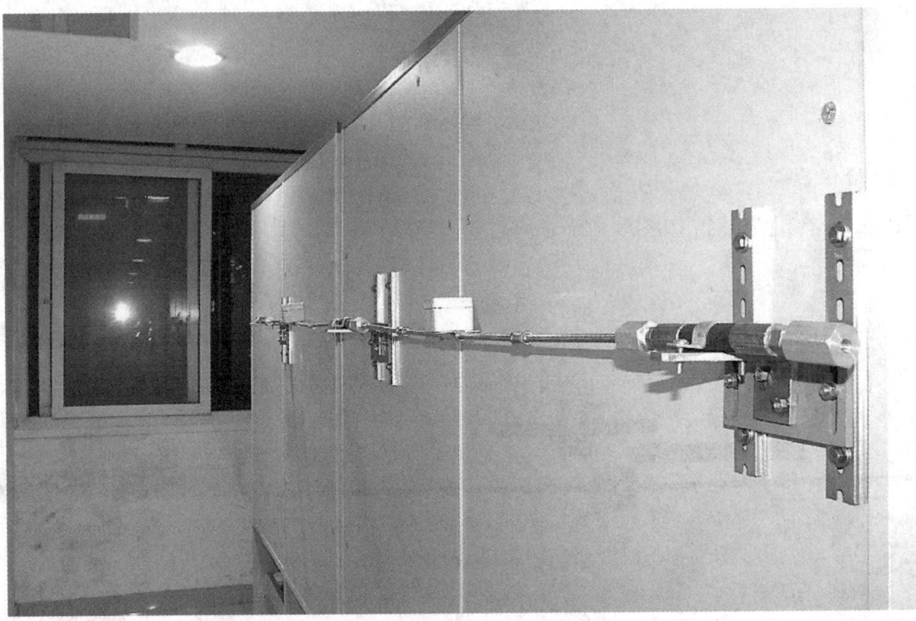

图 8-26　TIA 传感器室内试验现场图

(2) 进行无线收发装置调试,上下滑动滑动装置,检查仪器安装和无线传输。

(3) 记录倾角传感器初始值,试验开始后记录数值均为倾角传感器变化值。

(4) 保持节点 1 和节点 3 不动,向下移动节点 2,改变 Δh_1,保持稳定,对两个倾角传感器进行读数,并记录相应数值。节点 2 处放置一直尺进行读数,如图 8-27 所示。

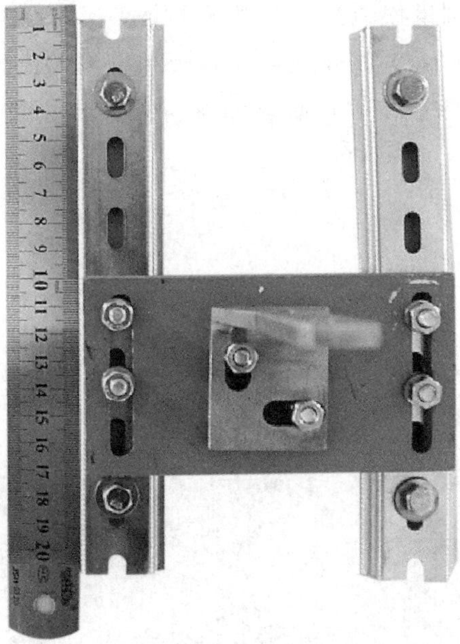

图 8 - 27　节点 2 现场图

图 8 - 28　数据采集网关

(5) 数据采集、计算与分析。通过无线传输将数据采集收集到节点邻近处的网关(图 8 - 28),然后再通过 GPRS 将数据传输到互联网服务器。最后再对所采集的数据进行处理、计算与分析。

5) 试验结果

当保持节点 1 和节点 3 不动,向下移动节点 2,改变 Δh_1, θ_1 与 θ_2 的变化值大小相等、方向相反。为了方便,取其变化值的绝对值为 θ_1 与 θ_2 的测量值,结果如图 8 - 29 所示。

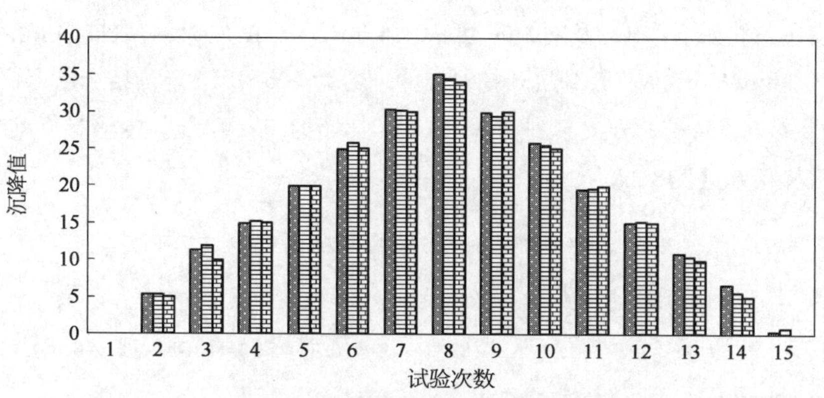

图 8 - 29　沉降测量值与真实值的对比柱状图

从图 8 - 29 可以看出,通过 θ_1 与 θ_2 的测量值换算而来的沉降值与沉降变化真实值的趋势一致,可见 TIA 传感器测量纵向差异沉降是可行的。通过数据计算可知测量单元 1 的测量误差标准差为0.172 mm，测量单元2的测量误差标准差为0.175 mm，比理论计算值0.15 mm大，但在可接受范围以内。通过分析，TIA实际的测量误差标准差比理论计算值大的主要原因是TIA传感器所有零部件之间以及试验辅助滑动装置零部件之间存在间隙。

8.2.4 无线纵向沉降传感器现场试验

8.2.4.1 纵向沉降传感器现场信息

示例工程位于上海轨道交通12号线国际客运中心站—天潼路站区间。该区间南侧规划有“中美信托金融大厦项目”，如图8-30所示。

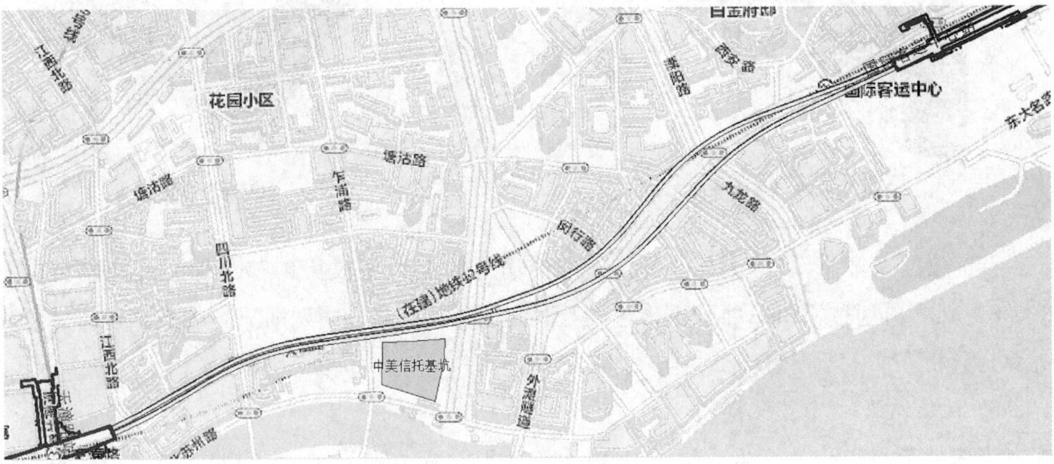

图8-30 工程地理位置

现场安装条件如下：电箱及网关的位置为第931环非逃生板侧，数据的安全无线传输距离为20～30 m(20环左右)，基坑开挖对应的环号为705～815环。结合以上信息与现场具体情况，将纵向沉降传感器安装到909～914环，共6环5个单元。传感器节点编号、对应环号以及采样频率见表8-5。

表8-5 盾构隧道纵向沉降传感器节点编号及对应环号

环 号	909环	910环	911环	912环	913环	914环
传感器编号		1号(82B0)	2号(8241)	3号(82DF)	4号(8265)	5号(82D8)
采样频率	2015年10月17—19日 以后	1次/min 1次/h	1次/min 1次/h	1次/min 1次/h	1次/min 1次/h	1次/min 1次/h

纵向传感器安装平面图如图8-31所示；安装示意图及现场安装照片如图8-32～图8-34所示。

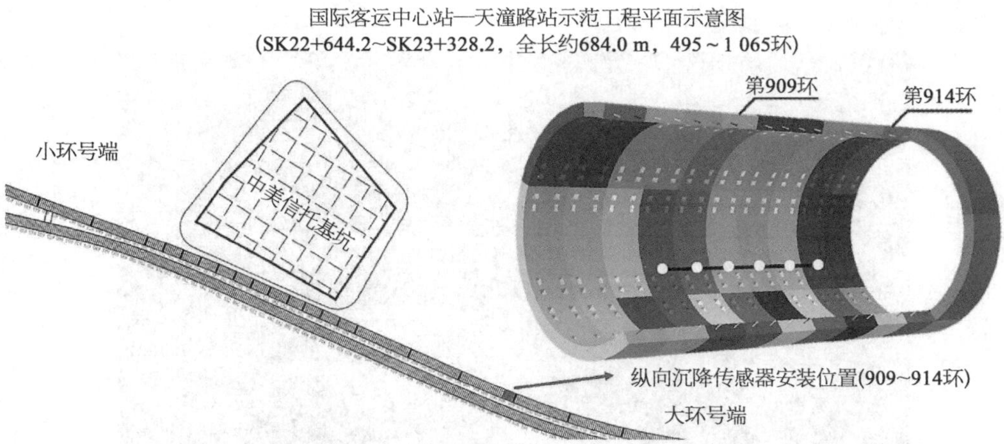

图 8－31　纵向传感器安装平面图

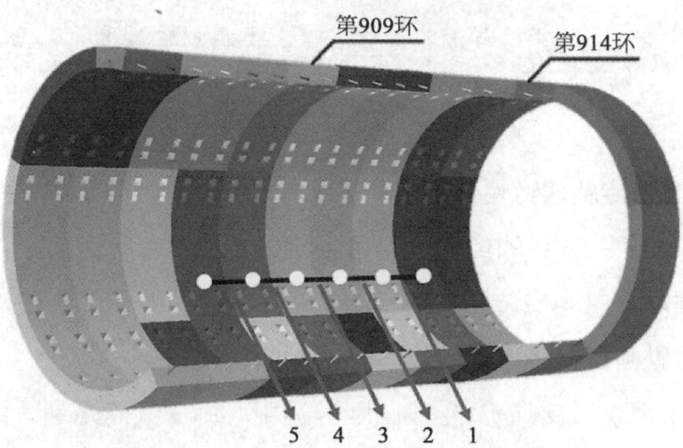

图 8－32　纵向沉降传感器安装示意图

1～5 为传感器编号,1 号传感器为距离基坑的较远端,认定为基准

图 8－33　纵向沉降传感器现场安装(整体,后附彩图)

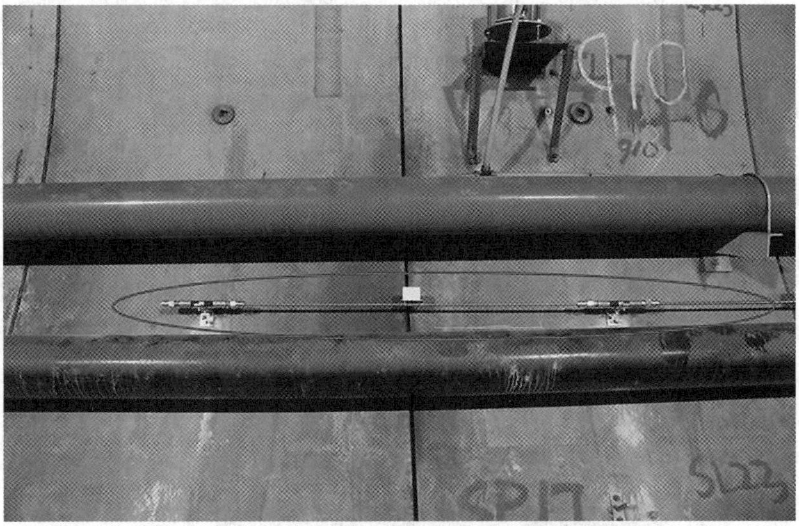

图 8-34　纵向沉降传感器现场安装(单元,后附彩图)

8.2.4.2　纵向沉降传感器特性分析

将 2015 年 10 月 17—19 日的传感器测量频率设定为每分钟进行一次数据采集,通过对 3 d 密集采集的数据对传感器安装所在环境特点、盾构隧道纵向沉降传感器自身稳定性、列车振动,对盾构隧道纵向沉降传感器的影响进行分析。

传感器安装于上海轨道交通 12 号线国际客运中心站—天潼路站区间,传感器测得的现场温度见表 8-6。表 8-6 显示了传感器测得的温度每天仅有 2.1℃的变化,且均在 16.9～19℃的范围内,说明现场环境温度变化较小,温度变化对传感器测量稳定性的影响很小,可以忽略。

表 8-6　盾构隧道纵向沉降传感器测得现场温度

日　期	2015 年 10 月 17 日	2015 年 10 月 18 日	2015 年 10 月 19 日
最低温度(℃)	16.9	16.9	16.9
最高温度(℃)	19.0	19.0	19.0

除了温度,传感器安装所在环境的主要影响因素为列车振动,上海轨道交通 12 号线国际客运中心站与天潼路站列车首末班车运营时刻表见表 8-7。根据表 8-7,将国际客运中心站—天潼路站区间分为有列车振动时间段与无列车振动时间段,具体时间划分见表 8-8。下面将基于表 8-8 中的时间段划分处理数据,并对列车振动影响进行单独分析。

表 8-7　国际客运中心站与天潼路站首末班车运营时刻表

站　名	首班车发车时刻		末班车发车时刻	
	往金海路方向	往天潼路方向	往金海路方向	往天潼路方向
国际客运中心	6:03	6:31	22:23	22:31
天潼路	6:00	6:34	22:20	22:34

表 8-8　国际客运中心站—天潼路站区间有无列车振动时间段划分

有列车振动时间段	无列车振动时间段
早上 6:30 至晚上 10:00	晚上 11:00 至早上 5:30

1）纵向沉降传感器自身稳定性分析

包括列车振动、温度变化、电磁干扰在内的多种因素对传感器的稳定性均会产生不利影响，导致在测量对象不变的情况下传感器采集的数据仍然呈现波动性。根据前文分析忽略温度变化的影响，将除列车振动以外的因素对传感器稳定性的影响归为传感器自身的稳定性特性。现取 2015 年 10 月 17—19 日无列车振动时间段（晚上 11:00 至早上 5:30）所采集到的数据进行处理分析，结果如图 8-35～图 8-40 所示。

从图中可以看出，在没有列车振动的影响下，纵向沉降传感器 5 个节点单元在 2015 年 10 月 17—19 日共 3 d 采集的数据中，1 号与 4 号节点单元无异常数据，上极值与下极值的差值小于 0.008°，上四分位值与下四分位值的差值小于 0.003°；2 号、3 号与 5 号节点单元虽然有少许异常点，但上四分位值与下四分位值的差值同样小于 0.003°。图 8-40 显示，无列车振动时，5 个节点单元所采集数据的误差标准差小于 $(1.8\times10^{-3})°$，采用 3σ 原则，所采集数据的偏差仅为 $3\sigma=(5.4\times10^{-3})°$，1 200 mm 的测量单元沉降值的稳定性误差为 0.113 mm。

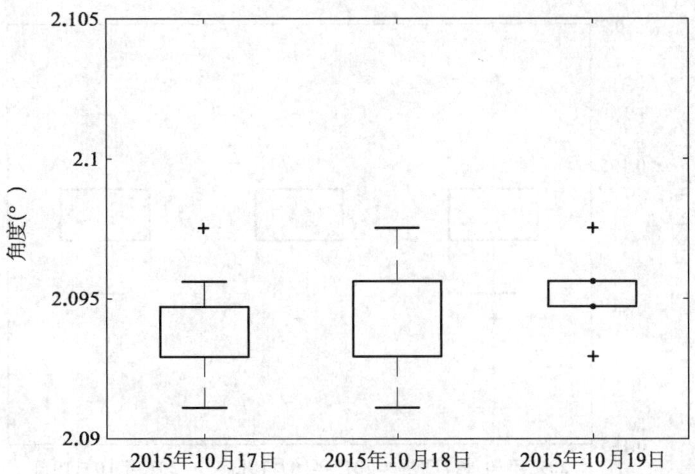

图 8-35　1 号(82B0)节点单元盒形图

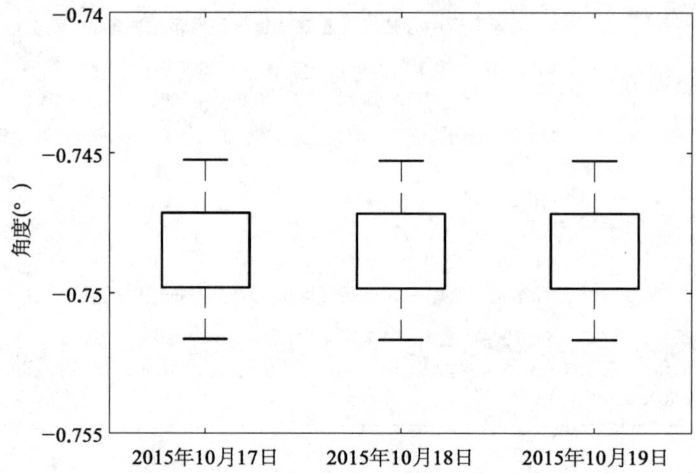

图 8－36　2 号(8241)节点单元盒形图

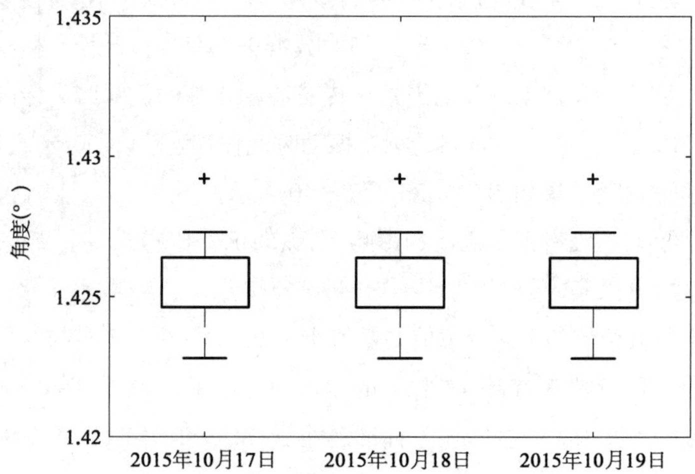

图 8－37　3 号(82DF)节点单元盒形图

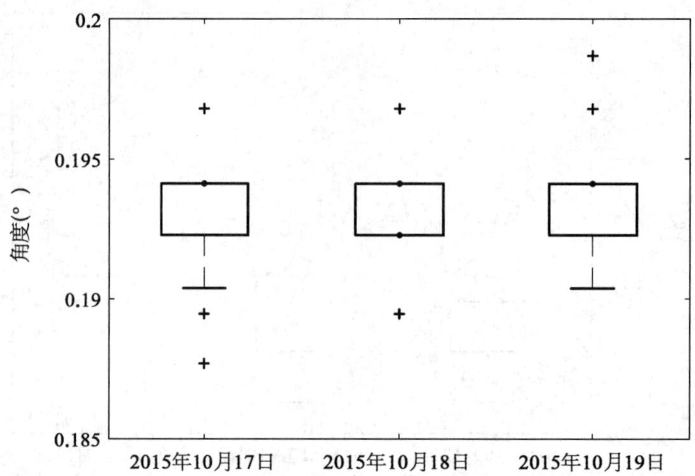

图 8－38　4 号(8265)节点单元盒形图

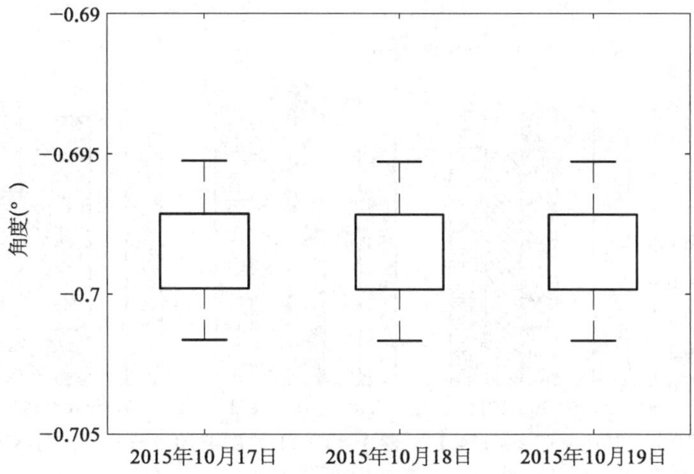

图 8－39　5 号(82B0)节点单元盒形图

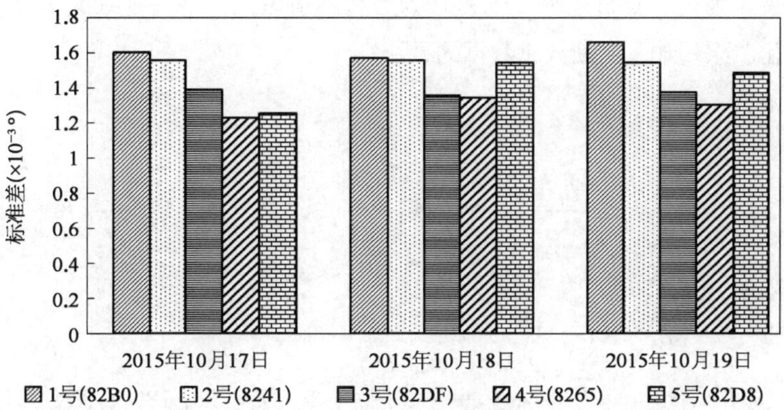

图 8－40　无列车振动时误差标准差柱状图

如果对数据进行后续处理，传感器的稳定性将更高。

2) 列车振动对纵向沉降传感器的影响分析

现分析列车振动对传感器稳定性的影响。对 2015 年 10 月 17—19 日有列车振动时间段(早上 6:30 至晚上 10:00)所采集到的数据进行处理分析，结果如图 8－41 所示。

将图 8－41 与图 8－40 进行对比可以看出，列车振动对传感器所采集数据的误差标准差基本没有影响。

8.2.4.3　纵向沉降传感器监测结果

从 2015 年 10 月 20 日开始将传感器测量频率设定为每小时进行一次数据采集，以便节省电量进行长期监测，并按照如下步骤进行数据处理工作。

1) 异常数据处理

通过前面的分析可知，列车振动对传感器的稳定性基本没有影响，并且 5 个节点单元所

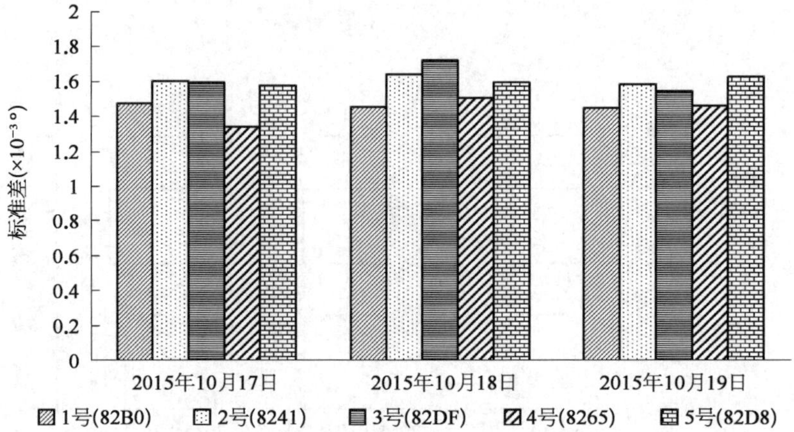

图 8-41　列车振动时误差标准差柱状图

采集数据的偏差为 $3\sigma=(5.4\times10^{-3})°$，并认为盾构隧道纵向沉降在连续的 10 h 以内基本不发生大的变化。采用如下判断异常数据的方法。

数据下限值：

$$Limit_{\min}=\frac{\sum_{j=k-10}^{k-1}Data_{\text{Degree}}(i,\ T_j)}{10}-3\sigma \quad k=11,\ 12,\ \cdots,\ K \tag{8-11}$$

数据上限值：

$$Limit_{\max}=\frac{\sum_{j=k-10}^{k-1}Data_{\text{Degree}}(i,\ T_j)}{10}+3\sigma \quad k=11,\ 12,\ \cdots,\ K \tag{8-12}$$

数据异常判断式：

当 $Data_{\text{Degree}}(i,\ T_k)$ 满足式(8-13)时，$Data_{\text{Degree}}(i,\ T_k)$ 为正常数据，保留：

$$Limit_{\min}\leqslant Data_{\text{Degree}}(i,\ T_k)\leqslant Limit_{\max} \quad k=11,\ 12,\ \cdots,\ K \tag{8-13}$$

当 $Data_{\text{Degree}}(i,\ T_k)$ 满足式(8-14)时，$Data_{\text{Degree}}(i,\ T_k)$ 为异常数据，剔除：

$$Data_{\text{Degree}}(i,\ T_k)<Limit_{\min}\ 或\ Data_{\text{Degree}}(i,\ T_k)>Limit_{\max} \quad k=11,\ 12,\ \cdots,\ K \tag{8-14}$$

式中　$Data_{\text{Degree}}(i,\ T_k)(k=11,\ 12,\ \cdots,\ K)$——第 i 号倾角传感器 T_k 时刻采集到的倾角数据；

σ——倾角传感器采集数据的误差标准差，通过前面分析取 $3\sigma=(5.4\times10^{-3})°$；

$Limit_{\min}$——数据下限值；

$Limit_{\max}$——数据上限值。

2）数据转换

倾角传感器采集得到的数据为测量单元的倾角变化值，采用如下公式将倾角值转化为监测处的沉降变化值：

$$\Delta h(i,\ T_k)=l\ \sin(Data_{\text{Degree}}(i,\ T_k)) \tag{8-15}$$

$$H(i,\ T_k)=\sum_{j=1}^{i}\Delta h\ (j,\ T_k) \tag{8-16}$$

式中　$\Delta h(i,\ T_k)$ $(k=11,\ 12,\ \cdots,\ K)$——第 i 号倾角传感器两端管片环 T_k 时刻高程差的变化值；

$H(i,\ T_k)$——第 i 号倾角传感器远端管片环（较大环号）相比于第 1 号倾角传感器近端管片环（较小环号）T_k 时刻高程差的变化值。

3）结果可视化

截至 2016 年 3 月 25 日，安装于上海轨道交通 12 号线国际客运中心站—天潼路站区间 909～914 环上的盾构隧道纵向沉降传感器的 5 个倾角传感器的时程曲线图如图 8－42 所示，909～914 环的纵向沉降变形图如图 8－43 所示。

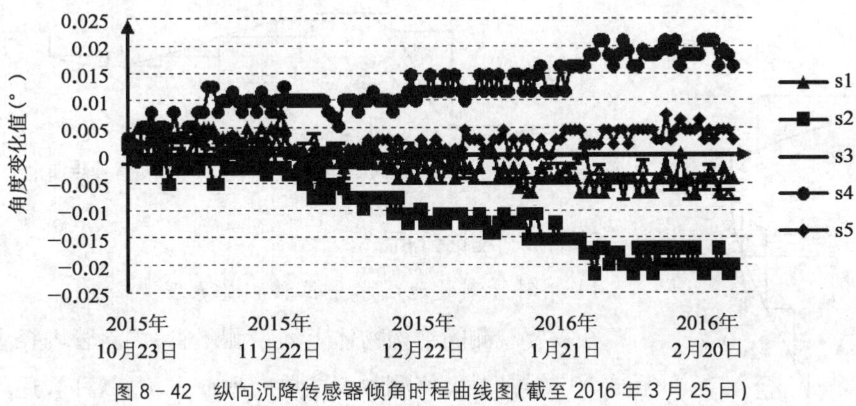

图 8－42　纵向沉降传感器倾角时程曲线图（截至 2016 年 3 月 25 日）

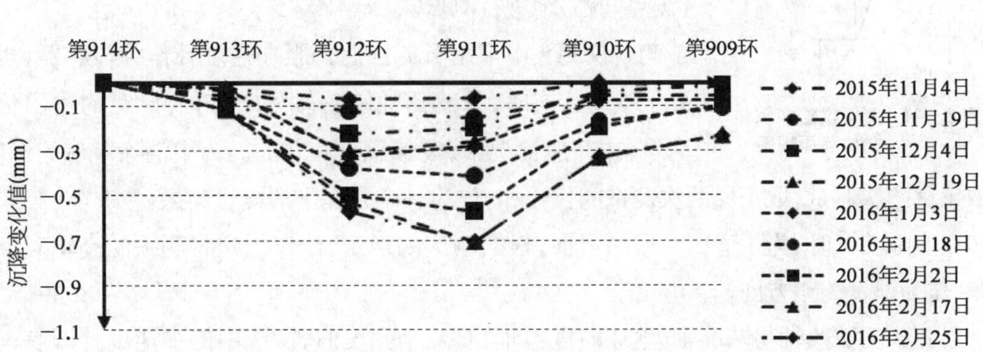

图 8－43　纵向沉降传感器节点变形图（截至 2016 年 3 月 25 日）

从图 8 - 43 可以看出,纵向沉降传感器所测量处的盾构隧道沉降变形呈现漏斗形,相对于第 914 环,第 911 环的相对沉降最大,其值为 0.71 mm。由于截至 2016 年 3 月 25 日,基坑工程还未开始施工,但沿线有若干在建工程。纵向沉降传感器所测量处的盾构隧道沉降变形为周围在建工程等因素作用下的沉降变形。

8.3 隧道纵向沉降动态监测

8.3.1 基于倾角传感器的纵向沉降动态监测方案

8.3.1.1 方案构思

在目前的工程中,地层侧向位移常常采用测斜仪进行测量。测斜仪在预先埋设的测斜管中从测斜管底部向顶部或者顶部向底部移动,在 0.5 m 间距处暂停并进行测量倾斜工作,通过相应计算便可得到任意深度处地层的侧向位移,如图 8 - 44 所示。隧道纵向沉降曲线感知与地层侧向位移曲线感知具有同源性,受到垂直测斜仪测量地层水平位移的启发,应用 MEMS 倾角传感器感知地铁盾构隧道纵向多个位置处相对于水平面的倾角值,计算得到盾构隧道纵向沉降曲线,如图 8 - 45 所示。

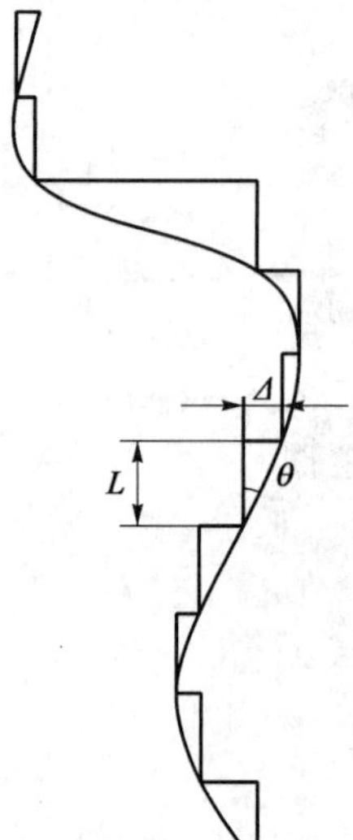

图 8 - 44 测斜仪感知侧向位移原理图

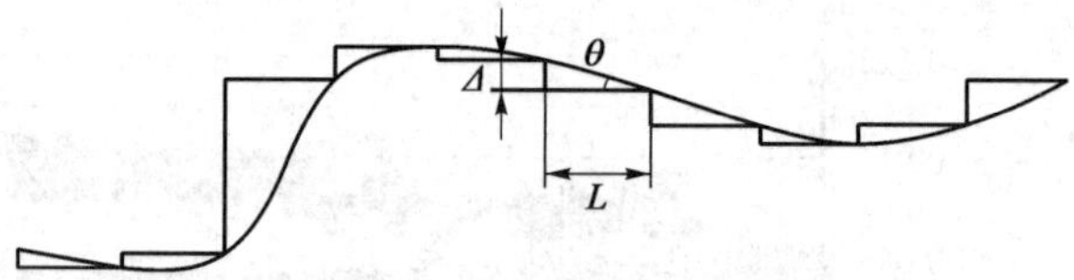

图 8 - 45 倾角感知地铁盾构隧道纵向沉降原理图

8.3.1.2 理论分析

1) 测斜管测量地层水平位移测量原理

在需要观测的结构物体上埋设测斜管,测斜管内径上有两组互成 90°的导向槽,将测斜仪顺导向槽放入测斜管内,逐段一个基长(测点间距)地进行测量。

测斜仪测头中采用石英扰性伺服加速度计作为传感器,当测头处于数值状态时,传感器的敏感轴处于零位,此时的输出信号值为零偏,一般情况下,零偏总是存在的。为了消除零偏的影响,采取正反两次测试,取正反两次测试的代数和,作为一个方向上的测试结果。

在实际测试时,为了适应一般的习惯,根据测头的规定,建议用户将测头的高轮对准北或东,作为测试的正方向。

当测头的敏感轴与基准轴(地球的重力轴)有一个角度时,测头中的加速度计即有一个输出值:

$$U_1 = A + KG\sin\theta \tag{8-17}$$

式中　A——加速度计的偏值(零偏)；

K——加速度计的标度因数；

G——地球重力加速度；

θ——倾角。

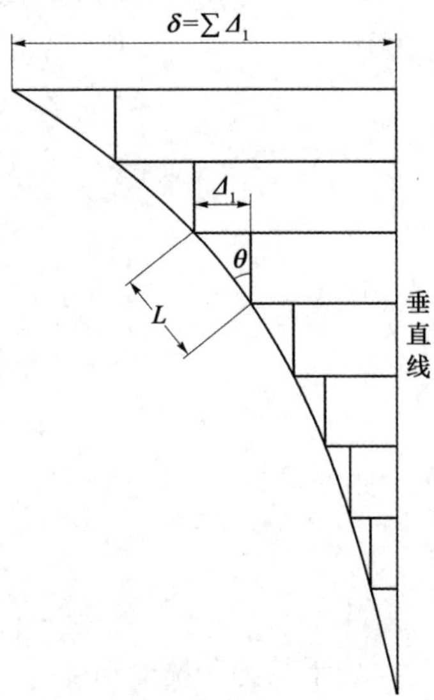

图 8-46　测斜原理图

为了消除加速度计零偏的影响，在测试时一般都采取正反两次测试，比如在东西方向上进行测试，可以先测试东方向上的数据，记作 U_1，见式(8-17)；再进行西方向上的测试，记作 U_2，见式(8-18)：

$$U_2 = A - KG\sin\theta \tag{8-18}$$

将式(8-17)减去式(8-18)，得到下式：

$$U_1 - U_2 = 2KG\sin\theta \tag{8-19}$$

从图 8-46 可以看出：

$$\sin\theta = \Delta_1 \frac{1}{L} \tag{8-20}$$

式中　L——导轮轮距 500 mm；

Δ_1——水平位移(mm)；

θ——倾角。

根据式(8-20)可以得到：

$$\Delta_1 = L\sin\theta = \frac{(U_1 - U_2)L}{2KG} \tag{8-21}$$

对于一个测孔，在确定的方向上，各点测试位移的总和为

$$\Delta_{总} = \sum \Delta_1 \tag{8-22}$$

2）纵向沉降动态监测方案测量精度理论分析

测斜管与盾构隧道结构变形一致，其纵向变形曲线如图 8-47 所示，某一点处曲线的切线方向与水平方向的夹角为 θ，倾角与高度变化的几何关系如图 8-48 所示。相关关系式如下：

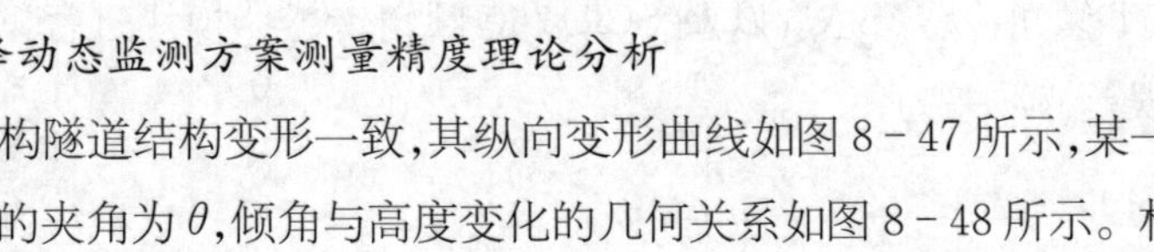

图 8-47　测斜管变形后的曲线

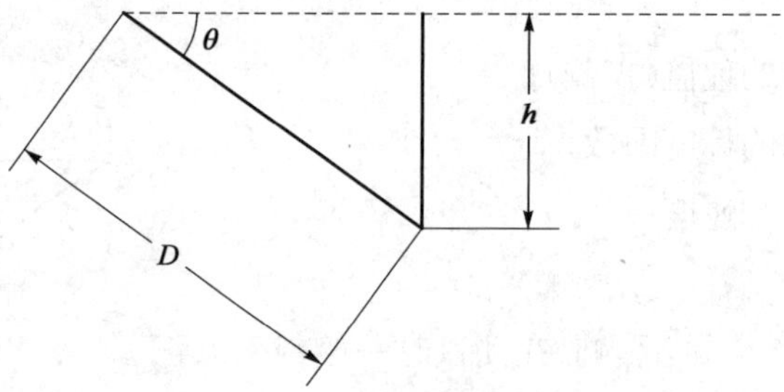

图 8-48　倾角与高度变化的几何关系

$$h = D\sin\theta \tag{8-23}$$

$$\delta h = D\cos\theta\delta\theta \tag{8-24}$$

$$\Delta H = H_1 - H_0 = \sum h \tag{8-25}$$

由于其为等精度测量：

$$\delta\Delta H = \sqrt{n}D\cos\theta\delta\theta \tag{8-26}$$

L 的单位为 km，D 为 mm，现均统一为 mm，取 $L=1$ km。

$$n = \frac{L}{D} = \frac{10^6}{D} \tag{8-27}$$

$$\delta\Delta H = \frac{10^3}{\sqrt{D}}D\cos\theta\delta\theta = 10^3\sqrt{D}\cos\theta\delta\theta \tag{8-28}$$

$$D = \left(\frac{\delta\Delta H \times 10^{-3}}{\delta\theta \times \cos\theta}\right)^2 \tag{8-29}$$

参数确定：

$$m = \sqrt{\frac{[\sigma^2]}{n(n-1)}} \tag{8-30}$$

选用 SCA100T 倾角传感器芯片以及 SCL1760 倾角传感器模块进行倾角感知，经拟合后其倾角的测量误差标准差为

$$m_x = m_y = 0.005$$

取

$$\delta\theta = \frac{0.005}{180} \times \pi = 8.73 \times 10^{-5}\ \text{rad}$$

按《地铁设计规范》中的规定：线路纵断面的设计，正线最大坡度不大于 30‰，困难地段

不大于 35‰,联络线、出入线不大于 40‰。

$$\theta = \arctan(50 \times 10^{-3}) = 2.86^\circ$$

故取

$$\theta = 5^\circ$$

对于一等水准(支路和工程水准等级):

$$\delta\Delta H = 2\ \mathrm{mm}$$

$$D = \left(\frac{\delta\Delta H \times 10^{-3}}{\delta\theta \times \cos(\theta)}\right)^2 = \left(\frac{2 \times 10^{-3}}{8.73 \times 10^{-5} \times \cos(5)}\right)^2 = 528.9\ \mathrm{mm}$$

由计算可知,要达到一等水准的精度需要水平测斜仪每前进 528.9 mm 采集一次数据。这个方案中水平测斜仪的设计速度为 0.3 m/s,对倾角传感器响应频率的要求为 300/528.9=0.567(Hz),而 SCA100T 倾角传感器芯片的最高响应频率为 8~28 Hz,完全能满足要求。而对于本章节采用的 16 位采样精度的模-数转换器 AD7988 芯片的采样频率为 100 kHz,不仅完全能够满足采样要求,还能为信号处理留下空间。

8.3.1.3 沉降计算公式

假设水平测斜仪数据采集点的间距为 D_0,共有 n 个数据,分别为 θ_i,第 i 点与起始点之间的高程差为

$$h_i = D_0 \sin\theta_i \tag{8-31}$$

$$\Delta H = H_1 - H_0 = \sum_{i=1}^{\infty} h_i \tag{8-32}$$

若起始点高程已知,利用式(8-32),即可求出任一点处的高程和沉降值,求得盾构隧道纵向沉降曲线。

8.3.1.4 方案描述

地铁盾构隧道结构纵向刚度较小,不论是在施工阶段由于曲线推进、纠偏、土体扰动等因素的影响,或者是在隧道运营期间由于长期沉降、列车振动等的影响,隧道都有可能发生纵向变形。盾构隧道多采用装配式钢筋混凝土管片,由于接头的影响,隧道纵向变形呈现非连续性。方案采用圆形 PVC 测斜管材,平行于隧道纵向,按一定间隔将 PVC 测斜管固定在地铁盾构隧道侧壁上,认为该纵向测斜管和盾构隧道结构的变形一致。当隧道结构沿纵向产生不均匀沉降时,测斜管与隧道结构一同变形,盾构隧道纵向变形监测转化为对测斜管纵向变形的监测。将 MEMS 无线倾角传感器安装在圆柱形水平测斜仪上,该水平测斜仪在测斜管中运动并测量测斜管中轴线沿长度方向与水平面的倾角(图 8-49),并通过无线通信装置将测得的数据及时地通过无线传输传送到附近的数据接收处。对所测得的

数据进行整理、计算，得到测斜管纵向变形曲线，从而得到盾构隧道纵向沉降曲线，测量方案示意图如图 8-50 所示。

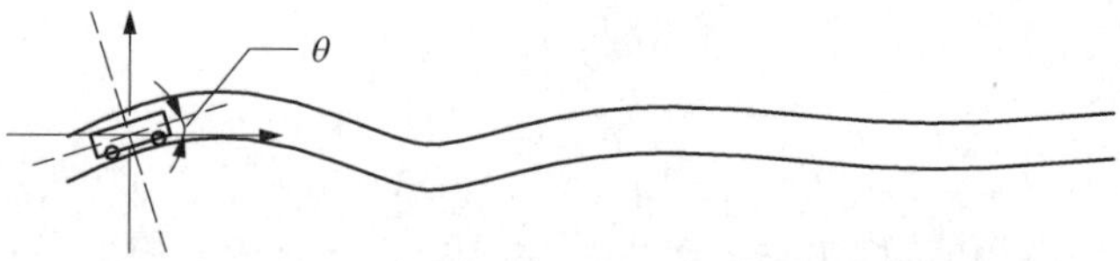

图 8-49　水平测斜仪在测斜管前进的示意图

图 8-50　基于倾角传感器的纵向沉降动态监测方案测试示意图(后附彩图)

8.3.2　机械设计思路

1）整体布局

根据传动尺寸、电机尺寸、电池尺寸、电路板尺寸等的要求，按照功能相对区域化的思想，水平测斜仪设计为三段，总长 306 mm。其中第一段长度为 123 mm，为机械传动部分；第二段长度为 83 mm，为供电部分；第三段长度为 100 mm，为信号采集、处理及无线发射部分。

2）材料选择

一方面为了保证数据采集的有效性，对水平测斜仪壳体的刚度有所要求；另一方面为了减小水平测斜仪前进阻力，要尽可能减小水平测斜仪重量。综上所述，水平测斜仪主要材料为铝。

3）运动减振及抗滑

水平测斜仪在测斜管内前进过程中，会由于机械加工、测斜管精度不够等各方面原因不可避免地会产生机械振动。水平测斜仪的机械振动一方面会造成输出信号的波动，增大信号处理难度；另一方面会对测斜管产生影响，使测量结果产生误差。此外，通过倾角传感器来感知盾构隧道纵向沉降，实质上是隧道纵向每段沉降差的累计。每一段的距离是通过水平测斜仪轮子转过的圈数来进行控制，水平测斜仪轮子打滑将直接影响测量结果的准确性。为了减小水平测斜仪在测斜管内前进过程中的机械振动和轮子打滑，机械上采用预紧装置，并且在轮子外沿包裹一层橡胶以达到减震和抗滑的效果。

4）预紧装置设计

预紧装置能有效减小水平测斜仪在测斜管内前进过程中的机械振动和轮子打滑现象。测斜仪在机械设计上也采用了预紧装置，如图 8－51 所示。

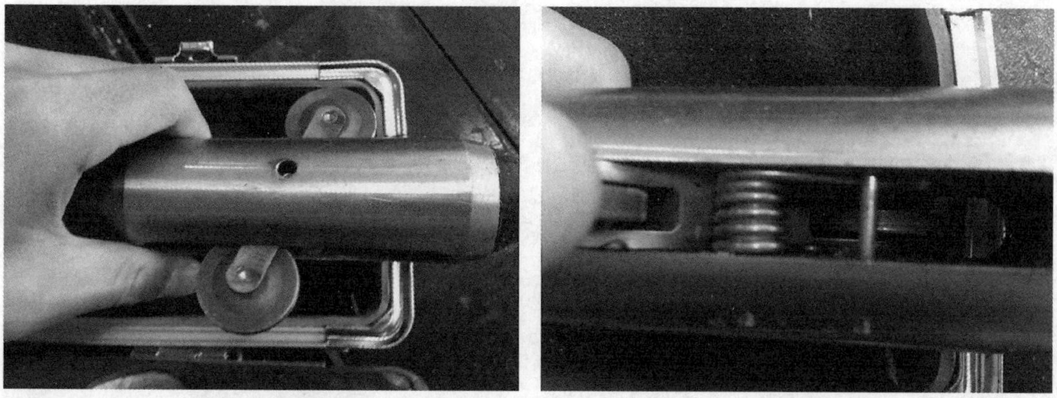

(a) 正面图　　(b) 侧面图

图 8－51　测斜仪预紧装置(后附彩图)

但由于测斜仪装置不自带动力，预紧装置中并不包含动力传动装置，如何在正常的动力传动过程中加入预紧功能，此为机械设计的重点和难点。综合考虑采用齿轮传动，配合弹簧、花键来实现预紧功能，如图 8－52a 所示。考虑到预紧装置和传动装置结合非常复杂，故机械中仅仅采用一套传动装置，其余仅包含预紧装置，并无传动功能，如图 8－52b 所示。

5）机械零件选择

由于成本问题，机械设计所用零件尽量采用市面上能够直接买到的标准件，综合考虑，机械零件选择见表 8－9。

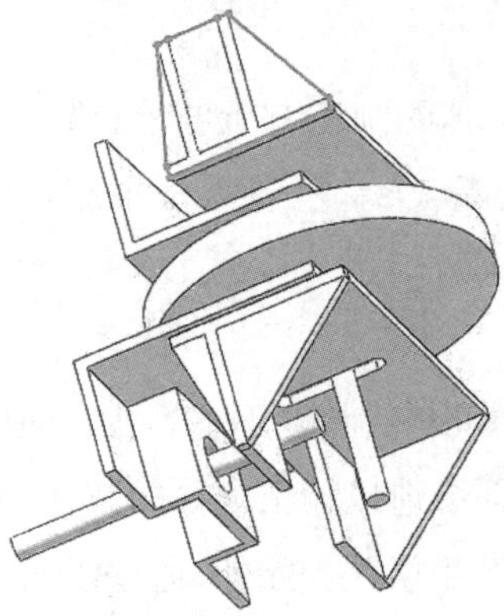

(a) 结合构造

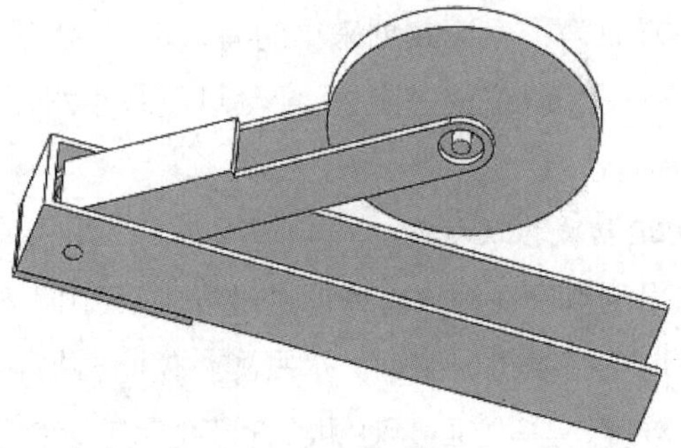

(b) 纯预紧装置

图 8-52 预紧装置与传动装置

表 8-9 机械零件参数

零件名称	种类	参数
齿轮	冠齿 圆柱直齿 圆柱斜齿	M0.5 20 齿 M0.5 9 齿 M0.5 30 齿
轴	钢轴	$\phi 2$
轮子	塑料、外沿包裹橡胶	$\phi 29.5$
电池	锂电池	$\phi 27 \times 70$ mm
电机	步进电机	39YGH44-0304A
测斜管	PVC 测斜管	$\phi 79$

6）机械设计图

水平测斜仪机械装配图的三维模型如图 8-53 所示。

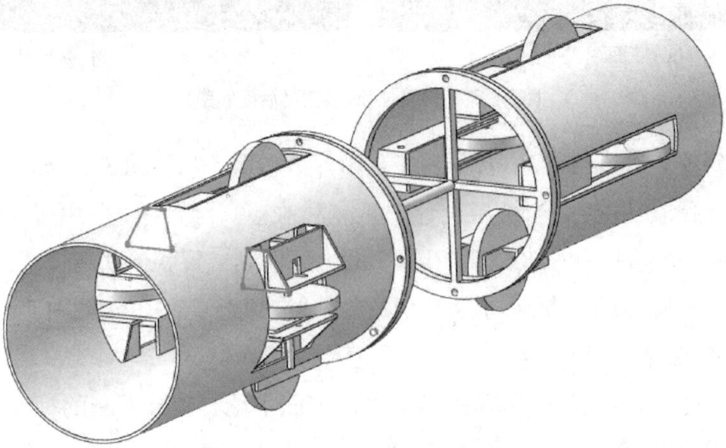

图 8-53 水平测斜仪三维模型

8.3.3 数据处理及无线传输系统

数据处理部分的内容包括传感数据采集、数据运算处理、数据传输及解释、运动对象的控制。下面对数据处理及无线传输系统部分的设计思想做简要的描述。

8.3.3.1 数据处理及无线传输系统方框图

图 8 - 54 为无线倾角感知盾构隧道纵向沉降监测研究中数据处理及无线传输系统框图。

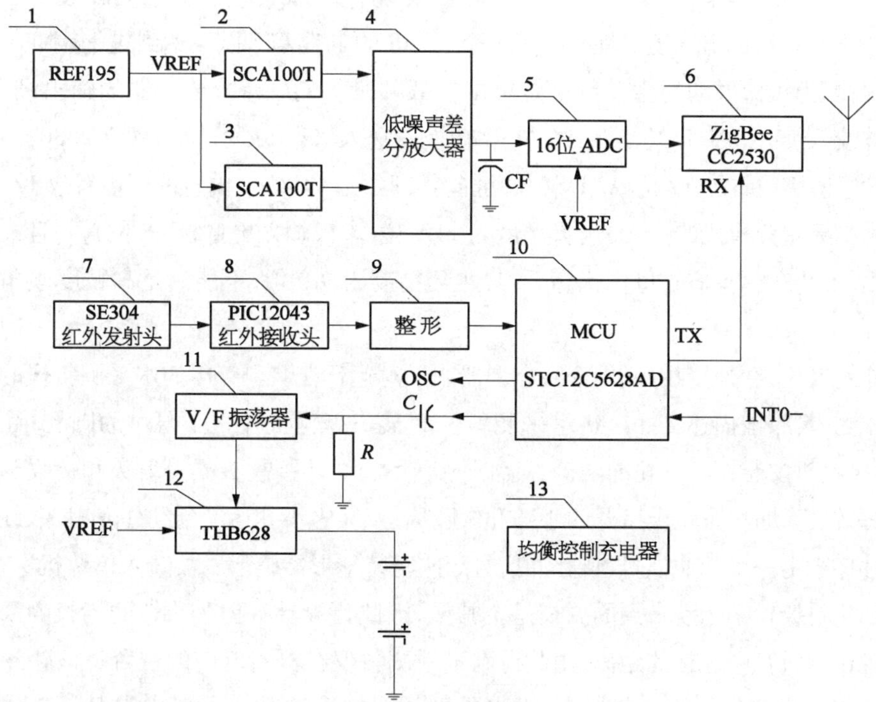

图 8 - 54　数据处理及无线传输系统方框图

1—超高精度基准源；2—高精度倾角传感器；3—高精度倾角传感器；4—差分放大器；5—16 位 A/D 转换器；6—ZigBee 发射模块；7—红外发射头；8—红外接收头；9—施密特整形器；10—STC 单片机；11—压控振荡器；12—步进电机驱动器；13—均衡控制充电器

8.3.3.2 数据处理及无线传输系统原理

参见图 8 - 54，无线倾角感知盾构隧道纵向沉降的监测研究数据处理及无线传输系统由 13 个单元电路组成。采用双高精度倾角传感器及双 MCU 结构。其中，超高精度基准源用于为双高精度倾角传感器提供高稳定的供电电源，以及为 16 位 A/D 转换器和步进电机驱动器提供基准电压，由于倾角传感器的输出误差响应与供电电源的稳定性具有紧密的关联，因此采用超高精度基准源供电是极为必要的；此外，16 位 A/D 转换器同样需要极高准确性的基准源作为量化基准。根据 REF195 数据手册，该基准芯片可以提供高达 30 mA 并且具有 2×10^{-6}℃$^{-1}$漂移的优良性能，可见在这里所述的应用中是适宜的。采用双高精度倾角传感器(SCA100T)的目的是为了获取差分倾角数据，这将有效抑制由于机械振动引起两片倾角传感器产生的共模噪声。实现所述目的的原理是：将两片倾角传感器对齐后上下安装，使两片倾角传感器各自的 X 轴和 Y 轴构成平面向背；假定该两片倾角传感器的 X 轴与运动方向平行，因此安装了该两片倾角传感器的水平测斜仪沿轨道轴向运动时，由运动产生的振动相对两片倾角传感器而言为共模量，经差分放大器后，该共模量被抵消；同样由于两片倾角传感器各自的 X 轴与运动方向平行，而指向相反，则两片倾角传感器各自的 X 轴产生的输出响应恰为差模量，因此经差分放大器后该两个 X 轴分量的输出响应关联逻辑为叠加。差分放大器的输出端还对地并接了一个 10 μF 的电容 CF，以期达到进一步抑制低频噪声的目的，因为机械振动的主要频谱是集中在低频段上的。差分放大器的输出经电容 CF 滤波后被馈入 16 位 A/D 转换器，经 A/D 转换后送入 Zigbee 发送模块(CC2530)。未采用 Zigbee 发送模块内置的 12 位 A/D 转换功能，其理由是 CC2530 内置的所谓有效 12 位 A/D 转换器的实际差分模式的 A/D 转换精度为 11.5 位(单模输入更低，10.8 位)，并且最高位被符号占用，因此在单模信号量化状态下，其实际精度为 9.8 位，不能满足高精度倾角测量的要求。

红外发射头、红外接收头、施密特整形器用于对运行在测斜管中的水平测斜仪的运动状态实施监测，其原理描述如下：在水平测斜仪的某一车轮上开一个很小的圆孔，红外发射头、红外接收头安装在该车轮的两侧，且红外发射头、红外接收头的发射头和接收头对准该小孔；当车轮运动时，车轮上所开的小圆孔做圆周运动，当小孔运动到红外发射头、红外接收头位置时将产生一个脉冲信号，该脉冲信号经施密特整形器整形后被馈入单片机实行计数；由于水平测斜仪轮子运动一周的周长是个常量，因此计算计数值和小轮的周长的乘积便可获得小轮在测斜管中运行的距离，由此得到水平测斜仪在测斜管中的位置。该脉冲信号还被用于获知水平测斜仪的运动状态，当水平测斜仪的运动时间不断累积但计数脉冲数在某一时间点不再变化时，即可得到水平测斜仪发生堵塞的信息。采用红外收发方式的优点在于无须使用光电管方式时需要的辅助光源，且有效避免了由于可见杂散光干扰产生的误操作。

8.3.4 数据处理及无线传输系统单元电路设计

采用高精度、抗振动仪器等级的 SCA100T MEMS 双轴倾斜传感器实现倾角测量。SCA100T 具有高分辨率、低噪声、对振动不敏感、优良的温漂系数等特性。

8.3.4.1 运动水平测斜仪控制单元电路设计及原理

需要对在测斜管中运动的水平测斜仪进行以下测控：

(1) 水平测斜仪的动力及恒速控制。

(2) 水平测斜仪的运动故障监测。

(3) 水平测斜仪在测斜管中的相对位置感知。

水平测斜仪沿轴向运动的坐标与倾斜传感器的监测数据必须遵循严格一一对应的关系，由此水平测斜仪的运动速率必须是恒定的。实现上述(1)、(2)、(3)的技术路径是使用步进电机驱动水平测斜仪运动。众所周知，步进电机的转速是由斩波脉冲的重复频率决定的，并且步进电机转子的转角可以精确细分，只要重复频率稳定则步进电机单位时间内转子的转过角度是一定的。频率稳定度是通过采用 XCXO 型晶振达到控制的，XCXO 型晶振在 0～60℃工作环境内，长期频率条件下的温度稳定度不大于$\pm 1\times 10^{-7}$℃，短期频率条件下的温度稳定度达到不大于$1\times 10^{-10}\ \mathrm{S}^{-1}$。假定步进电机的细分率为 32，斩波频率为 5.0 kHz，则转动一周需要 32×360＝11 520 个控制脉冲，水平测斜仪的车轮直径为 30 mm，车轮运转一周的距离为 L_{ZC}，水平测斜仪运动速率设计为 0.3 m/s，因此步进电机转速为 3.238 r/s，则步进电机的时钟端应加入一个重复频率为 11 520×3.238≈31.30(kHz)的时钟脉冲。高稳定 XCXO 晶振的振荡频率取 20 MHz，该振荡输出作为 STC12C5628AD 单片机的时钟，步进电机所需的高稳定 31.30 kHz 时钟通过对 STC12C5628AD 单片机内置的定时计数器编程获得；因此忽略机械运动引入的水平测斜仪运动坐标误差，数据处理部分引起的水平测斜仪运动坐标误差可忽略不计。

为实现对测斜管中运动水平测斜仪可能产生的卡死或堵转故障以及计数水平测斜仪的车轮转数，水平测斜仪的某一车轮侧面开有一小孔，正对该小孔的两侧分别安置了红外收发二极管 SE304(红外发射头)、红外接收器(PIC12043)。每当车轮上开的小孔转到红外收发二极管 SE304、红外接收器位置时将产生一个电脉冲，该脉冲被施密特整形器整形后读入 STC12C5628AD 单片机，启动单片机中的定时计数器对送入的脉冲进行计数，并定期采样片内定时计数器中的计数值 T_{CN1}，运算脉冲数计数值 T_{CN1} 与水平测斜仪车轮周长 L_{ZC} 的乘积便可得到水平测斜仪在测斜管中的相对坐标。STC12C5628AD 单片机还对外接晶振 32.768 kHz 经 2^{15} 分频后获得的秒时钟实行计数操作，该秒时钟与红外发射头 SE304、红外接收器产生的车轮转动圈数计数值 T_{CN1} 是一一对应的关系，当其一一对应的关系发生破坏时，即可判断水平测斜仪的正常运动状态发生了变化(卡死或停转)，从而实现水平测斜仪运动状态的监测。

图 8-54 中的电阻 R、电容 C 及 V/F 变换器(LM566)用以产生满足前述的步进电机所需要的时钟信号。其原理简单描述如下：

如前所述，步进电机启动到稳态对时钟信号频率的要求是递增步长适当、由低到稳态的变化过程，假定步进电机起始前电容 C 上的压降为零，系统启动后，在某适当时刻，单片机 STC12C5628AD 向电容 C 发出一个阶跃信号 U_{JY}，电容 C 上的压降 U_C 开始以指数方式递增，C 上的压降经过大约 5～6 个 τ 周期后($\tau=1/RC$)变化为 U_{JY}，进入稳态。事实上，图 8-54 中的电阻 R、电容 C 构成了一个简单的积分器。V/F 变换器(LM566)是一种压控函数发生器，可实现从极低到 10 MHz 频率和三角波输出信号，输出信号的频率受

LM566 调制端控制，且线性良好。在 LM566 的调制端加入一个正向线性扫描电压时，LM566 的输出信号频率将发生由低到高的重复过程；同理，将积分器 C 上的从零起始、按指数规律递增直至达到稳态的电压 U_C 加到 LM566 的调制端时，其输出信号的频率将经历一个由零开始、按指数规律增长并最终达到稳定频率的过程；调整积分器 RC 的时间常数，可改变输出频率由零到达稳态所需的时间（即改变积分器的时间常数），从而可轻易地满足步进电机对时钟信号的功能要求。

8.3.4.2 步进电机的驱动电路设计及原理

为降低线路板的体积尺寸，采用表贴 THB6128 通过步进电机的驱动控制。THB6128 是一种表贴型高细分两相混合式步进电机双路 H 桥输出驱动芯片，其特性如下：

(1) 双全桥 MOSFET 驱动，低导通电阻 $R_{on}=0.55\ \Omega$。

(2) 最高耐压 40 VDC，大电流 2.2 A(峰值)。

(3) 多种细分可选(1、1/2、1/4、1/8、1/16、1/32、1/64、1/128)。

(4) 自动半流锁定功能。

(5) 快衰、慢衰、混合式衰减三种衰减方式可选。

(6) 内置温度保护及过流保护。

水平测斜仪的设计速度为 0.3 m/s，采用 32 细分，即步进电机控制参数选择为 $M_1=1$，$M_2=0$，$M_3=1$。

转速为

$$0.3 \div 0.092\,63 = 3.238(\mathrm{r/s})$$

输入脉冲频率(CLK)为

$$3.238 \times 360 \div 1.8 \times 32 = 20.723(\mathrm{kHz})$$

8.4 隧道裂缝深度检测

在盾构隧道中，混凝土管片结构应用极其广泛，由于抗拉强度较低，养护方法、温度应力、干燥收缩以及受力损伤等都会使混凝土产生裂缝，因此绝大多数混凝土构件都是带裂缝工作的。裂缝的存在既影响结构的美观和耐久性，又对结构的安全性造成一定的影响。为了了解裂缝的现状，分析其对结构的损害情况，对盾构隧道的裂缝深度进行检测是十分必要的。

8.4.1 裂缝发展情况跟踪监测

常用的裂缝观测方法有：

(1) 记录末端位置法。即标注好裂缝末端位置，定期观测其位置的变化，以观测其长度方向的扩展情况。

(2) 贴石膏条(饼)法。调制稠度适中的浆体,跨待测裂缝处做一适当厚度的石膏条或石膏饼,定期检查该石膏条(饼)是否开裂,用以确定裂缝的发展情况。

(3) 用刻度显微镜观测。即在待测缝适当位置做定位标示,然后定期在标示位置用刻度显微镜进行宽度量测。

(4) 专用测缝计量测。其他还有诸如在裂缝两侧固定测板或测钉并配合游标卡尺进行量测的方法等。

8.4.2　裂缝深度扩展情况监测

应用超声波法检测混凝土结构的裂缝深度,是一种重要的混凝土无损检测方法,裂缝深度检测常采用超声波评测法进行。

8.4.2.1　超声波评测法检测裂缝深度的基本原理

为了方便理论分析并推导裂缝深度计算公式,需对平测时超声波在混凝土构件的传播规律做如下基本假设:

(1) 当超声波不跨裂缝传播时,其传播路线是直线。

(2) 裂缝与构件测试面垂直。

(3) 忽略横波和边沿波的干涉影响。

(4) 不考虑钢筋对测试的影响。

根据上述假设,建立超声波平测法检测裂缝深度的数学模型,如图 8－55 所示。

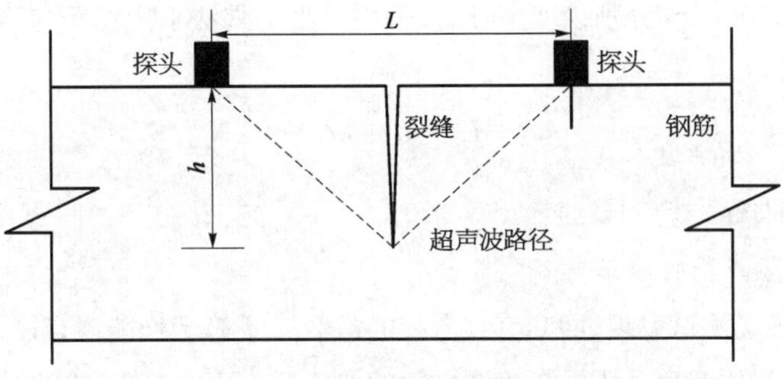

图 8－55　超声波检测裂缝深度数学模型

图 8－55 中 h 为裂缝深度,L 为超声波收发换能器的中心距。测量时,超声波发射换能器和接收换能器对称置于裂缝两侧,假设超声波在混凝土中的传播速度为 v,跨缝测量时超声波的传播距离为 s,传播时间为 t,则由三角关系可得

$$h=\sqrt{\left(\frac{s}{2}\right)^{2}-\left(\frac{L}{2}\right)^{2}} \tag{8-33}$$

将 $s=vt$ 代入式(8－33)，并经数学变化可得

$$h=\frac{L}{2}\sqrt{\left(\frac{vt}{L}\right)^{2}-1} \tag{8-34}$$

8.4.2.2 超声波评测法检测裂缝深度的方法

1) *超声波声速的确定*

由式(8－34)可知，要确定混凝土裂缝深度，首先要确定超声波在混凝土中的声速，声速的确定通常有两种方法——直接计算法和现场测试法。裂缝深度测试时，根据构件尺寸和超声波波长的关系，超声波可近似认为是在无限大固体介质中传播，由超声波纵波的传播原理可知，在无限大固体介质传播时，其波速可按下式直接计算确定：

$$v=\sqrt{\frac{E}{\rho}\times\frac{1-\mu}{(1+\mu)(1-2\mu)}} \tag{8-35}$$

式中 E——混凝土的弹性模量；

ρ——混凝土的密度；

μ——泊松比。

E、ρ 和 μ 均为混凝土的固有参数，可以通过室内试验或同类混凝土的统计结果求得。

直接计算法确定混凝土的波速需要室内试验或统计分析，测试周期较长、成本较高，不利于现场测试，因此常采用现场测试法确定混凝土的波速测试时，超声波发射和接收换能器应置于裂缝同一侧为了提高测试精度和测试效率，以换能器内边缘间距 L_{b} 等于 100 mm、150 mm、200 mm 分别读取声时 t_{b}，采用最小二乘法求出测距与声时的回归直线方程，见下式：

$$L_{\mathrm{b}}=a+bt_{\mathrm{b}} \tag{8-36}$$

式中 b——平测时超声波的波速。

2) *超声波实际声程的修正*

通过大量的现场测试发现，回归直线方程的常数 a 不等于换能器直径，即在完好混凝土中，换能器中心之间的距离并不是超声波实际的传播距离研究发现，平测时超声波在完好混凝土中并不是按直线传播的，其传播规律如图 8－56 所示。

由图 8－56 可知，在完好混凝土中，超声波并非沿混凝土表面两个换能器的连线传播，而是沿表面一定深度以弧线形式传播，其声程既不是探头中心之间的距离，也不是探头边沿之间的距离。因此为提高裂缝深度测试的精度，应采用实际声程 l 代替换能器中心距 L 进行计算。

对于现场测试法确定声速的情况，在完好混凝土中，超声波的实际声程 l 为

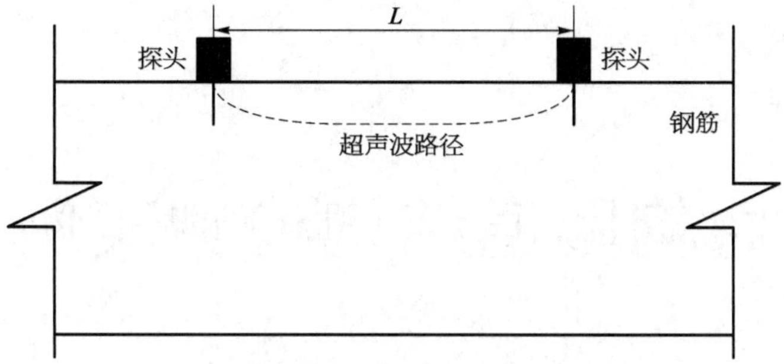

图 8 - 56　超声波在完好混凝土的传播规律

$$l = L_b + |a| \tag{8-37}$$

将 l 代替 L 代入式(8 - 34),可得最终裂缝深度计算公式:

$$h = \frac{l}{2}\sqrt{\left(\frac{vt}{L}\right)^2 - 1} \tag{8-38}$$

3) 裂缝深度跨缝测试

将超声波发射和接收换能器分别置于裂缝两侧,分别以不同间距测读声时,并注意首波的变化情况,根据式(8 - 38)分别计算裂缝深度。实践表明,当收发换能器的间距过小时,超声波波形严重畸变,声时测量的误差增大,导致裂缝深度测量误差极大,因此规范对两个换能器的最小间距做了限制,现场跨缝测量所采用的测距通常为 100 mm、150 mm、200 mm、250 mm 等。以不同间距跨缝测量后,得到多个裂缝深度计算值,为了提高测量精度,需对这些数据进行一定的处理。根据现场测量情况,当发现首波反相时,取该测距及两个相邻测距的测量值按式(8 - 38)计算裂缝深度,取 3 个深度的平均值作为该裂缝的深度值。当跨缝测量中难以发现首波反相时,以各个测距按式(8 - 38)计算裂缝深度及其平均值 m_h,将测距 l 与 m_h比较,剔除 l 小于 m_h和大于 $3m_h$的数据,取剩余计算深度平均值作为该裂缝深度值。

第9章

盾构隧道结构检测实例

针对地铁盾构隧道常见的结构裂缝、渗漏水、变形错台以及壁后注浆不均等病害，目前已开发了较为成熟的检测方法、仪器、流程、数据处理、检测报告等成套技术，考虑到相关技术涉及面广以及技术推广与提升的需要，在本章中结合前述检测理论与方法，针对隧道结构三维激光扫描检测、隧道结构表面病害摄影成像扫描检测以及隧道壁后注浆层地质雷达探测三种方法，基于隧道工程检测实例，给出详细的操作介绍。尽管这里的操作实例所采用的仪器限于某种类型，但对于理解此类检测方法仍有裨益。

9.1 隧道结构三维激光扫描检测实例 1

9.1.1 工程概述

该实例检测作业于上海地铁 1 号线常熟路站—陕西南路站进行，该区间所处地层在苏州河以南，基本为饱和含水流塑或软塑黏土层，土体抗剪强度低，含水量达 40%以上，大多属高压缩性，并具有较大的流变性。作业区间如图 9-1 所示。

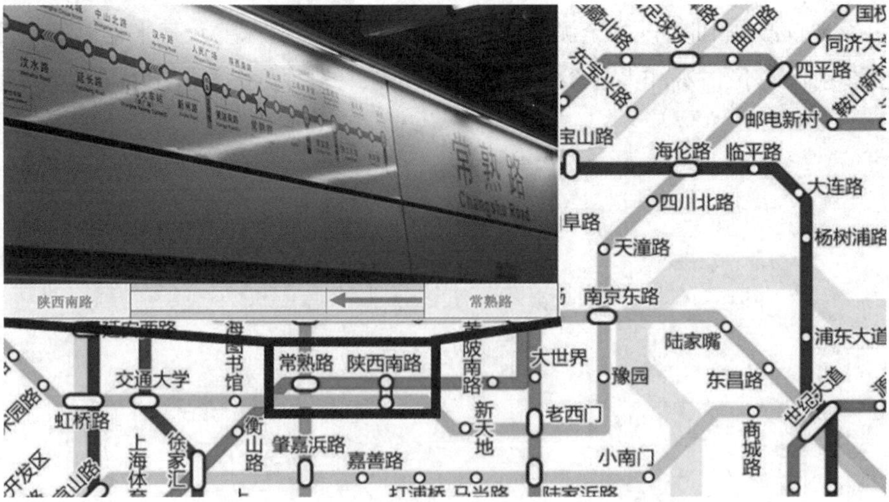

图 9-1 常熟路站—陕西南路站作业区间(后附彩图)

9.1.2　检测仪器

该实例检测作业使用瑞士安伯格公司的 GRP5000 移动激光扫描系统。GRP5000 系统将各种传感器和测量仪器进行了有效结合，集成手推式轨检小车和高速激光扫描测量技术，能完成激光扫描全息成像，兼顾限界测量与隧道高清成像，可用于既有隧道病害检测及数字化管理，是一个多功能、自动化的测量仪器。GRP5000 主要由硬件设备和软件两部分组成。

9.1.2.1　硬件组成

GRP5000 是由瑞士安伯格公司开发的一项产品。该公司主要研究轨道和隧道变形监测，为隧道的施工、运营提供解决方案。GRP5000 隧道检测设备是集光、机、电技术于一体的多功能轻型隧道检测仪器。该仪器主要由手推式隧道检测小车、传感器(用于轨道轨距测量、超高测量和相对里程测量)、棱镜、PROFILER 5012 激光扫描仪、TPS1200(TCA1201)智能型全站仪以及控制计算机等部分组成。

GRP5000 检测系统使用的扫描仪是超高速相位式扫描仪，下部有一个手推隧道检测小车平台，车轮上装有轨距和超高传感器，分别用来记录行走的距离和超高。隧道检测小车左侧安装有一个电池柱，三维激光扫描仪安装在电池柱上。右侧为计算机控制台，用于放置计算机，可以使用计算机设定测量数据、起始里程等内容，测量时便于控制。

(1) 手推式塔道检测小车。该路道检测小车上集合了用于轨道轨距测量、超高测量和隧道里程测量的传感器。

(2) 柱体电池。柱体电池为整个系统提供电力支持，主要供电激光扫描仪、电子计算机和传感器，并用以安置 PROFILER 5012 激光扫描仪。

(3) 计算机。计算机通过特定的系统软件控制和监视测量作业。所有测量的数据都储存在该计算机中。

该检测系统的详细技术参数见表 9-1。

表 9-1　GRP5000 详细技术参数

型　号		GRP5000 隧道检测车	
TGS FX 手推式轨检小车		电池	
里程	光电计数器测量方式	GRP5000 供电电池	GBC5000，铅蓄电池，24 VDC，17 A·h
测量误差	<0.5%	电池工作时间	5 h
里程分辨率	±5 mm	测控单元	CF-19 锂电池 11.1 V,6.6 A·h
轨距(mm)	1 000、1 067、1 435、1 520/24、1 600、1 668/76	电池工作时间	4 h

（续表）

型号		GRP5000 隧道检测车	
测量范围	−25 mm/+65 mm(接触式位移传感器)	工作环境	
测量精度	±0.5 mm (动态)	温度范围	−10～45℃
测量范围	±10°(±225 mm 相对 1 435 mm 标准轨距)	扫描仪旋转频率	最高 200 Hz,多级可选
测量精度	±1.0 mm(动态,相对 1 435 mm 标准轨距)	采样频率	100 万点/s
扫描仪安伯格 Profiler 5012		每转扫描样本数	5 000 点/r
测距范围	1～119 m(激光载波相位测量原理)	视场角(垂直)	360°
测量精度	测距精度优于 1 mm (相对仪器中心 5 m 半径) 限界测量精度 10 mm(相对轨道中线 5 m 半径)	隧道表面成像测量速度	2～4 km/h(分辨率约 5 mm×5 mm) 图像中可识别宽度为 0.3 mm 的裂缝

9.1.2.2 数据处理软件

Amberg Rail 2.0 数据处理软件也是由瑞士安伯格公司开发的一套与 GRP5000 配套使用的数据处理软件。该软件的作用有二：一是在进行外业测量之前,新建项目以及设置一系列数据参数;二是测量完成以后,对采集到的数据进行简单的处理,导出后续数据处理软件所需要的数据。

9.1.3 检测过程

9.1.3.1 测量模式

根据用户的需要,对 GRP5000 隧道检测系统进行不同的配置。主要有以下两种不同的测量模式。

1) 绝对测量模式

绝对测量模式通过已知控制点的坐标,可以获取隧道内的三维绝对坐标。首先需要布设导线网,把高等级控制点传递到隧道内,在控制点上架设全站仪,全站仪需要有目标自动识别功能,可以自动搜索并照准安装在隧道监测小车上的棱镜进行连续跟踪测量。在隧道扫描测量过程中使用这种模式,可以通过全站仪确定 GRP5000 仪器的实时位置在国家坐标系或城市坐标系中的绝对坐标,进而可得到隧道每一点的绝对三维坐标(东坐标 X,北坐标 Y,高程)以及隧道任意断面处的里程。

2) 相对测量模式

采用此种模式进行隧道扫描时,不需要高等级的国家坐标系或城市坐标系的控制点。

与绝对测量模式相比，不需要全站仪进行跟踪测量，可以一次行走较长的距离，减少作业量，提高工作效率。此种模式测量得到的数据信息是隧道内的相对坐标，即以轨道中心也为坐标原点的相对坐标(X 坐标，Y 坐标)，以及隧道每一断面处的里程。对于城市地铁隧道变形检测来说，采用相对测量模式可满足对隧道变形检测的要求。

9.1.3.2　测量流程

测量作业流程图如图 9－2 所示。

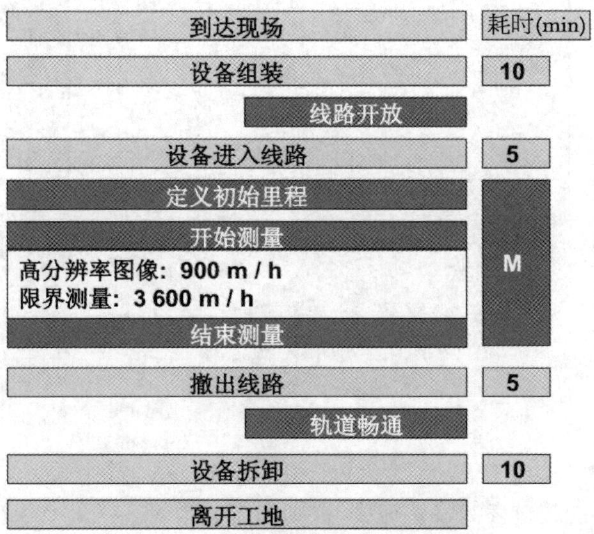

图 9－2　测量作业流程图

检测作业人员于 2007 年 8 月 30 日 23 时 30 分到达现场，首先对小车、扫描仪和电源进行组装，检查所有的电缆连接，花费时间约 10 min。待线路开放后，将设备移至线路中。随后进行测量前准备工作，具体流程如下：

(1) 创建作业。采集的数据保存在作业中。作业中预先定义了数据采集的参数(比如数据采集的分辨率)。一个项目可以包含几个测量区段的作业存储在服务器上。该项目可能也包含以前采集的数据或其他项目区段的数据。采集新的数据时，无须将整个项目文件夹拷贝到数据采集计算机上，只需拷贝作业文件(*.grp2prj)，如图 9－3 所示。

(2) 检校超高传感器。每次开始测量之前必须要对超高传感器进行校准。

(3) 定义初始里程。该实例作业测量里程为 K7＋573～K7＋902，初始里程为 K7＋573。

测量开始前，首先开启便携式手提电脑打开“Amberg Rail 2.0”中创建的项目，打开预先定义好的作业，选择“测量”，弹出测量界面，进行 GRP5000 小车通信连接，并校准超高传感器。激光扫描仪旋转，设备进入待命状态。根据目标作业区间范围的百米标牌确定当前里程，将 GRP5000 设备推行至数据采集初始位置。点击“连续记录”开始测量。在测量过程

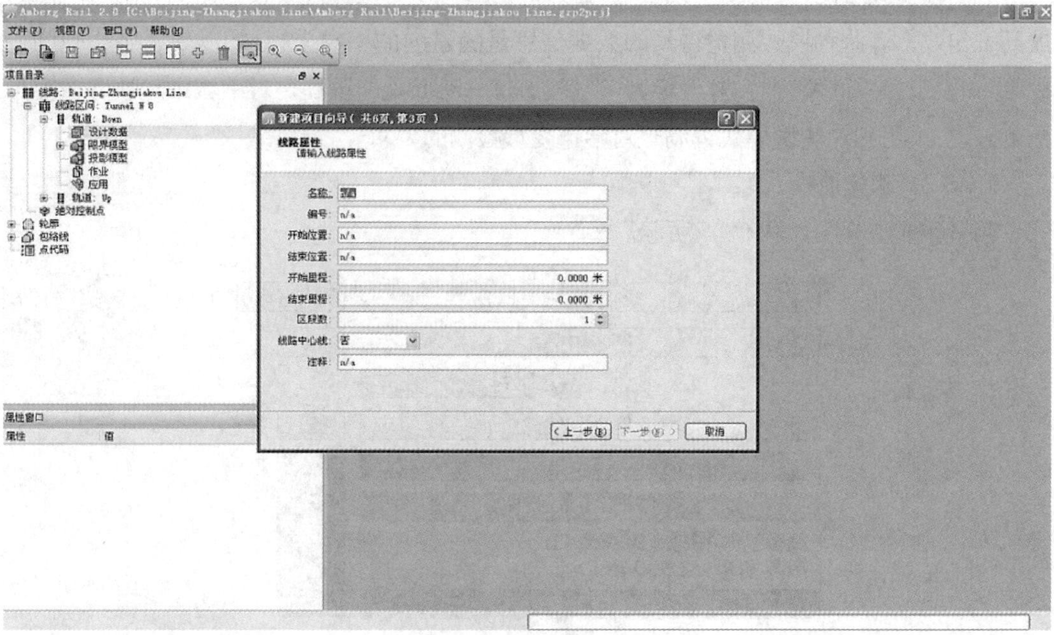

图 9-3　创建作业

中应该注意以下内容：

(1) 推行速度不能超过参数设定速度，否则系统会报警。

(2) 如果小车停留在轨道上，只需停止记录。如果小车必须要搬离轨道，还要停止扫描仪旋转。

(3) 尽量避免扫描仪激光扫射在人员身上，影响成像效果。

现场测量如图 9-4 所示，测量人员推着 GRP5000 扫描系统前行，正常行走无须停留，同时注意行走速度不应超过仪器限值。该实例检测作业因为要提高点云密度，所以行走速度低于正常值，实际采集 329 m 共用时约 26 min，速度约为 0.7 km/h。目标区间内测量完成后，点击“停止测量”，退出“Amberg Rail 2.0”软件，关闭便携式手提电脑，待扫描仪旋转停止后关闭扫描仪，关闭电池电源开关，拆解车体框架和激光扫描仪、电缆电线，干布擦拭组装车体框架，清理小车行走轮油污后立即装箱。

该实例检测作业于 2007 年 8 月 31 日 1 时 1 分完成，结束测量后，测量人员需检查数据是否完整，主要检查扫描数据、轨道设计数据、线路中线、限界模型、投影模型是否完整，以便进行后续的操作。

9.1.4　内业作业

外业作业完成后，内业作业的主要流程如图 9-5 所示。

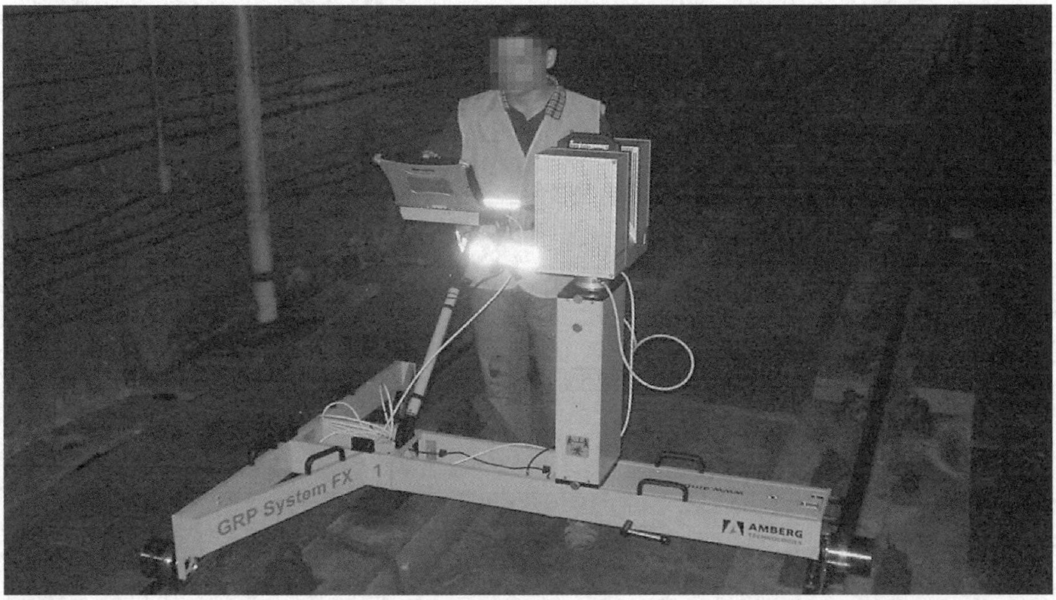

图 9-4　现场测量

9.1.4.1　数据预处理

(1) 作业数据预处理。数据预处理用于对原始数据进行过滤(根据最小/最大距离、最小/最大反射率等)。预处理参数在作业的属性窗口中进行设置。右键点击作业节点选择“作业数据预处理”开始该作业的数据预处理,也可以右键点击项目区段节点选择“作业数据预处理”对该项目区段内所有作业进行数据预处理(图 9-6)。

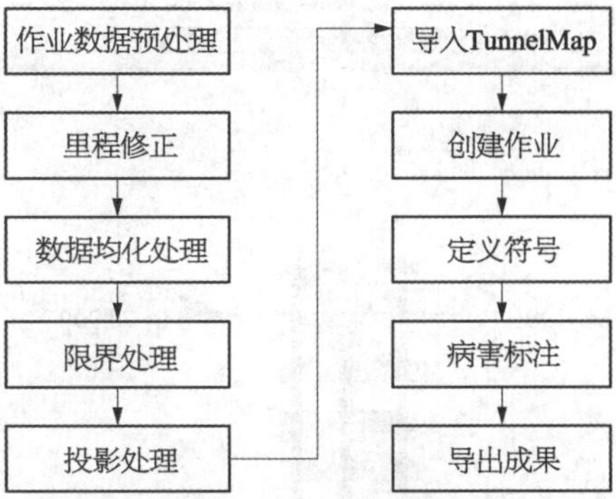

图 9-5　内业作业流程图

(2) 里程修正。指将基于不同里程基准的测量数据序列或作业调整到同一个里程系统中。在合并多个测量数据序列前要做这一步工作。在一个应用中,数据合并完成后对测量数据进行里程修正。里程修正示意图如图 9-7 所示。里程修正操作界面如图 9-8 所示。

(3) 限界处理。限界处理是计算每一个测量点到理论限界模型(通过包络线、区间和偏移量定义)的最短距离,进行限界处理时需先定义限界模型,随后这些距离值将作为一个单独层显示在展开视图、3D 视图和断面视图中。限界断面视图如图 9-9 所示。

(4) 投影处理。投影处理是计算仪器和测量断面点的连线与投影断面的交点。扫描仪顶部到交点的距离用于在投影视图图形视图中,确定扫描点在垂直方向的位置。投影处理是将隧道内表面展开时需按照统一标准断面进行投影，以保证处理后的图像不失真，一般应按照隧道的设计断面进行投影。进行投影处理时需要先定义投影面。投影后的图像如图9－10所示。

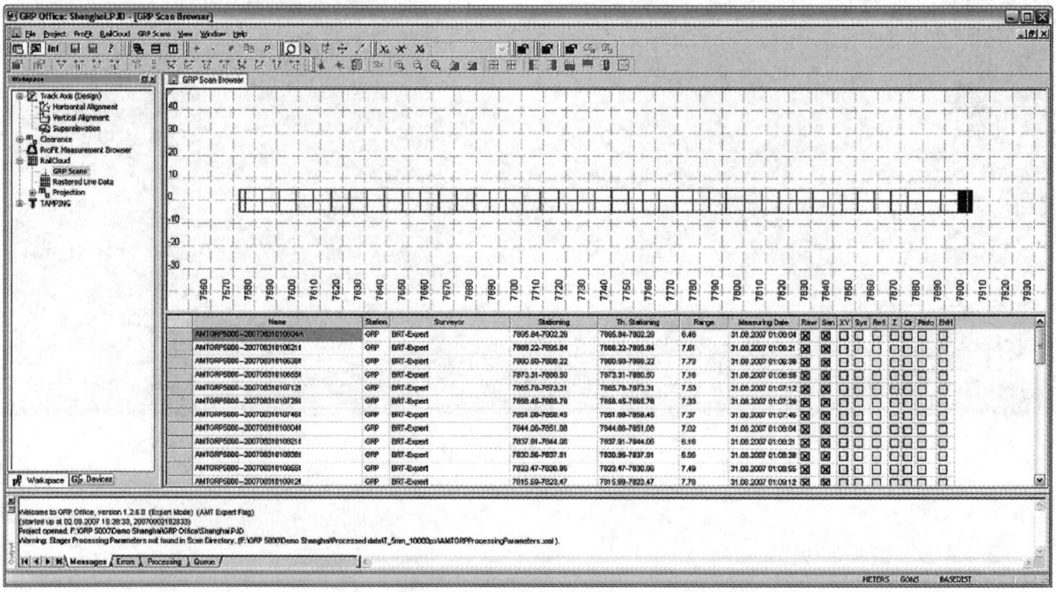

图9－6　作业数据预处理

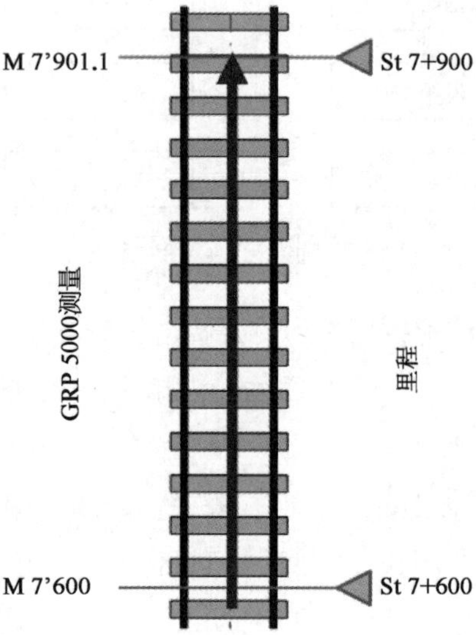

图9－7　里程修正示意图

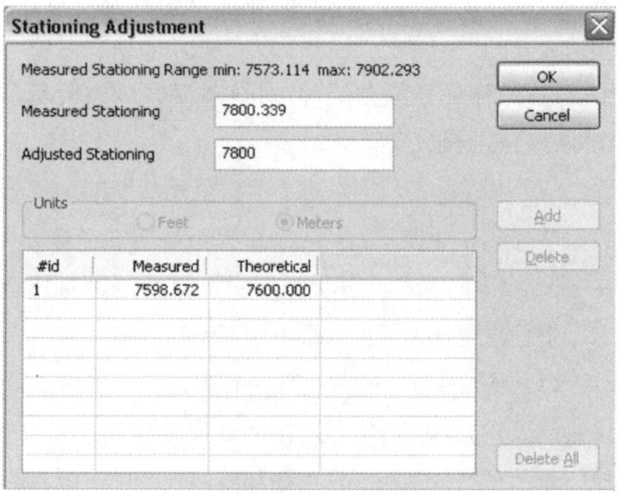

图9－8　里程修正操作界面

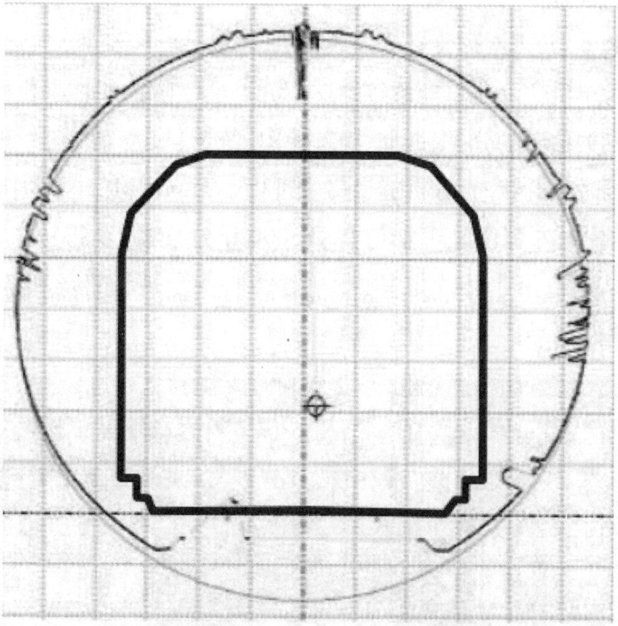

图 9-9　限界处理展开图和断面图(后附彩图)

图 9-10　投影后的隧道表面影像图(后附彩图)

9.1.4.2 数据后处理

随着信息技术的发展,无纸化设计与档案管理的观念已经深入人心,隧道数字化管理系统也将成为轨道运营单位信息化管理系统的一部分。建立隧道的数字化模型之后,不仅可方便快捷地进行隧道相关信息的分类、查询、输入输出、统计、报表等基础管理工作,还可方便地比对同一隧道在不同时期的状态,分析隧道劣化过程。TunnelMap 软件中可以建立隧道的数字化模型,其中最重要的内容便是可以与 GRP5000 结合使用,获得隧道内表面的数字化展开图。同时可将盾构隧道每个环片定义为一个区间,便于进行管理和统计等。TunnelMap 观察模块如图 9-11 所示。

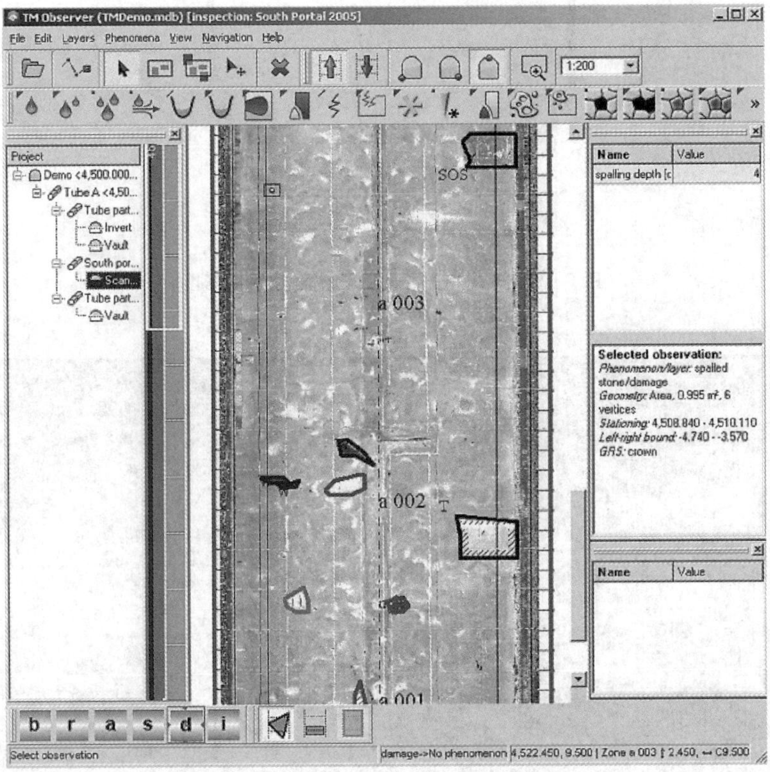

图 9-11 TunnelMap 界面图(后附彩图)

经过专用软件"Amberg Rail 2.0"完成预处理之后,可输出 TIFF 格式的图形文件数据,这些图形文件携带了准确的历程信息,为以此为基础的病害分析提供了参考基准。

TunnelMap 是一种隧道智能绘图与数字化管理系统,它取代了在纸上观察到的信息进行手动输入的方式,简化了绘图操作程序。TunnelMap 通过对原始数据的收集和处理,以及数据评估、存档和图形结果输出,简化了信息管理的过程。

TunnelMap 的操作流程如下:

(1) 创建作业。创建一个空白作业,输入名称,选择一个合适的保存路径并保存。选择

"单洞隧道",输入导入 GRP5000 的高清影像图时记录的最大里程数和最小里程数,将最小里程数和最大里程数分别设置为起始里程和结束里程。

(2) 病害标注。打开作业,进入视图界面检查背景图像,然后导入该区间的图片文件并将图片文件与背景图像一起显示。完成上述工作后工作人员只需在病害层将图片中相应的病害用软件标出即可,渗水病害标注如图 9 - 12 所示。

图 9 - 12　管片渗水病害标注(后附彩图)

(3) 导出成果。导出汇总表、详细一览表、病害分布直方图等,导出之前要注意选择合适的区间。汇总表如图 9 - 13 所示,详细一览表如图 9 - 14 所示,病害分布直方图如图 9 - 15 所示。

汇 总 表

区间:
编号:　　　　　　检查时间:
制表:GRP5000

报告范围:全部				
名称	类型	数量	单位	个数
裂缝	病害	1.35	m	4
湿渍	病害	1.17	m^2	21
接缝	结构	6 139.59	m	4 716
混凝土管片	设施	18 951.95	m^2	944
管片破损	病害	0.10	m^2	4
渗水	病害	2.98	m^2	22
滴漏	病害	3	件	
				合计:5 714

图 9 - 13　病害汇总表输出结果

详细一览表

区间: 常熟路—陕西南路
编号: 检查时间:
制表: GRP5000

名称	等级	位置	环号	数量	单位
渗水	二类病害	14 210.47	1	0.29	m²
滴漏	二类病害	14 220.57	1	1.00	个(处)
渗水	二类病害	14 226.07	1	0.65	m²
滴漏	二类病害	14 227.41	1	1.00	个(处)
湿渍	三类病害	14 235.72	1	0.09	m²
滴漏	二类病害	14 240.06	1	1.00	个(处)
湿渍	三类病害	14 273.17	1	0.01	m²
湿渍	三类病害	14 536.82	4	0.24	m²
渗水	二类病害	14 568.42	4	0.02	m²
渗水	二类病害	14 602.92	5	0.02	m²
管片破损	二类病害	14 637.47	5	0.05	m²
管片破损	二类病害	14 638.67	5	0.01	m²
管片破损	二类病害	14 639.94	5	0.02	m²

图 9-14　病害详细一览表输出结果

分布直方图

区间：常熟路—陕西南路
编号：　　检查时间：
报告分组：全部
制表：GRP5000

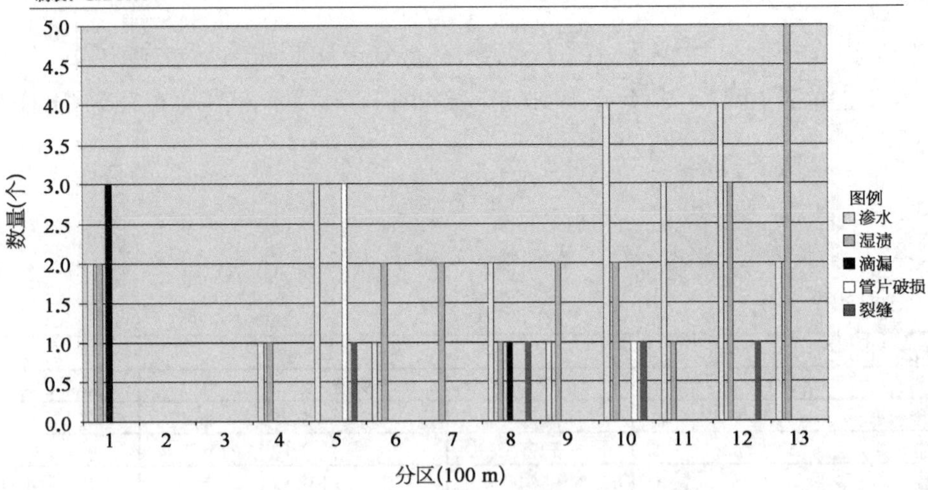

图 9-15　病害分布直方图

GRP5000 隧道全息成像系统与 TunnelMap 隧道智能绘图及病害检测与管理系统配合使用，可作为轨道测量、限界测量、隧道检测、评估与管理的一体化解决方案，满足快速、经济及数字化管理的需求，适用于隧道检测。但是该系统存在如下缺点：

(1) 该实例中的测量模式是相对测量,若需获得隧道点云的绝对坐标,必须使用绝对测量模式,由于隧道中全球导航卫星系统无法覆盖,设备的定位精度还存在缺陷。

(2) 受激光扫描设备采集的点云密度所限制,得到的隧道表面影像图分辨率最高能达到 5 mm,无法给出裂缝宽度信息。

(3) 数据后期处理全部是人工处理,耗费大量人工,长时间处理数据易造成人员疲劳,导致误差。

9.2　隧道结构三维激光扫描检测实例 2

9.2.1　工程概述

截至 2016 年底,某市地铁有 6 条运营线路,线路总长超过 200 km。由于地质情况复杂多样,地铁隧道跨越地质单元多,沿线的土质结构变化大,同时受到地面、周边建筑负载或周边施工、列车运行振动等综合影响,多个区间已产生收敛变形,部分隧道产生管片错台、渗漏水、管片角部破损等病害现象。

为全面普查现有运营盾构隧道的收敛变形情况,并为后续隧道结构的维护提供基础资料,在原有监测的基础上,上海勘察设计研究院(集团)有限公司(以下简称"上勘集团")承担了全线网盾构隧道逐环收敛普查测量项目。上勘集团采用移动激光扫描检测的方法,在约 3 个月的时间内,完成全线网近 200 km 的隧道收敛检测任务。实际测量近 70 个区间、14 万多个盾构断面。

9.2.2　检测仪器及流程

激光扫描技术作为一门新兴的测绘技术,是测绘领域继 GNSS 技术后又一次的技术革命。激光扫描技术又称为实景复制技术,能够完整并高精度地重建扫描实物及快速获得原始测绘数据。该技术突破了传统测量的瞄准—测量—记录的基本流程,可以全视场、精确和高效地获取测量目标的三维坐标及影像数据,具有非接触测量、高分辨率、高精度、高效率、数字化采集、信息全面等优点,是目前国内外测绘领域研究关注的热点之一,已广泛应用于工业测量、虚拟考古、地形测量以及公路、桥梁、大坝的变形监测等领域。

地铁隧道内检测作业的窗口时间短(如上海每周仅有 2 d,每天作业时间少于 3 h)、照明条件差,激光扫描采集速度快(目前多个厂家有 100 万点/s 的多个设备型号)、不要求照明等优势,能保证测量精度、提升数据采集效率、简化作业流程。

上勘集团研制的 SMLS2.0 移动激光扫描装备在硬件方面,承载于自主动力的轨道车,集成激光断面扫描仪、定位定姿设备等传感器,能实现外业傻瓜式数据采集;在软件方面,针对各种隧道结构型式,开发了数据解算和管理分发软件。用户可根据需要,采用 0.9 km/h、1.8 km/h、3.6 km/h、5.4 km/h 等几挡不同采集速度。

SMLS2.0 移动激光扫描测量系统如图 9-16 所示。

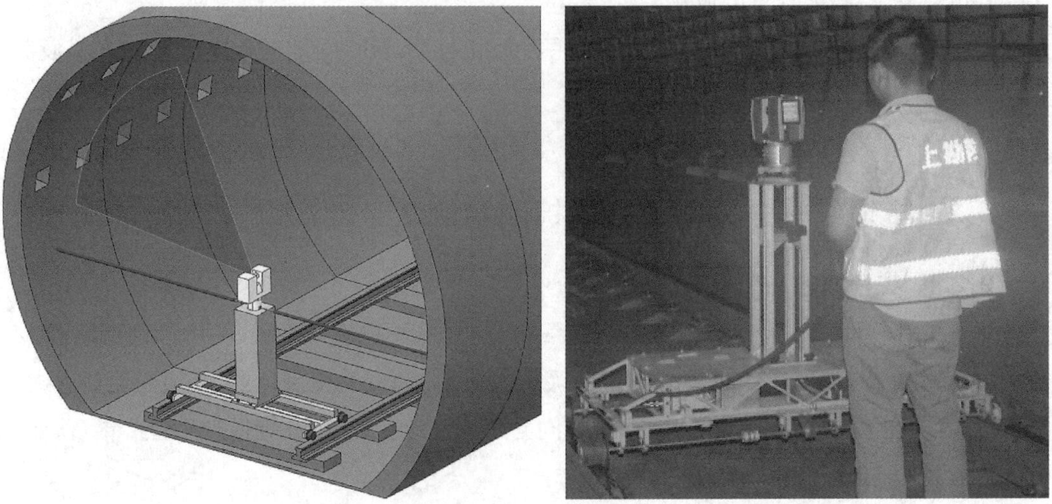

图 9-16 隧道移动激光扫描测量系统实物图

移动激光扫描检测通过高速旋转的扫描头和里程定位装置完成数据采集,形成高密度、分布均匀的隧道内壁点云数据和散点的强度信息,可生成以下两类直接成果:

(1) 利用点云的坐标信息进行隧道净空尺寸解算,可根据需求计算隧道断面内的直径、不同位置的弦长、相邻隧道结构的错台变化等。

(2) 根据点云的强度差异,按照一定的投影规则,可生成隧道内壁影像,进行隧道结构破损、渗漏水等病害调查。

利用以上两类直接成果,可生成隧道的真实 BIM 建模,以及隧道内设备设施管理等衍生价值。

移动三维激光扫描检测主要包括外业数据采集、内业数据解算、成果质量检查、成果入库、成果提交发布等流程。

9.2.3 外业作业

SMLS2.0 移动激光扫描系统是一套轻便型检测系统,轨道车技术参数如下:

(1) 轻量型:车体总重量小于 40 kg。

(2) 小型化:车体长宽为 1.6 m×0.8 m。

(3) 作业速度:最高 4.5 km/h。

(4) 采用步进电机驱动,可保持车体匀速运动,匀速精度小于 0.02 m/s。

(5) 可通过手机或电脑进行远程操控,并实时返回视频监控信息。

外业采集一般由 3 名测量人员操作隧道移动测量采集系统,并由测量车携带仪器设备在轨道上匀速采集激光扫描数据和同步里程环号等定位信息。数据采集系统的工作流程如图 9－17 所示。

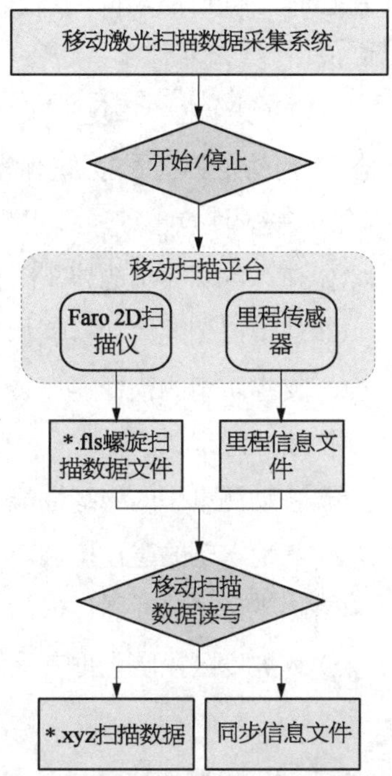

图 9－17　隧道移动扫描数据采集系统工作流程

隧道移动扫描测量的基本流程如下：

1) 作业准备

整车放置在项目部仓库中,车载电池按要求完成充电,使用前测试轮子与车体的绝缘性,检查可分解部件连接是否稳固,确认电机是否能够正常驱动,检查必要的工具是否齐备。

2) 车辆运输

车体、可分解部件、仪器台及仪器设备分别从仓库中取出,稳固地安置在运输车辆上。

3) 车站搬运

两人将车体从运输车辆上搬运到地铁车站站台上,其他可拆卸部件和附件可另行搬运。

4) 车站组装

将可拆卸部件在车站现场进行组装,要求 3 人协作能够在 5 min 内完成组装。

5) 现场测量

清点完成后,首先将车体安置在轨道上,然后将可拆卸部件安装在车体上,再将仪器台和仪器设备安置在车体上。检查确认车辆各部件是否正常工作,设置正确的速度挡位、仪器参数和其他要素,确保扫描断面与隧道中轴线垂直,开始进行轨道上的移动。轨道移动作业期间,车辆前方设置一人作为引导员以提前发现不利作业因素,一人跟车操作以便监控车辆作业及紧急暂停车辆,另设一人作为作业组长处理其他事务。

作业过程中其他注意事项为：

(1) 应急处理。在轨道上作业时遇到特殊情况时,车辆可利用推手进行人工推行,也可两人将车辆抬起进行短距离的搬动。若需要反向行驶,可以在将车辆抬起后重新反向安置在轨道上,也可直接使用前驱工作模式。

(2) 分解运输。完成轨道作业回到车站后,需要将车体、可拆卸部件和仪器设备等进行分解,检查各部件是否全部带出轨行区域。

(3) 完成作业。完成销点后,将车体及附件从地铁车站搬运到运输车辆上,安全返回到仓库。将扫描期间的各类数据下载到工作电脑,电池重新充电,确认全部工作流程已完成。

(4) 重复作业。重复步骤开始新的作业。定期检查车辆的绝缘性、轮子润滑、电机工作状态、连接件是否稳固等,确保车辆能够连续无故障地运行。

(5) 安全注意事项。采用测量车工作期间,还需注意:

① 道床中间突出的停车限位装置。

② 轨道内侧的涂油机喷油头。

③ 支撑轨距的横杆连接装置。

④ 断电绝缘头。

⑤ 移动测量车的绝缘性能。

⑥ 其他车辆的避让措施。

⑦ 小半径转弯或通过道岔时的通过性。

⑧ 大坡度区段防止推车溜坡。

9.2.4 内业作业

9.2.4.1 数据处理内容与流程

移动扫描数据内业数据处理内容主要包括:

(1) 初始影像解算,主要包括里程数据与点云数据时间系统匹配等。

(2) 隧道断面环号定位。

(3) 断面切片提取与水平直径解算。

(4) 隧道内壁影像纠正。

数据处理的具体步骤是:

(1) 结合里程信息与原始点云数据,正射投影解算生成隧道内壁初始影像。

(2) 基于隧道初始影像,进行隧道断面环号定位。

(3) 根据环号定位信息,获取隧道逐环的横断面数据,并对初始影像进行纠正。

(4) 根据隧道横断面数据进行隧道水平直径解算、全断面分析等。

(5) 纠正后影像经过增强处理后,结合人工判读获取隧道的环号、里程、变形分级渲染图、各类病害及附属设施信息等。

数据处理流程如图 9-18 所示。

9.2.4.2 盾构隧道直径收敛解算

该实例中盾构隧道衬砌环主要是采用错缝拼装,分为两种形式,一种是 5.5 m 内径的单圆错缝拼装的盾构隧道,另一种是带中隔墙的大圆盾构隧道。

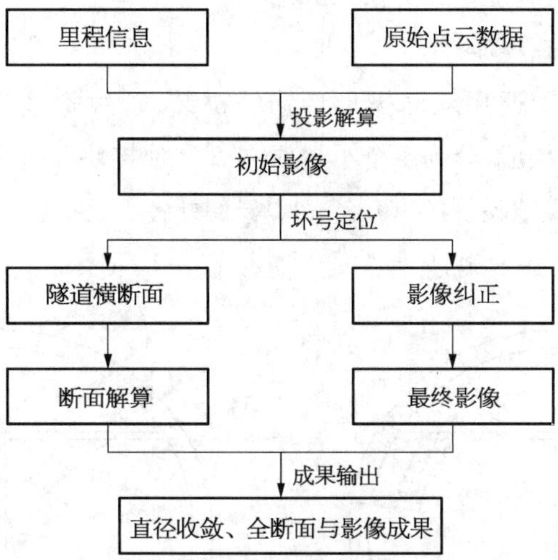

图 9 - 18　移动扫描数据处理流程图

1）单圆隧道直径收敛解算

根据以往工程经验来看，单圆隧道的收敛变形主要集中于衬砌螺栓接缝位置处，收敛变形往往与错台变形同步发展。为保证收敛解算的精度、稳定性及与传统方法的一致性，采用如图 9 - 19 所示直径收敛解算算法。

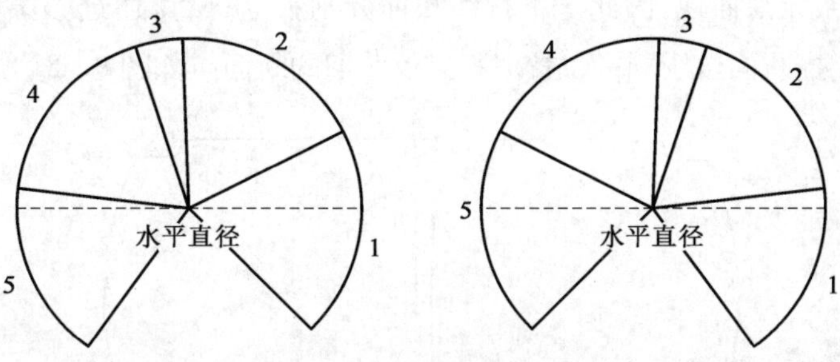

图 9 - 19　错台拼接隧道分段圆弧拟合提取直径示意图

利用圆的拟合方程，对 1、2、3、4、5 段圆弧进行拟合，得到 5 个圆弧的圆心 $(x_1,\ y_1)$、$(x_2,\ y_2)$、…、$(x_5,\ y_5)$ 和 5 个半径 R_1、R_2、R_3、R_4、R_5。考虑到封顶块较短、数据点少，因此权重较小，最后使用 1、2、4、5 段弧的圆心的重心作为该断面的圆心 $O(x_0,\ y_0)$，其中，$x_0=\dfrac{\sum x_i}{4}$，$y_0=\dfrac{\sum y_i}{4}$。

由于每段隧道各圆弧的接缝处点相对位置是固定的，因此圆弧的起始角度 α 和终止角度 β 可根据实际情况预先设定，可求出该圆上一点到隧道圆拟合中心 $C(X_0,\ Y_0)$ 的距离 d，取极角 90°的断面点距离 d_1 与极角 270°的断面点距离 d_2 之和作为断面的水平直径，即

$d = d_1 + d_2$，直径计算的取位精确至 0.1 mm。

2）大圆隧道直径收敛解算

大直径盾构隧道采用通用双面楔形环错缝拼装，管片宽度为 2 m，管片标准内径为 10.2 m，每环由 8 块管片构成，分为 1 个小封顶块、2 个邻接块、5 个标准块，隧道径向设置中隔墙，分隔上下行线，中隔墙设计厚度 0.3 m（实际偏差较大），一般 90～100 环左右间隔设置旁通道。断面设计图如图 9-20 所示。

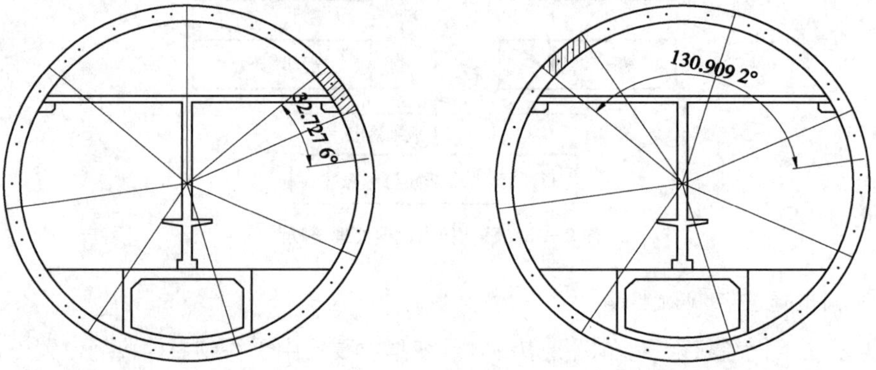

(a) 旋转错缝点位(一)　　(b) 旋转错缝点位(二)

图 9-20　大直径管片错缝拼装示意图

由于上下行线无法通视，因此上下行线扫描分别独立进行，通过影像识别定位环片中心，保证上下行扫描断面位于同一位置。扫描仪获取的断面点如图 9-21 所示。

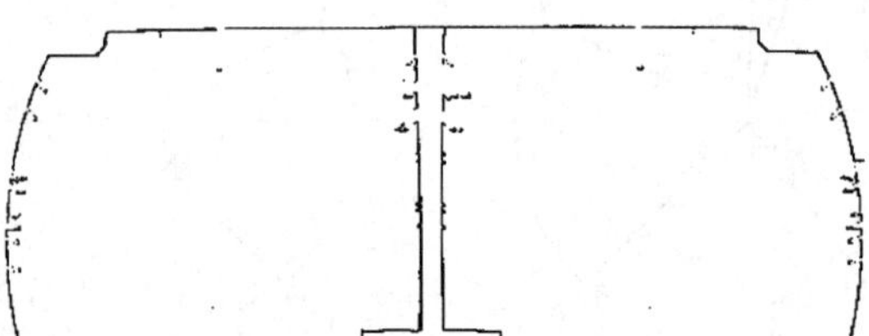

图 9-21　大直径扫描断面示意图

对于上行线断面，利用圆的拟合方程，对断面的圆弧段进行拟合，得到圆弧 C 的圆心 $O(x, y)$ 与半径 R。断面的隔墙段进行直线拟合，得到直线 L 的斜率 k 与截距 b。过圆弧圆心，画一条水平直线，分别与圆弧 C 和直线 L 相交于点 A、B。点 A、B 的距离 D_s 为上行线的水平直径。同理可求出下行线水平直径 D_x。水平直径解算示意图如图 9-22 所示。

断面水平直径为 $D = D_x + D_s + 0.3$ m，直径计算的取位精确至 0.1 mm。

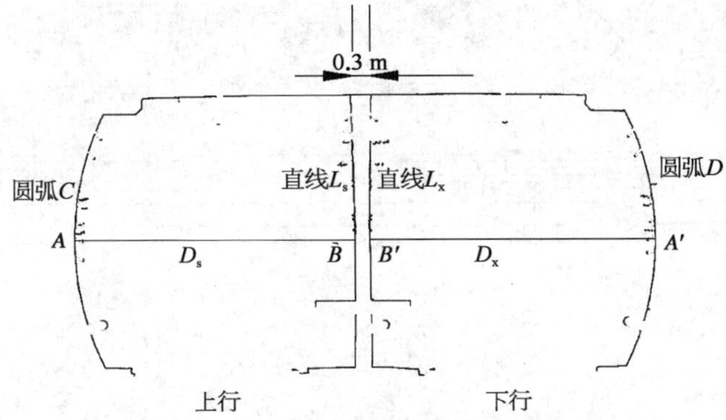

图 9 - 22　大圆水平直径解算示意图

9.2.4.3　隧道内壁影像的生成

对于实体隧道而言，可将其抽象为一组标准的圆柱体，各圆柱体按照轴线方向有序拼接而成，从而将连续的隧道分解为单个规则的圆柱体模型。将各圆柱体侧面图按数学投影原理展开至平面，并保持其沿隧道轴线(里程)方向上的连续性，称之为"隧道断面的正射投影"。经平面旋转、坡度校正后，各圆柱体的侧面图展开为规则的矩形，将各连续矩形拼接形成连续的二维平面。圆柱体的展开、拼接示意图如图 9 - 23 所示。

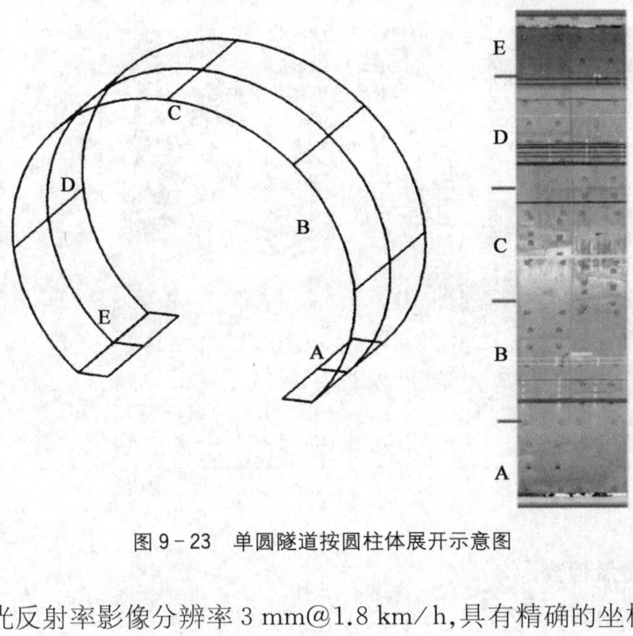

图 9 - 23　单圆隧道按圆柱体展开示意图

隧道内壁激光反射率影像分辨率 3 mm@1.8 km/h，具有精确的坐标量测和病害信息判读功能。影像信息经处理后，可快速经济地发布到专用信息管理系统，方便日常地铁监测项目的结构调查、内壁附属设施管理、应急抢险指挥等。影像成果如图 9 - 24、表 9 - 2 所示。

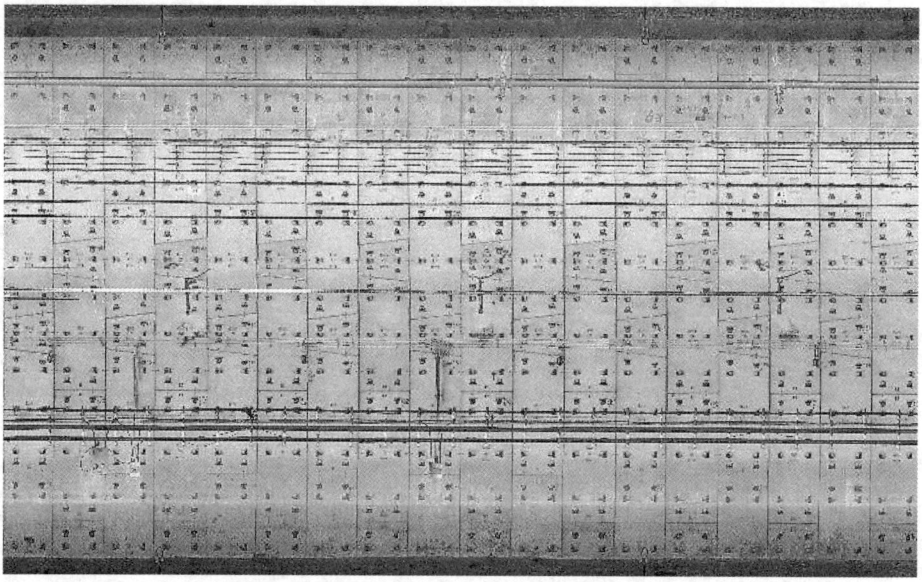

图 9－24　移动激光扫描数据生成的隧道正射影像

表 9－2　基于隧道影像的管壁附属物调查

项　目	内　容			
影像		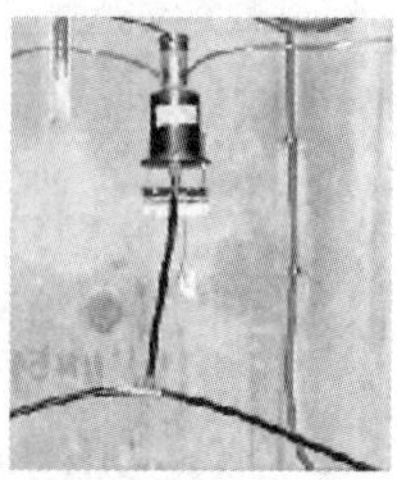	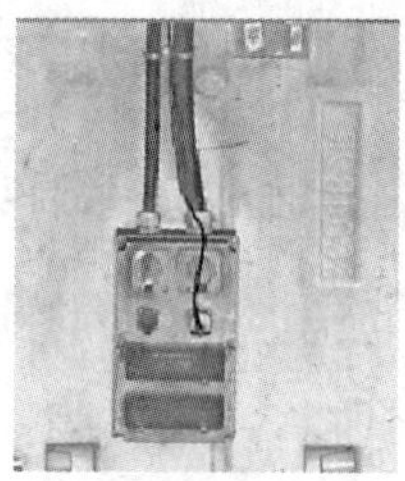	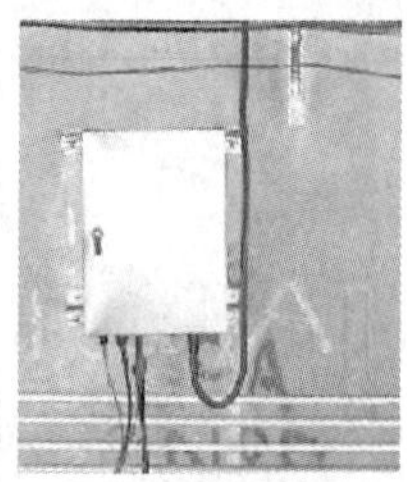
描述	摄像机及光源	静力水准仪	信号控制箱	电力控制箱
位置	×号线×××环	×号线×××环	×号线×××环	×号线×××环
现状	正常	正常	正常	正常
隶属单位	A 监测单位	B 监测单位	C 地铁公司	D 地铁公司

9.2.5　成果质量检查

根据测绘产品质量检查验收规范要求，对所测总断面进行 5%的抽检自查，对收敛变形大于给定阈值的逐环检测验证。

9.2.5.1　采用测距仪收敛测量方法对全线网数据进行抽验

针对采用移动激光扫描方法的区间，每间隔 100 环采用测距仪测量一个收敛直径，核对两者的数据匹配性,一共检核断面 2 267 环。移动扫描成果与测距仪检核结果较差分类统计见表 9-3,差值统计图如图 9-25 所示。

表 9-3　移动扫描成果与测距仪抽检结果较差分类统计

差值范围(mm)	个　数	百分比(%)
≤1	629	27.8
≤2	1 227	54.1
≤3	1 685	74.3
≤4	2 033	89.7
≤5	2 267	100

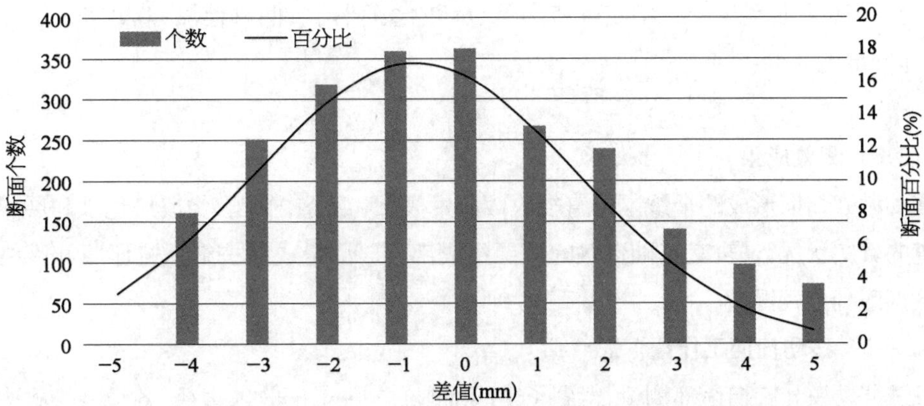

图 9-25　全线网移动扫描成果与测距仪抽检结果差值统计图

移动扫描成果与长期收敛成果之间的差值在测量误差允许范围内,没有超过±5 mm 的断面,表明移动测量成果满足要求。

9.2.5.2　变形量大于给定阈值的逐环检测

在移动扫描过程中,对于跟设计值较差超过给定阈值的重点环采用全站仪进行逐环检核,共检核断面 1 601 环。移动激光扫描成果与全站仪检核结果较差分类统计表见表 9-4,差值统计图如图 9-26 所示。

表 9-4　变形大于给定阈值区段移动扫描成果与检核结果差值分类统计

差值范围(mm)	个　数	百分比(%)
≤1	471	29.4
≤2	922	57.6
≤3	1 265	79.0
≤4	1 494	93.3
≤5	1 601	100

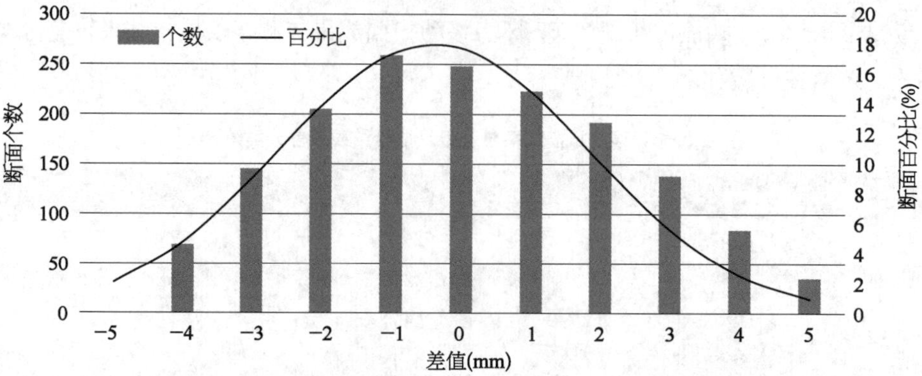

图 9－26　变形大于给定阈值区段移动扫描成果与检核结果差值统计图

同样，与设计值差值超过给定阈值的重点环的逐环检核，两种检测方法比较，互差没有超过±5 mm 的断面。

9.2.6　测量成果

移动激光扫描形成的全线网的直径收敛测量成果和隧道内壁影像成果记录和展现了盾构隧道的真实状况，是轨交基础资料的重要组成部分。测量成果按纸质打印版和网络平台电子数据两种方式提供。

9.2.6.1　移动扫描工作量汇总

经过移动激光扫描逐环测量，得到了全线网的盾构隧道的收敛直径，各线路的盾构隧道环数如图 9－27 所示。

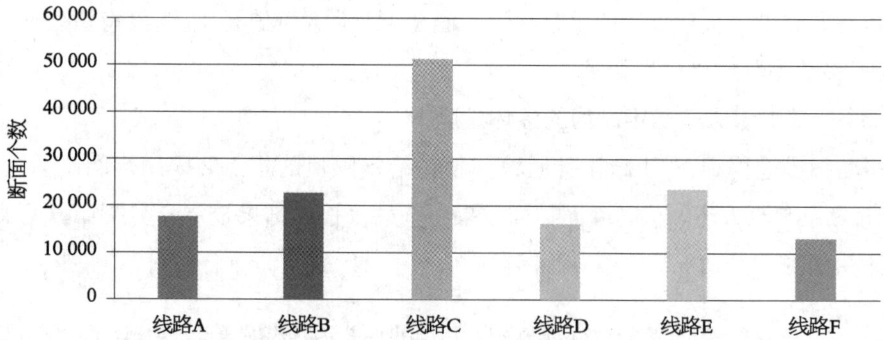

图 9－27　全线网盾构隧道收敛监测项目工作量统计图

以上数据能够准确反映全线网盾构隧道的长度和盾构环片数量，以及各线路各区间的盾构隧道环数及检核断面数。

9.2.6.2　直径收敛测量成果

1）逐环水平直径值

形成了全线 69 个区间逐环的收敛测量成果，给出了水平直径的大小、与设计比较的差异情况。以某线某区间为例,如图 9-28 所示。

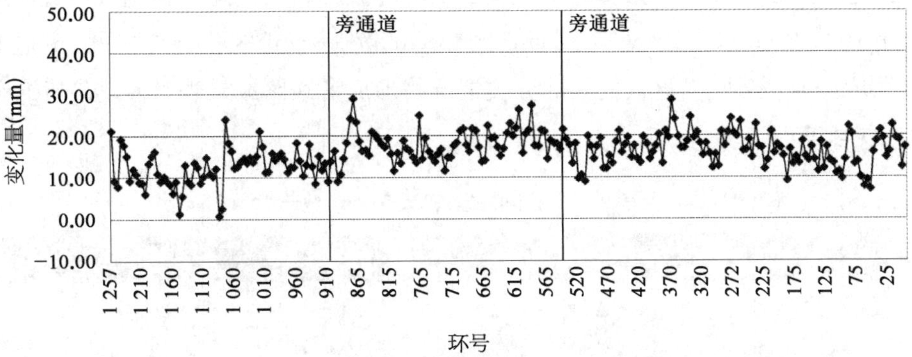

图 9-28　逐环收敛测量成果样张

2) 与设计比较各区间水平直径收敛最大(小)直径统计

盾构隧道环片收敛直径的最大、最小值反映了隧道目前的极限状态,经过逐环扫描测量,并对收敛直径成果进行统计分析,得到每个区间的最大、最小直径值及所在的里程和环号,见表 9-5。

表 9-5　某线(上行线)区间实测最大(小)水平直径统计(样张)

起止区间 起	起止区间 止	拼接类型	最大(小)直径	环号	里　程	实测直径(m)	设计直径(m)	与设计值比较差异(cm)
站 A	站 B	单圆通缝	最大直径	517	SK0+913.4	5.555	5.500	5.5
			最小直径	1	SK0+292.2	5.486	5.500	−1.4
站 B	站 C	单圆通缝	最大直径	663	SK1+285.6	5.549	5.500	4.9
			最小直径	1	SK2+081.9	5.499	5.500	−0.1
站 C	站 D	单圆通缝	最大直径	309	SK2+604.8	5.560	5.500	6.0
			最小直径	440	SK2+762.2	5.502	5.500	0.2
站 D	站 E	单圆通缝	最大直径	770	SK4+336.5	5.557	5.500	5.7
			最小直径	1 021	SK4+638.7	5.512	5.500	1.1
站 E	站 F	单圆通缝	最大直径	16	SK5+277.5	5.567	5.500	6.7
			最小直径	248	SK5+555.6	5.511	5.500	1.1
站 F	站 G	单圆通缝	最大直径	821	SK7+241.5	5.552	5.500	5.2
			最小直径	227	SK6+526.9	5.504	5.500	0.4
站 G	站 H	单圆通缝	最大直径	600	SK7+484.3	5.545	5.500	4.5
			最小直径	3	SK8+200.6	5.506	5.500	0.6
站 H	站 I	单圆通缝	最大直径	547	SK9+055.5	5.565	5.500	6.5
			最小直径	909	SK9+491.0	5.492	5.500	−0.8

3）实测直径分类统计

为了充分掌握全线网盾构隧道所处的安全状况等级，将全线网盾构隧道收敛直径进行分类统计，按照“<0 cm”“0～5 cm”“5～6 cm”“6～7 cm”“7～8 cm”“8～9 cm”“>9 cm”这七挡对各区间数据进行了梳理，各区间的具体分类情况将形成各线路成果表。各线路超给定阈值环数分布见表 9－6。

表 9－6　盾构隧道变形大于 8 cm 统计

序　号	线路名	区 间 段	上下行	大于 8 cm 数	备　注
1	A 号线	A1 站—A2 站	上行	30	
4		A5 站—A6 站	下行	16	有 9 环钢环
7		A11 站—A12 站	上行	1	
总　计					
8	B 号线	B1 站—B2 站	下行	1	
14	C 号线	C1 站—C2 站	上下行	12	
15	D 号线	D1 站—D2 站	上行	1	

9.2.6.3　典型隧道病害影像成果

形成了全线网盾构隧道段 3 mm 分辨率全覆盖影像成果。基于影像底图，标示了常见渗水、湿渍、崩边等情况，部分区间的变形严重区段环片影像分别如图 9－29、图 9－30 所示。

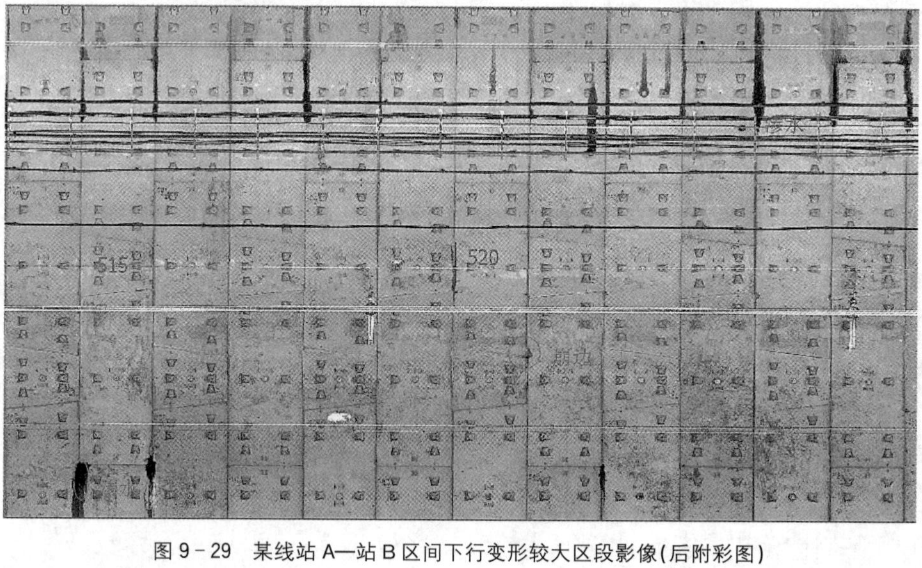

图 9－29　某线站 A—站 B 区间下行变形较大区段影像(后附彩图)

9.2.6.4　典型结构设施统计

(1) 旁通道位置统计。旁通道是每个区间重要的组成部分，由于经过特殊施工，隧道环

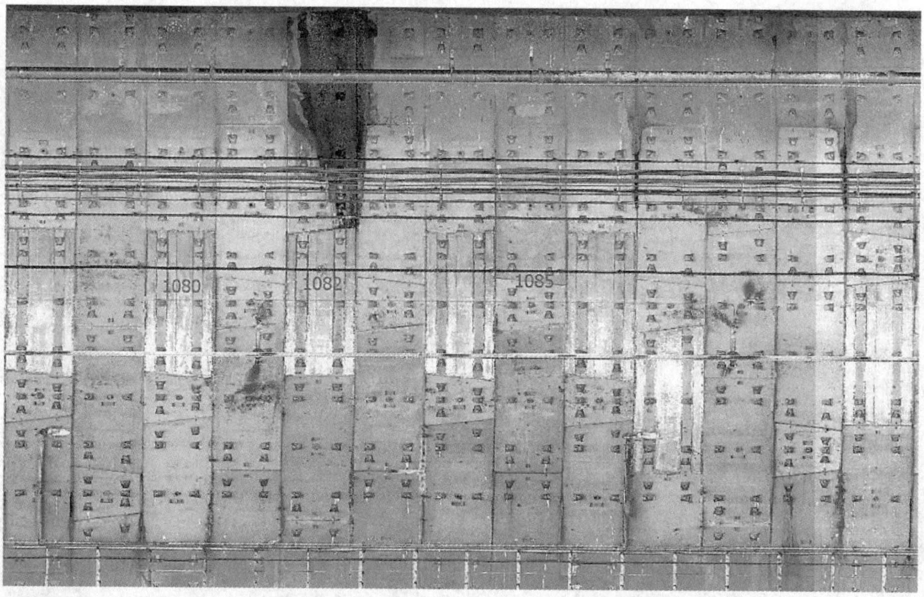

图 9-30　某线站 C—站 D 区间上行变形较大区段影像(后附彩图)

片变形比较异常,所以对其实际情况的掌握也十分重要,经过全线网外业调查和影像判读,共统计单圆隧道旁通道覆盖环片数 368 环。

(2) 钢环加固段统计。经过外业扫描调查和生成的隧道环片影像判读,共统计到全线网盾构隧道钢环加固环数为××环,形成了钢环分布的具体区间和所在里程位置、环号统计成果表。

9.2.6.5　测量成果信息化管理

隧道灰度影像反映了隧道的表面信息,从隧道灰度影像中可获取隧道内壁的病害(漏水、掉块等)信息、附属设备(灯箱、管线等)等信息。这些信息反映了隧道的结构现状。移动扫描影像成果打印版查阅不便,电子成果数据量大,信息化管理非常重要。借助上勘集团开发的轨道交通结构监测数据云图管理系统,实现以区间为单位的移动激光扫描数据管理,对成果管理和分发提供了便利。

全线网盾构隧道收敛监测成果按 69 个区间进行管理,如图 9-31 所示。

系统对扫描影像开发了基于仓库管理系统(warehouse management system, WMS)服务的数据托管,并基于隧道内壁影像,开发了渗漏水、崩角、破损等典型结构病害信息和典型附属设备提取技术与数据库管理技术,实现病害和设备设施的动态 GIS 监控管理。设施与病害分布如图 9-32 所示。

扫描影像支持,单个项目收敛直径和影像管理与发布如图 9-33 所示。

隧道激光扫描数据处理的基本流程和应用中的关键技术已逐渐完善,移动激光扫描应

图 9－31　全线网盾构隧道收敛监测项目信息化平台

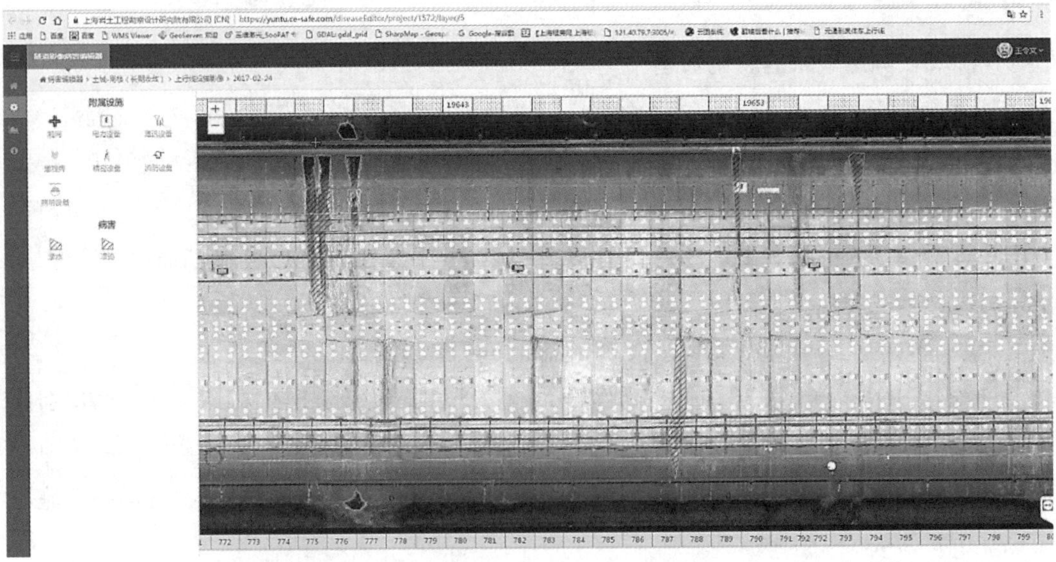

图 9－32　某区间设备设施与结构病害分布示意图(后附彩图)

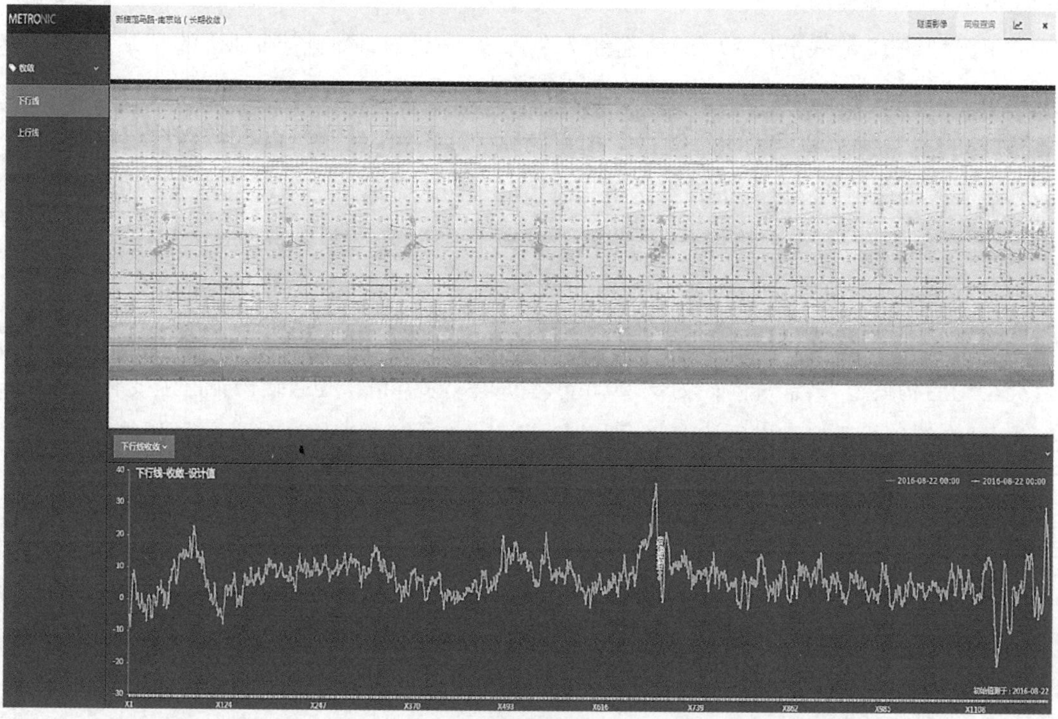

图 9-33　收敛监测与影像成果的对比展示

用于地铁隧道检测已由研究走向生产,并在上海、南京、杭州等国内近十个城市进行了应用。通过已有实践,对隧道激光扫描检测技术总结归纳如下:

(1) 需要在已有隧道数据解算模型的基础上进行优化,并针对错缝隧道、双圆隧道、大圆隧道等多种类型盾构隧道,研究相应的数据解算模型,使激光扫描技术针对盾构隧道具有普适性。

(2) 以校正后的隧道正射灰度影像为底图,通过计算机视觉算法对病害进行初步识别。结合人工现场调查资料,通过人工进行检核与筛选,对隧道病害信息进行精确标识与分析。

(3) 基于“服务平台”积累的海量隧道检测成果,构建多源数据集成的一体化数据库。

9.3　隧道结构表面病害摄影成像扫描检测实例

采用 CCD 工业相机的摄像测量检测技术是一种能够有效动态跟踪的非接触检测技术,最初被广泛应用于工业领域中的尺寸测量、位移检测、表面形状检测等方面。基于摄像测量的隧道衬砌表面自动检测技术主要通过 CCD 工业相机对隧道衬砌表面进行连续扫描,得到隧道衬砌表面灰度图,再采用图像处理及识别算法提取病害信息。本节内容为“隧道结构病害检测设备系统”(MTI-100)应用于上海地铁 12 号线病害检测项目的实例说明。

9.3.1 工程概述

上海地铁12号线全长40.4 km,途经7个行政区,设有32座全部地下的车站。它是上海城市轨道交通网络中串联上海西部与东北部的直径线,将成为纵贯中心城区"西南—东北"轴向的主干线。12号线西起闵行区七莘路站,途经徐汇区、黄浦区、静安区、虹口区、杨浦区这五大上海中心城区并最终到达工程终点浦东新区金海路站。12号线于2008年12月30日开工建设,东段(金海路站—曲阜路站)率先于2013年底建成通车,全线于2015年12月19日运营通车,其线路上的19个车站形成换乘,称为上海轨道交通网络的"换乘之王"。

该次在12号线进行检测的区间为天潼路站—国际客运中心站(上行),全长1.7 km。隧道类型为盾构隧道,其管片内径为5 500 mm,管片厚350 mm。隧道结构病害主要有裂缝、渗漏水、缺角等。为确保隧道结构健康,保障运营及行车安全,需及时对隧道展开结构病害的快速检测与评估,从而降低因结构病害而导致的风险。

9.3.2 检测仪器

为完成地铁隧道内的渗漏水、裂缝等隧道病害快速摄影成像与检测任务,采用的检测设备为同济大学研制的"隧道结构病害检测设备系统"。

1）隧道检测范围

该系统的检测范围包括从轨道以外两侧40 cm以外的全部区域,大约290°的检测范围。进而根据上海地铁隧道5.5 m直径,可以得到检测区域大约14 m的弧长。在此范围内,共配备6台线阵CCD相机、17盏线光源用来检测。图9-34中,相机位置的镜头外围半径约为241.9 mm。单台相机镜头范围按照53°考虑,检测范围48.33°,总计扫描290°隧道范围。图

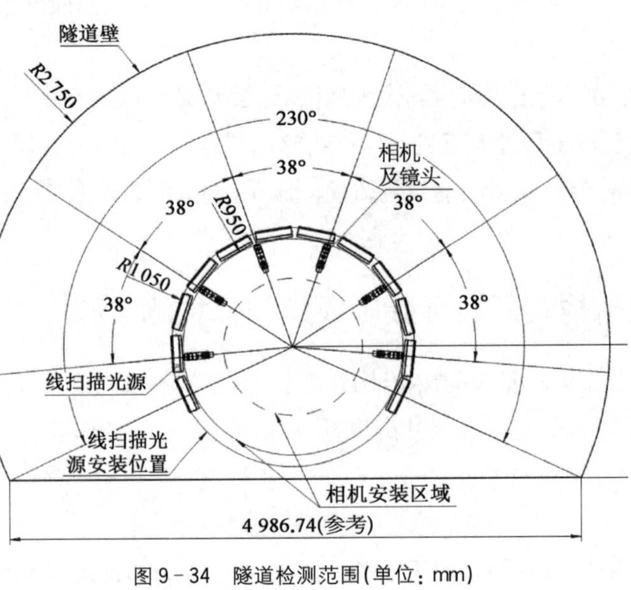

图9-34 隧道检测范围(单位: mm)

中光源安装位置采用在线阵相机单侧进行布置。光源安装在半径为 375 mm 的圆上，17 盏光源均匀交错地分布在圆盘上，最外尺寸约为 469.8 mm 处，此处距墙面 2～2.5 m。相邻相机之间的扫描范围为不少于 20 cm 的重叠区域，以确保不会有图像遗漏。所获取的图像精度为 0.3 mm。

2）*系统规格参数*

该检测设备系统的构架外形尺寸长 1.7 m、宽 1.435 m(与轨距相同)、高 1.9 m，设备总重约 140 kg。在运输工程中可以拆卸为四个部分，分别是相机光源安装架、安装架立柱、系统基座和独立导向架，便于运输。检测设备系统按功能要求共分为三个层次：图像采集层、操作控制层及行走层。

图像采集层主要完成图像采集及照明，由 6 台线阵 CCD 相机及线光源组成。操作控制层主要完成图像采集的操作控制，由工控机、显示器等组成。行走层主要完成设备的支撑与行走，由前后梁、横梁、滚轮等组成。

图像采集系统核心为光电成像系统(主要在图像采集层)及控制存储系统组成(主要在操作控制层)，组成系统的主要光电成像系统及控制存储系统和主要组件技术参数见第 5 章。

9.3.3　检测流程

为了完成一次成功的隧道病害检测项目，需要完成病害图像采集和病害图像识别这两个核心任务，相应地，检测的整体流程可以分为两大部分——外业作业(图像采集)和内业作业(图像处理)。

外业工作主要包括设备装运，在设备系统运达地铁隧道后进行组装调试，进而由检测人员推行采集图像，最后拆卸设备撤离站台。外业作业由图像采集人员完成，获取到附带隧道病害的图像，并记录下采集图像时对应的检测项目信息、检测位置与距离、检测时间等。内业工作是指在病害图像中要对所获得的大量相关数据进行分析、统计、归纳、整理，之后更进一步对这些数据进行归纳管理、检验分类、计算变换等处理，再得出工程所需要的数据、表册、图册等结果。内业作业由图像处理人员完成，在城市地铁盾构隧道检测中，内业作业针对外业采集得到的病害图像进行图像提取、病害提取等工作，并最终形成完整的检测报告。

9.3.4　外业作业

外业作业主要负责完成检测工作的场地与设备准备工作以及隧道图像采集任务，这是顺利完成一次图像处理和病害识别任务的前提。外业作业主要分为五个方面内容：检测计划的制定；场地和人员的准备；设备的检查与运输；设备的调试；设备运行采集图像。外业作业的目的是为了获取记录有隧道病害的图像，为内业作业的病害识别提供图像数据，记录图像的具体过程如图 9－35 所示，通过 6 台 CCD 相机对隧道壁衬砌表面进行拍照，利用 CL 数据合并器对采集的图像进行快速的合并处理，再结合车速编码器下的设备前进速度的输入值，将图像进行预处理后储存入计算机硬盘中，并在显示器上完成采集图像的实时显示，以便对采集到的图像质量进行初步检查，校核设备是否处于正常工作状态。

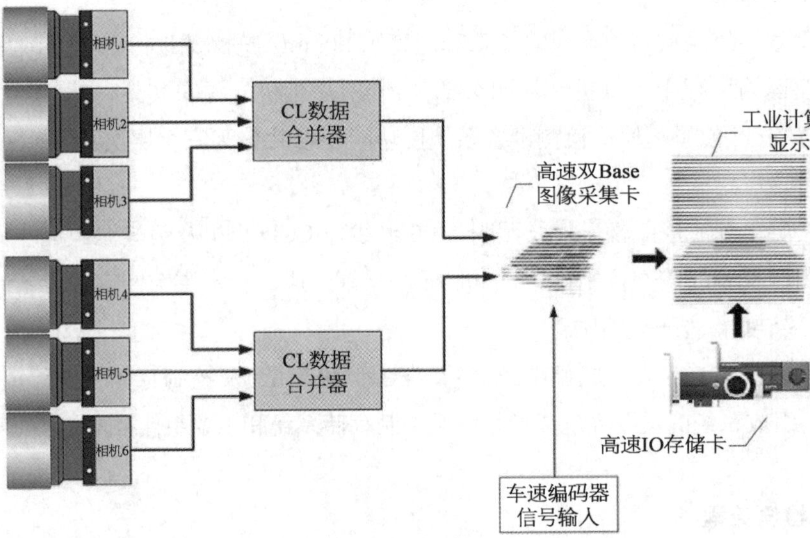

图 9－35　图像采集示意图

1）检测计划的制定

检测计划的制定包括检测内容、检测地点、检测设备、检测工作量和检测时间等。针对上海地铁 12 号线天潼路站—国际客运中心站渗漏水、裂缝病害，检测任务分为三次地铁隧道病害检查工作，提供具有完整检测结果的检测报告，包括提供病害数量及裂缝长度、宽度及渗漏水面积等。

(1) 检测总工作量。按照 12 号线检测段共两站，上行一区间，下行一区间，共两区间，共重复进行三次检测工作，共六区间，总里程为 10.2 km。

(2) 检测单日工作量。按照检测速度 3 km/h 计算，每天地铁检测可用时间约为 12:00—02:30，去除设备拆装、搬运及调试时间，每天检测时间为 1.5～2 h，为确保不影响第二天地铁正常运营，每天检测区间为两个，共需至少 1×3＝3 个工作日完成全部检测任务。

(3) 检测时间。参照检测总工作量和检测单日工作量，共需至少 3 个工作日，每日外业检测工作时间为 21:30 至第二日 04:00，由外业工作人员完成。对整个外业工作内容进行按照时间顺序进行分块，包括设备运输时间、组装 10 min、设备调试 25 min、检测 90 min、设备拆卸及撤离 10 min，现场设备组装、调试和检测的总时间花费约 2 h。具体的工作内容时间段计划安排见表 9－7。

表9-7　检测外业工作时间计划安排

时间段	工作内容
21:30—23:00	设备装车搬运,乘车或地铁抵达出发站点
23:00—24:00	设备卸车,搬运至站台
00:00—00:15	设备搬运至隧道
00:15—00:25	完成设备组装工作
00:25—00:50	完成设备调试工作
00:50—01:35	完成第一个区间检测工作
01:35—02:20	完成第二个区间检测工作
02:20—02:25	设备拆卸
02:25—02:30	搬离隧道
02:30—04:00	设备搬离站台,装车返回,卸车

2）场地和人员的准备

上海地铁的运营时间为05:20—23:20,每天的运营时长约为17 h。在地铁停止运营后,设备才被准许进入车站,进行地铁隧道的病害图像采集任务。在设备运输抵达检测项目现场之前,需要与项目现场负责人确认隧道运营情况,根据检测计划准时开启检测项目。

为了保证设备运输过程中的安全与高效,系统设备会被拆卸为四个部件进行运输,单个部件的重量小于25 kg,运输和装卸过程通常需要3～4人。

3）设备的检查与运输

在设备运往现场之前,先检查设备的相机、光源与电脑等零部件有无损坏或不能使用的情况,再检查电池的电量是否充足,由于检测过程中隧道内部无法提供电源,设备统一采用单只恒流调整的便携式电源(最大电压24 V,最大电流4 A,最大功耗100 W)。对于不能使用或损坏的零部件及时进行更换,对于零部件的具体使用效果进入现场项目后调试,以实现最好效果。然后将设备进行拆分,四个拆卸部件放入各自的运输箱中,固定好设备部件在运输箱中的位置,减少运输过程中振动对设备元件的损坏。

抵达现场后,与现场项目负责人员进行沟通,确认地铁已经停运,隧道已经处于待检测状态,再将设备各拼装部分搬运至车站隧道中,完成设备的组装。

4）设备的调试

在车站端口井处,也就是地铁区间隧道的检测开始端进行设备的调试工作,主要包括相机对焦、光源强弱和照片清晰度,通过软件主界面上各个相机的显示图像对拍摄模式和拍摄参数进行调整,在较为标准清晰的图像效果下完成全部检测过程的准备工作,调试过程中需要考虑隧道内的卫生环境状况(灰尘情况)以及设备系统在隧道轨道中运行时的稳定性,及时跟进现场情况对设备的图像采集设置和设备运动装置进行调整,快速地完成设备调试过程(图 9-36)。

图 9-36　设备调试

5) 设备运行采集图像

设备调试完成后,就开始图像采集过程,设备推行过程中需要注意隧道坡度,保持检测同一段项目时上坡或下坡过程匀速平稳,尽量减少设备前进时的机械振动对照片采集的影响。上海地铁 12 号线天潼路站—国际客运中心站的区间隧道长度约为 1.7 km,检测速度为 3 km/h。设备检测过程中需要 2～3 人,负责设备的稳定推行以保证检测时轨道的畅通,图像采集过程中的原则是“稳定流畅”。现场扫描检测过程如图 9-37 所示。

9.3.5　内业作业

完成现场的病害图像采集后,外业作业的任务已经完成,为了获取详细的隧道病害信息,需要进行内业作业(病害图像识别)。内业作业是针对设备系统的储备照片进行隧道病害的识别处理,并完成病害统计和病害数据库的建立。主要的流程包括图像提取、图像识别、病害统计分析、隧道检测数据库录入以及自动生成检测报告,地铁隧道结构病害分析系统内业作业流程如图 9-38 所示。

图像处理及识别采用 MTI 图像处理系统,该系统是由同济大学和上海通芮斯克土木工

图 9－37　扫描检测过程

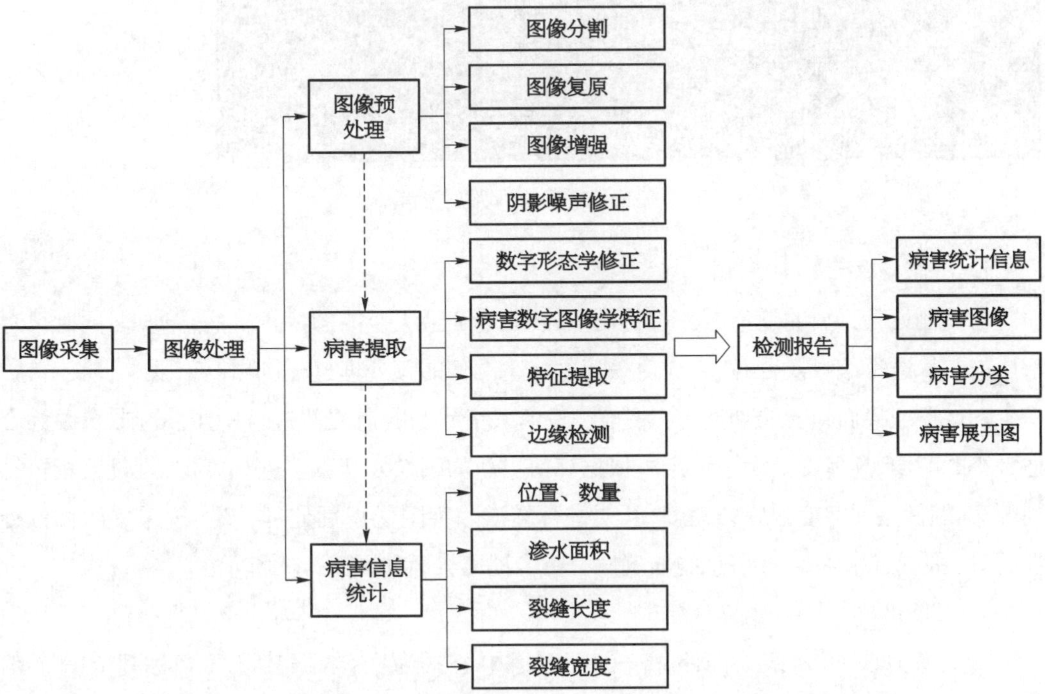

图 9－38　地铁隧道结构病害分析系统内业作业流程

程技术有限公司共同开发。经隧道现场获取的图像文件为 SEQ 格式，由 MTI 系统进行进一步提取和处理后，完成实现病害识别工作。基于图像技术的工程检测是未来检测领域的一个重要发展方向，其精度高、速度快、算法更新迅速的特点将使得工程检测工作的机器化程度越来越高。

图像识别软件打开界面可向操作人员呈现软件的主要功能，打开主界面默认菜单为“主工具栏”。如图 9－39 所示，可以对采集过程中的参数进行设定，并对各个相机的采集显示效果进行复核检查，在外业作业的调试阶段根据现场情况完成采集参数的设置过程。

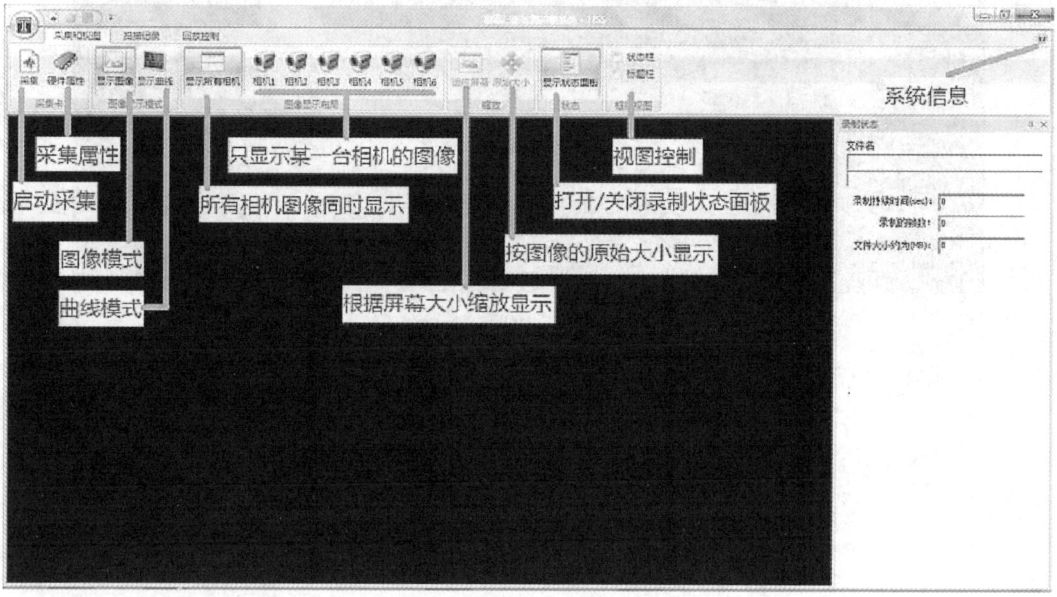

图 9－39　系统软件主界面

1）图像提取

对检测设备采集的隧道照片进行提取，解压为合适大小的图片进行病害处理，同时可对解压的图片进行编号及合并，完成对采集的病害图像的预处理过程。

图像提取界面包含的功能有：将检测设备采集到的隧道文件进行解压、分割、合并为合适大小的图像，具体图像大小设定可依据目前更新的图像处理算法进行设定；可设置相机排列顺序、图像序列宽度和旋转角度，以便进行隧道病害图像识别处理，以实现采集图像预处理后对应的隧道管片环号信息的准确性。图像提取界面如图 9－40 所示。

2）图像识别

以上海地铁 12 号线天潼路站—国际客运中心站为例，依据其区间名称建立一个工程文件，提取其中的隧道图片，此时工程文件中会记录下图像的采集地点和采集时间。应用 MTI 系统进行病害图像识别前需要先完成检测参数的设定，其中包括裂缝检测参数

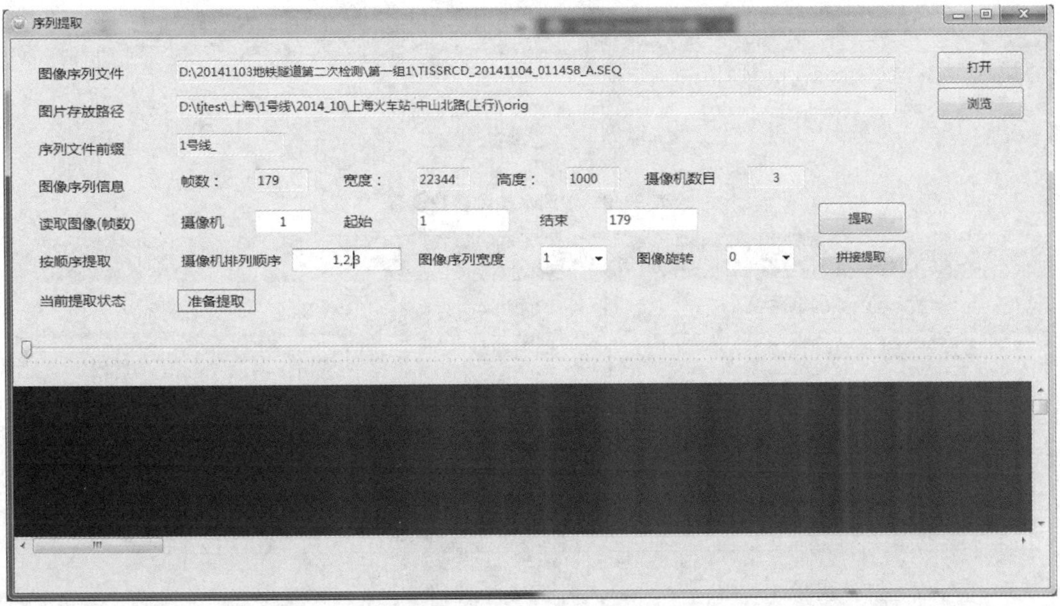

图 9－40　图像提取界面

设置和渗漏水检测参数设置。参数设定以及参考取值分别见表 9－8、表 9－9，软件设定界面分别如图 9－41、图 9－42 所示。

表 9－8　裂缝检测参数设置

参 数 名 称	取 值 范 围	参 考 取 值
判决阈值 1	[0, 1]	0.08～0.12
判决阈值 2	[0, 1]	0.04～0.08
长轴阈值 1 上限	[0, 3 000]	2 000
长轴阈值 1 下限	[0, 3 000]	100
长轴阈值 2 上限	[0, 3 000]	1 000
长轴阈值 2 下限	[0, 3 000]	200
短轴阈值 1 上限	[0, 3 000]	100
短轴阈值 1 下限	[0, 3 000]	10
短轴阈值 2 上限	[0, 3 000]	500
短轴阈值 2 下限	[0, 3 000]	40
线性度阈值 1 上限	[0, 1]	0.4
线性度阈值 1 下限	[0, 1]	0

（续表）

参数名称	取值范围	参考取值
线性度阈值 2 上限	[0, 1]	1
线性度阈值 2 下限	[0, 1]	0

表 9-9　渗漏水检测参数设置

参数名称	取值范围	参考取值
白色反光区域提取阈值	[0, 255]	20
深色深水区域提取阈值	[0, 255]	100
细微衔接区域剔除阈值 1	[0, 图像宽度]	50
细微衔接区域剔除阈值 2	[0, 图像宽度]	150
独立小区域剔除 1	[0, 图像高×图像宽]	10 000
独立小区域剔除 2	[0, 图像高×图像宽]	2 000 000
独立小区域剔除 3	[0, 图像高×图像宽]	1 000 000
图像增强滤波窗口	[2, 图像高]	500
平均灰度值提出参数	[0, 255]	70
纹理丰富阈值剔除参数	[0, 1]	0.03
图像增强系数	[1, 254]	100

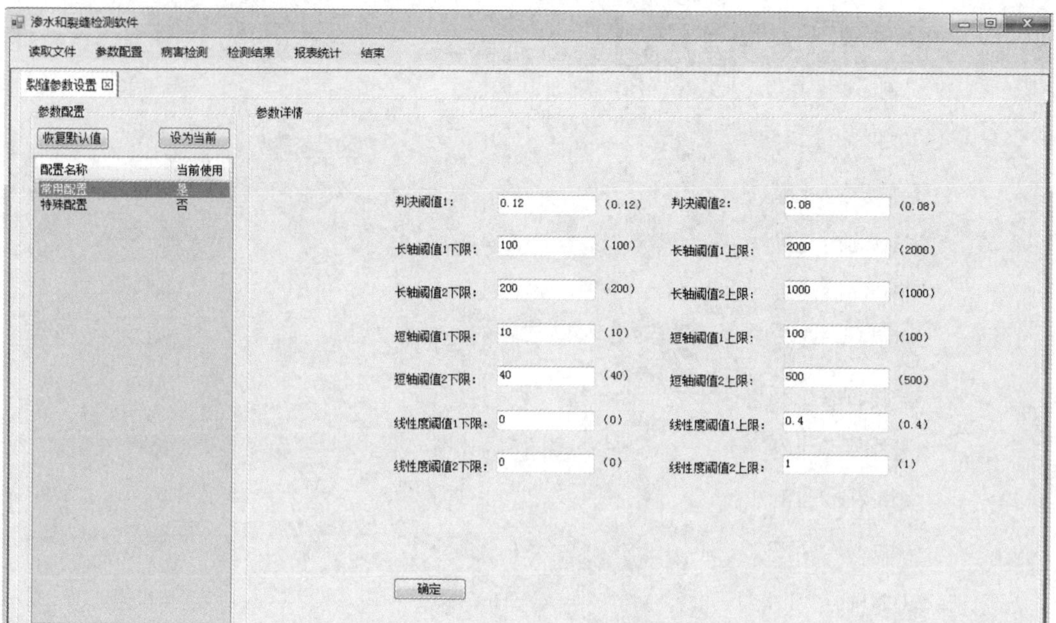

图 9-41　裂缝检测参数设置界面

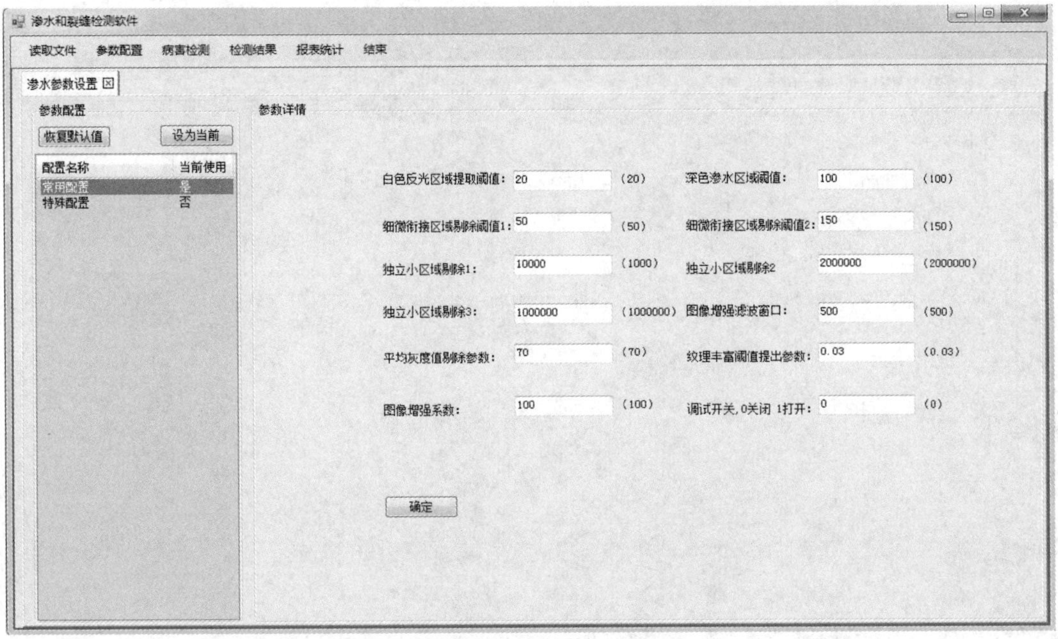

图 9－42　渗漏水检测参数设置界面

完成参数设定后，下一步是选择检测方式，可以单独检测裂缝或渗漏水病害，也可以选择所有病害。点击了开始检测之后，系统开始对病害图像进行分析，在系统完成检测结果之前需要等待一段时间。检测方式选择界面如图 9－43、图 9－44 所示。

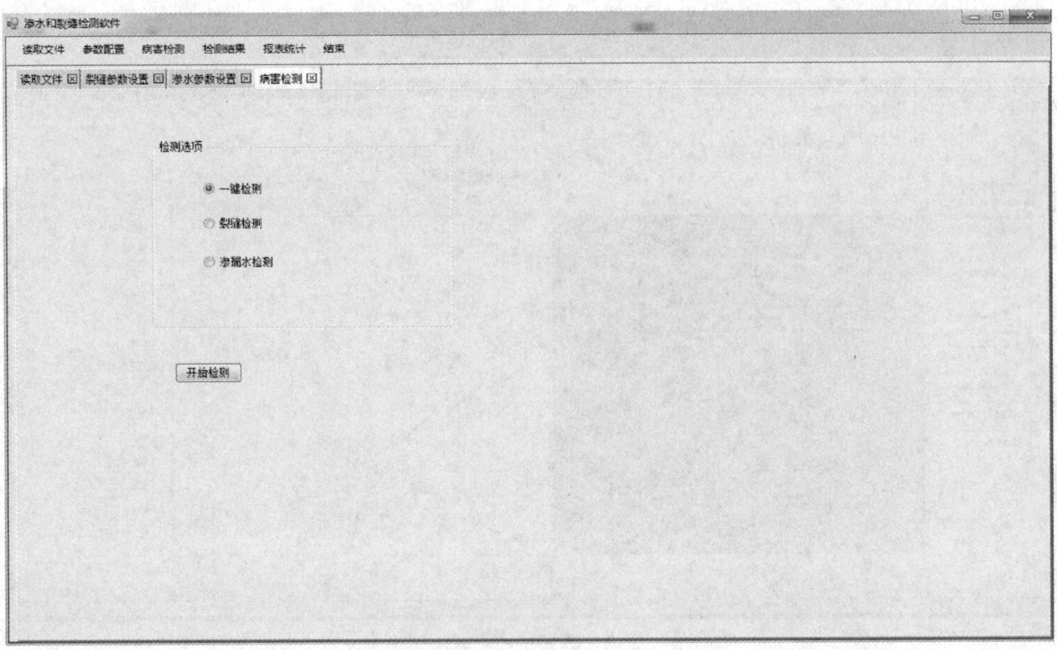

图 9－43　病害检测方式选择

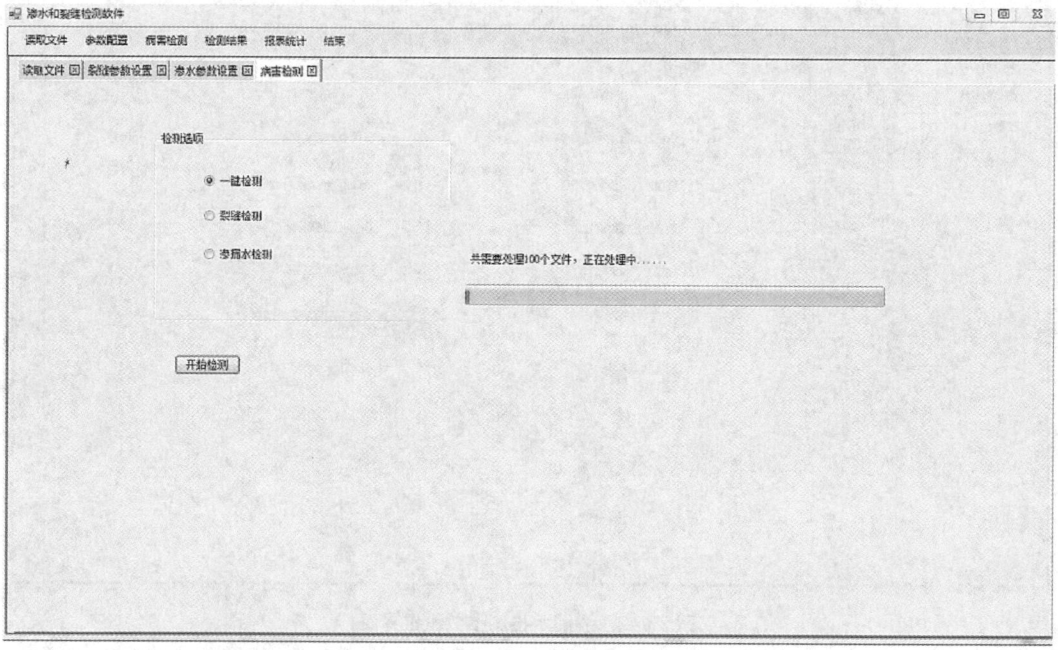

图 9 - 44　病害检测

操作人员通过病害识别功能,点击相应按钮,软件会完成对提取图片中的裂缝、渗漏水和缺角掉块等的病害位置、病害类型和病害规模等进行识别处理,精度达 0.3 mm,界面如图 9 - 45 所示。

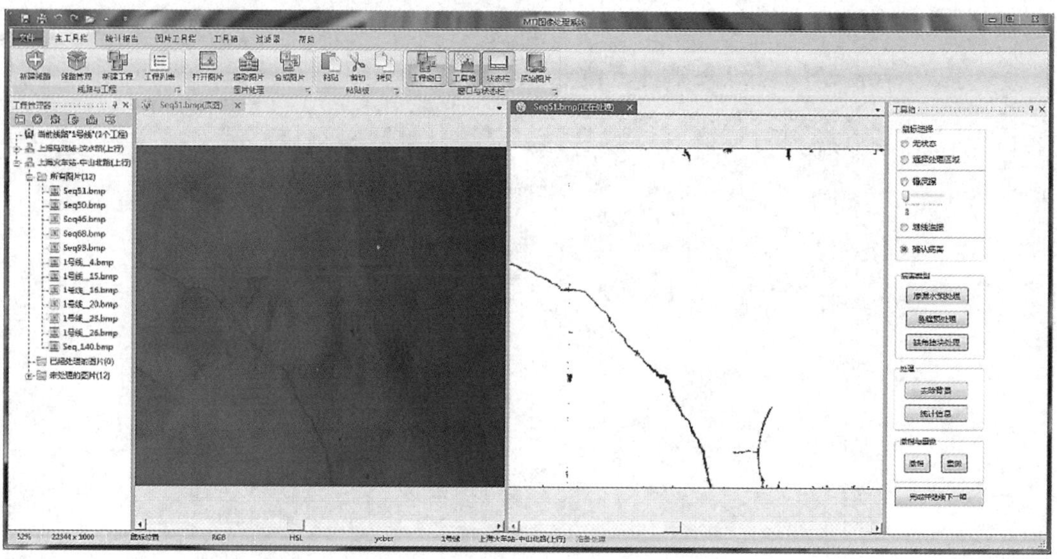

图 9 - 45　图像病害识别界面(后附彩图)

MTI 系统中针对裂缝识别提出基于图像局部网格特征的隧道衬砌裂缝自动识别和特征提取方法，特别适用于地铁隧道衬砌图像同时存在渗水时的裂缝自动识别，而且对于龟裂也能取得良好的识别效果；适用于隧道衬砌裂缝的特征参数（包括裂缝长度、宽度、走向、位置、分布密度等）计算方法。由于渗漏水图像中渗漏水区域比较连续集中，区别于裂缝图像的线形特征，适合使用基于阈值化的和基于边缘的分割方法。然而由于隧道现场条件较室内试验环境复杂，使得在隧道现场检测出的结果受到各种因素的影响，不能精确真实地反映隧道内实际的渗漏水情况。为此，在图像分割前，首先通过对隧道内渗漏水图像特征影响因素关键指标进行修正，对采集到的图像进行预处理，从而对渗漏水进行识别，计算渗漏水面积。

对上一步提取后的图像进行病害识别时，会对渗漏水、裂缝等病害进行分类处理，病害识别结果分别如图 9-46、图 9-47 所示。

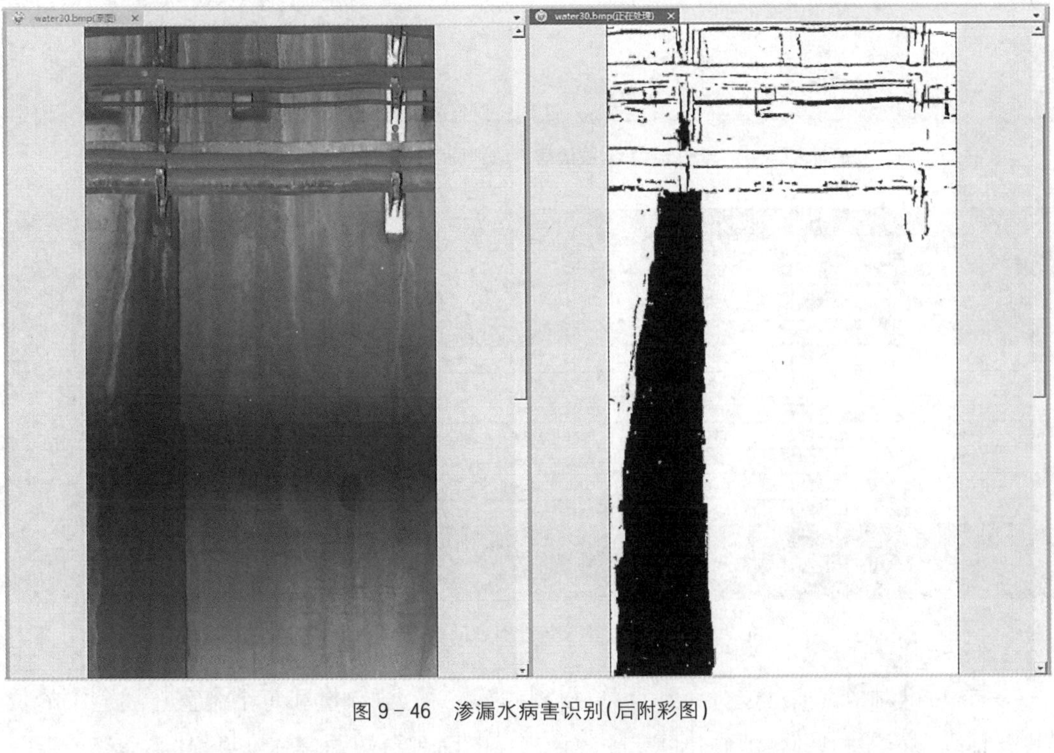

图 9-46　渗漏水病害识别（后附彩图）

3）病害统计分析

MTI 系统会对病害信息（裂缝位置、长度和宽度，渗漏水及缺角掉块的位置和面积）进行计算记录，对识别病害结果统计与分析；在对上一步识别的病害信息进行统计记录时，可对部分病害进行删除等，不同病害将以不同颜色呈现，最后可以生成检测报告；对已完成的项目，可以进行浏览、重新处理和打印等。病害信息的统计结果如图 9-48 所示。

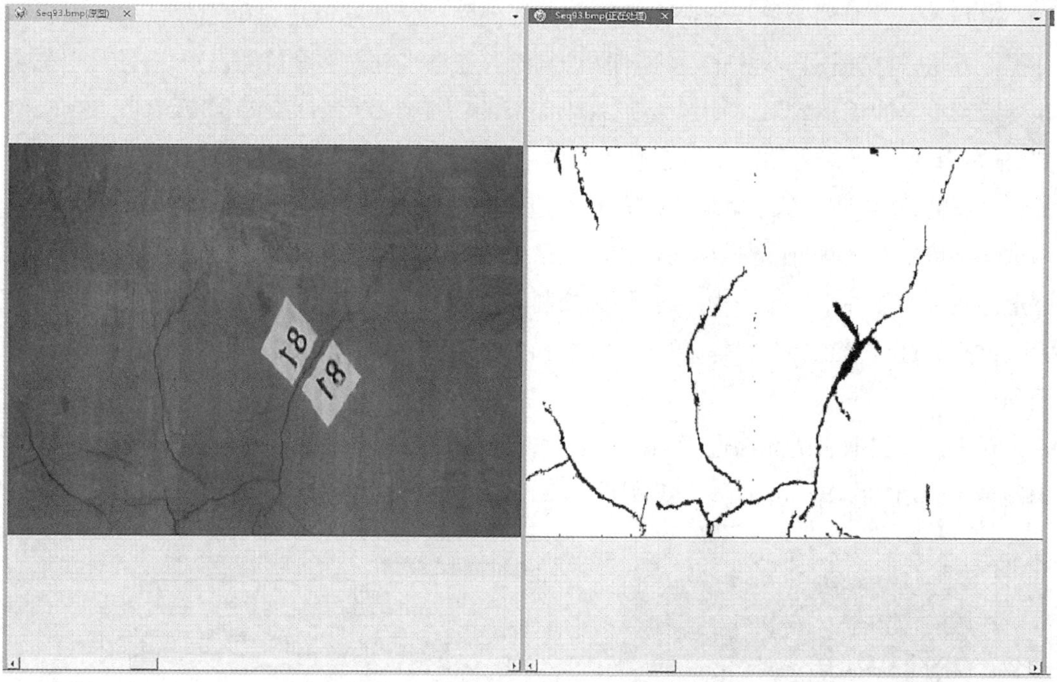

图 9-47 裂缝病害识别(后附彩图)

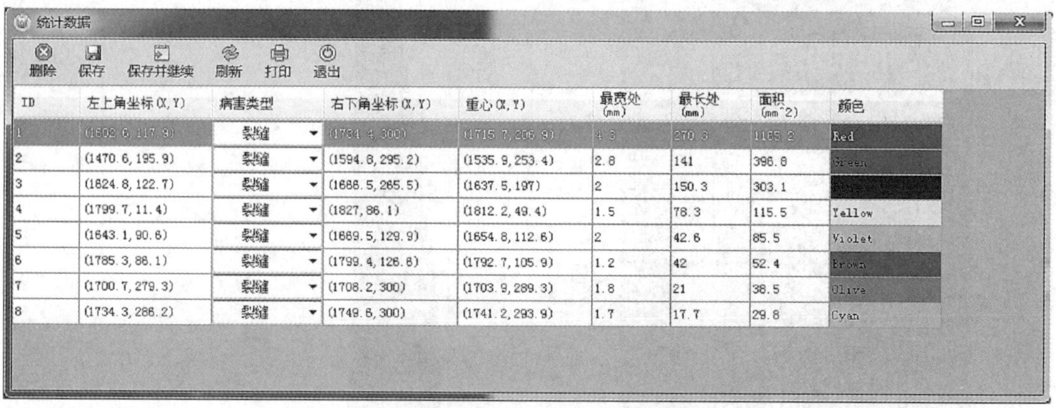

ID	左上角坐标(X,Y)	病害类型	右下角坐标(X,Y)	重心(X,Y)	最宽处(mm)	最长处(mm)	面积(mm^2)	颜色
1	(1602.6, 117.9)	裂缝	(1784.4, 300)	(1715.7, 206.9)	4.3	270.3	1165.2	Red
2	(1470.6, 195.9)	裂缝	(1594.8, 295.2)	(1535.9, 253.4)	2.8	141	396.8	Green
3	(1824.8, 122.7)	裂缝	(1686.5, 265.5)	(1637.5, 197)	2	150.3	303.1	[illegible]
4	(1799.7, 11.4)	裂缝	(1827, 86.1)	(1812.2, 49.4)	1.5	78.3	115.5	Yellow
5	(1643.1, 90.6)	裂缝	(1669.5, 129.9)	(1654.8, 112.6)	2	42.6	85.5	Violet
6	(1785.3, 86.1)	裂缝	(1799.4, 126.6)	(1792.7, 105.9)	1.2	42	52.4	Brown
7	(1700.7, 279.3)	裂缝	(1708.2, 300)	(1703.9, 289.3)	1.8	21	38.5	Olive
8	(1734.3, 286.2)	裂缝	(1749.6, 300)	(1741.2, 293.9)	1.7	17.7	29.8	Cyan

图 9-48 病害统计信息(后附彩图)

系统可以对病害信息进行统计计算,得到病害的种类、数量和每个病害在隧道中的位置,包括纵向位置和环向位置,并可完成各种病害的面积参数的统计结果,其中裂缝位置分布、渗漏水位置分布、裂缝几何参数分布和渗漏水几何参数分布的结果分别如图 9-49~图 9-52 所示。

4) 隧道检测数据库录入

包括提取解压得到的原图、处理后的图像、处理后的病害识别结果,以及病害的位置等信息均存储于相应的数据库中,以供后期再分析使用。

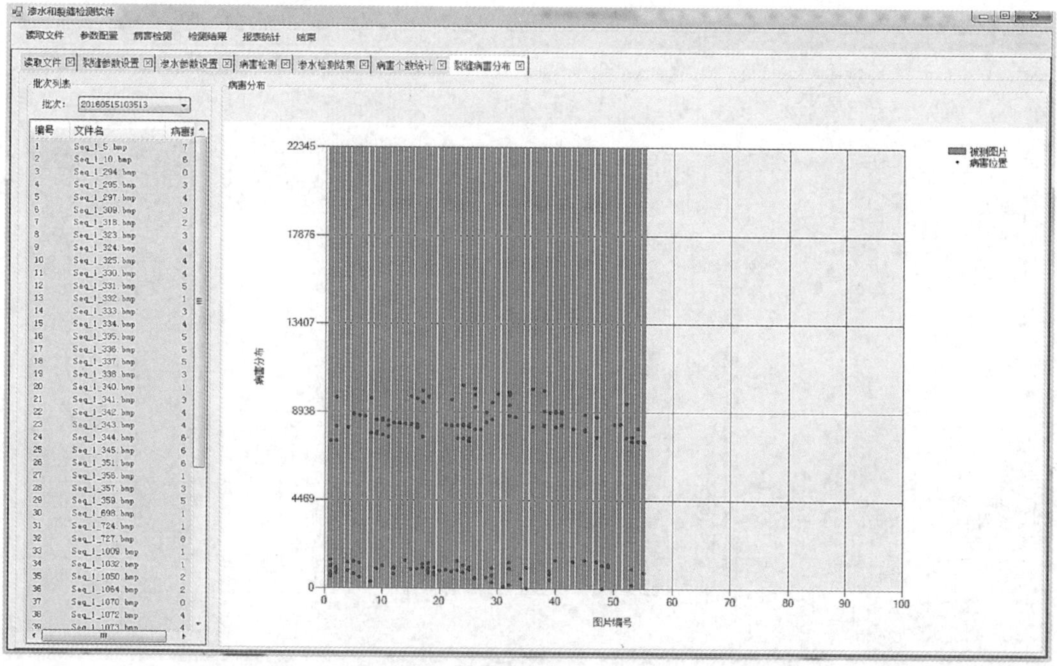

图 9－49　裂缝分布统计(后附彩图)

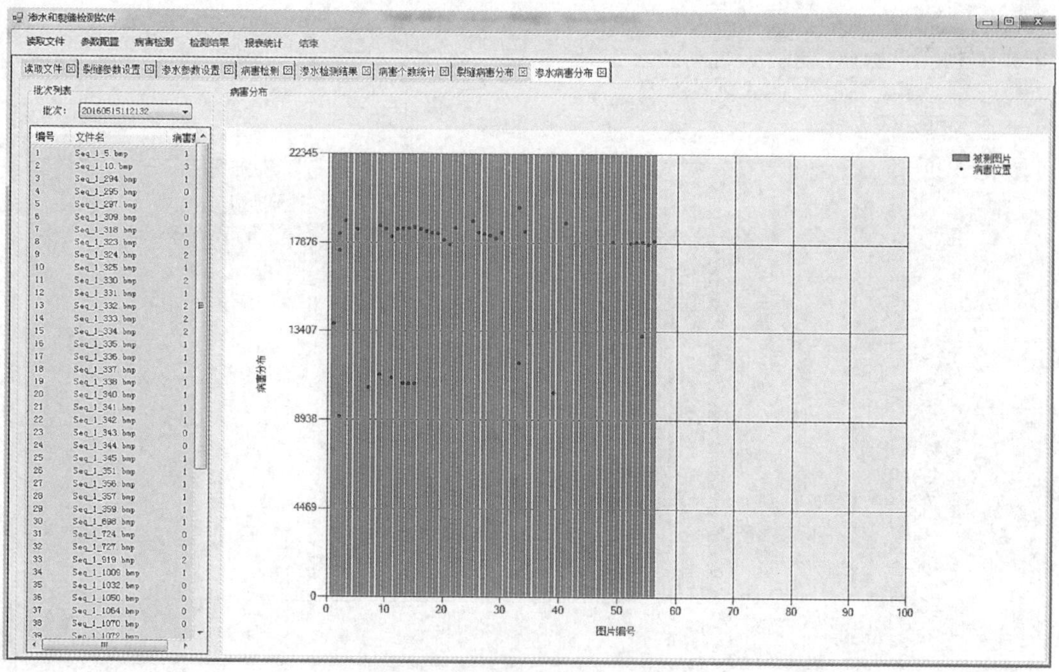

图 9－50　渗漏水分布统计(后附彩图)

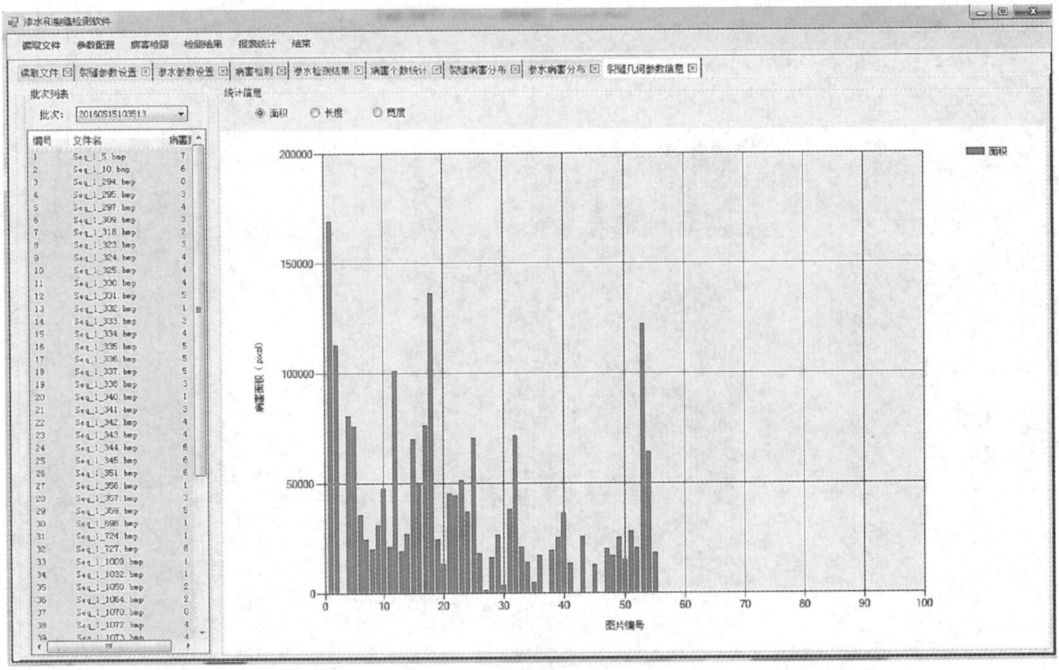

图 9－51 裂缝几何参数信息

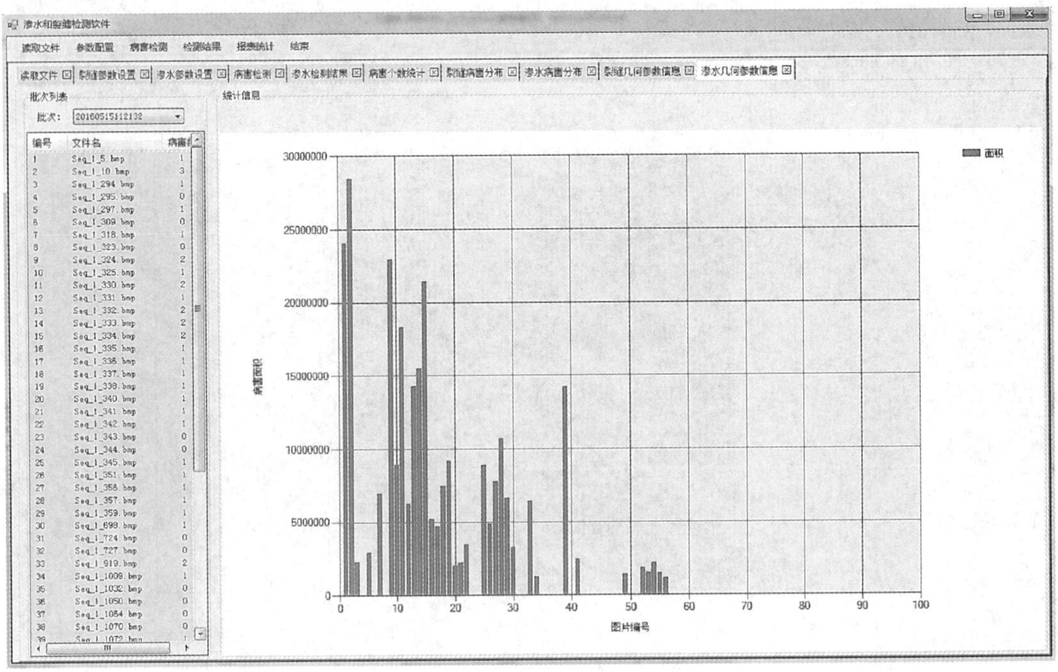

图 9－52 渗漏水几何参数信息

5）自动生成检测报告

对病害图像处理过程进行分析、记录和统计后，在主界面上点击相应按钮，图像处理系统可自动生成检测报告，如图 9－53 所示。

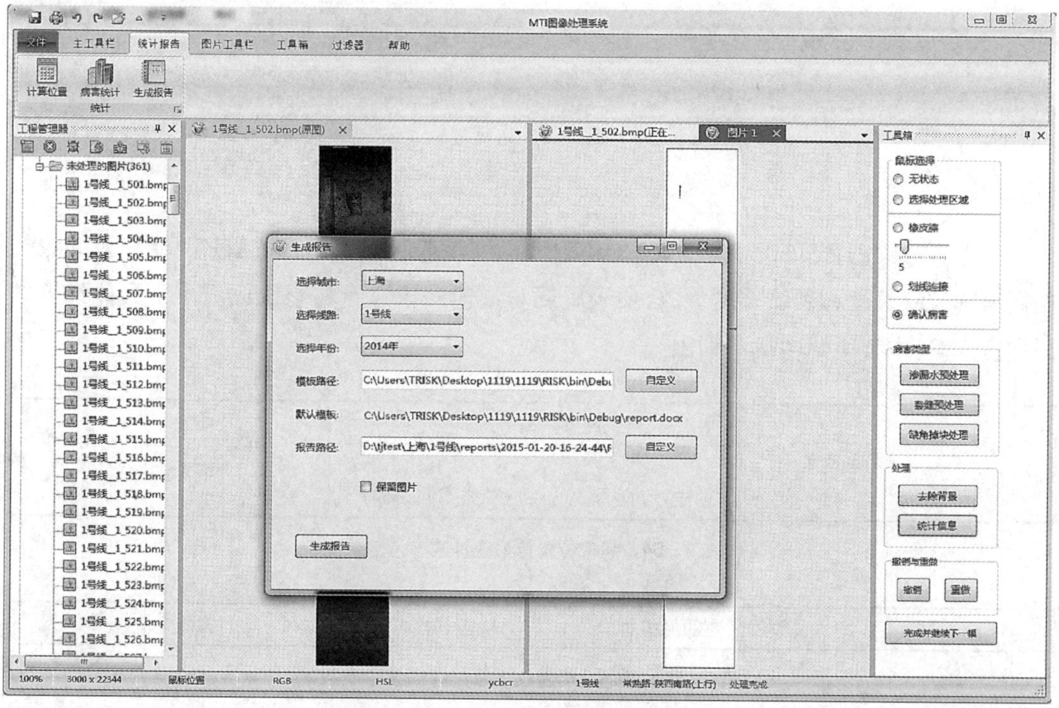

图 9－53　自动生成检测报告

自动生成的检测报告其主要内容包括病害统计分析和各区间病害统计分析，对于多个检测项目的病害统计结果给出对比图，对于各区间的病害检测结果给出病害对应的病害种类、病害类型、病害位置和病害特征参数的统计表格，便于对检测项目进行更细致的结构安全性评估。

9.3.6　检测结果统计

利用“隧道结构病害检测设备系统(MTI－100)”采集到的上海地铁 12 号线天潼路站—国际客运中心站(上行)图像数量总共 2 620 张，其中左右幅图像数量分别为 1 310 张。每张图像的实际长度大约为 1.2 m，隧道管片宽度为 1.2 m，经过设备系统的统计分析得到病害的统计结果和系统的工作效率以及准确度。

1）病害统计结果

从上海地铁 12 号线天潼路站—国际客运中心站检测项目中所获取到的图像识别到的病害统计共有 205 处，其中渗漏水 147 处、裂缝 44 处、缺角 14 处。病害数量统计结果见表 9－10。此外，系统还会完成病害位置信息统计和病害几何特征信息统计，其中病害类型包括裂缝、渗漏水和缺角。

表 9－10　病害数量统计

病害类型	病害数量(处)
渗漏水	44
裂　缝	147
缺　角	14

参考表头的内容如图 9－54 和图 9－55 所示，主要收集病害对应的管片环号以及裂纹类型病害的裂纹长度和裂纹宽度参数，便于后期对隧道病害进行修复加固。由于具体统计结果内容太多，本节说明中暂不列出。

序号	病害类型	照片编号		天潼路站—国际客运中心站(上行)管片环号
		A (前进方向左幅)	B (前进方向右幅)	

图 9－54　病害位置信息统计表参考表头

序　号	裂缝所在图像编号	裂缝长度(mm)	裂缝宽度(mm)

图 9－55　裂缝几何特征信息统计表参考表头

2) 工作效率及准确度

在上海地铁 12 号线天潼路站—国际客运中心站检测项目中，用“MTI 图像处理系统”进行 500 张图像处理，共花费 14 h 15 min，平均每张图像处理需要 1.71 min。在 500 张原始图像中有 22 处裂缝，准确识别裂缝 19 处，识别正确率为 86%。在 500 张原始图像中有 6 处渗漏水，准确识别渗漏水 5 处，识别正确率为 83%。

9.3.7　摄像测量检测技术优势总结

采用摄像技术的地铁隧道病害检测方法是将新型的机器视觉技术应用于地铁隧道检测工作，与人工巡检相比，具有准确度高、检测结果客观可靠等特点，且通过对病害图像提取和处理等软件功能，可以提供病害特征及病害裂缝等。这种检测方法完全解放了检测人员在地铁隧道内的检测工作，并且借助相机、计算机等对隧道病害进行分析与检测，是日后隧道检测的主要发展趋势。

(1) “隧道结构病害检测设备系统”(MTI－100)采用高精度线阵 CCD 相机及线性光源，应用高速数据存储技术以及浮动减振技术，设备外形尺寸长 1.7 m、宽 1.435 m(与轨距相同)、高1.9 m,设备总重约140 kg。共分为三大部分：图像采集层、操作控制层及行走层。实现了地铁隧道结构病害的快速精细检测,检测速度达到5 km/h,检测精度达到0.3 mm,病害检测准确率高于80%。

(2) 基于病害特征数据库,“隧道结构病害检测设备系统”采用智能模式识别数字图像处理技术,率先开发了地铁隧道结构病害处理分析软件系统,可实现检测图像的病害识别、提取、特征分析,并可构建隧道病害三维虚拟分布图,最后自动生成检测报告。

(3) “隧道结构病害检测设备系统”操作简便,组装与拆卸方便、快捷,组装时间为8～10 min,拆卸时间小于5 min,检测设备具有高续航能力,可足够保证设备4 h以上检测需要,完全适应并满足运营地铁隧道检测窗口的特点。

(4) “隧道结构病害检测设备系统”在实现了基础的检测指标和检测要求的基础上,还有大量细致的工作需要完善。例如合理的照明方案、相机的自动调焦和景深与镜头的设计方案,以及供电系统和数据存储系统设计等。

9.4　隧道壁后注浆层探地雷达探测实例

9.4.1　工程概述

上海地铁9号线一期工程R413盾构隧道(九亭站—七宝站)位于上海市闵行区沪松公路沿线,其中西岔道井—东岔道井上行线盾构隧道起讫里程为DK19＋703.6～DK20＋730.338,全长1 026.663 m。线路呈西东走向,隧道穿越新漕泾、奥林匹克花园、涞亭北路、小涞港、南新铁路环线。采用盾构法隧道施工,盾构机起始于西岔道井,沿沪淞公路向东北方向推进。隧道最大纵坡为32.5‰,隧道埋深2.49～9.424 m,主要穿越灰色黏土层,见表9-11。西出入段线监测布点图如图9-56所示。

表9-11　隧道通过主要地基土层的力学性质

层序	土层名称	含水量 W(%)	孔隙比 e	湿重度 ρ (kN/m³)	快剪峰值 C (kPa)	快剪峰值 Φ (°)	静止侧压力系数 K_0	无侧限抗压强度 P_u(kPa)
②$_1$	褐黄色粉质黏土	29.3	0.83	19.0			0.53	99
②$_3$	灰色粉砂	28.6	0.80	18.8			0.37	
③$_1$	灰色粉质黏土	40.7	1.14	17.6	17.6	15.2	0.52	29
⑤$_{1a}$	灰色黏土	39.9	1.13	17.6	17.7	17.9	0.56	51

隧道外径为6 200 mm,内径为5 500 mm,装配式衬砌管片通缝拼装,共855环,其中钢管片2环;衬砌块为钢筋混凝土,宽度1 200 mm,厚350 mm,衬砌管片混凝土设计强度为

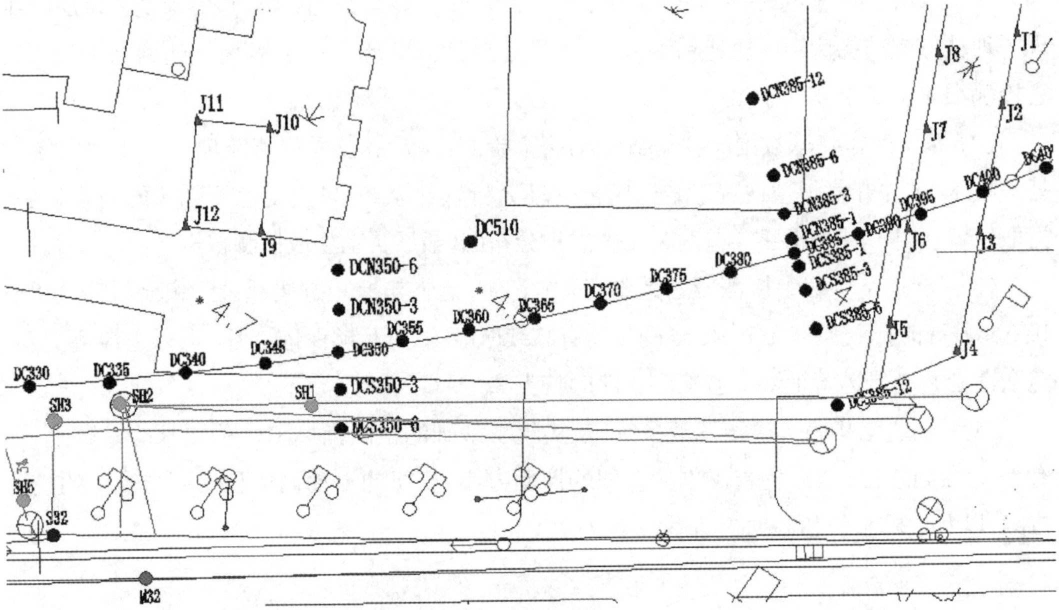

图 9-56　西出入段线监测布点图

C55,抗渗等级不小于 S10;纵环向均用 29 根 5.8 级 M30 双头直螺栓连接,连接件进行防锈防腐处理;衬砌管片每环 6 块,由 1 块封顶块、2 块邻接块、2 块标准块、1 块拱底块拼装而成。

采用盾尾同步注浆方式及时注入单液浆,以填充开挖轮廓与管片外径之间的环形建筑空隙。即在盾构机推进时,通过安装在盾尾内的内置式注浆管向管片与地层间的环形建筑空间注入填充液浆。每条管上有高压力表和阀门,该管通过软管与盾构机 1# 拖车上配置的四台砂浆泵分别相连,砂浆泵可手动控制,也可自动控制。由于盾构管片所受的水土压力不同(顶部的管片略低于底部的管片),所以在同步注浆时可通过手动控制来调节各注浆管的注浆压力。同步注浆完成后,对未注满处利用管片吊装孔进行二次补强注浆。注浆材料包括水泥、膨润土、粉煤灰、砂、外加剂和水。材料用量见表 9-12。

表 9-12　水泥沙浆材料用量　(kg/m^3)

材　料	水　泥	细　砂	粉煤灰	膨润土	水	减水剂
用　量	125	260	1 150	35	400	2.5

9.4.2　现场检测方案及数据分析

2006 年 7 月 25 日在现场对上行线进行探地雷达注浆效果的探测,分别沿隧道第 545～835 环进行纵向和环向探测。该工程中采用的液浆含水量小于 20%,因此估算液浆的介电常数为 22(龄期为 2 个月,探测频率为 250 MHz)。

试验分纵向测线和环线测线探测，雷达天线频率 250 MHz，天线步长 0.025 m，天线分离距 0.003 m，时窗 126 ns，采样点数 316。共计完成测线 8 条，其中纵向测线 6 条，环向测线 2 条。测线布置方案如图 9－57～图 9－59 所示。

图 9－57　测线 1 位于进洞方向底部靠右侧

图 9－58　测线 2 位于进洞方向底部靠右侧

图 9-59 测线 3 为环向探测

现场环向探测情况如图 9-60 所示。该次试验纵向探测的距离为 300 环，图 9-61 为其中第 793～797 环沿隧道底部纵向壁后注浆分布探测原始结果。

图 9-60 现场环向探测情况

利用小波神经网络对第 793～797 环探测结果进行注浆层自动识别，如图 9-62 所示。结果显示第 795～797 环壁后注浆量较少，平均厚度大约只有 9.6 cm，从第 793～795 环注浆量逐渐增多，分布较为均匀，平均厚度达到 19.1 cm。将探测结果进行多尺度小波变换处理后，图像显示如图 9-63 所示，从图中更加直观地得到同样的结果。经过与现场施工记录核对，该段区间在施工时出现了盾尾漏浆，因此注浆层没有达到设计厚度。

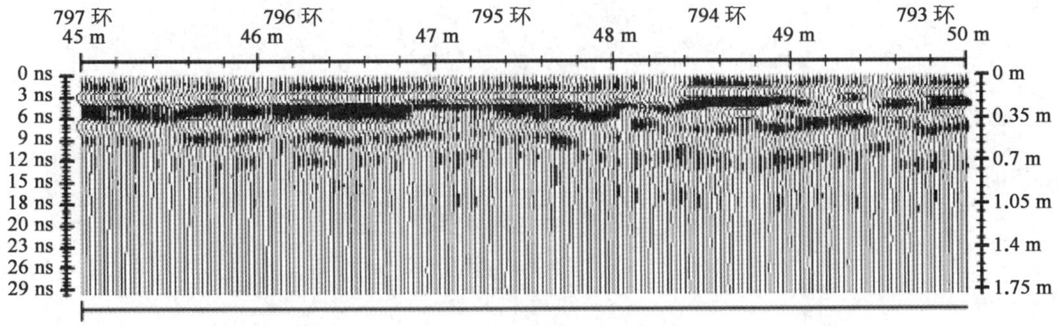

图 9－61　第 793～797 环壁后注浆探测结果

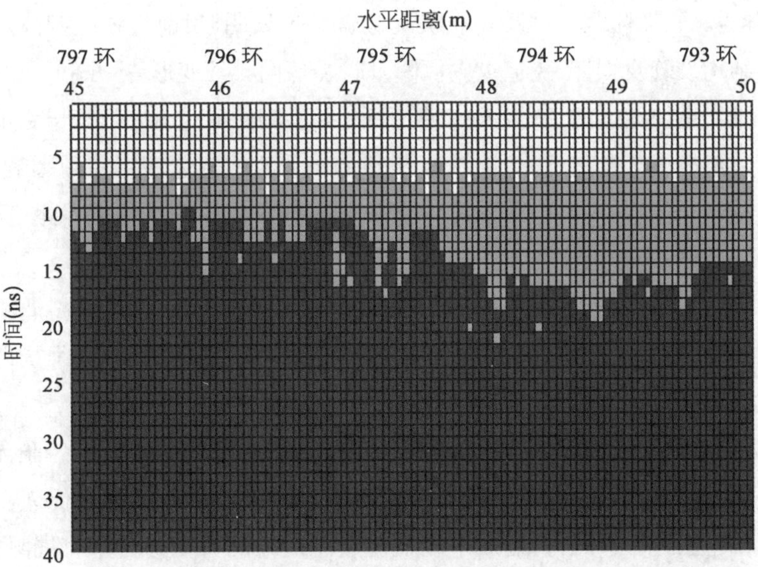

图 9－62　上海地铁 9 号线第 793～797 环壁后注浆小波神经网络识别结果

灰色表示注浆区域，白色表示衬砌管片，深色表示隧道周围土体

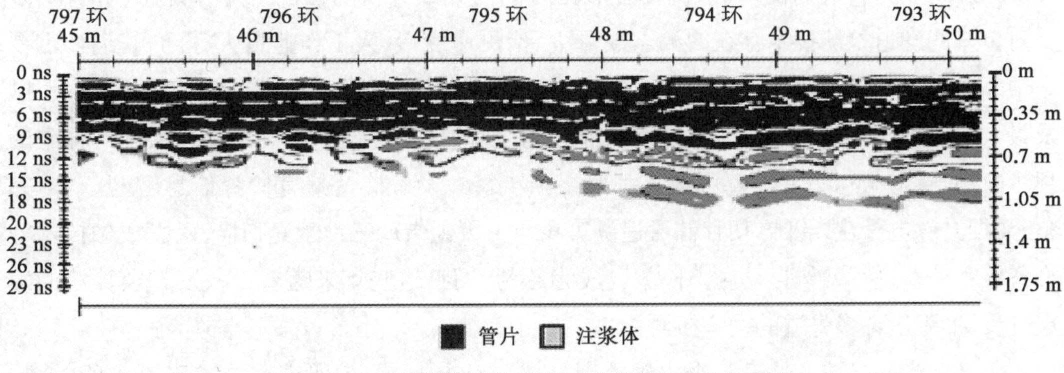

图 9－63　经数据处理后图像显示的第 793～797 环结果

第10章

总结与展望

本书首先从城市地铁隧道施工方法入手，阐述了城市地铁隧道的结构类型，并结合它们所处的运营环境分析了城市地铁隧道在运营期间出现的病害。全书根据病害成因及特征，将病害进行分类。长期监测数据及外观状况检查结果表明，目前地铁运营隧道病害主要表现为渗漏水、结构裂缝及损坏、隧道纵向沉降及管径环向收敛变形等。隧道结构病害不仅使结构安全性下降，也使隧道的正常使用功能受到影响，例如隧道纵向沉降导致的隧道接缝张开、渗漏加剧甚至漏泥。长此以往，地铁运营安全和乘客的舒适性将受到影响，维修费用随之增加。如何治理日益增多的地铁隧道病害并采取相应的控制措施确保运营安全，已引起设计及运营管理部门的极大关注。

为防止隧道在外部各类型因素作用下出现结构安全性问题，以及维持盾构隧道结构正常运营、功能完整，技术人员需定期对隧道进行结构病害检查、结构日常维护以及结构整治维修工作。

人工盾构隧道结构病害检查方法由于灵活、机动等优点，且人工判断经验无法完全由设备检查替代，因此仍是目前国内外最为普遍的隧道结构病害检查方法。但人工检测隧道结构病害会耗费大量的人力、财力，且效率较低。人工肉眼的可视分辨率有局限性，衬砌表面的病害背景复杂，肉眼观测容易漏判病害。随着轨道交通建设的快速发展，截至 2020 年轨道交通运营里程将增加至 8 000 km。大量已建成隧道进入养护期，隧道运营过程中的收敛变形监测将成为严峻的挑战，如何在有限的时间内完成大量的检测工作将是未来的重点。针对传统的隧道检测技术存在的测点数量少、检测速度慢、人工作业量大等问题，迫切需要一项高效、经济的检测技术，这项检测技术应能够快速完成测量、保证测量精度、经济耐用以及最大限度地自动化。随着三维激光扫描、摄影成像技术等设备检查手段在土木工程中的逐步应用，隧道结构病害检查可选择手段逐渐丰富。设备检查具有检查信息客观、全面完整、数据文件电子化以及方便存储可追溯等优点。因此借助三维激光扫描、摄影成像技术等设备检查手段进行结构自动病害检测已成为趋势，而且这些年来随着设备及相关算法的发展进步，涌现出许多先进的病害检测技术。

三维激光扫描技术是近年来出现的新技术，在国内已引起研究人员越来越多的关注。它是利用激光测距的原理，通过记录被测物体表面大量且密集的点的三维坐标、反射率等信息,可快速复建出被测目标的三维模型,并得到线、面、体等各种数据。由于三维激光扫描系统可以密集地获取目标对象的大量数据点,因此三维激光扫描技术也被称为从单点测量进化到面测量的革命性技术突破。

三维激光扫描仪作为测绘的最新技术和仪器,其在国内的应用还处于起步阶段。虽然国内对三维激光扫描仪的应用研究取得一定的成果,但是目前还存在以下问题:

(1) 仪器价格比较昂贵,难以满足普通用户需求。

(2) 仪器系统的精度检测方法还处于起步阶段。

(3) 工程应用技术规范执行不到位。

(4) 扫描的外业相对简单,但是点云数据的后处理费时费力。目前已有的后处理软件功能偏少(特别是专业应用功能)、数据处理量有限,且很多算法不够完善,导致现场扫描容易,后期数据处理及应用较为困难。

此外,基于摄影成像技术的病害检测技术发展迅速。采用摄影成像技术进行隧道扫描检测,之后利用图像处理方法对采集到的病害图像进行分析处理,从而达到病害检测的目的。其中图像处理方法具体包括传统的图像处理手段和以人工智能的深度学习为基础的图像处理手段,又以深度学习为基础的图像处理手段展现出巨大的优势和长远的发展前景。同时还有配套的图像数据库系统,用于储存和管理图像。

除隧道衬砌表面的病害外,在国内外盾构隧道的大量建设和运营过程中,经常会出现盾构隧道纵向沉降特别是纵向不均匀沉降问题。针对这一问题,通常的做法是采用壁后注浆,主要包括注浆体分布、充填效果、浆体凝固硬化效果等。为确保盾构隧道工程盾尾空隙的充填,有效控制地层和隧道结构本身的稳定性及其沉降,技术人员需掌握隧道管片壁后液浆沿纵向、横向的分布以及厚薄等参数,并在把握液浆的分布基础上,再进行有的放矢的补偿式注浆,进而对沉降进行有效控制。为此,在软土地层隧道施工中,研究合适的注浆工艺,开发和利用盾构隧道的无损探测技术迫在眉睫。探地雷达作为非破坏性探测手段正被广泛应用于地下目标,如空洞、管道、地雷、隧道等的探测。目前处理的手段主要依赖于成像技术,成像技术借助信号预处理及算法生成图像,处理结果一般由人工加以解释,这样含有较多的人为的主观因素。该方法不仅无法进行实时处理,同时也对操作者的技术、经验提出了很高的要求。因此用探地雷达进行地下目标的探测时,如何提高探地雷达的探测精度及如何实现探地雷达回波信号处理的自动化、可视化,以及检测设备的机器人化成了当前迫切需要解决的问题。

此外还有一些用于盾构隧道结构检测的方法,如隧道结构渗漏水红外检测、隧道纵向沉降静态监测、隧道纵向沉降动态监测、隧道衬砌裂缝深度检测等。检测方法层出不穷,从人工检测到目前的三维扫描技术、基于摄影技术结合图像处理算法的病害检测方法等,但它们都存在或多或少的不足之处。如人工检测方法测点数量少、检测速度慢、人工作业量大、效率非常低;三维激光扫描方法则仪器昂贵,难以推广,仪器系统的精度检测方法处于起步阶段，技术规范执行不到位，扫描的点云数据的后处理费时费力。基于摄影技术结合图像处理算法的检测技术，前期需要进入隧道内部拍摄病害，由于目前的设备达不到完全自动检测，因此也需耗费大量的人力物力。此外，隧道衬砌表面环境较复杂、光照不均等因素也会对后期病害的检测造成一定影响。最关键的是图像处理的算法还不够成熟，难以在检测效果和时间成本上达成双赢。

地铁隧道病害快速检测技术的发展，一方面依赖于检测设备的发展，另一方面则依赖于计算机水平的进步。21 世纪的智能机器是第四次工业革命，也是科技革命。第四次工业革命是以互联网产业化、工业智能化、工业一体化为代表、以人工智能、清洁能源、无人控制技术、量子信息技术、虚拟现实以及生物技术为主的全新技术革命。第四次工业革命带动了计算机技术和工业技术的进步，随之而来的是我国乃至全球的基础设施都在发生着改变。传统的土木工程沉浸在这场巨大的风浪中，在诸多学者的努力下，土木工程领域的变革甚至有引领时代潮流的潜力。目前政府的规划计划，也将智慧城市放在关键的位置。隧道工程是土木工程领域的重要一环，是城市交通中最重要、最关键的基础设施，在这一浪潮下亦将向智能化迈进。

在过去的十年中，在激光技术和摄像技术的帮助下，隧道病害检测技术日新月异。新设备的应用不仅节约成本、提高效率，更使得检测任务更加安全。在将来的发展中，城市地铁盾构隧道快速检测的智能化主要体现在两个方面：城市地铁隧道表观采集手段的智能化和病害检测方法智能化。

城市地铁隧道表观采集手段的智能化主要体现在四个方面：工业相机智能化发展、数据无线传输、采集设备体积轻量化以及检测过程全自动化。

1）工业相机智能化发展

工业相机是城市地铁盾构隧道病害快速检测技术中最重要的一环，随着技术的发展，工业相机逐渐呈现出集成化、智能化、数字化的发展趋势，不但在采集图像时能够获得远高于人眼的解析度，而且更倾向于向智能电脑靠拢，可以完成计算机视觉上智能演算方法。从物理条件上，体积更小、部署简单，既适合在小规模自动化系统中，也能构造庞大复杂的自动化系统。

2）数据无线传输

目前的地铁隧道检测装置数据采用有线方式进行传输，导致检测装置上体积大、重量重、传输效率低。无线传输设备可以应用于图像信息的传递，有着安装方便、灵活性强、性价比高的特点，在无线传输的同时，要求保证图像信息的完整和较快的传输速度。使用数据无线传输是采集手段智能化的一个重要体现方式。

3）采集设备体积轻量化

大体积设备是以摄像技术为基础的病害检测装置的通病，这类设备的搬运和安装都是消耗人力成本的问题，也有相关学者采用模块化的手段对检测装置进行改进，但是从体积上并没有过大的简化。大体积、大重量的检测设备搬运困难，容易碰撞车站结构，给隧道人员带来了一定程度上的风险，所以体积轻量化是设备改进的进一步趋势。

4）检测过程全自动化

目前的大部分检测装置仍是手动装置，在隧道铁轨的辅助下，转换成了半自动装置，而人力高成本以及效率低的问题仍未彻底解决，将这类装置转换成完全自动化仍然面临着许多难题，例如检测装置的动力驱动、自动驾驶等。在自动驾驶技术快速发展的潮流下，检测装置的自动化在未来并不是一个难题。实现检测装置自动化的手段有地铁机车装载装置、无人机检测、机器人检测等。

病害检测方法智能化主要体现在三个方面：从有监督到无监督、从室内分析到实时分析、从大数据到少量数据。

1）从有监督到无监督

无监督的学习手段是人工智能中的重要一步，只有在完全摒弃了人工的有监督的干预，人工智能才能称得上真正意义上的“智能”。目前在人工智能方法上，卷积神经网络、循环神经网络等都有监督或者半监督方法，这类方法需要大量的人力成本标注样本，只能利用现用的数据，结合现用的知识。而目前的无监督学习手段仍在大量的探索中，无监督手段的发展将会减少目前隧道病害检测方法的任务量，使病害检测变得更加容易。

2）从室内分析到实时分析

目前而言，以深度学习为基础的检测手段的应用还是依赖于 GPU 计算机，受限于计算机的体积大、用电功率大、散热大等物理条件，病害的检测后期工作必须要在室内进行。在将来的发展中，GPU 图形显示器将会变得更加轻巧，同时基于深度学习的专用硬件也会更进一步开发。目前市场上已有 FPGA、ASIC 等集成电路，这类电器元件体积轻便，处理深度学习问题更加迅捷。随着计算机硬件水平的发展，可以预料在不久的将来完全有机会实现实时随车检测，即在检测设备采集图像的同时检测病害，并给出隧道结构的健康状况。

3）从大数据到少量数据

从人工智能的初衷上，各种的人工智能方法旨在模拟人类的思维方式，例如深度学习中的卷积神经网络的研究基础就是生物的视觉神经细胞。但无论是从脑神经还是生物医学上，人脑中各种细胞神经的运行方式仍没有完全被掌握。目前的深度学习方法都是基于大数据训练才能达到理想的效果。大数据具有规模大、结构复杂度高、关联强度高的特点，大数据的获取和管理也是十分关键的工作。但是人类对事物的理解不需要巨量的数据，认识某种事物只需要很少的接触，而计算能力超过人脑千百倍的计算机，理论上的学习速度可以更加快捷。随着科学家对脑神经的进一步研究和挖掘，将会有更符合人脑运行方式的人工智能模型涌现，以人工智能为基础的隧道结构病害检测手段将不再依赖于大数据，从而变得更加智能和快捷。

参考文献

[1] 黄宏伟,孙龑,薛亚东.基于机器视觉的地铁隧道结构病害检测研究[J].土木工程应用技术,2015,11(1): 18 - 24.

[2] Sasama H, Ukai M, Ohta M, et al. Inspection system for railway facilities using a continuously scanned image[J]. Electrical Engineering in Japan, 2015, 125(2): 52 - 64.

[3] Luo P F, Pan S P, Chu T C. Application of computer vision and laser interferometer to the inspection of line scale[J]. Optics & Lasers in Engineering, 2004, 42(5): 563 - 584.

[4] Liao J B, Wu M H, Baines R W. A coordinate measuring machine vision system[J]. Computers in Industry, 1999, 38(3): 239 - 248.

[5] Chan V H, Bradley C, Vickers G W. A multi-sensor approach to automating coordinate measuring machine-based reverse engineering[J]. Computers in Industry, 2001, 44(2): 105 - 115.

[6] Ukai M. Advanced inspection system of tunnel wall deformation using image processing[J]. Quarterly Report of Rtri, 2007, 48(2): 94 - 98.

[7] 王平让.隧道病害快速检测技术现状及分析比较[J].公路与汽运,2016(3): 241 - 245.

[8] 周晓军,周佳媚.城市地下铁道与轻轨交通[M].成都: 西南交通大学出版社,2008.

[9] 中国城市轨道交通协会.城市轨道交通 2016 年度统计和分析报告[J].城市轨道交通,2017(1): 20 - 36.

[10] 程姝菲.软土地铁盾构隧道渗漏水感知及风险评价研究[D].上海: 同济大学,2014.

[11] 王魁.地铁盾构隧道裂缝与接缝的无线监测及其对结构的影响分析[D].上海: 同济大学,2014.

[12] 黄宏伟,李庆桐.基于深度学习的盾构隧道渗漏水病害图像识别[J].岩石力学与工程学报,2017,36(12): 2861 - 2871.

[13] 黄宏伟,刘遹剑,谢雄耀.盾构隧道壁后注浆效果的雷达探测研究[J].岩土力学,2003(S2): 353 - 356.

[14] Makantasis K, Protopapadakis E, Doulamis A, et al. Deep convolutional neural networks for efficient vision based tunnel inspection [C] // IEEE International Conference on Intelligent Computer Communication and Processing. IEEE, 2015: 335 - 342.

[15] 王平让,黄宏伟,薛亚东.基于图像局部网格特征的隧道衬砌裂缝自动识别[J].岩石力学与工程学报,2012,31(5): 991 - 999.

[16] 李庆桐,黄宏伟,薛亚东,等.隧道衬砌图像清晰度影响因素的模型试验研究[J].岩石力学与工程学报,2017,36(S2): 3915 - 3926.

[17] 程姝菲,黄宏伟.盾构隧道长期渗漏水检测新方法[J].地下空间与工程学报,2014,10(3): 733 - 738.

[18] 王平让,黄宏伟,薛亚东.隧道衬砌裂缝自动检测性能影响因素模型试验研究[J].岩石力学与工程学报,2012,31(8): 1705 - 1714.

[19] 豆海涛,黄宏伟,薛亚东.隧道衬砌渗漏水红外辐射特征影响因素试验研究[J].岩石力学与工程学报,2011,30(12): 2426 - 2434.

[20] 豆海涛,黄宏伟,薛亚东.隧道渗漏水红外辐射特征模型试验及图像处理[J].岩石力学与工程学报,2011,30(S2): 3386 - 3391.

[21] Ko B. Development of an inspection system for cracks on the lining of concrete tunnels [J]. Iaarc, 2003.

[22] Montero R, Victores J G, Martínez S, et al. Past, present and future of robotic tunnel inspection[J]. Automation in Construction, 2015, 59: 99 - 112.

[23] Huang H, Sun Y, Xue Y, et al. Inspection equipment study for subway tunnel defects by grey-scale image processing [J]. Advanced Engineering Informatics, 2017, 32: 188 - 201.

[24] 王睿,漆泰岳,王华夏.隧道衬砌裂缝检测方法综述[J].施工技术与测量技术,2013,33(3): 135 - 136.

[25] 谢雄耀,卢晓智,田海洋,等.基于地面三维激光扫描技术的隧道全断面变形测量方法[J].岩石力学与工程学报,2013,32(11): 2214 - 2224.

[26] 张凤祥.盾构隧道[M].北京: 人民交通出版社,2004.

[27] 朱合华.地下建筑结构[M].北京: 中国建筑工业出版社,2016.

[28] 叶耀东,朱合华,王如路.软土地铁运营隧道病害现状及成因分析[J].地下空间与工程学报,2007,3(1): 157 - 160.

[29] 王如路.上海轨道交通隧道结构安全性分析[J].隧道与轨道交通,2011(4): 37 - 43.

[30] Shen S L, Wu H N, Cui Y J, et al. Long-term settlement behaviour of metro tunnels

in the soft deposits of Shanghai[J]. Tunnelling and Underground Space Technology Incorporating Trenchless Technology Research, 2014, 40(12): 309 - 323.

[31] Xu Y S, Ma L, Du Y J, et al. Analysis of urbanisation-induced land subsidence in Shanghai[J]. Natural Hazards, 2012, 63(2): 1255 - 1267.

[32] 邵华,黄宏伟,张东明,等.突发堆载引起软土地铁盾构隧道大变形整治研究[J].岩土工程学报,2016,38(6): 1036 - 1043.

[33] 张冬梅,李钰.地铁荷载引起的盾构隧道及土层长期沉降研究[J].防灾减灾工程学报,2015,35(5): 563 - 567.

[34] 中华人民共和国交通部.2010 年公路水路交通行业发展统计公报[R].北京,2011.

[35] 豆海涛.基于温度梯度的岩石隧道衬砌渗漏水检测与风险评价研究[D].上海: 同济大学,2011.

[36] 何川,佘健.高速公路隧道维修与加固[M].北京: 人民交通出版社,2006.

[37] 郭陕云.论我国隧道和地下工程技术的研究和发展[J].隧道建设,2004,24(5): 1 - 5.

[38] 陈勇,朱继文.上海地铁区间隧道渗漏水发生的机理与防治[J].地下空间,2001,21(1): 55 - 61.

[39] 中华人民共和国住房和城乡建设部.盾构法隧道施工及验收规范: GB 50446—2017[S].北京: 中国建筑工业出版社,2017.

[40] 上海市市政工程管理局.上海市隧道养护技术规程: SZ - 43—2005[S].上海,2005.

[41] 土木学会.隧道标准规范(盾构篇)及解说[M].北京: 中国建筑工业出版社,2011.

[42] 竺维彬,鞠世健.盾构隧道管片开裂的原因及相应对策[J].现代隧道技术,2003,40(1): 21 - 25.

[43] 孙钧.崇明长江盾构隧道管片衬砌结构的耐久性设计[J].建筑科学与工程学报,2008,25(1): 1 - 9.

[44] 刘庆宽,王楠,王海龙.钢筋混凝土结构耐久性及裂缝问题研究的现状[J].石家庄铁道学院学报,2002,15(3): 9 - 13.

[45] 伍振志,杨林德,时蓓玲,等.裂缝对隧道管片结构耐久性影响及其模糊评价[J].地下空间与工程学报,2007,3(2): 224 - 228.

[46] 张玉军,李治国.带裂纹隧道二次衬砌承载能力的平面有限元计算分析[J].岩土力学,2005,26(8): 1201 - 1206.

[47] 郑佳艳,刘海京,林志,等.衬砌存在裂缝的隧道力学模型研究及应用[J].公路交通技术,2011(3): 106 - 109.

[48] 黄宏伟,刘德军,薛亚东,等.基于扩展有限元的隧道衬砌裂缝开裂数值分析[J].岩土工程学报,2013,35(2): 266 - 275.

[49] 杨春山，王伟军，张新金，等.盾构衬砌环开裂后的应力与变形分析[J].地下空间与工程学报，2013，9(5)：1070 - 1075.
[50] 王华牢，李宁.带裂缝的隧道衬砌刚度验算与加固[J].长安大学学报，2009，29(1)：64 - 68.
[51] 刘学增，包浩杉，周敏.纵向裂缝对隧道钢筋混凝土衬砌结构影响的试验[J].上海交通大学学报，2012，46(3)：441 - 445.
[52] 叶耀东.软土地区运营地铁盾构隧道结构变形及健康诊断方法研究[D].上海：同济大学，2007.
[53] 王飞，黄宏伟，张冬梅，等.基于 BOTDA 光纤传感技术的盾构隧道变形感知方法[J].岩石力学与工程学报，2013，32(9)：1901 - 1908.
[54] 刘建航，侯学渊.盾构法隧道[M].北京：中国铁道出版社，1991.
[55] 张世英，黄违洪.最优分割法的适用性及一类有序样品的聚类方法[J].应用数学学报，1987，10(2)：138 - 144.
[56] 蔡辉，沈婉兰.一维有序数据的最优分割[J].南通医学院学报，1996，16(3)：299 - 300.
[57] 上海市建筑建材业市场管理总站.盾构法隧道结构服役性能鉴定规范：DG/TJ 08 - 2123—2013[S]. 上海，2013.
[58] 罗鑫，夏才初.隧道病害分级的现状及问题[J].地下空间与工程学报，2006，2(5)：877 - 880.
[59] 张明海，张乃涓.盾构隧道常见病害及其影响分析[J].城市道桥与防洪，2009(9)：182 - 187.
[60] 熊先波.隧道典型病害与结构安全性评估研究[D].重庆：重庆交通大学，2013.
[61] 王飞.基于光纤传感技术的盾构隧道变形性态分析及结构易损性评价[D].上海：同济大学，2014.
[62] 王明卓.盾构隧道变形控制指标及风险可视化预警方法研究[D].上海：同济大学，2015.
[63] 王平让.隧道衬砌裂缝机器视觉检测方法及结构安全评估研究[D].上海：同济大学，2013.
[64] 清华大学激光教研组.激光脉冲测距的原理及应用[J].物理，1974(4)：229 - 233.
[65] Yoon J S, Sagong M, Lee J S. Feature extraction of a concrete tunnel liner from 3D laser scanning data[J]. NDT & E Int, 2009, 42(2): 97 - 105.
[66] 张会霞.三维激光扫描点云数据组织与可视化研究[D].北京：中国矿业大学，2010.
[67] 周华伟.地面三维激光扫描点云数据处理与模型构建[D].昆明：昆明理工大学，2011.
[68] 张庆圆.三维激光扫描技术在工业三维 GIS 中的应用研究[D].焦作：河南理工大

学,2011.
[69] 托雷.基于三维激光扫描数据的地铁隧道变形监测[D].北京：中国地质大学,2012.
[70] 肖书安.国外隧道施工测量技术的现状和发展[J].隧道建设,2007(1)：76-79,86.
[71] 谢宏全,谷风云.地面三维激光扫描技术与应用[M].武汉：武汉大学出版社,2016.
[72] 张会霞.三维激光扫描数据处理理论及应用[M].北京：电子工业出版社,2012.
[73] Cheng Y J, Qiu W, Lei J. Automatic extraction of tunnel lining cross-sections from terrestrial laser scanning point clouds[J]. Sensors, 2016, 16(10)：1648.
[74] 程云建,仇文革,雷劲.基于三维点云的隧道全局中线提取方法及应用[J].湖南大学学报(自然科学版),2017,44(9)：146-150.
[75] Qiu W G, Cheng Y J. High-resolution DEM generation of railway tunnel surface using terrestrial laser scanning data for clearance inspection[J]. Journal of Computing in Civil Engineering, 2016, 31(1)：04016045.
[76] Kang Z, Zhang L, Lei T, et al. Continuous extraction of subway tunnel cross sections based on terrestrial point clouds[J]. Remote Sensing, 2014, 6(1)：857-879.
[77] Tan K, Cheng X, Ju Q. Combining mobile terrestrial laser scanning geometric and radiometric data to eliminate accessories in circular metro tunnels[J]. Journal of Applied Remote Sensing, 2016, 10(3)：030503.
[78] 程效军,贾东峰,刘燕萍,等.基于中轴线的隧道点云去噪算法[J].同济大学学报(自然科学版),2015,43(8)：1239-1245.
[79] 朱侃唯.基于点云规则网格化三维激光扫描的地下工程变形数据处理方法研究[D].上海：同济大学,2015.
[80] 中国人民大学出版社.地面激光扫描仪校准规范[M].北京：中国人民大学出版社,2013.
[81] Gonzalez R C, Wintz P. Digital image processing[M]. Beijing：Publishing House of Electronics Industry, 2010.
[82] 张远鹏,董海,周文灵.计算机图像处理技术基础[M].北京：北京大学出版社,1996.
[83] 田婕沙.实用图像分析与处理技术[M].北京：电子工业出版社,1995.
[84] 范立南,韩晓微,张广渊.图像处理与模式识别[M].北京：科学出版社,2007.
[85] 边肇祺,张学工.模式识别[M].北京：清华大学出版社,2000.
[86] Sezgin M, Sankur B. Survey over image thresholding techniques and quantitative performance evaluation[J]. Journal of Electronic Imaging, 2004,13(1)：146-168.
[87] Cheng H D, Shi X J, Glazier C. Real-time image thresholding based on sample space reduction and interpolation approach[J]. Journal of Computing in Civil Engineering,

2003, 17(4): 264 - 272.

[88] Ohtsu N. A threshold selection method from gray-level histograms [J]. IEEE Transactions on Systems Man & Cybernetics, 2007, 9(1): 62 - 66.

[89] 范九伦,赵凤.灰度图像的二维 Otsu 曲线阈值分割法[J].电子学报,2007,35(4): 751 - 755.

[90] 闫海霞.基于数学形态学的图像边缘检测和增强算法的研究[D].长春: 吉林大学, 2009.

[91] 黄宏伟,孙龑,薛亚东.基于机器视觉的隧道衬砌表面病害检测技术研究进展[C]//中国土木工程学会隧道及地下工程分会.2014 中国隧道与地下工程大会(CTUC)暨中国土木工程学会隧道及地下工程分会第十八届年会论文集.杭州,2014.

[92] Mitchell T. Machine learning[M]. New York: McGraw-Hill, 1997.

[93] Alpaydin E. Introduction to machine learning[M]. London: Pitman, 1988.

[94] Samuel A L. Some studies in machine learning using the game of checkers[M]// Computers & Thought. Cambridge: MIT Press, 1995: 206 - 226.

[95] Lecun Y, Bengio Y, Hinton G. Deep learning[J]. Nature, 2015, 521(7553): 436 - 444.

[96] Hubel D H, Wiesel T N. Receptive fields and functional architecture of monkey striate cortex[J]. Journal of Physiology, 1968, 195(1): 215 - 243.

[97] Fukushima K. Neocognitron: a self-organizing neural network model for a mechanism of pattern recognition unaffected by shift in position[J]. Biological Cybernetics, 1980, 36(4): 193 - 202.

[98] LeCun Y, Bengio Y. Convolutional networks for images, speech, and time series[J]. The Handbook of Brain Theory and Neural Networks, 1995, 3361(10): 1995.

[99] Hinton G E, Salakhutdinov R R. Reducing the dimensionality of data with neural networks[J]. Science, 2006, 313(5786): 504 - 507.

[100] Krizhevsky A, Sutskever I, Hinton G E. ImageNet classification with deep convolutional neural networks[C]//International Conference on Neural Information Processing Systems. Curran Associates Inc,2012: 1097 - 1105.

[101] Taigman Y, Yang M, Ranzato M, et al. DeepFace: closing the gap to human-level performance in face verification[C]//Conference on Computer Vision and Pattern Recognition,2014: 1701 - 1708.

[102] Sun Y, Wang X, Tang X. Deep learning face representation from predicting 10 000 classes[C]//Conference on Computer Vision and Pattern Recognition, 2014: 1891 -

1898.

[103] Sun Y, Wang X, Tang X. Deeply learned face representations are sparse, selective, and robust[C]//Conference on Computer Vision and Pattern Recognition, 2014: 2892 - 2900.

[104] Cruz-Roa A A, Ovalle J E A, Madabhushi A, et al. A deep learning architecture for image representation, visual interpretability and automated basal-cell carcinoma cancer detection[C]//Medical Image Computing & Computer-assisted Intervention: Miccai International Conference on Medical Image Computing & Computer-assisted Intervention, 2013: 403 - 410.

[105] 徐姗姗,刘应安,徐昇.基于卷积神经网络的木材缺陷识别[J].山东大学学报(工学版),2013,43(2): 23 - 28.

[106] Bourlard H, Kamp Y. Auto-association by multilayer perceptrons and singular value decomposition[M]. New York: Springer-Verlag New York Inc., 1988.

[107] Vincent P, Larochelle H, Bengio Y, et al. Extracting and composing robust features with denoising autoencoders[C]//International Conference on Machine Learning. ACM, 2008: 1096 - 1103.

[108] Le Q V, Ngiam J, Coates A, et al. On optimization methods for deep learning[J]. 2011, 7(3 - 4): 265 - 272.

[109] Rifai S, Vincent P, Muller X, et al. Contractive auto-encoders: explicit invariance during feature extraction[C].ICML, 2011.

[110] 赵元庆,吴华.多尺度特征和神经网络相融合的手写体数字识别[J].计算机科学,2013,40(8): 316 - 318.

[111] Ranzato M, Hinton G E. Modeling pixel means and covariances using factorized third-order boltzmann machines[C]//Conference on Computer Vision and Pattern Recognition. IEEE, 2010: 2551 - 2558.

[112] Courville A C, Bergstra J, Bengio Y. A spike and slab restricted boltzmann machine [J]. Journal of Machine Learning Research, 2011, 15(15): 233 - 241.

[113] Memisevic R, Hinton G. Unsupervised learning of image transformations[C]//Conference on Computer Vision and Pattern Recognition. IEEE, 2007: 1 - 8.

[114] Larochelle H, Bengio Y. Classification using discriminative restricted Boltzmann machines[C]//International Conference. DBLP, 2008: 536 - 543.

[115] Srivastava N, Hinton G, Krizhevsky A, et al. Dropout: a simple way to prevent neural networks from overfitting[J]. Journal of Machine Learning Research, 2014,

15(1): 1929 - 1958.

[116] 孙志军,薛磊,许阳明,等.深度学习研究综述[J].计算机应用研究,2012,29(8): 2806 - 2810.

[117] 蔡文博.地铁隧道车载GPR检测技术的试验研究[D].成都: 西南交通大学,2017.

[118] 徐浩,刘江平,范承余,等.隧道衬砌病害的探地雷达波场模拟与特征分析[J].中南大学学报(自然科学版),2013,44(11): 4581 - 4587.

[119] 凌同华,张胜,李升冉.地质雷达隧道超前地质预报检测信号的HHT分析法[J].岩石力学与工程学报,2012,31(7): 1422 - 1428.

[120] 杨艳青,贺少辉,齐法琳,等.铁路隧道衬砌地质雷达非接触检测模拟试验研究[J].岩石力学与工程学报,2011,30(9): 1761 - 1771.

[121] 舒志乐,刘新荣,朱成红,等.隧道衬砌空洞探地雷达三维探测模型试验研究[J].岩土力学,2011,32(S1): 551 - 559.

[122] 刘新荣,舒志乐,朱成红,等.隧道衬砌空洞探地雷达三维探测正演研究[J].岩石力学与工程学报,2010,29(11): 2221 - 2229.

[123] Zhang F, Xie X, Huang H. Application of ground penetrating radar in grouting evaluation for shield tunnel construction[J]. Tunnelling and Underground Space Technology Incorporating Trenchless Technology Research, 2010, 25(2): 99 - 107.

[124] Kilic G, Eren L. Neural network based inspection of voids and karst conduits in hydro-electric power station tunnels using GPR[J]. Journal of Applied Geophysics, 2018, 151(4): 194 - 204.

[125] Zhang J, Li S, Li L, et al. Grouting effects evaluation of water-rich faults and its engineering application in Qingdao Jiaozhou Bay Subsea Tunnel, China[J]. Geomechanics & Engineering, 2017, 12(1): 35 - 52.

[126] Lalagüe A, Lebens M A, Hoff I, et al. Detection of rockfall on a tunnel concrete lining with ground-penetrating radar (GPR)[J]. Rock Mechanics & Rock Engineering, 2016, 49(7): 2811 - 2823.

[127] Yu Q M, Zhou H L, Wang Y H, et al. Quality monitoring of metro grouting behind segment using ground penetrating radar[J]. Construction & Building Materials, 2016, 110: 189 - 200.

[128] 黄宏伟,张冬梅.盾构隧道施工引起的地表沉降及现场监控[J].岩石力学与工程学报,2001,20(S1): 1814 - 1820.

[129] 臧小龙.盾构隧道纵向变形的综合分析和对策[D].上海: 同济大学,2003.

[130] Feddema. ETAC two-component grout field test at Botlek rail tunnel[M] //

Tunnelling: A Decade of Progress, GeoDelft 1995 - 2005. Boca Raton: Crc Press, 2005: 19 - 25.

[131] 王晖,李大勇,夏广红.盾构机盾尾注浆施工中存在的问题及其对策分析[J].苏州科技学院学报(工程技术版),2004,17(1): 40 - 45.

[132] 钟志全.土压平衡盾构施工中常见问题及措施[J].建筑机械化,2005,26(9): 49 - 51.

[133] 洪代玲.隧道衬砌无损检测技术的发展[J].世界隧道,1997(1): 17 - 32.

[134] 谢雄耀.地质雷达图像的系统研究[D].上海: 同济大学,1998.

[135] Sakurada E, Inagaki M. GPR rapid survey system for small diameter tunnels[C]// Proceeding of International Conference on GPR, 2002: 614 - 619.

[136] 李大心.探地雷达方法与应用[M].北京: 地质出版社,1994.

[137] 袁明德.探地雷达检测中如何计算速度[J].物探与化探,2003,27(3): 220 - 222.

[138] 孔令讲,周正欧.浅地层探地雷达波速测量方法的研究[J].电子学报,2002,30(9): 1330 - 1332.

[139] 于景兰,王春和.探地雷达探测地下目标时的波速估计[J].地球物理学进展,2003, 18(3): 477 - 480.

[140] Reppert P M, Morgan F D, Toksoz M N. Dielectric constant determination using ground-penetrating radar reflection coefficients[J]. Journal of Applied Geophysics, 2000, 43(2): 189 - 197.

[141] 刘遹剑.软土盾构隧道壁后注浆探测及其分析[D].上海: 同济大学,2003.

[142] 杨坤彪,杨勇.隧道工程质量无损检测的方法组合探讨[J].工程勘察,2005(1): 66 - 69.

[143] 刘传孝.探地雷达空洞探测机理研究及应用实例分析[J].岩石力学与工程学报,2000, 19(2): 238 - 241.

[144] 周黎明,王法刚.地质雷达法检测隧道衬砌混凝土质量[J].检测与分析,2002,6(3): 74 - 76.

[145] 王群,何云龙,王春和,等.基于神经网络的探地雷达探雷研究[J].电波科学学报, 2001,16(3): 401 - 406.

[146] 刘敦文,徐国元,黄仁东,等.一种基于神经网络的探地雷达信号解释研究[J].地球物理学进展,2004,19(1): 179 - 182.

[147] 李大洪.地质雷达目标识别方法述评[J].煤炭科学技术,2000,28(5): 49 - 51.

[148] 苏畅,徐守义,王承训,等.地下管道图像的自动处理和识别[J].自动化学报,1996, 22(5): 629 - 633.

[149] 王晓丹,王积勤.雷达目标识别技术综述[J].现代雷达,2003,2(5): 22 - 25.

[150] Chuick. An introduction wavelets[M].NewYork：Academic Press, 1992.

[151] Daubechies. Ten lectures on wavelets[M]. Philadelphia：SIAM Press, 1992.

[152] Zhang Q H, Benveniste A. Wavelet networks [J]. IEEE Transacions on Neural Networks, 1992, 3(6)：18 - 22.

[153] 曾华.小波神经网络及其应用研究[D].天津：天津大学,2001.

[154] Kaspariaian V, Bater C, Zhang H. Davidon least squares-based learning algorithm for feedforward neural networks[J]. Neural Networks, 1994, 7(4)：661 - 670.

[155] Zhang J,Walter G G,Miao Y,et al. Wavelet neural networks for function learning[J]. IEEE Transactions on Signal Processing, 1995, 43(6)：1485 - 1497.

[156] 石卓尔,焦李成.子波神经网络[J].电子科技,1993(3)：20 - 28.

[157] 王文成.神经网络及其在汽车工程中的应用[M].北京：北京理工大学出版社,1998.

[158] 任俊玲,郭军.基于小波理论的神经网络模型构造[J].电脑开发与应用,2004,17(8)：19 - 21.

[159] Dai J, Li Y, He K, et al. R-fcn：object detection via region-based fully convolutional networks[C]// Advances in Neural Information Processing Systems, 2016：379 - 387.

[160] Girshick R, Donahue J, Darrell T, et al. Rich feature hierarchies for accurate object detection and semantic segmentation[C]//Proceedings of the IEEE Conference on Computer Vision and Pattern Recognition,2014：580 - 587.

[161] Girshick R. Fast R - CNN[C]//IEEE International Conference on Computer Vision. IEEE, 2015：1440 - 1448.

[162] Hinton G E, Sejnowski T J. Learning and relearning in Boltzmann machines[J]. Parallel Distributed Processing：Explorations in the Microstructure of Cognition, 1986, 1(2)：282 - 317.

[163] Hinton G E, Osindero S, Teh Y W. A fast learning algorithm for deep belief nets[J]. Neural Computation, 2006, 18(7)：1527 - 1554.

[164] Huang H, Li Q, Zhang D. Deep learning based image recognition for crack and leakage defects of metro shield tunnel[J]. Tunnelling and Underground Space Technology, 2018, 77：166 - 176.

[165] Rumelhart D E, Hinton G E, Williams R J. Learning representations by back-propagating errors[J]. Nature, 1986, 323(6088)：533.

[166] Rumelhart D E, Hinton G E, Williams R J. Learning internal representations by error propagation[J]. Readings in Cognitive Science, 1988, 323(6088)：399 - 421.

[167] Ren S, He K, Girshick R, et al. Faster R - CNN：towards real-time object detection

with region proposal networks [M] // Advances in Neural Information Processing Systems, 2015: 91 - 99.

[168] Xue Y D, Li Y C. A fast detection method via region-based fully convolutional neural networks for shield tunnel lining defects[J]. Computer-Aided Civil & Infrastructure Engineering, 2018(4).

[169] 薛亚东,李宜城.基于深度学习的盾构隧道衬砌病害识别方法[J].湖南大学学报(自然科学版),2018,45(3): 100 - 109.

[170] 中华人民共和国交通运输部.公路隧道养护技术规范: JTG H12—2015[S]. 北京: 人民交通出版社,2015.

[171] 中华人民共和国住房和城乡建设部.地铁设计规范: GB 50157—2013[S].北京: 中国建筑工业出版社,2013.

[172] 豆海涛.基于温度梯度的岩石隧道衬砌渗漏水检测及风险评价研究[D].上海: 同济大学,2011.

[173] 殷建国.基于倾角传感器的盾构隧道纵向变形性能评价[D].上海: 同济大学,2016.

[174] 邹威波,陈书平,杜勇立,等.超声波平测法在隧道二衬裂缝检测中的应用[J].工程地球物理学报,2016,13(6): 733 - 738.

附 录

附录 1　隧道结构检查结果报告

地铁×××隧道结构检查结果报告

检测内容：××地铁××号线××区间

检测单位：××××××××××单位

检测时间：××××年××月××日

检测里程：××××～××××

设备安装人员：

设备推进人员：

督查人员：

1 总述

检查过程中×××各类病害都有发生，全线每百环渗漏水平均个数为××个，全线每百环结构损伤平均个数为××个，其中每百环缺角平均个数为××个、裂缝平均个数为××个、缺损平均个数为××个。全线每百环病害数平均值为××，每百环病害总面积为××m^2。每百环病害同比对比如图1所示。

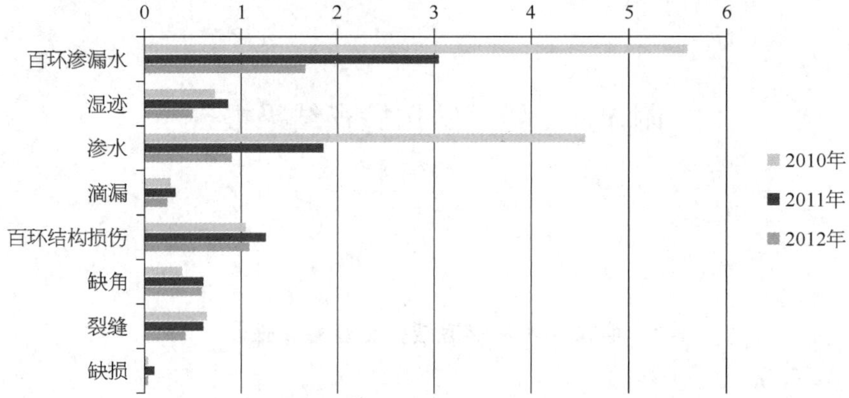

图1 ××号线病害统计对比

1.1 渗漏水

××号线每百环渗漏水个数及每百环面积分布情况如图2、图3所示。全线平均每百环渗漏水总个数平均值为××个，渗漏水病害突出的区间是××—××上/下行(××个/百环)。根据渗漏水面积分析来比较，××—××上/下行、××—××上/下行、…这五个区间最为突出。

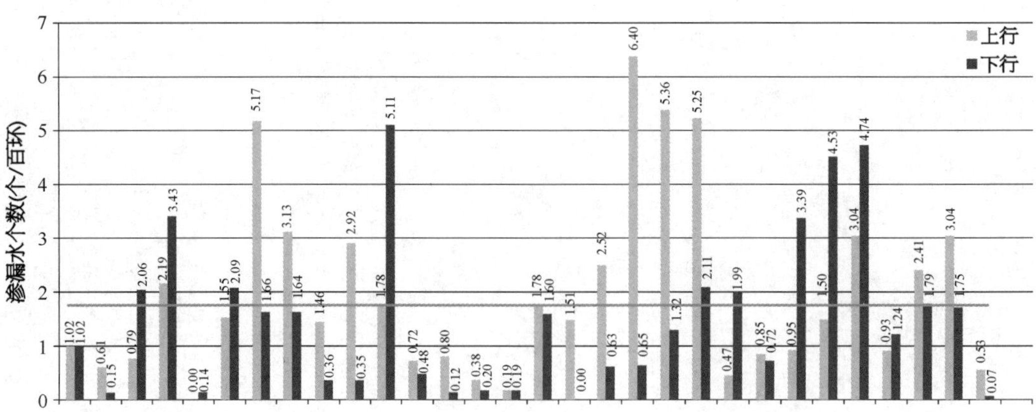

图2 ××号线各区间每百环渗漏水灾害统计结果

1.2 结构损伤

结构损伤包括缺角、裂缝、缺损三类病害，××号线全线每百环结构损伤个数分布如图

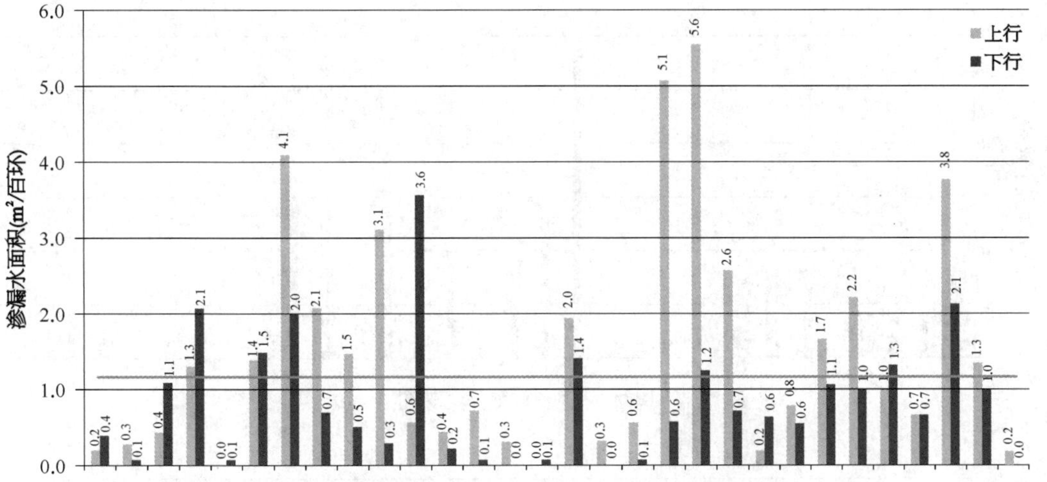

图 3　××号线各区间每百环渗漏水面积统计结果

4 所示,全线每百环结构损伤总个数的平均值为××,全线损伤现象最突出的区间为××—××等区间。

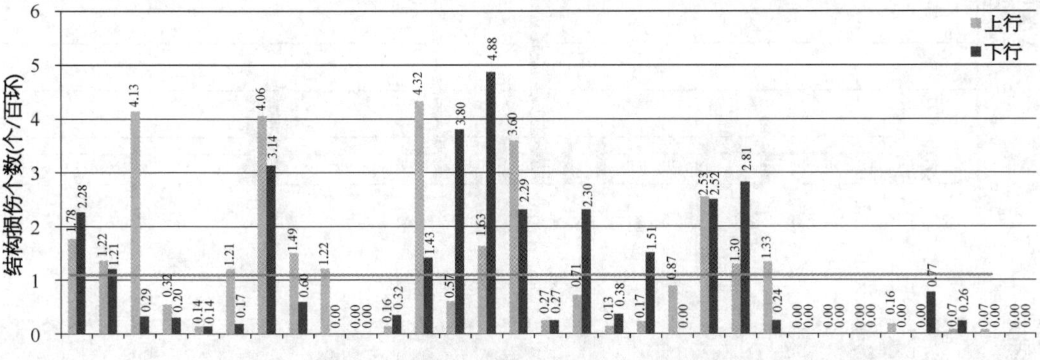

图 4　××号线每百环结构损伤个数统计图

1）缺角

图 5 为××号线各区间缺角个数分布图。由图可以看出,××号线全线缺角病害各区间平均值为××个,各区间缺角个数相差较大,其中以××—××上/下行缺角总数为最多,达××个。

2）裂缝

从××号线各区间的裂缝个数分布来看,全线裂缝各区间平均值为××个。××—××裂缝病害最为突出,单线裂缝数目达到××个,是平均值的××倍。其余各区间也有病害发生,如图 6 所示。

1.3　区间分析(××—××区间病害统计分析)

(1) 上行。××—××上行区间病害统计见表 1。××—××上行区间渗漏水病害分布如图 7 所示,管片损伤分布如图 8 所示。

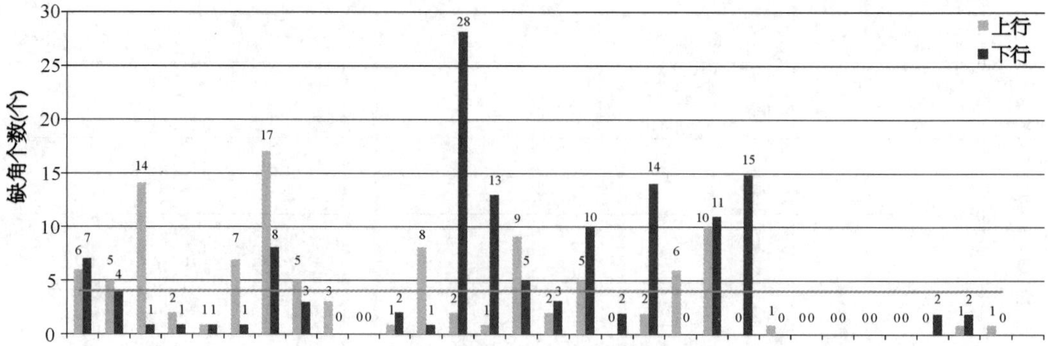

图5 ××号线缺角个数统计

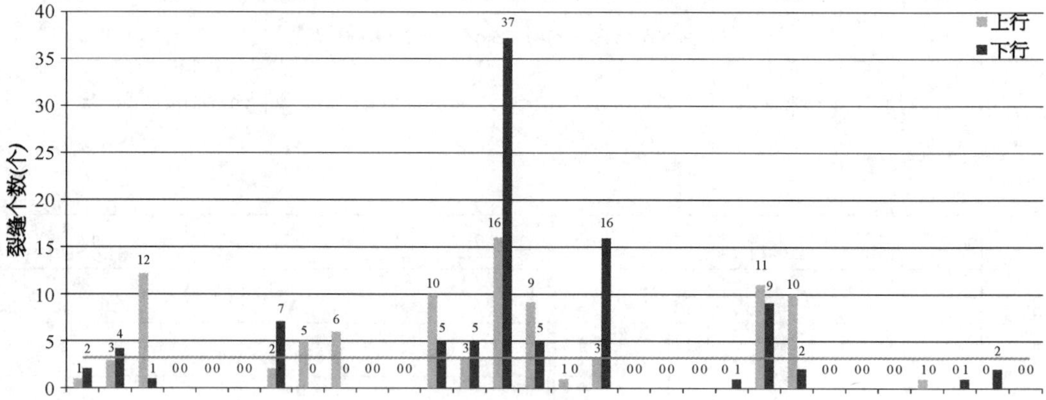

图6 ××号线裂缝统计图

表1 ××—××上行区间病害统计

区 间	环数（环）	百环渗漏水个数总和（个）	百环湿渗漏相加（个）	缺角（个）	裂缝（个）	缺损（个）	百环结构损伤相加（个）
××—××							
平均值							

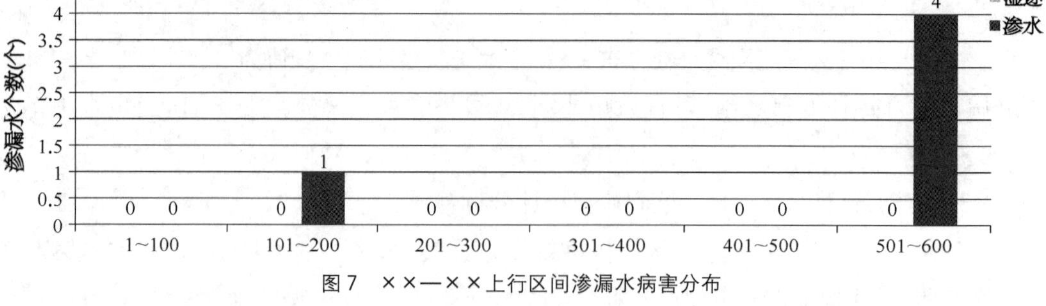

图7 ××—××上行区间渗漏水病害分布

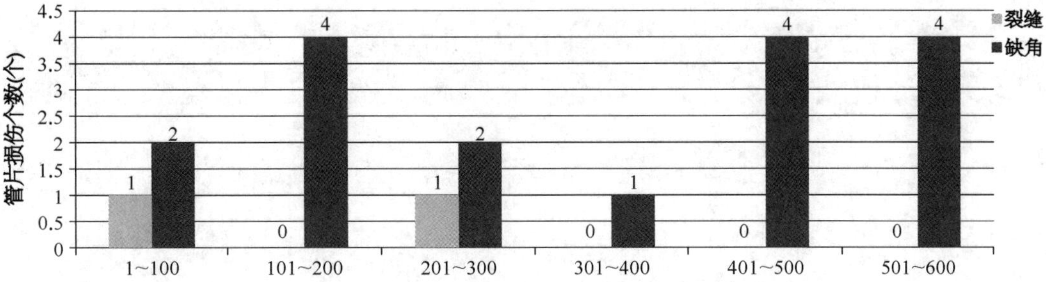

图 8　××—××上行区间管片损伤病害分布

(2) 下行。与上行结构相同。

(3) 病害位置分析。经过监测结果整理,现将渗漏水病害、裂缝病害的位置信息统计见表 2、表 3。

表 2　渗漏水病害位置统计

病害部位		上　行		下　行		合　计
		外　侧	内　侧	外　侧	内　侧	
纵　缝	DB	0	0	0	0	1
	BL	0	0	0	1	
	LF	0	0	0	0	
环　缝	D	0	0	0	0	2
	L	1	0	0	0	
	B	0	1	0	0	
	F	0	0	0	0	
十字缝	BD	0	0	0	0	10
	BL	1	7	0	2	
	FL	0	0	0	0	
螺栓孔	F	0	0	0	0	0
	L	0	0	0	0	
	B	0	0	0	0	
注浆孔	F	0	0	0	0	1
	L	0	0	0	0	
	B	0	1	0	0	
其　他		0	0	0	0	0
合　计		11		3		14

表3 裂缝位置统计

病害部位	上行		下行	
	内侧	外侧	内侧	外侧
F	2	1	0	0
L	1	2	0	0
B	0	0	0	0
D	0	0	0	0

2 小结

本次检查范围覆盖了××号线全部盾构隧道区间,共计××个,检查发现的病害以渗漏水、缺角和裂缝为主。综合以上对××号线渗漏水、结构损伤、结构变形以及重点区间的分析,全线每百环渗漏水平均个数为××个,其中每百环平均渗水个数为××个。全线每百环结构损伤平均个数为××个,其中每百环缺角平均个数为××个、裂缝平均个数为××个、缺损平均个数为××个。

附录2 表单式记录

盾构隧道病害记录表

线路:		区间:		日期:	
起始位置:		结束位置:		记录人:	
天气:		温度:		总环数:	
环号或部位	病害类型	参数	病害等级	照片编号	备注

记录人:
日期:

附录3 展开图

1）单圆通缝展开图

2）单圆错缝展开图

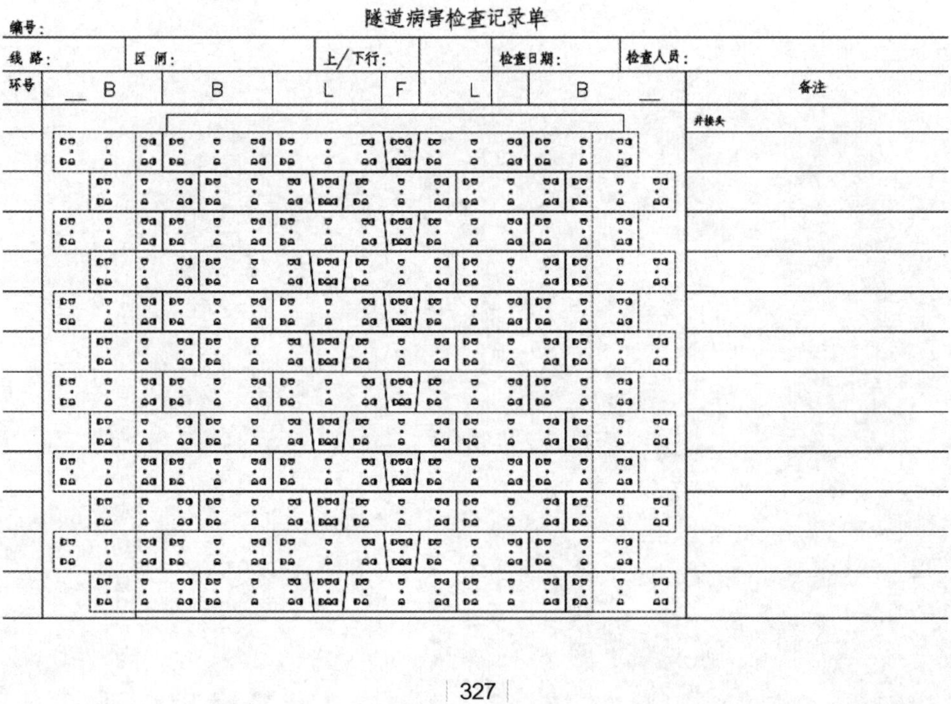

3）双圆错缝展开图

编号：

隧道病害检查记录单

线 路：	区 间：	上/下行：		检查日期：	检查人员：

环号	B	B	B	H	Z	H	备注

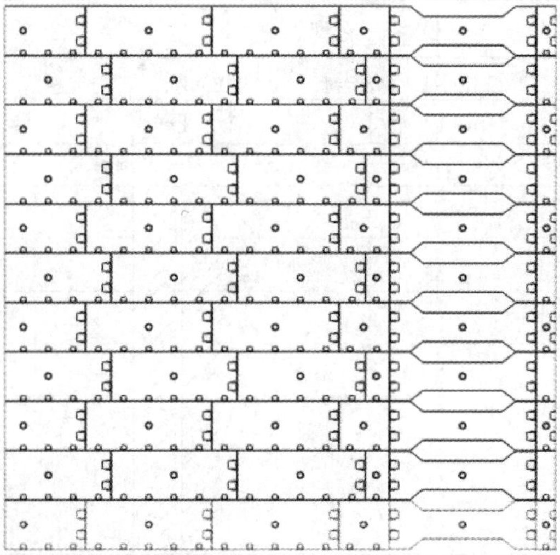

图 2-7　道床裂缝、脱开

图 2-8　管片碎裂、缺角

图 2-9　露筋、混凝土缺失

(a) 底部纵缝张开

(b) 顶部纵缝张开

图 2-13　接缝张开示意图

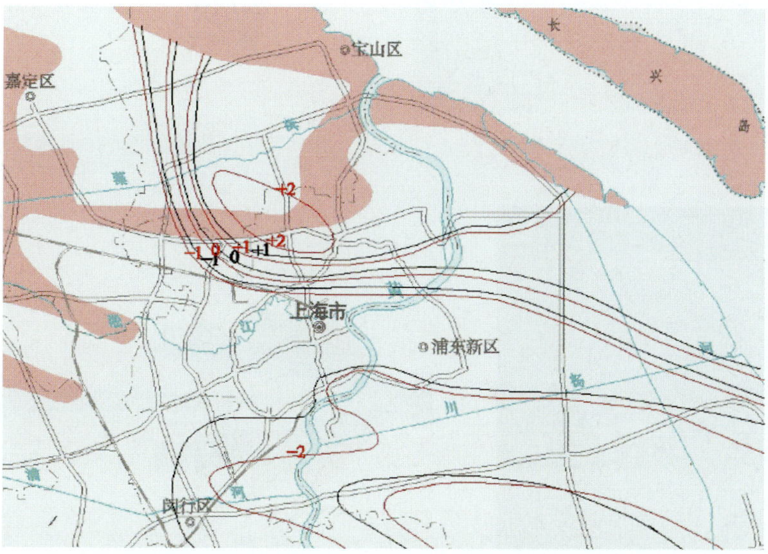

图 2-16　上海城区第一承压水层水位等值线图 (2015 年)

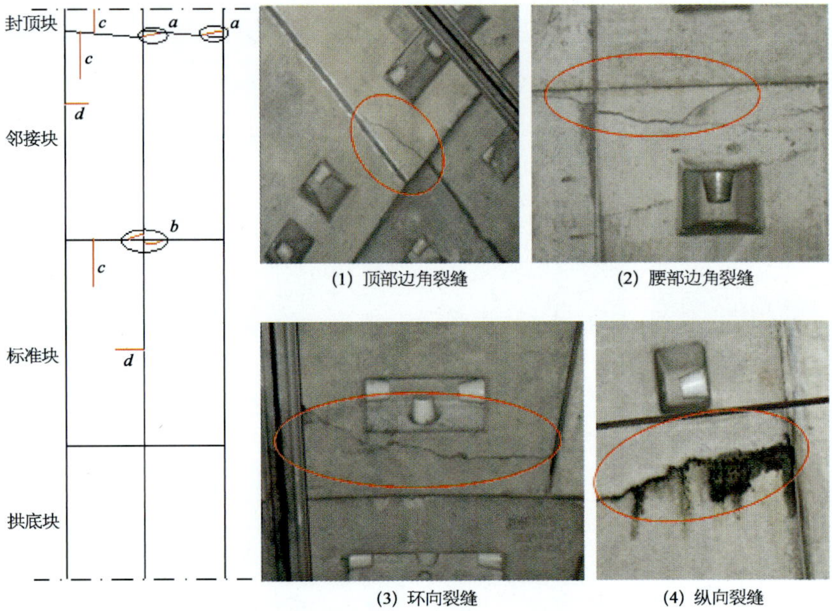

(1) 顶部边角裂缝　(2) 腰部边角裂缝

(3) 环向裂缝　(4) 纵向裂缝

(a) 管片裂缝位置示意　(b) 裂缝种类

图 2-41　管片裂缝典型位置

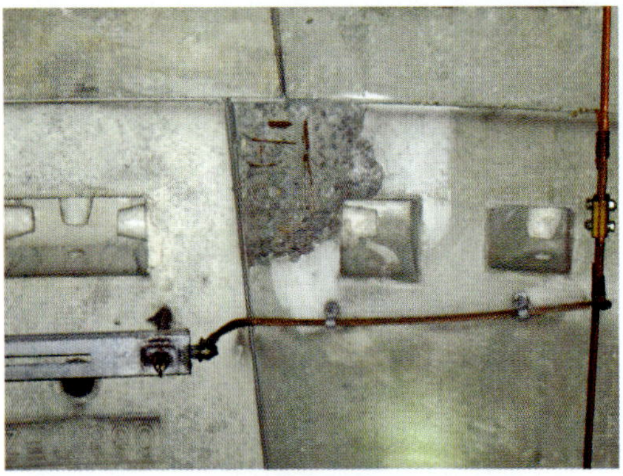

图 3-3　露筋缺块病害示意图

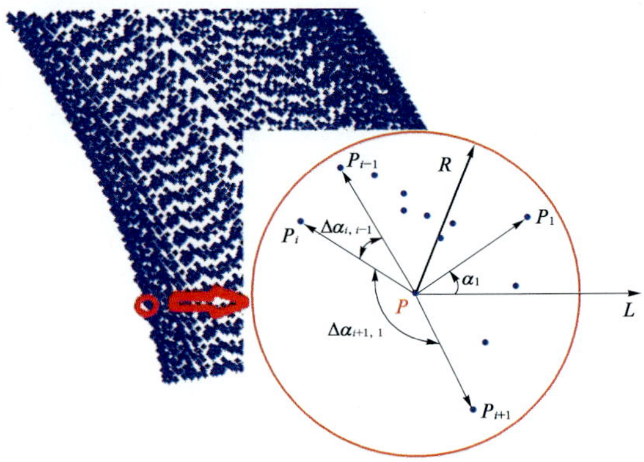

图 4-20　边界点的提取

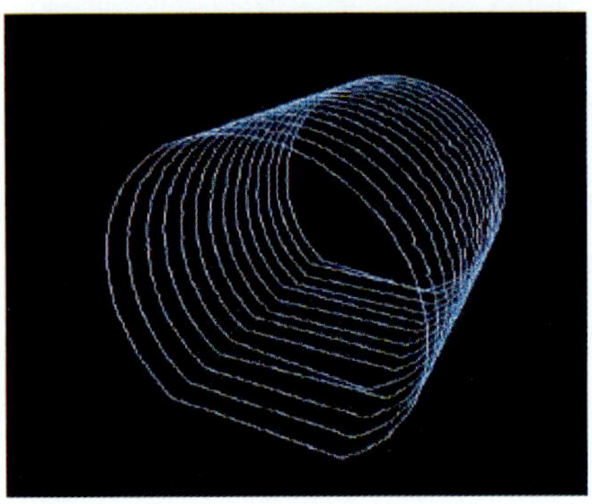

图 4-22　断面截取示意图

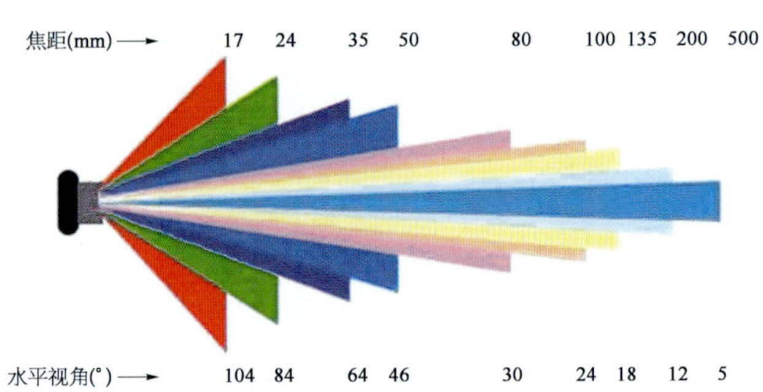

图 5-1　焦距与视角关系

图 5-9　模拟隧道试验

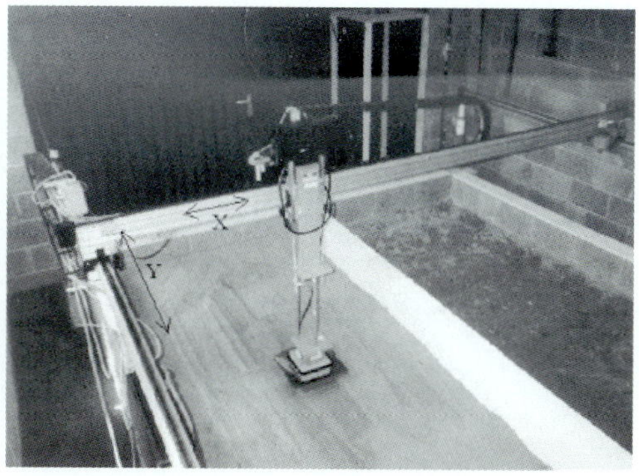

图 6-7　利用探地雷达对埋藏的地雷等目标进行室内试验

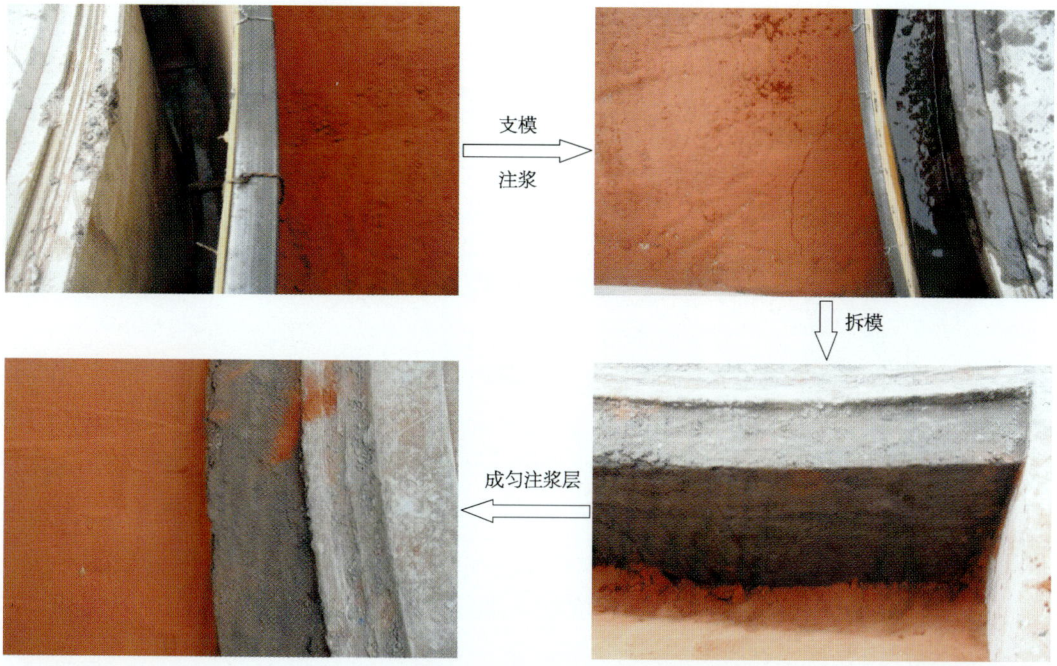

图 6-22　模拟管片壁后注浆均匀分布试验过程

图 6-23　最终形成的均匀注浆层

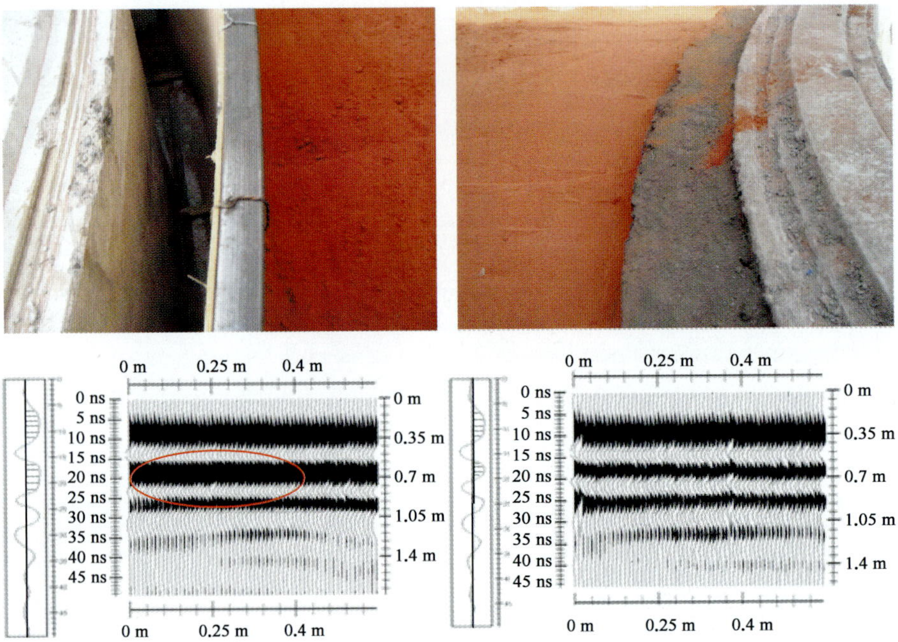

(a) 尚未注浆的探测结果　　(b) 注浆后的探测结果

图 6-26　注浆前后的测定结果对比（原始数据）

图 6-36　实体管片壁后不均匀注浆试验模拟过程

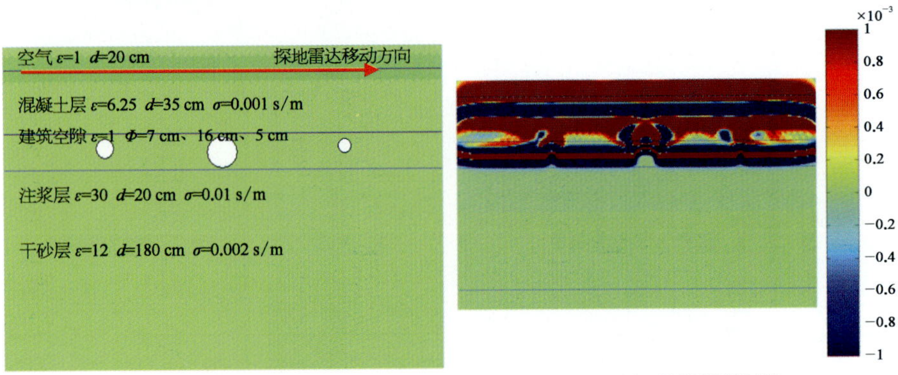

(a) 正演结构模型　　(b) t= 13 ns时E_z场分量的瞬间图

图 6-54　均匀注浆层存在不同直径建筑空隙时的正演模型及模拟过程

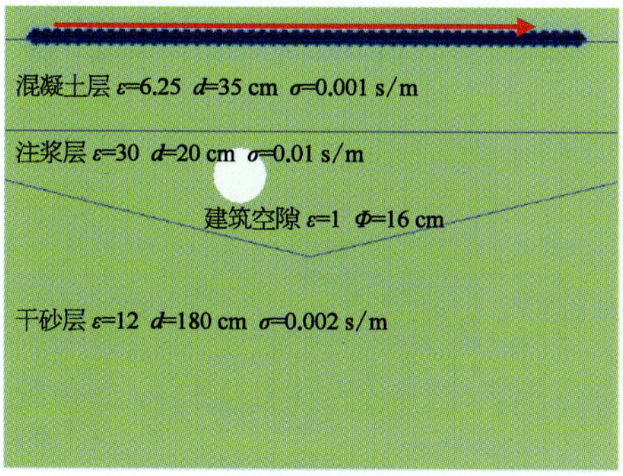

(a) 正演结构模型

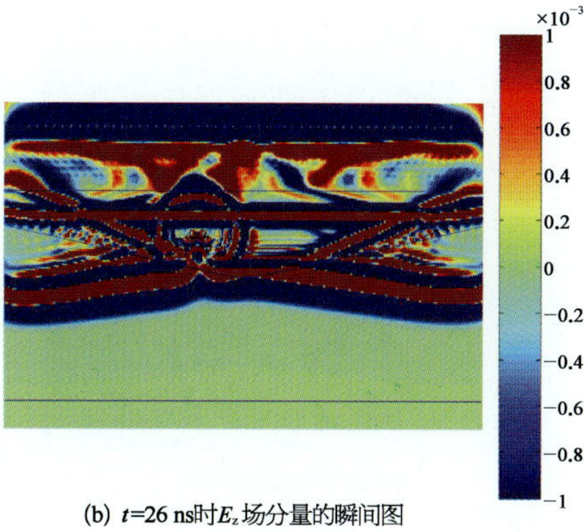

(b) t=26 ns时E_z场分量的瞬间图

图 6-57 具有三角形注浆层和建筑空隙时的正演结果

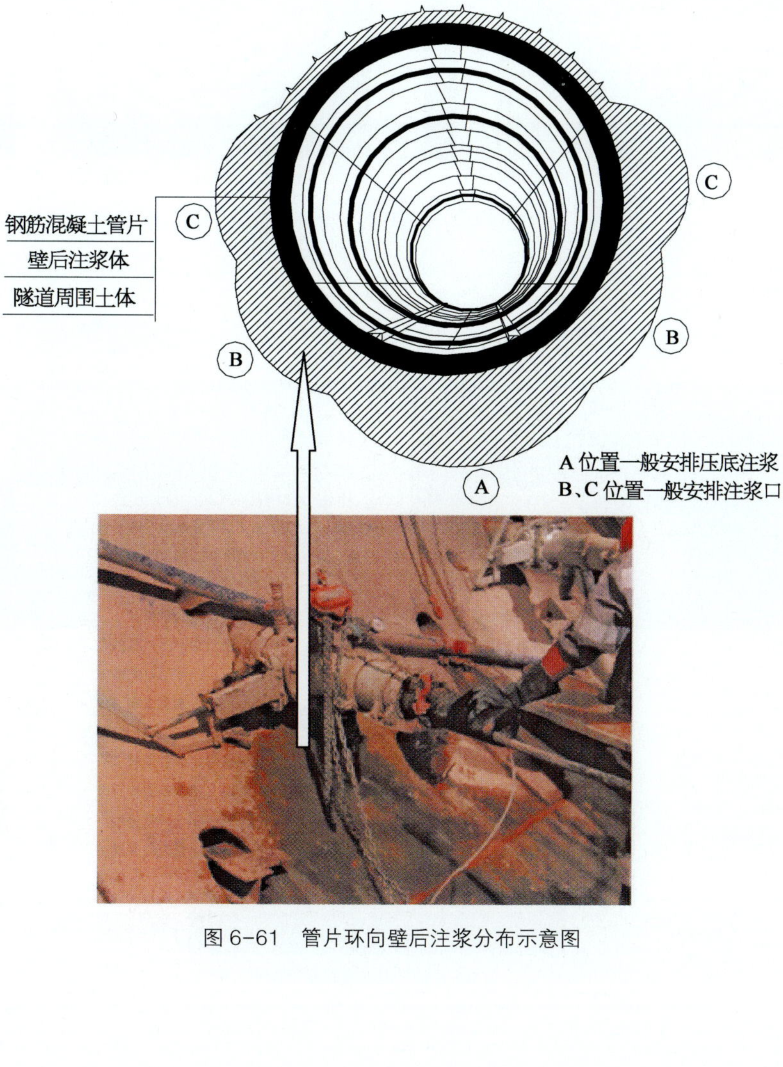

图 6-61 管片环向壁后注浆分布示意图

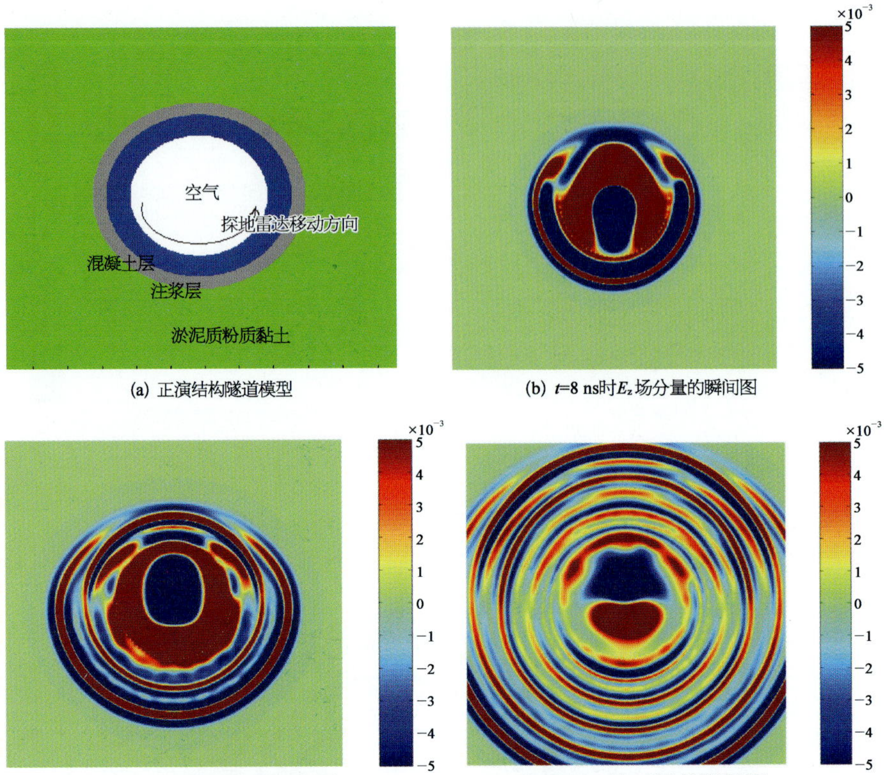

(a) 正演结构隧道模型　(b) t=8 ns时E_z场分量的瞬间图

(c) t=16 ns时E_z场分量的瞬间图　(d) t=33 ns时E_z场分量的瞬间图

图 6-63　数值模拟沿隧道环线探测注浆层的正演结果

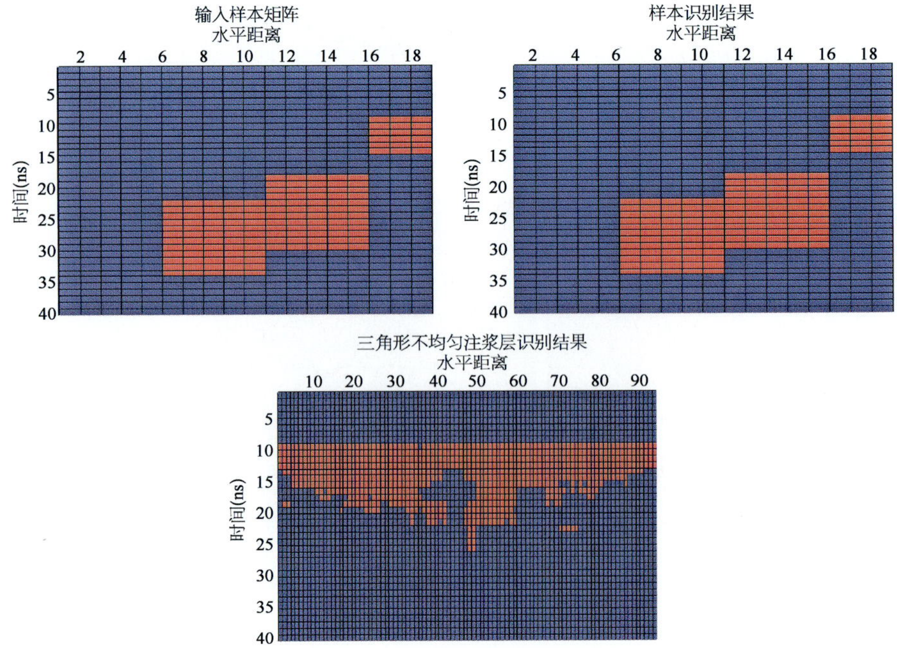

(a) 小波神经网络识别的结果

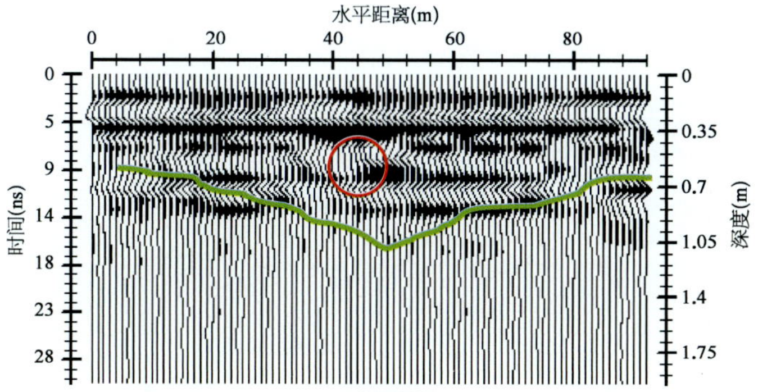

(b) 探测数据

图 6-76　小波神经网络对三角形注浆分布识别结果（红色表示注浆区域）

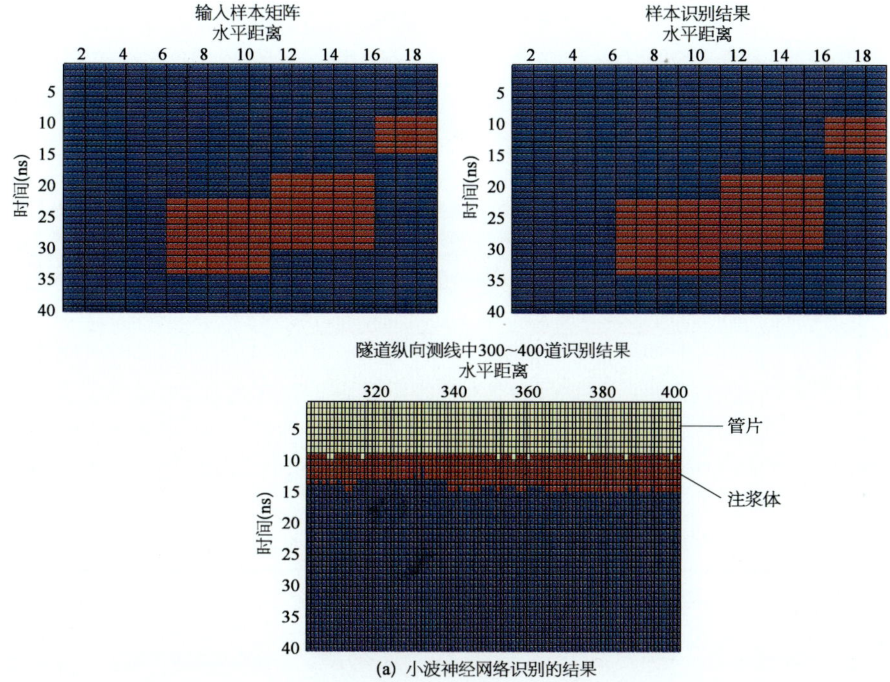

(a) 小波神经网络识别的结果

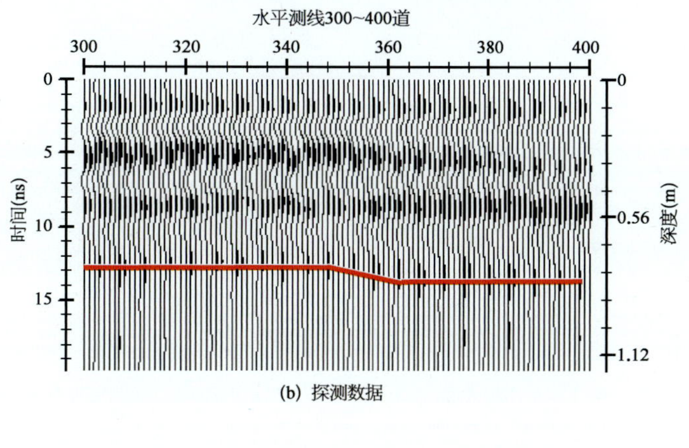

(b) 探测数据

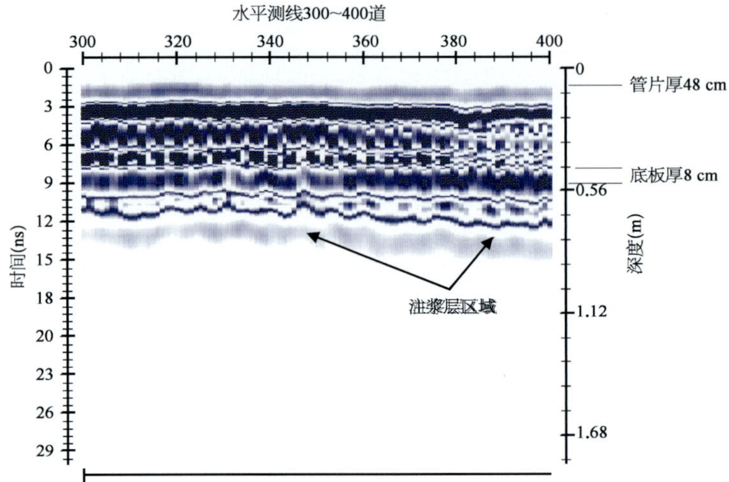

(c) 经过数据处理后形成的图像

图 6-78　隧道注浆分布探测识别结果（图 a 中红灰色表示注浆区域，黄色表示衬砌管片）

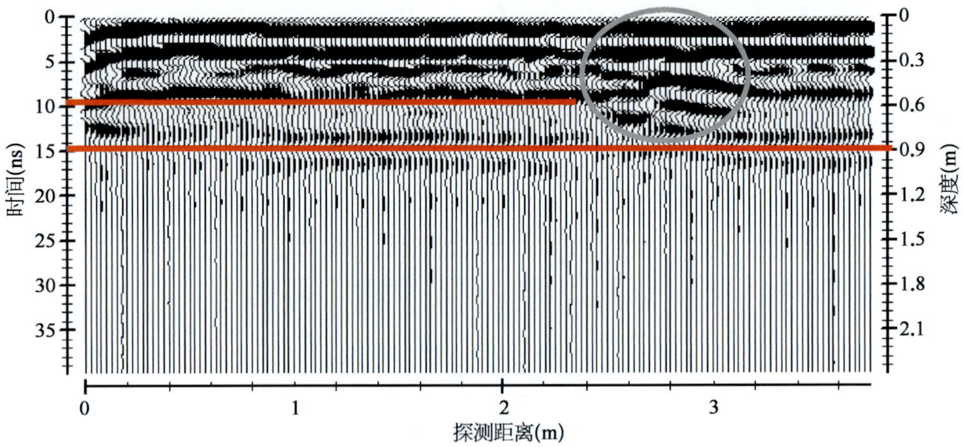

图 6-82　第 175 环环向探测结果（相对进洞方向，探测位置在左下部）

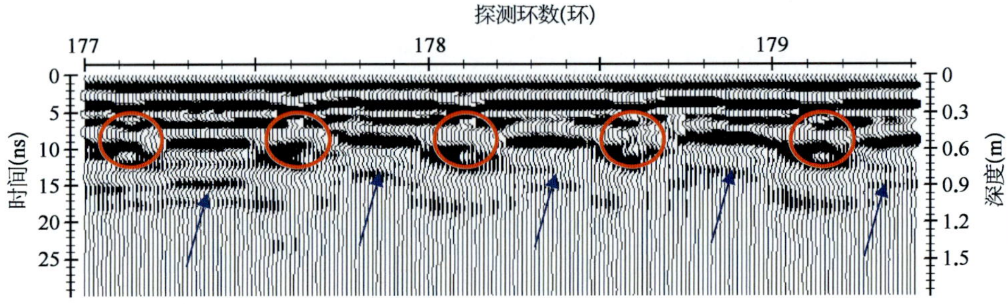

图 6-83　第 177～180 环纵向探测结果（相对进洞方向，探测位置在左下部）

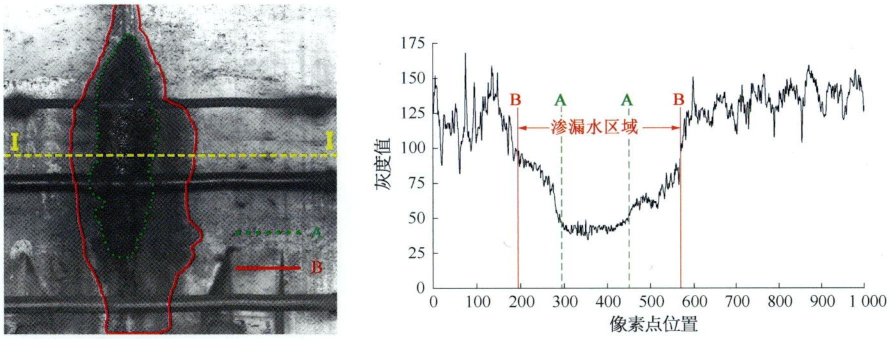

(a) 渗漏水图像　　(b) Ⅰ－Ⅰ断面灰度值

图 7-10　渗漏水区域的定义

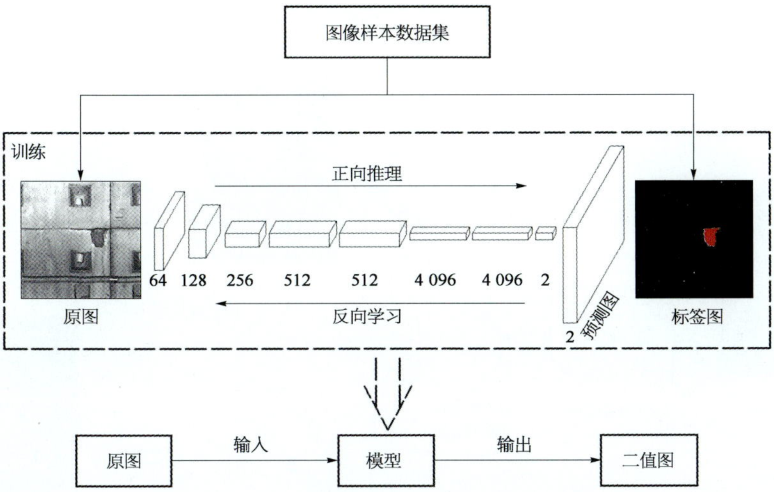

图 7-11　渗漏水图像识别全卷积网络结构

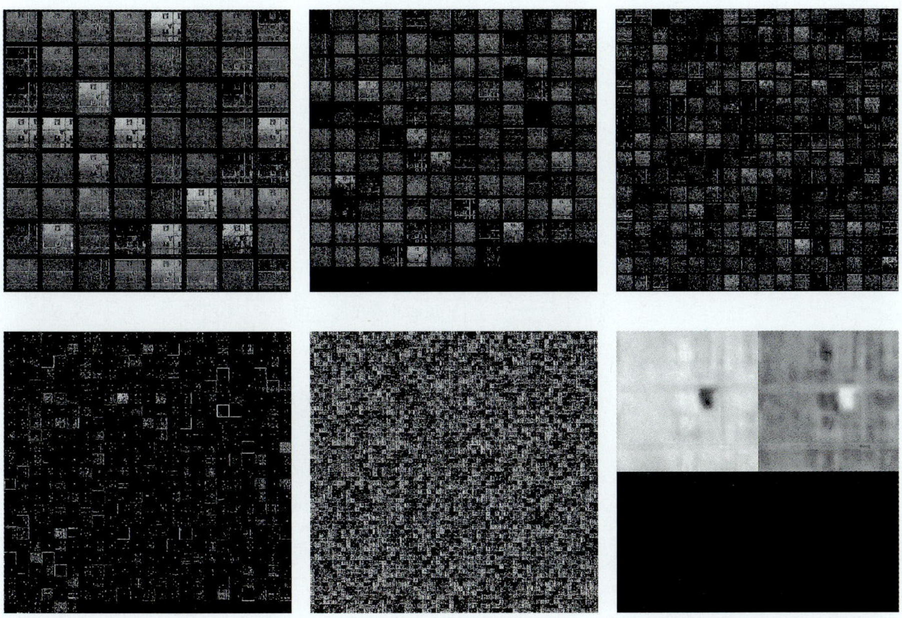

(d) 第25层：38×38×512　　(e) 第27层：32×32×4 096　　(f) 第42层：10 000×10 000×2

图 7-16　网络中不同层的响应特征图（图像高度 × 图像宽度 × 个数）

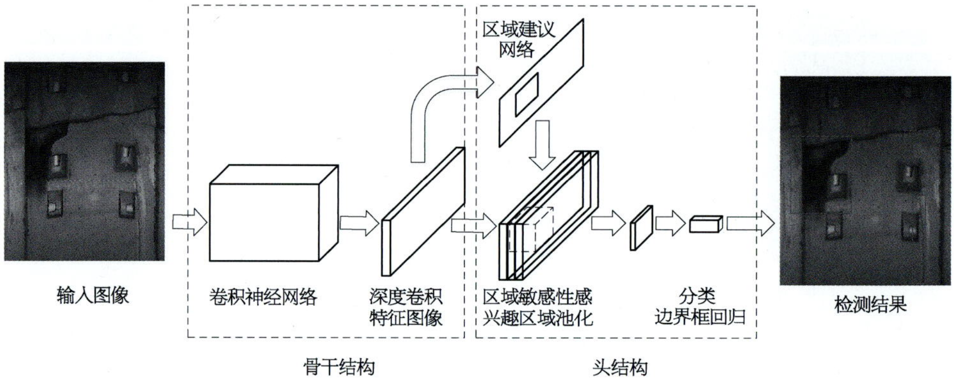

图 7-17　模型组成

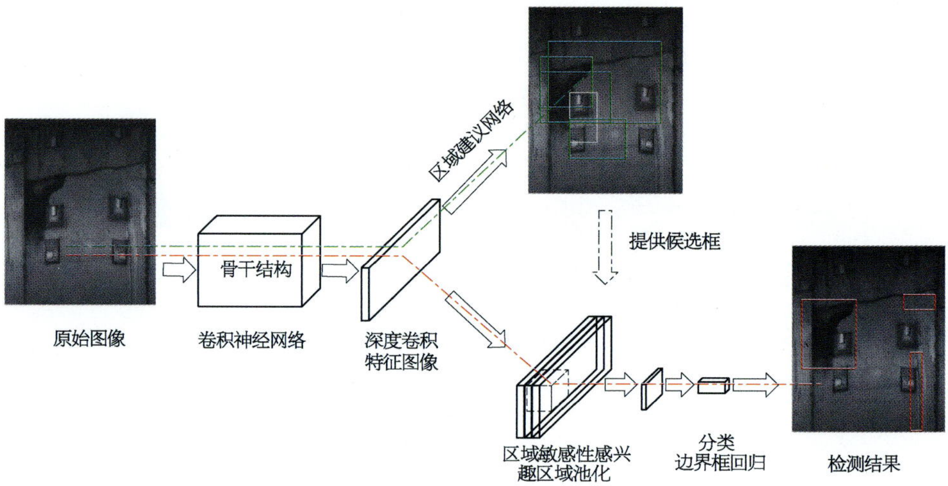

图 7-18　模型的计算路线

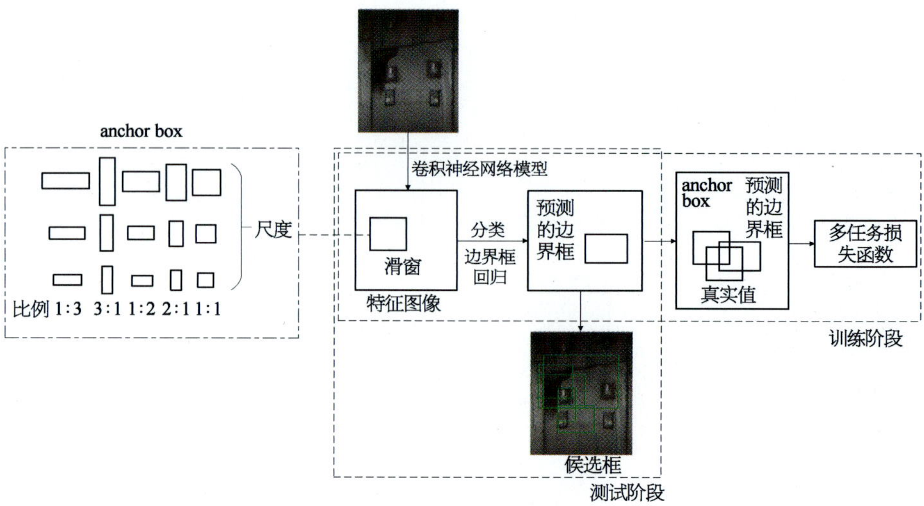

图 7-20　区域建议网络示意图

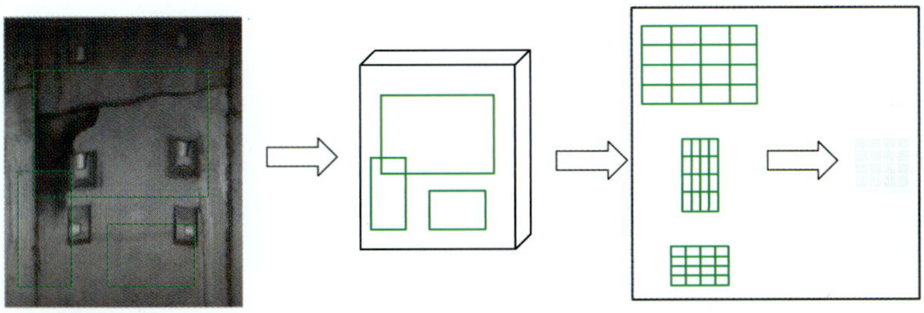

图 7-22　感兴趣区域池化

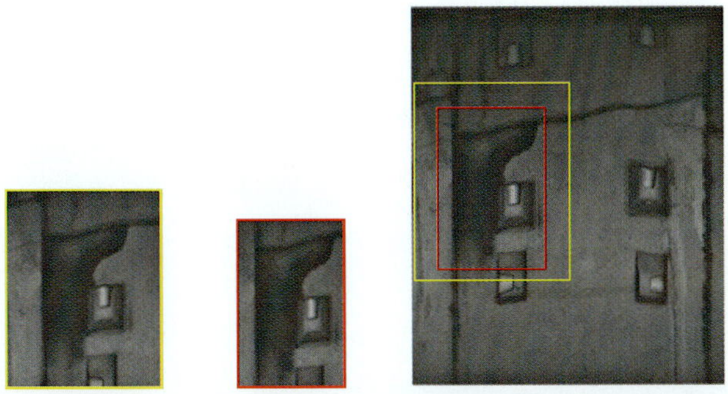

(a)　(b)　(c)

图 7-23　图像不变性与图像分类和目标检测

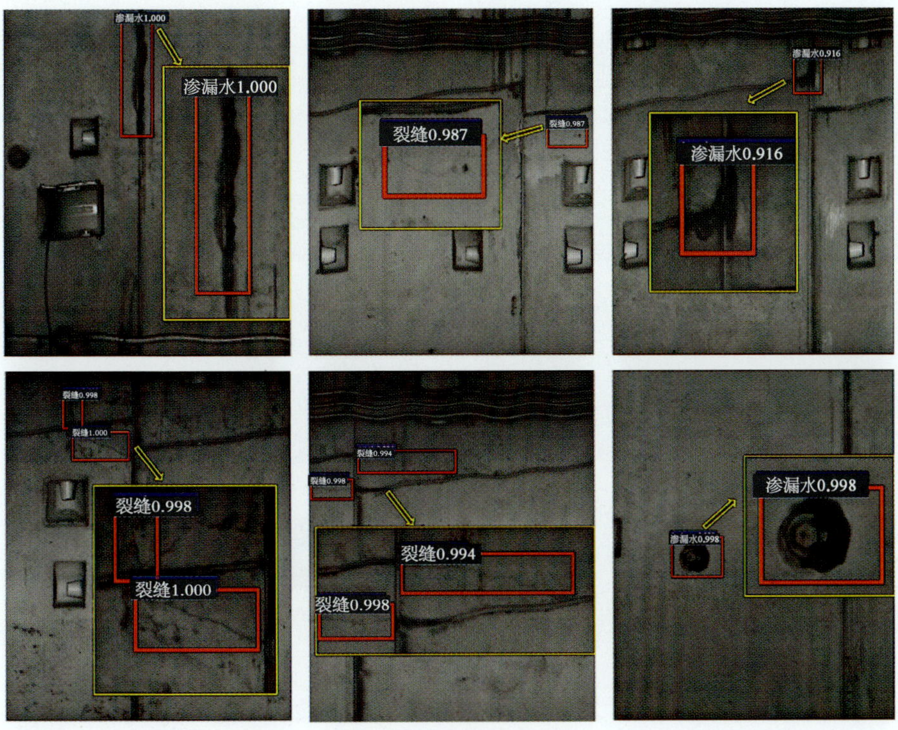

图 7-27　病害检测结果

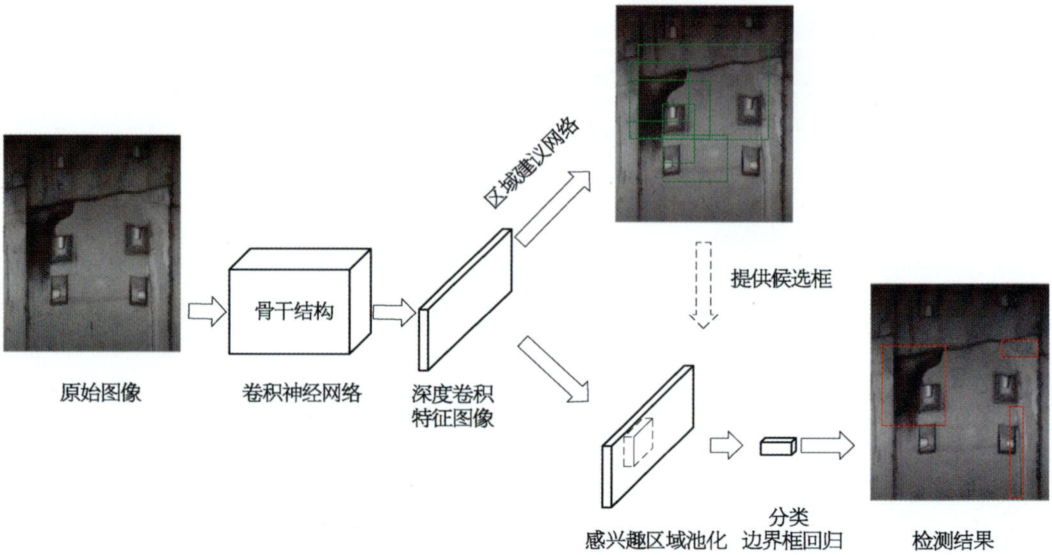

图 7-28　Faster R-CNN 示意图

(a) 可见光照片

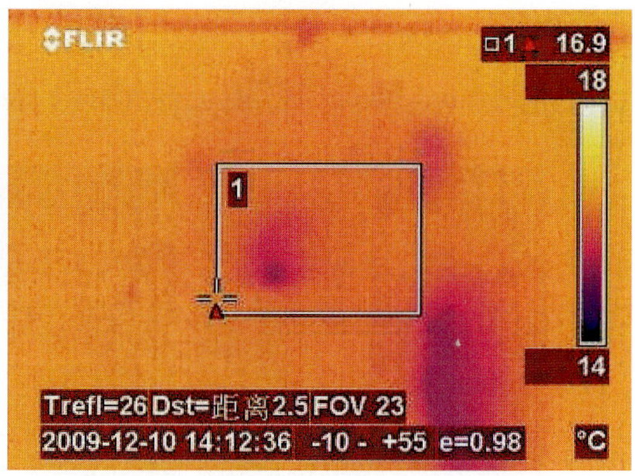

(b) 红外图像

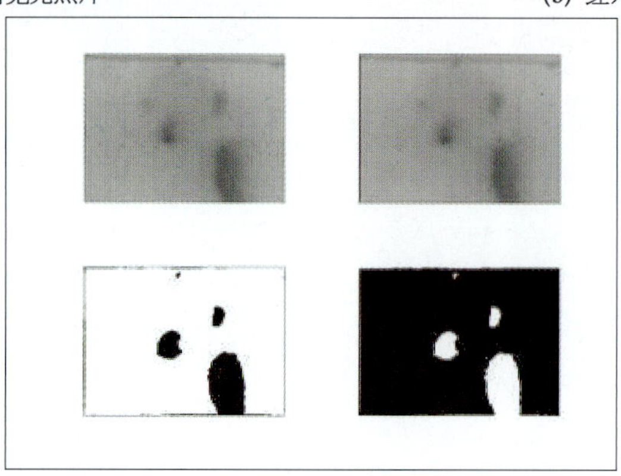

(c) 处理后图像

图 8-2　盾构隧道现场试验车站渗漏水图像及图像处理结果

(a) 可见光照片

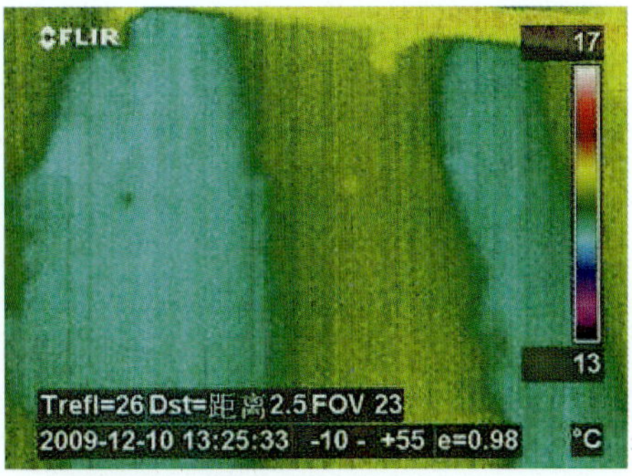

(b) 红外图像

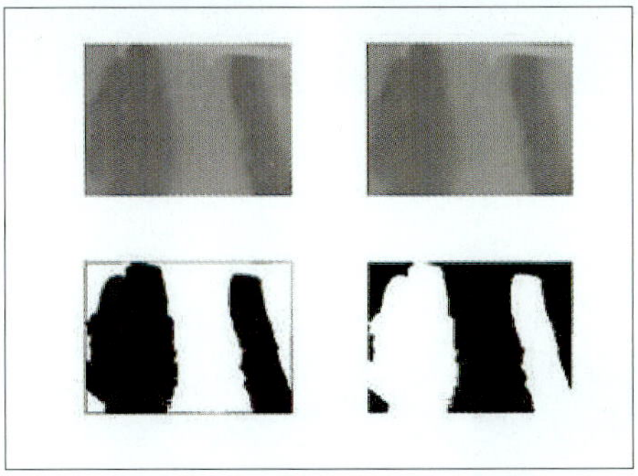

(c) 处理后图像

图 8-3　盾构隧道现场试验隧道渗漏水图像及图像处理结果

图 8-33　纵向沉降传感器现场安装（整体）

图 8-34　纵向沉降传感器现场安装（单元）

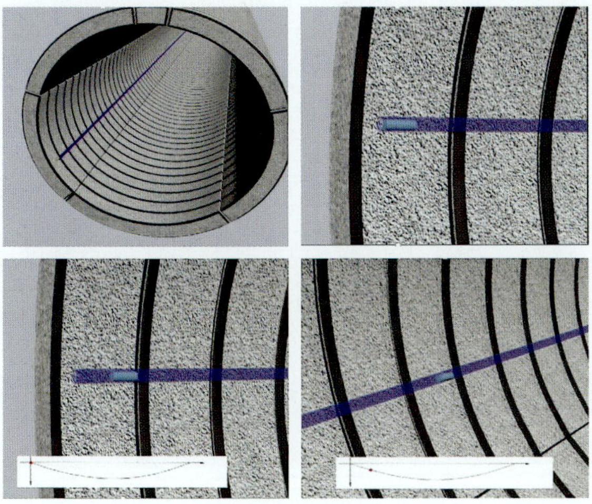

图 8-50　基于倾角传感器的纵向沉降动态监测方案测试示意图

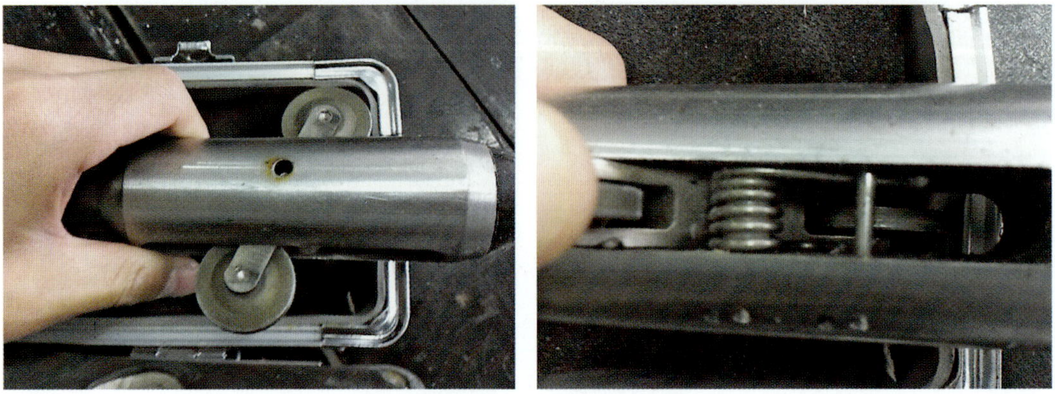

(a) 正面图　　　　(b) 侧面图

图 8-51　测斜仪预紧装置

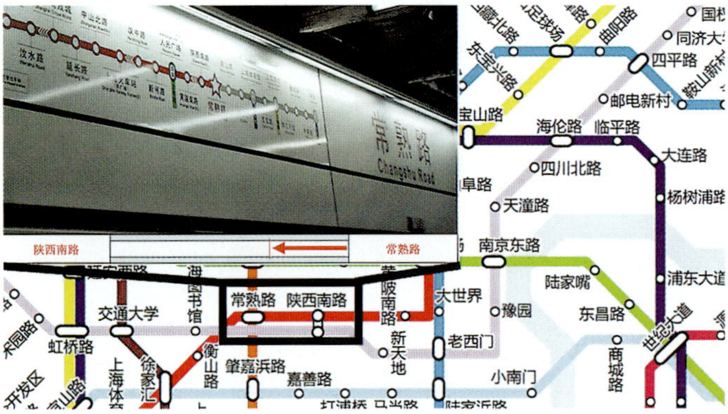

图 9-1　常熟路站—陕西南路站作业区间

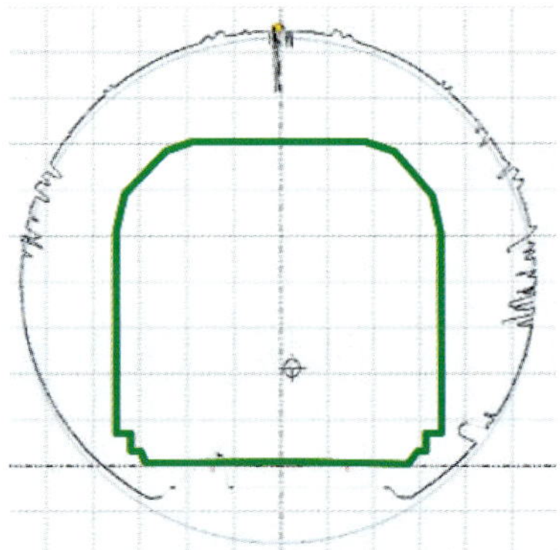

图 9-9　限界处理展开图和断面图

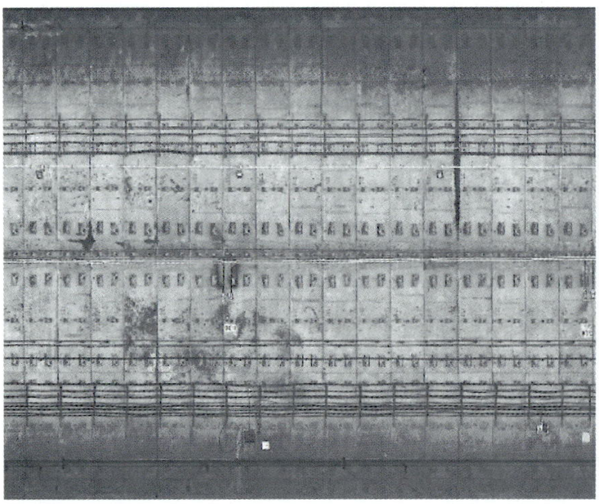

图 9-10　投影后的隧道表面影像图

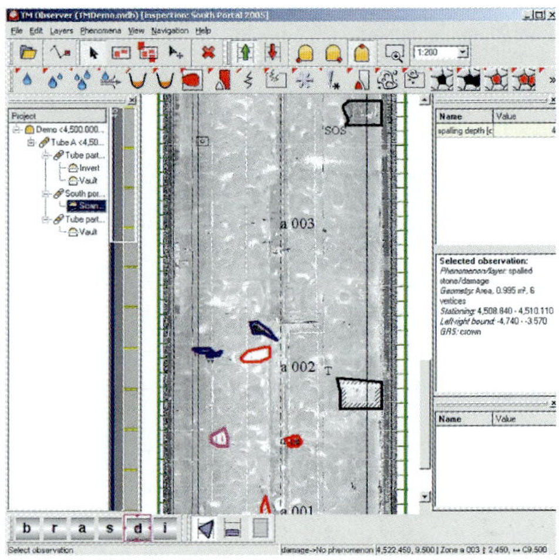

图 9-11　TunnelMap 界面图

图 9-12　管片渗水病害标注

图 9-29　某线站 A—站 B 区间下行变形较大区段影像

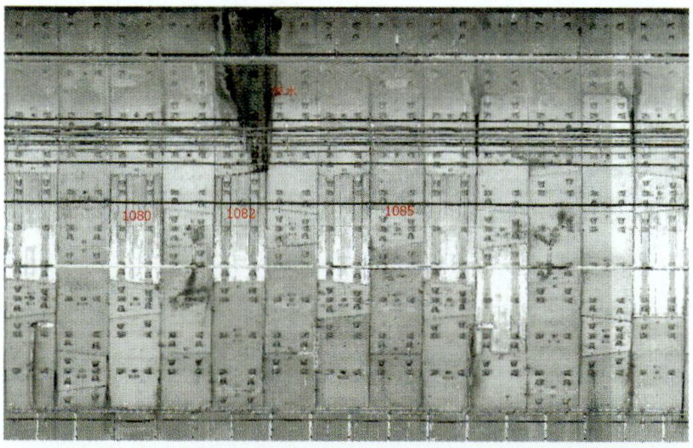

图 9-30　某线站 C—站 D 区间上行变形较大区段影像

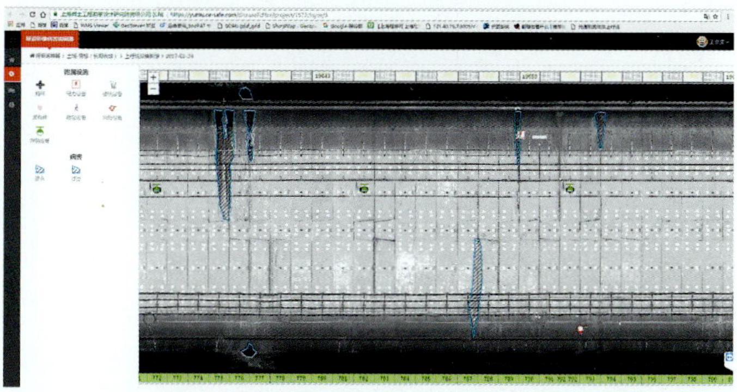

图 9-32　某区间设备设施与结构病害分布示意图

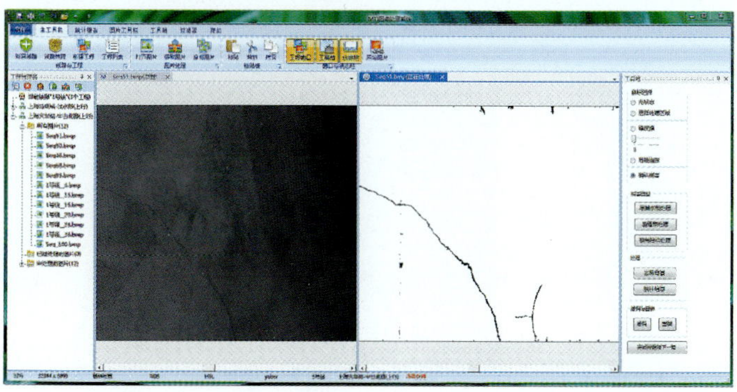

图 9-45　图像病害识别界面

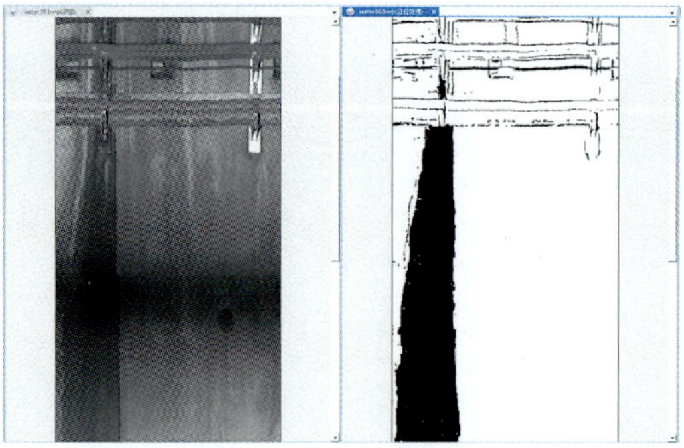

图 9-46　渗漏水病害识别

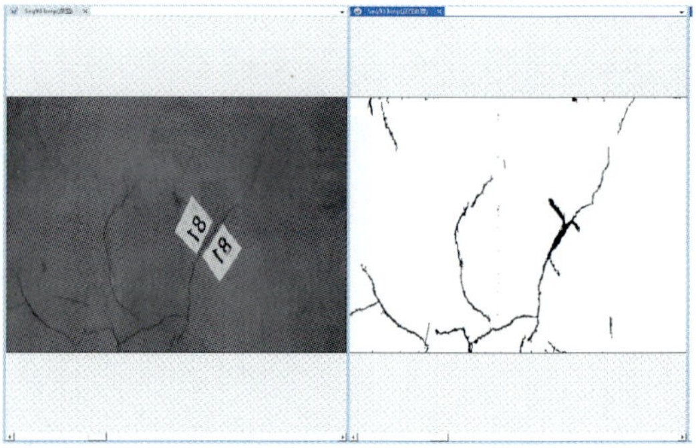

图 9-47　裂缝病害识别

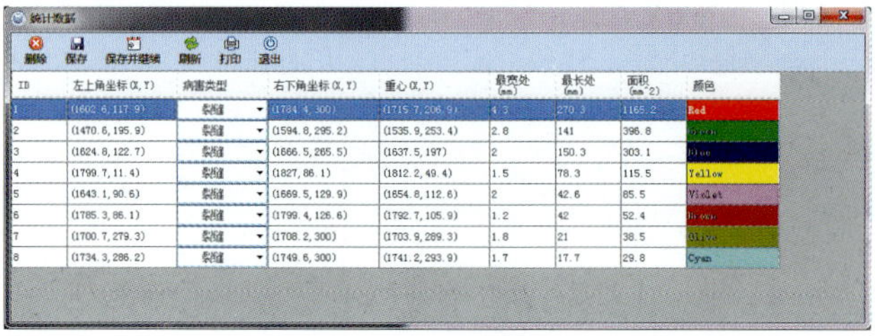

ID	左上角坐标(X,Y)	病害类型	右下角坐标(X,Y)	重心(X,Y)	最宽处(mm)	最长处(mm)	面积(mm^2)	颜色
1	(1602.6,117.9)	裂缝	(1734.4,300)	(1715.7,206.9)	4.3	270.3	1165.2	Red
2	(1470.6,195.9)	裂缝	(1594.8,295.2)	(1535.9,253.4)	2.8	141	396.8	Green
3	(1624.8,122.7)	裂缝	(1666.5,265.5)	(1637.5,197)	2	150.3	303.1	Blue
4	(1799.7,11.4)	裂缝	(1827,86.1)	(1812.2,49.4)	1.5	78.3	115.5	Yellow
5	(1643.1,90.6)	裂缝	(1669.5,129.9)	(1654.8,112.6)	2	42.6	85.5	Violet
6	(1785.3,86.1)	裂缝	(1799.4,126.6)	(1792.7,105.9)	1.2	42	52.4	Brown
7	(1700.7,279.3)	裂缝	(1708.2,300)	(1703.9,289.3)	1.8	21	38.5	Olive
8	(1734.3,286.2)	裂缝	(1749.6,300)	(1741.2,293.9)	1.7	17.7	29.8	Cyan

图 9-48　病害统计信息

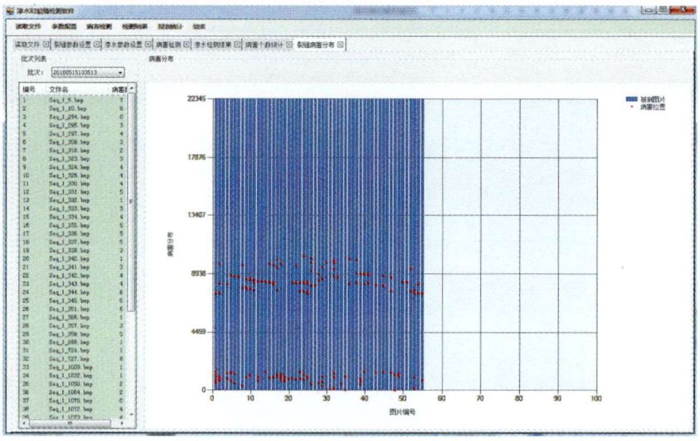

图 9-49　裂缝分布统计

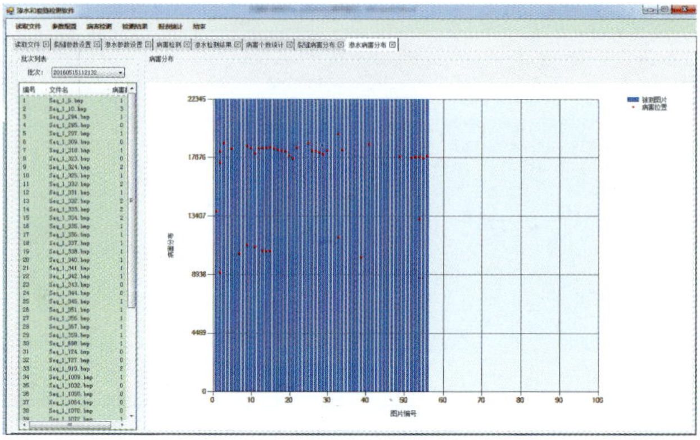

图 9-50　渗漏水分布统计